Riesbeck Johann Kaspar

Briefe eines reisenden Franzosen über Deutschland an seinen Bruder zu Paris

Erster Band, zweite Ausgabe

Riesbeck Johann Kaspar

Briefe eines reisenden Franzosen über Deutschland an seinen Bruder zu Paris
Erster Band, zweite Ausgabe

ISBN/EAN: 9783744702867

Hergestellt in Europa, USA, Kanada, Australien, Japan

Cover: Foto ©ninafisch / pixelio.de

Weitere Bücher finden Sie auf **www.hansebooks.com**

eines

reisenden Franzosen

über

Deutschland

an seinen Bruder

zu Paris.

Uebersezt

von

K. R.

Erster Band.

Zweyte beträchtlich verbesserte Ausgabe.

MDCCLXXXIV.

— — — Non pour rapporter feulement à mode de notre nobleffe françoife, combie de pas *à la Santa Rotonda*, ou la richeſie des Caleſſons de la *Signora Livia &c.* Mais pour en rapporter principalement les humeurs de ces nations & leurs façons; & pour frotter & limer notre cervelle contre celle d'autrui &c.

    Eſſais de Montaigne C. XXV.

An den Leser.

Lieber Landsmann!

Seitdem ich aufser den Gränzen unsers weiten Reiches bin, ist alles, was auf unser Vaterland Bezug hat, doppelt interessant für mich. In der Fremde vergißt man mehr, daß man ein Rheinländer, ein Sachse, ein Bayer u. s. w. ist, und fühlt dann erst recht, daß man ein Deutscher ist. Eine andere Ursache, warum mir unsere Mutterrede überhaupt immer desto heiliger wird, je weiter ich mich von ihr entferne, ist, daß ich nirgends so viel gutes sehe, oder zu sehen glaube.

Bloß diese warme Theilnehmung an allem, was auf unser Vaterland einigen Bezug hat, verleitete mich, an einem meiner hiesigen Freunde ein kleines Schelmenstük zu begehen. Es ist ohngefähr das nemliche, welches Leßing durch die Uebersetzung des Jahrhunderts von Ludwig dem Vierzehnten an Voltäre begangen hat.

Nachricht

Der Verfasser dieser Briefe ist der Bruder meines Freundes. Dieser gab mir die Briefe einzeln, so wie er sie von der Post empfieng, aber bloß zum Lesen. Er wollte sie drucken, aber erst von seinem Bruder, der wirklich in England ist, nach dessen Zurükkunft überlesen, und nöthigen Falls ausbessern lassen. Ich benuzte diese Gelegenheit, um dir, lieber Landsmann, oder noch liebere Landsmännin, diese Briefe noch früher in die Hände zu spielen, als sie das französische Publikum zu sehen bekömmt, welches allem Anschein nach, wenigstens noch ein halbes Jahr darauf warten muß.

Wenn du bedenkst, daß ich die einzelne Originalbriefe nur sehr kurze Zeit in Händen hatte, über Hals und Kopf übersetzen mußte, und ohne Zweifel mit dem Original noch wichtige Verbesserungen werden vorgenommen werden, so wirst du mir die Nachläßigkeit des Stiels hie und da, leicht zugut halten, und das, was du mit dem Original mit der Zeit nicht übereinstimmend findest, nicht geradezu für Auslassungen oder Unterschiebungen erklären. Ich glaube gethan zu haben, was ich in der Zeit und in den Umständen thun konnte.

Es kann seyn, daß meine Uebersetzung Vortheile über das Original erhält; denn vielleicht findet der Franzose seine Bemerkungen hie und da zu frey, und beschneidet seine Briefe; oder die Censur nimmt vielleicht diese Operation mit denselben vor. Vielleicht werden sie um ein beträchtliches abgekürzt, weil man viel Sachen für das ganze französische Publikum nicht interessant findet, die es doch für das Deutsche sind. Vielleicht — doch das läßt sich erst bestimmen, wenn das Original erscheint.

Eine Menge Komplimente an die Nanette und andre Leute: Nachrichten, die sich bloß auf den Bruder des Verfassers und seinen Zirkel beziehen, Addressen u. d. gl. m. habe ich weggelassen, weil sie dich nicht interessiren können. Ich wollte dir nichts, als das reine Zeugniß eines Ausländers über den Zustand unsers Vaterlandes in die Hände liefern.

Ohne Zweifel bist du sehr neugierig zu wissen, wer eigentlich der Verfasser sey. Nennen darf ich dir ihn nicht; denn du weißt, daß einige unserer Fürsten ein wenig küzlich sind, und lange Arme haben. Du erinnerst dich vielleicht eines französischen

Marquis, der mit seinem Ränzchen auf dem Rücken ganz Deutschland durchzog, und von dem einige Briefe im deutschen Museum standen. Es ist nichts natürlicher, als daß du auf den Einfall kömmst, du habest nun mit einigen Veränderungen die ganze Sammlung der Briefe dieses Marquis in Händen, die das deutsche Museum nicht fortsetzen durfte, weil sie irgendwo Bauchgrimmen erregt. Allein du betrügst dich; denn es ist nicht nur erweislich, daß besagte Briefe im Museum unterschoben, und nichtsweniger als das Werk eines französischen Marquis waren; sondern es findet sich auch zwischen dem Ton, den Absichten und den Datums dieses Marquis und meines Originals ein sehr merklicher Unterschied, der dir von selbst auffallen wird, wenn du dir die Mühe nimmst, beide mit einander zu vergleichen.

Der Verfasser dieser Briefe ist einer von denen, die man vor einigen Jahren hier Turgotisten nennte. Diese waren Leutchen, die sich mit Staatsreformen abgaben, und einen schrecklichen Lärmen von Simplificirung der Finanzsisteme, Bevölkerung, Ackerbau, Industrie, politischen Tabellen und Berechnungen, und kurz von allen den Dingen erhoben, die in vielen deutschen Ländern schon seit langer Zeit im Gang sind; aber hier erst unter Turgot Theorie wurden. Diese Herrchen bildeten eine Sekte, welche die Schwärmerey so weit trieb, als irgend eine Religionsparthey. Sie fielen die ganze französische Regierungsverwaltung mit einer unbeschreiblichen Wuth an; und da dieselbe, wie bekannt, so verworren als der gordische Knoten, oder irgend ein andrer Knaul ist, so hieben sie, wie eben so viele Alexanders, mit den Säbeln zu, um hernach aus den Stücken ein so ordentliches Staatsgewebe zu machen, als des Königs von Preussen seines ist. St. Germain, welcher zu gleicher Zeit auch aus der französischen Armee eine preußische machen wollte, stand mit diesen Turgotisten im Bund, und feuerte durch seine Hitze den herrschenden Reformationsgeist noch mehr an.

Ein ächter Turgotist mußte auch ein Encyklopädist seyn. Sie umfaßten nicht nur das ganze weite Feld der Staatsverwaltung, sondern zogen auch alles, was nur auf die bürgerliche Industrie Bezug hat, in ihre Sphäre. Es fehlte wenig, daß sie nicht dem Schu=

Schuster den Leist zu einem tüchtigen Schuh, und dem Schneider das Muster zu einem Kleid, comme il faut, zugeschnitten hätten.

Wenn dir also, lieber Landsmann, oder liebe Landsmännin, Stellen aufstossen, wo du glaubst, das französische Herrchen stecke seine Nase in Dinge, die es hätte unberührt lassen sollen, oder es hüpfe auf den Zehen über die Oberfläche mancher Dinge weg, wo es festen Fuß hätte setzen sollen, oder es deklamire à la Françoise, wo es nach deutscher Art Thatsachen hätte anführen sollen; so thust du nicht wohl daran, wenn du dich darüber ärgerst. Lachen mußt du, und es recht lebhaft fühlen, daß dein Vaterland zu groß und zu erhaben ist, als daß es von einem encyklopädischen Turgotisten, oder einem Kleinmeister mit einem warmen Kopf beleidigt werden könnte.

Ich bin gar nicht in Abrede, daß der Stellen, wo du in diesen Fall kommen wirst, nicht ziemlich viel seyn; allein, ich müßte mich sehr betrügen, wenn du mir am Ende des Buches nicht selbst gestehest, daß der guten, interessanten, und mit dem Stempel der Wahrheit geprägten Stellen nicht
noch

an den Leſer.

noch mehr ſeyn. Der Franzoſe plazt mit ſeinen Bemerkungen ſo gerade heraus, und hat, meines geringen Erachtens, ſo wenig Partheylichkeit, daß er oft das Sprüchwort beſtätigt: Kinder und N — ꝛc. . . . . Du wirſt ihm auch einen naiven Beobachtungsgeiſt, eine ziemliche Doſis allgemeine Weltkenntniß, Gutherzigkeit, und wo nicht gründliche, doch mannichfaltige und nüzliche Kenntniſſe nicht ganz abſprechen können. Er iſt auch keiner von der großen Zahl ſeiner Landsleute, die ſich in der ſogenannten großen Welt zu Paris, auf dem ſechſten Stokwerk, ihren eignen Maaßſtaab zur Beſtimmung aller Dinge hienieden geſchnitzelt haben, und von welchen Montagne in dem nemlichen Kapitel ſeiner Eſſais, woraus das Motto des Titelblatts genommen iſt, ſagt: Nous avons la veuë racourcie à la longueur de notre nez.

Unſer Autor ſcheint wirklich ſein Augenmaaß durch mannichfaltiges Beobachten, noch ehe er deutſchen Grund und Boden betrat, verbeſſert zu haben, und gleich in den 2 erſten Briefen ſieht man, daß er lange nicht ſo ſehr Franzos iſt, als man von ihm und ſeines gleichen erwarten ſollte. Er darf immer auf den Titel eines Weltbürgers einigen Anspruch machen. — —

So eben schikt mir sein Bruder einen Brief von ihm aus London, woraus ich Dir in Eile folgende Stelle überseze:

„Gegen dein Vorhaben, meine Briefe
„über Deutschland drucken zu lassen, habe
„ich eben nichts einzuwenden; nur mußt
„du mich dieselbe ausbessern lassen; denn
„ich habe hie und da Unrichtigkeiten ent=
„dekt; und was noch mehr ist, die Wahr=
„heit steht an manchen Orten zu nakt da,
„und ich muß ihr wenigstens um die pu-
„denda ein Blatt von gehöriger Breite,
„oder sonst etwas vorhängen. Du wirst
„auch leicht begreifen, daß es etwas an=
„ders ist, für das Publikum, als an seinen
„Bruder zu schreiben, und ich hätte wegen
„verschiedenen Nachläßigkeiten mehr die
„Wuth der deutschen Journalisten, die das
„ausgelassenste und unbändigste Volk von
„der Welt sind, als die Kritik unserer
„Landsleute zu befürchten, die doch noch
„mores haben. Ohne Zweifel werden sie die
„Briefe bald übersezen; denn es sind im=
„merfort bey ihnen einige hundert Hände
„beschäftigt, andre Nationen zu plündern,

„ſo daß man glauben ſollte, Deutſchland
„ lebe bloß vom Raub. Sie ſind ſo unver-
„ ſchämt, daß ſie ſogar aus ihrer Sprache
„ in die unſrige überſetzen, und ich kann ih-
„ nen gewiß nicht entgehn. So wenig man
„ auch von ihrem Geſchrey bey uns hören
„ mag, ſo gehe ich doch gerne einem gro-
„ ben und beſoffenen Mann in der größten
„ Ferne aus dem Weg, wenn ich auch noch
„ ſo ſicher ſeyn ſollte, daß er mir nicht den
„ Hut vom Kopf ſchlagen, oder mich gar
„ im Angeſicht ehrbarer Leute beſpeyen kann.
„ Der ekelhafte Anblik allein iſt für mich
„ Beweggrund genug, auf meine Retirade
„ beyzeiten bedacht zu ſeyn. "

Wie das Männchen nicht um ſich haut!
Wenn jemand auf Rükſicht auf einen andern einen Fehler an ſich verbeſſert, ſo
iſt es gewiß eher Hochachtung und Ehrfurcht,
als Verachtung und Abſcheu, und wenn die
deutſchen Journaliſten die Wirkung auf
Schriftſteller haben, daß dieſe behutſamer
werden, ſo ſind ſie immer ſehr nüzliche
Leute, und wenn auch noch ſo viele mit
groben und ſchmuzigen Händen unter ihnen

Uebrigens glaube ich, daß der Verfasser seine Reise durch Deutschland nicht bloß zu seinem Vergnügen und zur Erweiterung seiner eigenen Kenntnisse, sondern auf Anrathen irgend eines Hofmannes unternommen hat. Turgot fiel schon auf den Einfall, zum Behuf seiner Projekte und Reformen Leute auf Reisen zu schiken, und noch jezt ist es für junge Herren bey dem hiesigen Ministerium eine grosse Empfehlung, wenn sie über das Justitz = Finanz = Industrie = und Militarwesen andrer Länder etwas zu sagen wissen. Ich bin rc.

K. R.

Paris, faubourg St. Michel, rue d'*Enfers*, vis-à-vis du Noviciat des Feuillans, dit les *Anges*. Decemb. 18. 1782.

Erster Brief.

Stuttgard den 3ten April 1780.

Hier, Lieber, habe ich mich zum erstenmal in Deutschland gelagert, um nach meiner Gemächlichkeit in die verschiedenen Theile des Schwabenlandes Ausfälle zu machen, und die nöthigen Kundschaften einzuziehen.

Ich habe es mir zur Regel gemacht, mir für jeden bestimmten Theil Germaniens einen gewissen Mittelpunkt zu wählen, darin einige Zeit zu verweilen, und die Gegend umher mit Muse zu überschauen. Ich will Deutschland bis auf einen gewissen Grad im eigentlichsten Verstand studiren. Wer wollte aber dieses Studium bis in das sehr große Detail der sehr kleinen Staaten des deutschen Reiches, der umzähligen Grafschaften, Baronien, Republikchen u. d. gl. treiben? Diesen erweiset man wahrhaftig schon zu viel Ehre, wenn man nur sagt, daß sie existiren.

Du weißt, daß ich mich eine zeitlang in Straßburg aufhielt, um das Deutsche, welches ich schon zu Paris lesen konnte, ein wenig sprechen zu lernen, und mich vorläufig mit dem Land, das ich bereisen wollte, in Karten und Büchern bekannt zu machen. Ich fand zu diesem Zwek mehr Hülfsmittel, als ich erwartete. Wahr-

Wahrhaftig, es ist die Schuld der deutschen Geographen und Statistiker nicht, daß man ihr Land ausser demselben so wenig kennt.

Wenn du mir also ein wenig Beobachtungsgeist zutraust, so kanst du in meinen Briefen etwas mehr erwarten, als du in den Reisebeschreibungen einiger unserer Landsleute und einiger Engländer von Deutschland gesehen hast. Gemeiniglich sind dies Leute, die nur die großen Höfe besuchen. Da fahren sie die Heerstraßen her, fahren in ihren wohlverschlossenen Wagen, als wenn sie, wie Freund Yorik, dem Tod entfliehen wollten, brüten in dem Gewölke ihrer Ausdünstungen Grillen aus, die sie uns dann für ächte Produkte des Landes geben, welches sie mit Extrapost durchreist haben, und haschen allenfalls am Stadtthor, am Gasthof, bey ihrem Wechsler, bey einem Mädchen von gutem Willen, im Opernhaus, oder bey Hofe ein Anekdötchen, woraus sie uns den Karakter und Geist eines Volks gar geschikt herauszuklauben wissen. Gar oft verstehen sie kein Wörtchen von der Sprache des Volkes, das sie uns schildern, und lernen einen kleinen Theil der Einwohner einer Hauptstadt, mit dem sie auf Gerathewohl in Bekanntschaft kommen, durch eine fremde Sprache, und eben dadurch auch in einem fremden und falschen Lichte kennen. Ein Reichsgraf oder Baron, wenn er nicht in Frankreich gebildet worden, muß Grimassen machen, wenn er mit einem Marquis französisch spricht. Jede Sprache paßt nur auf die Sitten und eigenthümliche Art ihres Landes.

Man muß sich in alle Klassen des Volks mischen, das man will kennen lernen. Selten thun das die Herren, die uns ihre Reisen beschreiben; selten können sie

es

es thun. Gemeiniglich bleiben sie in dem engen Zirkel von Leuten, in den sie von ihrem Interesse, ihrer Laune, ihrem Vergnügen, ihrem Stand, u. s. w. gezogen werden, und sehen dann alles nur einseitig an. Kurz man muß ein studirender Reisender von Profession seyn, um in das Eigenthümliche eines ganzen Volks einzudringen.

Deutschland genau kennen zu lernen, ist ungleich schwerer, als irgend ein anderes europäisches Land. Hier ist es nicht wie in Frankreich und den meisten andern Ländern, wo man in den Hauptstädten, so zu sagen, die Nation in einer Nuß beisammen hat. Hier ist keine Stadt, die dem ganzen Volk einen Ton giebt. Sie ist in fast unzählige, größere und kleinere Horden zertheilt, die durch Regierungsform, Religion und andere Dinge unendlich weit von einander unterschieden sind, und kein anderes Band unter sich haben, als die gemeinschaftliche Sprache.

Uebrigens kennst du meine Art zu reisen. Kann ich nicht auf den öffentlichen, ordinären Fuhren, die mir der Gesellschaft wegen (und sollte sie auch nur aus Juden, Kapuzinern und alten Weibern bestehen) ausserordentlich lieb sind, zu Wasser oder Lande fortkommen, so bin ich meistens zu Fuße, die Ritte auf meinem Steckenpferd abgerechnet.

Auch weißt du wohl, daß ich Weltbürger genug bin, um auch ausser meinem Vaterlande Gutes und Schönes zu finden, und mich eben nicht höchlich darüber zu ärgern, wenn nicht alles wie bei uns ist. Im Wesentlichen ist es doch so. Der Unterschied beruht bloß auf gewissen Beziehungen und Modifikationen.

Rechne also alle Woche wenigstens auf einen Brief, wenn du irgend ein deutsches Volk, oder eine deutsche

Land-

Landschaft wirst kennen lernen. — Auf einen Pak Ra=
doterien, die du mit unter wirst verschlucken müssen,
wird es dir nicht ankommen. Ich denke, dein Ma=
gen ist durch unsere neuesten Brochüren schon daran
gewöhnt worden, und ich werde sie dir auch in kleinen
Dosen eingeben. Lebe wohl.

Stuttgard den 8. April 1780.

Ich hoffe, du hast meinen Brief vom 3. dieses rich=
tig erhalten. Er sollte eine Art von Einleitung in die
Korrespondenz seyn, womit ich dich einige Jahre durch
zu plagen gedenke. Ich weiß, wie sauer dir das Brief=
schreiben wird; aber wenigstens muß ich auf 6 Briefe
eine Antwort haben. Kannst du dich platterdings
nicht zum Schreiben entschließen, so bitte die Nanette,
es nur in wenig Zeilen zu thun. Ich weiß, sie thuts
gerne, und ich will dann den Brief tausendmal küs=
sen. — Nun zu meinem Tagebuch.

Wie ich am Gasthof in Straßburg auf den Post=
wagen sitzen wollte, kam H. B... in starkem Trott
mit vieren daher gefahren. Ohne Zweifel hast du ihn
bey Madame H... zu Paris gesehen. Auf seine Frage:
wohin? sagte ich ihm: die Kreuz und die Queere durch
Deutschland. O, erwiederte er, ich habe eben das
Hundeland durchreist. Beym Henker, es lohnt sich
der Mühe nicht. Er wollte mich bereden, mit ihm
nach N... zurükzureisen. Anfangs dachte ich, er habe
wirklich, wenigstens durch einen ansehnlichen Theil
Deutschlands, eine Reise gemacht; fand aber bey ge=
nauer

nauer Unterſuchung, daß er auf ſeiner Schweizerreiſe nur einen flüchtigen Ausfall auf das ebene Land von Schwaben und Bayern bis nach München gethan habe, und von da über Augſpurg, Ulm und Freyburg nach Frankreich zurükgekehrt ſey. Da eben eine deutſche Poſtkarte an der Thüre des Gaſtzimmers hieng, ſo nahm ich meinen Degen unter dem Arm hervor, und fuchtelte mit der Spitze der Scheide auf derſelben herum, um ihm begreiflich zu machen, daß er, weit entfernt, Deutſchland durchreiſt zu haben, ſo gut als nichts, von Deutſchland geſehen. Er achtete nicht darauf. Gehn Sie, ſagte er; ich hätte den Henker vom ganzen Lande.

Meine Reiſegeſellſchaft beſtand aus einem Weinhändler von Ulm, mit einer melankoliſchen Fratze, der immer die Lippen verzog, als wenn er ſo eben ſauern Wein gekoſtet, und einer alten runzlichten, hohläugigten Kreatur, vermuthlich einer ausgedienten Venuspriesterin von Straßburg, die, wie ſie ſagte, als Gouvernante in ein großes Haus nach Wien berufen worden. Beyde waren mir platterdings ungenießbar. Auf der langen Rheinbrücke machte ich alſo meine Betrachtungen über den Begrif, den man in der großen Welt bey uns mit dem Wort: le Nord verbindet. Die Gaſconade des H. B.. und die deutſche Poſtkarte hatten mich darauf gebracht. Ich durchlief in Gedanken all das weite Land, das ſich von unſern Gränzen an, über die ich eben fuhr, bis an das Eismeer hinauf erſtrekt. Ich zählte mir die vielen, mächtigen Völker vor, die in dieſem Nord mit unſterblichem Ruhm aufgetreten ſind. Da ſind in alten Zeiten die Zimbrer, die Gothen, die Franken, die Sachſen, die Schwaben, die

B Alle-

Allemannen, u. a. und in der neuern Geschichte die Schweden, Preussen und Russen; und dies ganze ungeheure Land, und alle die schreklichen Völker zwängen wir in einen Begrif ein, der um nichts grösser ist, als den wir mit les Pays bas, verbinden. Les Pays-bas und le Nord sind in dem Kopf eines Franzosen so kleine Anhänge an dem grossen, allmächtigen Frankreich. — „Da läßt sich nichts bessers darüber sagen, spricht Herr Tristram Schandy bey einem ähnlichen Anlaß, als: die Franzosen haben eine lustige Art, alles, was groß ist, zu behandeln." Ich mußte innerlich lachen, wie mir diese Bemerkung zu Sinne kam, und der Anblik der ganz verfallenen Vestung Kehl gab diesem innerlichen Gelächter einen neuen Schwung. Ich dachte mir unsern grossen Ludwig, wie er in seinem grossen Vorhaben, die kleinen Anhänge von Pays-bas und Nord samt dem bisgen Italien, Spanien u. s. w. unter den französischen Zepter zu bringen, diese Vestung zum Schlüssel seiner Eroberungen jenseits des Rheins anlegen ließ. Bey meiner Treu, das war doch lustig, sagt ich zu mir, wie ich die Kasernen und Spuren der ehemaligen Vestungswerke betrachtete. — Noch lustiger ist, daß Beaumarchais seinen Voltaire in diesen Kasernen will drucken lassen. Zum Henker, sagte ich, (und mein innerliches Gelächter brach zugleich äusserlich aus); Ist denn das grosse Frankreich seit Ludwig den XIV. für ein Dutzend Druckerpressen zu klein geworden?

Den kleinen Schleichhandel mit der Stadt Strasburg abgerechnet, hat Frankreich von der sogenannten Vestung Kehl nichts zu befürchten. Der Ort ist in jedem Betracht unerheblich, und gehört nebst einigen nahgelegenen Dörfern dem Markgrafen von Baden.

Ueber

Ueber die verschwundenen Vestungswerke aber behauptet das gesamte Korps des heiligen römischen Reichs seine Gerechtsame.

Auf dem Weg nach Karlsruhe hatte ich mancherley Empfindungen. Bey dem Anblik des Schlosses zu Rastadt, worin 1714. der Friede zwischen uns und den Oesterreichern geschlossen ward, fühlte ich mit aller Wärme, daß ich ein Franzos bin. Alle die Helden und die großen Staatsmänner, die durch das vorige Jahrhundert bis zu dieser Epoche unsern Namen verherrlichten, und uns weit über alle übrigen Nationen erhoben, stellten sich meiner Einbildungskraft dar. Ich stand einige Zeit unbeweglich da, entzükt durch die Erinnerung all der herrlichen Thaten. Aber wie gedemüthigt, wie niedergeschlagen ward ich auf einmal durch den Gedanken, daß das zugleich die Endepoche unserer Größe war; daß mein Vaterland seit dieser Zeit keinen der großen Männer wieder hervorbringen konnte; daß seitdem der Ruhm jener Völker, die wir damals so tief unter uns hatten, in eben dem Maaß stieg, wie der unsrige sank. Ich wollte nun vergessen, daß ich ein Franzos bin; suchte als Weltbürger Trost in der Betrachtung, wie viel ganz Europa seitdem gewonnen, sogar durch unsern Verfall gewonnen. Aber es war umsonst. Die Spuren der entsezlichen Verwüstungen, welche eben jene große Helden in diesen Gegenden zurükgelassen, machten mich vollends schamroth, daß ich einen Augenblik zuvor so stolz auf sie war.

Zu Karlsruhe hielt ich einige Ruhetage. Ich war so glüklich, gleich in den ersten Stunden meines Aufenthalts daselbst mit einem vortreflichen Mann bekannt geworden, der mit dem besten Herzen die Feinheit eines ausgebildeten Weltmannes, und mit einer unermüdeten Thätigkeit für den Dienst seines Fürsten viel Geschmak und Kenntniß sowohl unserer, als auch der italiänischen, englischen und deutschen Litteratur verbindet. Der Hof von Karlsruhe hat mehrere Männer von der Art. Schon zu Straßburg lernte ich einige derselben kennen.

Ich mußte mit ihm eine kurze Spazierreise nach Speyer machen, um einen seiner Bekannten zu besuchen. Unser Weg gieng über Bruchsal, der Residenz des Bischofs von Speyer durch ein waldigtes, mit kleinen angebauten Flecken unterbrochenes Land. Das Holz macht einen ansehnlichen Theil der Einkünfte, sowohl des Karlsruher, als auch des Bruchsaler Hofes aus. Es wird auf dem Rhein nach Holland gestößet, und allda sehr theuer verkauft. Die Waldung, wodurch wir kamen, ist ein auffallender Beweis von der Vorzüglichkeit einer Erbregierung gegen die Staatsverwaltung eines Wahlfürsten. Die Badensche Holzung wird mit der sorgfältigsten Oekonomie benuzt und gepflegt, weil dem Fürsten daran gelegen ist, daß diese Quelle von Einkommen für seine Nachkommenschaft in ihrem Stand erhalten werde; da hingegen zu Bruchsal, wo des Fürsten Nachkommenschaft keine Ansprüche auf das Holz zu machen hat, der augenbliklicher Genuß desselben mehr für die Benutzung, als für die Erhaltung dieses Schatzes spricht. Mit dem Menschen verhält es sich, wie mit dem Holz, es ist auffallend.

Bruchsal ist ein artiges Städtchen, und die Residenz des Fürsten, ein merkwürdiges Gebäude. Der jetzige Fürst-Bischof soll, einige Anwandlungen von böser Laune abgerechnet, kein schlimmer Regent seyn. Sein Humor

mor äussert sich besonders gegen das Frauenzimmer auf eine seltsame Art. Man versicherte mich, wenn er es könnte, er würde alle Mädchen zu Nonnen machen, und die Männer kastriren. Er soll kein Frauenzimmer ansehen können, ohne in Versuchung zu kommen, auszuspeyen. In seiner Jugend soll er über diesen Punkt anders gedacht haben. Ueberhaupt hat er seine ganz eigne Sittenlehre. Er ließ einen Geistlichen seiner Diözes zu einem Ketzer erklären, weil er lehrte, Selbstliebe wäre einer der ersten Grundtriebe der menschlichen Handlungen; arbeiten sey besser als Nichtsthun; nehmen besser als geben, u. d. m. Seine jährlichen Einkünfte belaufen sich, wie man sagte, beynahe auf 300000 Gulden, oder etwas über 600000 Livres, und er ist bey weitem keiner der reichsten Bischöfe Deutschlands.

Speyer ist eine kleine freye Reichsstadt, die ehedem ungleich ansehnlicher war, als sie jetzt ist. Gegen das Ende des vorigen Jahrhunderts ward sie von der französischen Armee gänzlich zerstört, lag eine Zeitlang wüste, und ist nun kaum zur Hälfte wieder erbaut. Sie war eine der ersten römischen Kolonien an den Ufern des Rheines. Man findet in der Gegend sehr viele römische Münzen.

Hier, Bruder, stand ich mitten auf dem Schauplatz des Schreckens, den unsere Truppen im vorigen Jahrhundert, längst dem Rhein hinab, bis an die Mosel verbreiteten, wo Melac mit seinem Heer nicht als ein Feldherr, sondern als das Haupt einer Mordbrennerbande handelte; über 60 blühende Städte und unzählige Dörfer in Asche legte, und eines der schönsten Länder des Erdbodens zu einer Wüste machte; wo Turenne,

der

der größte Feldherr des größten Königs zu der Zeit, dem wehrlosen Kurfürsten von der Pfalz, der bey dem Anblik der Verheerung seines Landes in eine edle Wuth gerieth, sein Leben für sein Volk setzen wollte, und den Turenne auf einen Zweykampf herausforderte, mit dem bon mot antwortete: Seitdem er die Ehre habe, dem König von Frankreich zu dienen, schlage er sich nur an der Spitze von 20000 Mann. Wie klein steht in meinen Augen der große Turenne da, wie er dem gefühlvollen Fürsten mit kaltem Wiz ins Gesicht trozt: Sich, diese 20000 Franzosen berechtigen mich, dein Land zu verwüsten!

Mein Freund führte mich an die Kathedralkirche, die noch halb im Schutt liegt. Hier sah ich die entweihte Ruhestätte der alten Kaiser, deren Särge unsere Soldaten plünderten, und deren Gebeine sie zerstreuten.
„ Das geschah in Ihrem goldnen Zeitalter, sagte mir
„ mein Freund, unter Ludwig XIV. wo Sie die größ-
„ ten Dichter, Redner, Tänzer, Philosophen, u. d. m.
„ hatten; wo Ihre Verfeinerung auf den höchsten
„ Grad stieg; und wir Deutsche in Ihren Augen nicht
„ vielmehr als Iroken waren. „ — Fast, Bruder, hatte ich mich geschämt, ein Franzos zu seyn. — —

Sowohl zu Speyer, als zu Bruchsal fand ich in den wenigen Häusern, worin wir unsre flüchtigen Besuche abstatteten, mehr Geselligkeit und guten Ton, als ich erwartete. Ich bemerkte, daß man in diesen Gegenden sehr für die Fremden eingenommen ist.

Die wenigen Tage, die ich zu Karlsruhe zubrachte, gehören unter die vergnügtesten meines Lebens. Ich sah einen Fürsten, der wirklich bloß für seine Unterthanen lebt, und nur in ihrem Glük das seinige sucht; dessen ten aufgeklärter, thätiger Geist den ganzen Staat belebt, und durch seinen Einfluß alle, die an der Staatsverwaltung Theil haben, zu warmen Patrioten gebildet hat. Der ohne Anspruch auf äussere Scheingröße bloß für sein Volk, und nur durch stille Wirksamkeit für das Wohl desselben groß seyn will. Erziehungsanstalten, Polizeyverordnungen, Ermunterungen zum Landbau und zur Industrie; kurz, alles athmet den Geist der Philosophie und warmen Menschenliebe. O daß er nicht viele Millionen Menschen so glüklich machen kann, als er seine 200000 macht!

Nach den Kurfürsten und den Häusern Würtemberg und Hessenkassel, ist der Markgraf von Baden einer der mächtigsten Fürsten des deutschen Reiches. Nur die Fürsten von Bayreuth und Darmstadt können sich mit ihm messen. Seine Einkünfte belaufen sich beynahe auf 1200000 Gulden, oder 2600000 Libres.

Die markgräflichen Lande liegen von Basel längst dem rechten Ufer des Rheins herab, bis nahe an Philipsburg, und von da durch einen Theil des Elsasses, bis zur Mosel hin, zerstreut. Wenn sie rund beisammen lägen, so würden sie noch mehr eintragen. Sie haben einen Ueberfluß an Getreide, Vieh, Holz und Wein, welcher besonders in dem nahe bey Basel gelegenen Theil vortreflich wächst. Man bricht auch Marmor im Lande, und thut ihm die Ehre an, ihn mit dem florentinischen und kararischen zu vergleichen; aber gewiß ist man zu höflich gegen seinen Landsmann. — Die sanfte Regierung gewährt den Einwohnern einen ruhigen Genuß der Güter, womit die Natur ihren Fleiß so reichlich lohnt. Da die Eingeschränktheit der Einkünfte und die kluge Oekonomie des Hofes ihnen keine Aussichten zu übermäßßgem Reichthum öfnet, sie aber zugleich gegen drückende Armuth geschüzt sind, so leben sie fast alle in dem glüklichsten Mittelstand. Die Sicherheit ihres Eigenthums und Erwerbes, und der durch die Schiffarth auf dem Rhein erleichterte Absaz macht ihren Kunstfleiß rege. Die Manufakturen vermehren sich von Jahr zu Jahr; und einige derselben, z. B. das Fayence von Durlach nehmen sich vorzüglich aus. Auch mit dem Seidenbau hat man schon glükliche Versuche gemacht.

Der Markgraf ist als Privatmann eben so liebenswürdig und glüklich, als er es als Fürst ist. Er und seine Frau Gemahlin, eine Prinzeßin von Darmstadt, lieben die Musen und Grazien; und der Hof ist die beste Gesellschaft zu Karlsruhe. Man braucht wenig Titel, um Eintritt zu finden.

Der Hof ist wegen seiner Oekonomie in den benachbarten Gegenden sehr verschrieen. Sie mag wirklich in einigen Stücken übertrieben werden; aber der Fürst selbst hat keinen Theil daran. Seine Frau Mutter fand etwas Kärglichkeit nöthig, um ihr Haus von der alten schweren Schuldenlast zu befreyen. Als der Fürst im Jahr 1771 die Regierung der Lande des ausgestorbenen Hauses Baaden-Baaden antrat, fand man zu Rastadt fast so viele Schulden, als die ganze Erbschaft werth war. Mätressen, Pfaffen, Jäger und Köche hatten seit langer Zeit gewetteifert, diesen Hof zu Grunde zu richten, und unter der lezten Regierung war man in der Wirthschaft, zum Theil aus Vorsaz, nachläßig, weil man sah, daß ein anders, und zwar ein protestantisches Haus nachfolgen würde. Auch das alte Erbe des Markgrafen ward durch Kriege und starke Apanagen mit Schulden beschwert. Nun hat man sich eben nicht sehr zu wundern, wenn die Fürstin Mutter nicht gerne sieht, daß die Blumen in dem Hofgarten, womit, so wie mit Obst ein kleiner Handel getrieben wird, von den Prinzen zu Sträußen gebrochen werden. Ohne die äußerste Sparsamkeit wäre der Hof verloren gewesen. Die Schulden hätten sich von selbst immer mehr gehäuft; nun sind sie aber größtentheils schon getilgt. Auch fand ich bey genauer Untersuchung, daß das Geschrey hauptsächlich durch einige Schöngeister entstanden war, die sich durch Verbreitung solcher Anekdötchen rächen wollten, daß ihnen der Hof zu Karlsruhe nicht den Hunger gestillt.

Karlsruhe ist ein artiges, nach einem sehr eigensinnigen Plan von Holz neuerbautes Städtchen, das mitten in einem großen Wald, einem Rest des ungeheuren Gehölzes liegt, welches zu Tacitus Zeiten ganz Deutschland dekte. Damals zogen hier Auerochsen und Elendthiere, die sich nun in die diksten Wälder von Rußland verkrochen haben, heerdenweise hier umher. Der Abstich eines so verfeinerten Hofes und Volkes mit der ehemaligen Wildniß hatte viel Vergnügen für mich. — Durch dieses Holz hat man nach den 32 Winden 32 Alleen gehauen, und auf 9 derselben die Stadt in Gestalt eines Fächers erbaut. Aber das siehst du mit einem Blik auf dem Grundriß der Stadt und Gegend, den du ohne Zweifel in deiner Sammlung von Landkarten hast, besser als ich es dir beschreiben kann. Aber eine Anekdote von dem Erbauer des Orts kann ich nicht übergehen. — Ein durchreisender Kavalier äusserte vor ohngefehr 40 Jahren seine Befremdung darüber, daß das Schloß von Holz und wenigstens nicht von Baksteinen erbaut wäre. „Ich wollte nichts als ein Obdach haben, antwortete der Fürst, und meinen Unterthanen durch einen kostbaren Bau nicht lästig fallen. Ohne einen harten Druk derselben könnte ich nicht prächtiger wohnen." — Bruder! hätte man bey der Erbauung vom Louver, von Versailles, von Marly, so groß auch der Abstand zwischen einem König von Frankreich und einem Markgrafen von Baaden seyn mag, nicht ähnliche Betrachtungen machen sollen? Lebe wohl.

Stuttgard den 14. April 1780.

Von Karlsruhe wanderte ich zu Fuße hieher, durch ein romantisches, und zum Theil sehr schön angebautes Land.

So wie man aus Champagne in Lothringen tritt, sieht man schon einen merklichen Unterschied zwischen dem Zustand des altfranzösischen Bauers und jenes in den neueroberten Landen; wiewohl die leztern Gouverneurs diese Provinz schon ziemlich auf altfranzösischen Fuß zu setzen gewußt haben. Aber im Elsaß ist dieser Unterschied auffallend. Im Vergleich mit einem Altfranzosen ist der elsaßische Bauer ein Freyherr. Zwar habe ich in der Gegend von Straßburg auch schon über ungewohnte Bedrückungen klagen gehört; aber wenn die Elsasser den Zustand ihrer Landsleute in den innern Provinzen des Reiches kennten; sie würden selbst ihre Klage für ungerecht erklären.

In dem Strich von Deutschland, den ich bisher gesehen, befindet sich der Bauer noch viel besser als im Elsaß. In verschiedenen Ländern, wie z. B. im Würtember-

Brief.

tembergischen, ist er durch die Regierungsverfassung gegen allzugroße Despotie gesichert, und in kleinern Staaten schaft wohl auch das kaiserliche Ansehn Rath, wovon ich dir in der Folge einige Beyspiele zeigen werde. Auf dem Wege von Karlsruhe hieher konnte ich den Wohlstand der Landleute nicht genug bewundern.

Ehe ich dir meine Ausfälle in die benachbarten Gegenden von Schwabenland beschreibe, muß ich dich erst mit dem hiesigen Hof bekannt machen. Ohne Zweifel erwartest du Beschreibungen von prächtigen Festen, Bällen, Beleuchtungen, Opern, Balleten, Jagden, Konzerten, u. d. g. Mit allen dem kann ich dir nicht aufwarten. Man gräbt nun keine Seen mehr auf Bergen, und läßt sie frohndenweise durch die Bauern mit Wasser füllen, um einen Hirsch darin zu jagen. Man beleuchtet keine Wälder mehr, und läßt mitten in denselben aus künstlichen Grotten ganze Heere von Faunen und Satyren springen, um zur Mitternachtsstunde ein wollüstiges Ballet zu tanzen. Man baut keine blühende Gärten mehr mitten im Winter unter ungeheuern Dächern, worunter die Oefen den Trieb der Natur ersetzen müssen, und man durch den Duft der Blumen, wie im Frühling, spatzieren kann, dabey aber von der heißen Luft fast erstikt wird. Das berühmte Opernhaus, worin Noverre sich in seiner Größe zeigte, steht nun öde da. Du staunst über die Veränderung. — Ich kann sie dir nicht besser, als durch die eignen Worte des Herzogs erklären.

Im Jahr 1778. ließ der liebenswürdige Herzog bey Gelegenheit seines Geburtstages ein Manifest ergehen, wovon folgendes Auszüge sind. — „Da Wir ein

„Mensch

„ Mensch sind, und unter diesem Wort von dem so
„ vorzüglichen Grad der Vollkommenheit beständig weit
„ entfernt geblieben, und auch inskünftige bleiben wer-
„ den; so hat es nicht anders seyn können, als daß
„ theils aus angebohrner menschlicher Schwachheit,
„ theils aus unzulänglicher Kenntniß und andern Um-
„ ständen sich viele Ereignisse ergeben, die, wenn sie
„ nicht geschehen, sowohl für izt als für das künftige
„ eine andere Wendung genommen hätten. Wir be-
„ kennen es freymüthig; denn dies ist die Schuldigkeit
„ eines Rechtschaffenen, und entladen uns damit einer
„ Pflicht, die jedem Nachdenkenden, besonders aber
„ den Gesalbten der Erde, immer heilig seyn und blei-
„ ben muß. Wir sehen den heutigen Tag (es war sein
„ 50ster Geburtstag) als eine zweyte Periode unsers
„ Lebens an. — Wir geben Unseren lieben Untertha-
„ nen die Versicherung, daß alle die Jahre, die Gott
„ uns noch zu leben fristen wird, zu ihrem wahren
„ Wohl angewendet werden sollen. — — Würtem-
„ bergs Glüklichkeit soll also von nun an, und auf im-
„ mer auf der Beobachtung der ächtesten Pflichten des
„ getreuen Landesvaters gegen seine Unterthanen und
„ auf dem zärtlichen Zutrauen und Gehorsam der Die-
„ ner und Unterthanen gegen ihren Gesalbten beru-
„ hen. — Ein getreuer rechtschaffener Unterthan be-
„ denke, daß das Wohl eines ganzen Staats oft dem
„ Wohl eines Einzeln vorausgehen müsse, und murre
„ nicht über Umstände, die nicht allemal nach seinem
„ Sinne seyn können. — Wir hoffen, jeder Unterthan
„ wird nun getrost leben, daß er in seinem Landesherrn
„ einen sorgenden, getreuen Vater verehren kann. Ja,

Würtem-

„Würtemberg muß es wohl gehen! Dies sey in Zu-
„kunft, und auf immer die Losung zwischen Herrn,
„Diener und Unterthan."

Der Herzog ist nun ganz Philosoph; stiftet Schulen, und besucht sie fleißig; treibt Landwirthschaft, und ist sogar oft beim Melken der Kühe; schüzt Künste, Wissenschaften und Handlung, errichtet Fabriken, und lebt wirklich bloß, um das wieder gut zu machen, was er allenfalls verdorben hat.

Sein feuriges Genie riß ihn zu dem Aufwand für Pracht und Sinnlichkeit hin, wodurch er sich in ganz Europa berühmt gemacht. Der Ton der damaligen Zeiten, die Beyspiele andrer Höfe, als des sächsischen und pfälzischen, der italiänische Geschmak, den er auf seinen Reisen annahm, die Verführung seiner Bedienten, worunter sich unsere Landsleute besonders hervorthaten, und verschiedene andere Umstände gaben diesem Genie vollends eine falsche Richtung. Die Schulden häuften sich. Man suchte Hülfe in neuen Auflagen. Die Landstände sträubten sich dagegen, und ertrozten endlich eine Kommißion vom kaiserlichen Hof. Man soll gegen 12 Millionen Gulden Schulden vorgefunden haben. Die bösen Rathgeber werden vom Herzog entfernt. Unterdessen wird an den meisten deutschen Höfen ein gewisser philosophischer und wirthschaftlicher Ton herrschend. Sogleich entscheidet sich das Genie des Herzogs mit eben der Wärme, womit es zuvor an dem wollüstigen Pracht hieng, für die gute Sache. Die Gräfin von Hohenheim, ehemals Frau von **, ist unter der Menge Frauenzimmer, die der Herzog kennen lernte, das einzige, das mit ihm sympatisiren und ihn fixiren kann; und so geschah die Veränderung, worüber her die Patrioten im Würtembergischen entzükt sind, und die noch die spätesten Enkel segnen werden. — Wehe dem Mann, der darüber witzeln und spotten kann!

Nun könnte ich dich lange mit den Schulanstalten des Herzogs, besonders mit seiner berühmten Militärakademie unterhalten, wenn ich nicht glaubte, daß sie dir schon zum Theil bekannt wären, und ich nicht wegen dem gezwungenen Wesen an unsern Schulen überhaupt, und besonders an den hiesigen einen unüberwindlichen Eckel hätte. Ich gebe zu, es ist gut, vortreflich, sogar bey den heutigen Staatsverfassungen nothwendig, daß man die jungen Leute voll Gelehrtheit pfropft, noch ehe ihre Körper und Sinnen ausgebildet sind; aber ich kann mir nicht helfen; ich möchte allzeit ausspeyen, wenn ich einen Jüngling von 16 — 18 Jahren sehe, der wie ein Magister spricht, und sich wie derselbe gebehrdet. Meine Buben, wenn Gott mir einige schenken sollte, müßten bis in diese Jahre wie die jungen Kosacken aufwachsen. — Doch meine Gedanken über die Erziehung will ich dir auf ein andermal versparen. Nun etwas vom Lande Würtemberg.

Der größte Theil des Herzogthums ist ein großes Thal, das gegen Osten von einer Bergkette, die Alp genannt, gegen Westen vom Schwarzwald, gegen Norden von einem Theil der Berge des Odenwaldes und einem Arm des Schwarzwaldes, und gegen Süden von den zusammenlaufenden Armen der Alp und des Schwarzwaldes eingeschlossen ist. Im Ganzen ist es gegen Norden abhängig, und wird in der Mitte vom Necker durchströmt. Eine Menge kleinere Arme laufen von den verschiedenen Bergketten umher gegen die Mitte zu, kreuzen sich auf die mannigfaltigste Art, und bilden kleinere

Thäler,

Thäler, die von unzäligen Bächen gewässert werden. Diesen kleinen Bergästen, welche die Thäler gegen die rauhen Winde decken, und zwischen denen sich die Sonnenhitze einfängt, hat das Land seine große Fruchtbarkeit zu danken. Auf der sonnigten Seite sind die meisten Berge und Hügel bis auf eine gewisse Höhe mit Weinreben bepflanzt; oben sind vortrefliche Walden und Waldungen, und in den Tiefen liegt eine leichte, lokere, graue Erde, die alle Getraidearten, besonders aber den Dinkel, in erstaunlicher Menge zurükgiebt. Im Ganzen hat das Land viele Aehnlichkeit mit dem mittlern Theil von Lothringen, ist aber lange nicht so steinigt, und hat viel bessere Erde. Es hat an allen Lebensbedürfnissen einen großen Ueberfluß, das Salz ausgenommen, wovon es den größten Theil zu seiner Konsumtion aus Bayern bezieht. Der Ueberfluß von Getraide wird meistentheils in die Schweiz, und der Wein jezt bis in England verführt.

Die Grösse des Landes beträgt nicht mehr als ohngefehr 200 deutsche oder 266 französische Quadratmeilen, und in diesem Umfange wohnen 560000 Menschen, also im Durchschnitt 2800 Seelen auf einer deutschen Quadratmeile. Ausser den Gegenden um die Hauptstädte, und einigen Bezirken in Italien und den Niederlanden sind gewiß wenige Länder in Europa nach dem Verhältniß der Größe so stark bevölkert, und doch trägt das Land so viel Getreide, daß es noch einmal so viel Menschen nähren könnte.

Die Einkünfte des Herzogs sollen beynahe drey Millionen Gulden betragen. Ich finde das sehr wahrscheinlich, obschon verschiedene gedrukte Nachrichten eine viel kleinere Summe angeben. Es sind wenige Länder in

Deutsch-

Deutschland, wo von den jährlichen Einkünften nicht fünf Gulden im Durchschnitt auf den Kopf kommen sollten. Nach der Vergleichung, die ich aus öffentlichen Nachrichten hierüber angestellt habe, fallen in der Vertheilung der Revenüen in vielen Ländern noch mehr als fünf Gulden auf einen Kopf. Warum sollte es in Würtemberg, einem der ergiebigsten Länder von Deutschland, wo der Unterthan eben auch um nichts mehr geschont wird, nicht auch so seyn?

Der Herzog ist nach den Kurfürsten ohne Vergleich der mächtigste Fürst Deutschlands. Der Landgraf von Hessenkassel hat nicht viel über zwey Drittheile von den Unterthanen und den Einkünften desselben, ob er schon wegen seiner Verbindung mit England mehr Aufsehens macht.

Die Verwaltung des Herzogthums ist lange nicht so einfach, als jene der baadenschen Lande. Hier wimmelt es von Räthen, Schreibern, Prokuratoren und Advokaten, wovon wenigstens die Hälfte überflüßig, aber durch die Landesverfassung zum müßigen Genuß ihres Gehaltes berechtigt ist. Ein Theil davon gehört zu dem Parlament, welches die herzogliche Gewalt einschränken soll. — Aber auch der Hofstaat des Herzogs ist, der ansehnlichen Reduktionen ohngeachtet, noch übermäßig zahlreich.

Die herzogliche Armee bestand ehedem aus 14000 Mann. Wenn die übrigen Ausgaben eingeschränkt würden, und die Schulden bezahlt wären, so könnte man diese Anzahl Truppen immerfort auf den Beinen halten. Sie wäre der Bevölkerung und dem Ertrag des Landes ziemlich angemessen. Bey der großen, oben berühr-

Brief.

berührten Veränderung wurde sie aber bis auf ohngefähr 5000 Mann reduziert, und diese scheinen keine von den beßten deutschen Truppen zu seyn.

Stuttgard zählt ohngefähr 20000 Einwohner. Seitdem der Herzog wieder hier residirt, nimmt die Bevölkerung von Jahr zu Jahr zu. Während des Streites mit seinen Landständen, wobey Stuttgard den Mund besonders weit aufthat, verlegte er seine Residenz nach Ludwigsburg. Stuttgard fühlte bald, was es dadurch verloren. Die Stadt gab sich alle erdenkliche Mühe, um den Herzog wieder zu gewinnen. Es war alles umsonst. Nach der allgemeinen Aussöhnung zwischen dem Landesherrn und Landesständen ward endlich der Wunsch der Stuttgarder erfüllt.

Die Stadt ist wohl gebaut, und wird von einem schönen und starken Schlag Leute bewohnt. Das Frauenzimmer ist groß, schlank und rund. Seine Farbe ist Milch und Blut. Der Reichthum des Erdreichs und die Leichtigkeit, bey Hofe oder vom Lande, Unterhaltung zu finden, sind Ursache, daß man hier sehr wohl lebt. Was man bey uns für zwölf Personen aufsezt, reicht hier kaum für sechs hin. Dem Stuttgarder ist es daher zu Hause so wohl, daß er in einer Entfernung von 6—8 Meilen das Heimweh bekömmt.

Obschon das Land durchaus protestantisch und nur der Herzog katholisch ist, so herrscht doch noch viel Aberglauben und Bigotterie. Die Geistlichkeit gehört zu den Landständen, hat eine Art von eigener Jurisdiktion, und ist sehr begütert. Sie weiß, was sie bey einer Veränderung zu verlieren hat, und hält daher strenge auf Orthodoxie. Die Sitten sind dadurch nicht gebessert.

C   Sehr

Sehr merkwürdig ist die Liebe der Würtemberger zu ihrem Landesvater. Auch zu der Zeit, wo das größte Talent bey Hofe war, neue Auflagen zu erfinden, hatt' es nichts von dieser Liebe verloren. Der Fluch des Volks fiel auf die, die ihn verdienten, auf den Schwarm der Projekteurs, die den guten Herzog irre führten. Seitdem diese von ihm entfernt sind, ist er der Abgott seiner Unterthanen, und er verdient es zu seyn. Leb wohl.

Stuttgard den 20. May 1780.

Auf den verschiedenen Einfällen, die ich in die benachbarte Staaten des schwäbischen Kreises gethan, machte ich bey weitem nicht die reiche Beute, die ich mir versprochen hatte. Ich sah ein Dutzend Reichsstädte, worin, der republikanischen Verfassung ungeachtet, kein Fünkchen Gefühl von Freyheit und Vaterlandsliebe auszuspüren ist; die im Gedränge ihrer mächtigeren Nachbarn alle Empfindung von dem Werth der Unabhängigkeit verloren haben; deren Bürger sich ausser ihren Ringmauern schämen, ihr Vaterland zu nennen, zu Haus aber die Staatsverfassung des alten Roms in der elendesten Farce vorstellen, und im Ton dieser ehemaligen Weltherrscher auf ihre öffentlichen Gebäude, oder auch wohl gar in ihren Rathsverordnungen schreiben: Senatus Populusque Hallensis, Bopfingensis, Nördlingensis &c. So oft ich das Populus erblikte, fiel mir ein, was einer unsrer Landsleute sagte, als von einer Nation die Rede war, die zu Paris die Schuhe putzt: Ce n'est pas une Nation; c'est une f...e race.

Brief.

Noch im fünfzehnten Jahrhundert spielten die schwäbischen Reichsstädte eine andere Rolle. Sie hatten unter sich, wie auch mit vielen rheinischen und fränkischen Städten einen Bund, der oft die benachbarten Fürsten zittern machte, und den Kaiser selbst in Verlegenheit sezte, aber eben deswegen von Karl V. getrennt war. Seit dem Ursprung des hanseatischen Sistems war alles Geld aus dem Lande umher in die Städte geflossen. Sie waren der ausschließliche Siz der Industrie, und diese machte sie zu großen Unternehmungen aufgelegt. Ihr Geld machte die benachbarten Fürsten und Herren, von denen damals ein guter Theil vom Strassenraub lebte, auf eine gewisse Art von ihnen abhängig. Hätte ihnen der kaufmännische Geist, der sie beherrschte, erlaubt, mehr Werth auf Besizungen großer Ländereyen zu sezen, so könnten sie jezt noch etwas von ihrem ehemaligen Glanz behaupten. Mit ihrer damaligen Macht hätten sie viel erobern, und mit ihrem Reichthum viel erkaufen können.

Nun ist alle Hofnung verschwunden, daß sie sich jemals wieder bedeutend machen könnten. Seitdem die Fürsten den Werth der Industrie kennen, und ihr in ihren Ländern freyen Schwung gestatten, hat sie sich nach und nach aus den schwarzen Mauern der Städte, worin ihr das Zunftsystem, die kleinlechte Politik und die Eifersucht ihrer Mitbürger ohnehin viele Fesseln anlegten, unter den Schuz derselben geflüchtet. Es ist so weit mit ihnen gekommen, daß viele derselben noch ihr kleines Gebiete werden verkaufen müssen, um ihre Schulden bezahlen zu können. In diesem Fall befindet sich unter andern die Stadt Ulm, die mächtigste nach Augsburg im Schwabenlande. — Ich habe dir also von den Reichsstädten, die mit zu Gesicht gekommen, nichts merk-

merkwürdiges zu sagen, als daß Heilbronn eine sehr reizende Lage, und Halle Salzsiedereyen hat, die jährlich ohngefehr 300000 Gulden reinen Gewinn abwerfen.

Nebst diesen Städten durchlief ich in sehr kurzer Zeit auch ein Dutzend Fürstenthümer, Grafschaften, Prälaturen, u. d. m. *), mit deren Namen ich dich nicht schikaniren will. Fast alles Land besteht aus waldigten Bergen und Hügeln, und fruchtbaren Thälern, die sehr gut angebaut sind. Diese starke Bevölkerung bey so wenig günstigen Umständen, bey den Erpressungen kleiner Herren, die ihre Mätressen, ihre Jagdhunde, französischen Köche, und wohl auch ein englisches Pferd haben müssen, bey dem Gezerre mit den Nachbarn, welches durch die verwirrte Verfassung des Reiches ins Unendliche gezogen wird, bey den geringen Vortheilen, die ein kleiner Staat seinen Einwohnern gewähren kann, bey dem immer anhaltenden Geldverlust, indem der kleine Herr seinen Luxus größtentheils mit fremden Waaren befriedigen muß; in Betracht alles dessen, ward mir diese Bevölkerung eine Art von Wunder.

Alles, was Religion, Sitten, Anhänglichkeit an das Väterliche, Temperament und Nahrungsmittel dazu beytragen mögen, kann den obigen Gegengründen nicht das Gleichgewicht halten. Folgende Betrachtungen schienen mir endlich das Räthsel aufzulösen.

Das

---

*) In der Gegend von Schwaben, die der Herr Verfasser bis hieher gesehen, wüßte ich eben die Fürstenthümer und Prälaturen nicht dutzendweise aufzutreiben. Doch man muß ihm den Franzosen zu gut halten, ob er es schon weniger, als viele andre seiner Landsleute ist, welche Bemerkung für viele andre Stellen, wo man die ** ersparen will, gelten soll. D. H.

Brief.

Das Eigenthumsrecht, welches die meisten Bauern in diesen Gegenden zu genießen haben, würde diese Staaten, die fast bloß vom Ackerbau bestehen, von ihrem Untergang in die Länge nicht retten können; denn die erstaunliche Fruchtbarkeit der hiesigen Weiber müßte mit der Zeit so viele Theilungen der Güter veranlassen, daß den Erben endlich kaum Raum genug übrig bliebe, ihre Betten zu stellen. Ich glaube also, daß eine mäßige Auswanderung eine große Wohlthat für diese Staaten ist. Unter allen deutschen Völkern wandern die Schwaben am häufigsten aus ihrem Vaterlande; und doch bleibt es immer eines der bevölkertsten Länder. Die Auswanderer sind größtentheils der Auswurf dieser kleinen Horden; liederliches Gesindel, das sein übriges Eigenthum an einen bessern Wirth um das Reisegeld ins Schlaraffenland überläßt, worin sie hoffen, ihrer Liederlichkeit besser nachhängen zu können. Der andere Theil derselben besteht aus jungen Bauernsöhnen, die als Handwerker ihr Brod in der Fremde suchen, und wenn sie es gefunden haben, ihre Theilchen am väterlichen Erbe um ein geringes dem ältern Bruder verkaufen, oder durch ihren Tod ihn in den Besitz des Ganzen setzen. Dadurch behalten die Güter immer eine gewisse verhältnißmäßige Größe, die zur Erhaltung eines kleinen Bauernstaates unumgänglich nothwendig ist, dem es eben so nachtheilig ist, wenn die Besitzungen zugroß sind, welches aber in dem Theil von Schwaben, den ich bisher gesehen, der Fall nicht ist.

Mit diesen kleinen Völkerschaften verhält es sich ganz anders, als mit großen Staaten. Die Eingeschränktheit des innern Luxus gestattet hier nicht, die unzählichen Arten von Beschäftigungen und Erwerbungsmittel, die in einem großen Staat die Menschen ins Unendliche vervielfachen lassen. Die Kanäle, wodurch das Geld hier umläuft, sind zu einfach, und die Natur und die Umstände müssen sehr günstig seyn, wenn in einigen dieser Ländchen, Manufakturen gedeihen sollen. Die innere Konsumtion ist zu gering; der Absaz in die meisten benachbarten größern Staaten durch Auflagen auf fremde Waaren erschwert, und die Industrie findet in diesen durch den Schuz mächtigerer Fürsten, durch die stärkere Konsumtion, und in der Mannichfaltigkeit der ersten Materien, welche ihr diese größere Länder liefern, ungleich mehr Vortheile. — Das eigentliche Leben dieser kleinen Staaten ist also bloß der Ackerbau, dessen Zustand ich in Schwaben bewundern muß. Ich behaupte hiemit keinesweges, daß dies Land, so volkreich es auch ist, in seinem bestmöglichen Zustand sey. Es fehlt, in Betracht seines natürlichen Reichthums, noch viel daran. Ich erkläre dir nur, wie es bey so geringer Aufmunterung das seyn kann, was es ist.

Das meiste zu diesem Anbau, und zu dieser Bevölkerung des Landes, trägt die Handhabung der Gerechtigkeit, und eines gewissen Grades von Polizey bey, die auch in den kleinsten Ländchen und Städtchen, die ich sah, meine Erwartung weit übertraf. Ich bleibe dabey, so sehr man auch in diesem philosophischen Jahrhundert dagegen schreyt, daß die berüchtigten Prozeßformalitäten im Ganzen mehr Gutes als Böses thun. Es ist wahr, der deutsche Prozeß hat beym ersten Anblik eine fürchterliche, gothische Gestalt. Er ist mit so vielen Formeln überladen, daß man kaum eine Grundidee davon erkennen kann. Diese machen ihn äußerst

schwer-

schwerfällig, träge, kostbar zu unterhalten u. s. w. Sie öfnen der Schikane den Weg, und füttern eine Menge Advokaten und Prokuratoren, denen es daran gelegen seyn muß, das ganze Land im Streit zu sehn. Allein, dagegen binden sie den Richter, wie die Partheyen, an eine gewisse kalte Ordnung, die der täuschenden Redekunst, den willkührlichen Eingriffen, den gewaltthätigen Leidenschaften, und den augenbliklichen Launen wenig Zugang gestattet. Durch diesen Zwang werden Richter und Partheyen in eine gewisse Gleichheit gesezt, fühlen sich abhängig, und können deswegen ihr eigenes Selbst nicht so leicht geltend machen, als bey unserer einfacheren, und dem Anscheln nach, philosophischeren Gerichtsform. Realisire man uns nur die Ideale von guten Richtern, die uns die hochweise Herren vordeklamiren. Gebe man uns die Sokraten zu Dutzenden her, die Kopf und Herz, guten Willen und Thätigkeit, Uebung und Wärme, Enthaltsamkeit, und eine immer gleiche Anstrengung besitzen, und wir wollen ihnen von Herzen gerne die Richterstühle einräumen, und alle lästige Formalitäten wegschaffen. Aber so lange diese Halbgötter auf unserer Erde selten bleiben, so lange die Philosophie mehr eine Sache des Kopfs als des Herzens ist, und so lange die Eigenliebe der Tyranney selbst eine philosophische Schminke geben, und das Gewissen durch Trugschlüsse betäuben kann; sollten wir uns keine andre Richter wünschen, als deren Eigenmächtigkeit, so viel als möglich, eingeschränkt ist, und die nicht für jeden einzeln Fall Gesetzgeber, sondern nur nach einer gewissen Form, Ausleger der Gesetze sind.

Uebrigens kann die deutsche Gerichtsform viel von ihrer schreklichen Rüstung perlieren, ohne eben diesen Zwek zu verfehlen; aber ich kann unmöglich meine Stimme dazu geben, daß, wie viele wollen, alle Streitigkeiten, wie der gordische Knoten aufgelöset werden sollen. Verschiedene deutsche Fürsten haben sich als Philosophen zeigen wollen, und Hand an diese Formalitäten gelegt. Wenn es doch leichter wäre, den goldnen Mittelweg zu treffen!

In diesen kleinen Staaten hört man wenig von Unterdrückungen einzelner Personen. Man hat sogar häufige Beyspiele, daß diese kleine Herren von ihrem eignen Rath in Privatstreitigkeiten nach aller Rechtsform verfällt werden. Die Despotie dieser Souveränchen spielt mehr auf das Ganze, und die Last wird also durch die Vertheilung leichter. Eine gewisse Redlichkeit, deren Gefühl bey einzeln offenbaren Gewaltthätigkeiten erwacht, ist immer noch Sitte unter ihnen. Nur im Punkt der Jagdgerechtigkeit pflegen sie öfters auszuschweifen, und der Menschlichkeit zu nahe zu treten. Uebrigens begnügen sie sich, wenn sie und ihre Pferde und Hunde wohl gefüttert werden. Der deutsche, jovialische Humor, der sie beherrscht, sichert die Unterthanen der meisten dieser Herren gegen die stürmische, ausgelassene und gränzenlose Gewaltthätigkeiten, die unter einem andern Himmel, z. B. in Spanien, Italien, Frankreich u. a. bey einer ähnlichen Staatsverfassung nothwendig erfolgen müßten. Auch sucht der jetzige Kaiser sein Recht mehr geltend zu machen, als seine Vorfahrer. Die Fürsten, welche nicht mächtig genug sind, der Exekution zu trotzen, dürfen ihre Unterthanen nicht auf das äusserste treiben. Vor wenig

Jah-

Jahren wurde den Unterthanen eines ſchwäbiſchen Fürſten, der ſie aus ihren Beſitzungen vertreiben, und dieſelbe ſeinen Hirſchen und Schweinen einräumen wollte, von Wien aus, Hülfe verſchaft.

Das Kriminalgericht könnte in dieſen Gegenden vor allem einige Veränderungen leiden. Man foltert noch, und köpft, und hängt, und rädert, und ſpießt wohl auch noch pünktlich nach der Karolina. Es iſt auch noch nicht gar lange her, daß man Hexen verbrannte. Aber dazu kömmt es jezt eben nicht mehr. Lebe wohl.

Augſpurg ——

Zur Strafe für deine faſt unverzeihliche Trägheit im Briefſchreiben ließ ich dich ſo lange auf Einen von mir warten. Da du dich aber in dem Briefchen, das ich geſtern erhielt, reumüthig zeigeſt, und Nanette für dich im Poſtſcript um Verzeihung bittet, ſo will ich es dir ſo hingehen laſſen, und mein Taſchenbuch wieder zu Handen nehmen.

Von Stuttgard aus, that ich mit einem guten Freund, einem jungen Herrn vom Stande, einen Einfall tief in den Schwarzwald. Die Bewohner des würtembergiſchen Antheils ſind lange nicht ſo ſchön, wohlgebaut und munter, als die am Necker und den angränzenden Thälern. Die Männer ſind plump, und die Weiber gelb, ungeſtaltet, und gemeiniglich ſchon in den dreißig Jahren runzlicht. Sie unterſcheiden ſich auch von ihren übrigen Landsleuten durch einen abſcheulichen Geſchmak, ſich zu kleiden, und einen auffallenden Mangel an Reinlichkeit. Kalb ist die beste Stadt in dieser Gegend; sie hat ansehnliche Manufakturen, und ihre Bürger äusserten bey den berüchtigten Streitigkeiten der Landesumstände mit dem Herzog ungemein viel Muth, Freyheitsliebe und Anhänglichkeit an ihre Verfassung.

Ich konnte die Ursache der Häßlichkeit dieser Leute nicht ausfindig machen. Härte der Arbeit und schlechte Nahrung mögen etwas dazu beytragen; aber sie sind nicht die einzige Ursache, denn im fürstenbergischen und besonders im östreichischen Antheil dieses ungeheuern Gebirges sahen wir die schönsten Leute, ob sie gleich die harte Arbeit und die Nahrungsmittel mit den Würtembergern gemein haben. Vielleicht ist die Richtung und Tiefe der Thäler, und also die Luft, oder vielleicht das Wasser, daran Schuld.

Diese Bergreise hatte ungemein viel Vergnügen für mich. Es war mir wie in einer Feenwelt. Eine zauberische Außsicht übertraf immer die andere an Mannichfaltigkeit und Schönheit. Seltsame Gestalten und Verkettungen der Berge, Wasserfälle, Parthieen Waldung, kleine Seen in tiefen Schlünden, Abstürze, kurz alles ist in so großem Stil, daß ich es nicht wage ihn in einem Brief zu kopiren.

Ich rastete einige Tage bey meinem Freund zu Stuttgard aus, und machte mich sodann auf den Weg nach dem Bodensee, wornach sich mein Auge sehnte. Ich kam über eine andre Bergkette, die Schwabenland von Ostnorden nach Westsüden in der Mitte durchschneidet, und die Alp genennt wird. Sie streckt sich noch von der schwäbischen Gränze an zwischen Bayern und Franken bis an den Fichtelberg hin, und hängt

mit

mit dem böhmischen Gebirge zusammen. — Das merkwürdigste auf dieser Reise war mir das Stammhaus der Könige von Preussen.

Wer sollte glauben, daß Friederich der Große, welcher gegen die vereinte Macht der mächtigsten europäischen Häuser stand, und das Gleichgewicht in Norden hält, der Abkömmling eines jüngern Astes des hohenzollerischen Stammes ist, des kleinsten fürstlichen Hauses in Deutschland, dessen zween noch lebende Aeste, Hechingen und Siegmaringen zusammen keine 70000 Gulden Einkünfte haben! — Der jüngere Bruder eines unserer Marquis ließ sich das von einem Preussen erklären, schlug einen Schneller mit den Fingern und erwiederte: Voilà un Cadet qui a fait fortune! (Dieser jüngere Sohn hat mir ein Glük gemacht!)

Wir kamen quer durch das Fürstenthum Hohenzollern, und die Breite wird wenig über ein paar Stunden betragen. In die Länge soll es gegen 10 Stunden haben, in welchem Umfang aber, den abgerissenen siegmaringen Theil mitbegriffen, nicht über 12000 Menschen wohnen. Das Land ist sehr bergigt und waldigt, und die Fürsten waren von jeher als große Jäger bekannt. Die jeztregierenden Herren sind, wie man mir sagt, sehr liebenswürdige Männer, und suchen beym König von Preussen das Andenken ihres gemeinschaftlichen Ursprungs zu erneuern; wie denn auch kürzlich ein Graf von Hohenzollern zum Koadjutor von Ermeland, wenn ich nicht irre, ist ernennt worden.

Wir besahen das Schloß Hechingen, das auf seinem hohen Berg eine unbegränzte Aussicht in das Würtembergische und andre benachbarte Länder beherrscht. Einer der ehemaligen Regenten dieses kleinen Ländchens

stand

stand mit seinem Gefolge auf der Terrasse des Schlosses, und weidete seine Augen in der weiten und schönen Gegend umher. Er nikte dann mit dem Kopf und sagte: Das Würtemberger Ländchen stünde unserm Land wahrhaftig sehr wohl an. — Wenn auch die Anekdote nicht wahr seyn sollte, so ist wenigstens der Einfall nicht übel; denn das Ländchen Würtemberg ist wenigstens dreyßigmal so groß, als das Land Hohenzollern.

Beym Anblik des Bodensees war ich würklich entzükt. Ich will keine dichterische Beschreibung dieses herrlichen Anbliks versuchen. Das hieße, das größte mannichfaltige und lebhafteste Gemälde dir mit einem Gesudel von Kohlen vorzeichnen wollen. Ich will dir nur meine philosophischen politischen Beobachtungen über die Gegend und die Bewohner derselben mittheilen; denn was meine Gefühle betrift, so weißt du, daß ich in Beschreibung derselben sehr unglüklich bin.

Auffallend ist vor allen, daß an diesem großen Gewässer, welches auf eine beträchtliche Strecke die Gränzscheidung zwischen Deutschland und der Schweiz ist, keine einzige Stadt von Bedeutung liegt. Konstanz, die beträchtlichste an den Ufern desselben, zählt kaum 6000 Einwohner. *) Sie hat weder eine erhebliche Handlung, noch die geringste Manufaktur. Da Schafhausen, St. Gallen, Zürich und einige andere nicht weit entlegene Städte, welche die vortheilhafte Lage nicht haben, sehr blühende Handelsstädte sind. Augenscheinlich ist der Schwabe überhaupt lebhafter und reger

von

---

*) Wenigstens 5000, und also doch um ein Beträchtliches mehr, als Koxe in seiner Schweizerreise angiebt, um auf Kosten dieser Stadt einige in der Nachbarschaft derselben im Vergleich größer zu machen. D. U.

von Natur, als der Schweizer in den angränzenden Gegenden, und was das Landvolk betrift, so bemerkt man sowohl in Rüksicht auf Sittlichkeit, als auf Fleiß einen auffallenden Unterscheid zum Vortheil des erstern, da sich hingegen die helvetischen Städte eben so stark zu ihrem Vortheil vor den schwäbischen in ihrer Nachbarschaft auszeichnen.

In Konstanz wird man stark versucht, den Mangel an Kunstfleiß, die Vernachläßigung der Vortheile, welche die Natur darbietet, und die herrschende Liederlichkeit der Religion zur Last zu legen. Schon im Elsaß und in dem untern Schwaben fand ich unter den Protestanten mehr Gewerbgeist, als unter den Katholiken. Die Feyertäge, das häufige Kirchengehn, das Wallfahrten, die Möncherey u. dgl. m. tragen viel, und noch viel mehr die übertriebenen Lehren von Verachtung zeitlicher Dinge, und von Erwartung einer wunderthätigen Unterhaltung von Gott, die Seichtigkeit, in Klöstern und der Kirche Versorgung zu finden, und die Eingeschränktheit der Begriffe, die man zum Behuf seines Glaubens bey einem Katholiken im Vergleich mit dem Protestanten voraussetzen muß, dazu bey. Unter dem großen Haufen der Bauern beyder hier zusammengränzender Völker gleicht sich das durch die natürliche Schwerfälligkeit und Wildheit des reformirten Schweizers, worüber ich dir mit der Zeit in meinen Briefen über die Schweiz Erläuterung geben werde, ziemlich zum Vortheil des Schwaben ab. Aber in den Städten machen die mehrern Kirchen und Klöster nebst obigen Ursachen auf Seite der Katholiken und die große Aufklärung auf Seite der reformirten Schweizer einigen Unterscheid, welcher aber noch ausser der Religion

ligion durch eine Menge andre Ursachen unendlich vergrössert wird.

In Frankreich, in den östreichischen Niederlanden und verschiedenen italiänischen Staaten sieht man offenbar, daß die Religion an und für sich selbst dem politischen Leben eines Volkes eben nicht sehr gefährlich ist, und daß sich Industrie und Aufklärung mit einer starken Dosis Aberglauben und Möncherey so gewiß vertragen können, als der Ritter aus der Mancha ausser dem Kreiß seiner Donquixotterie ein kluger und brauchbarer Mann seyn konnte. Die Religion ist also hier nicht so sehr die wirkende, als vielmehr die gelegenheitliche Ursache, und es hängt von den Lokalumständen ab, warum der deutsche Katholik nicht so aufgelegt zur Industrie ist als z. B. der Franzose oder Genueser.

Der Erziehungsart hat man das meiste zuzuschreiben. Du würdest staunen, wenn du den Unterschied zwischen der Erziehung der Jugend in den protestantischen Städten Deutschlands und den katholischen, oder auch zwischen diesen und den unsrigen sehen solltest. Ich brauche dir hierüber nichts zu sagen, als daß die Jesuiten, denen wir in Frankreich so viel zu danken haben, und die unsre Patrioten wieder in die Schulen zurük wünschen, in Deutschland ausgemachte Idioten waren, rüstige Verfechter der Barbarey, die sich eben so sehr beeiferten, allen Schwung des Geistes zu unterdrücken, als die unsrige das Genie zu entwickeln suchten.

Ein anderes Hinderniß für den Kunstfleiß in diesen Gegenden ist der dumme lächerliche Stolz des Adels. Während daß die Kaufleute und Fabrikanten, in den benachbarten Städten Helvetiens Regenten sind, blikt der Domherr in Konstanz mit Verachtung auf den Bürger

ger herab, der sein Vermögen nicht seiner zweifelhaften Geburt, sondern seinem Verstand und Fleiß zu verdanken hat, und bläht sich mit dem Register seiner 16 stiftmäßigen Ahnen, welches er beym Antritt seiner Pfründe beweisen muß, ohne zu bedenken, daß er vielleicht von einem Laquayen, Jäger oder Stallknecht in die Familie unterschoben worden. Auf den Bürger macht das einen sehr schädlichen Eindruk. Anstatt sein Kapital durch seinen Fleiß zu vergrössern, kauft er sich Titel oder Güter, sucht dem Herrn Baron ähnlich zu werden, und verhöhnt dann mit noch viel erbärmlicherem Stolz seine Mitbürger.

Nebstdem trägt die sparsame Lebensart des Schweizer-Bürgers sehr viel zur Aufnahme seiner Manufakturen bey. Das alltägliche Essen eines etwas bemittelten Einwohners von Konstanz wäre für Einen von St. Gallen ein festlicher Schmaus. Aber freylich ist das zugleich auch die Ursache, warum der Schwabe einen bessern Humor hat, als der Schweizer.

Uebrigens scheint Konstanz wegen seiner Entlegenheit vom Hof zu Wien vernachläßigt zu werden. Es sollen sich schon einige Schweizer anerbothen haben, Fabricken daselbst anzulegen. Ich weiß nicht, ob die Intoleranz des Hofes, oder des Stadtrathes, welcher immer noch etwas von seinem ehemaligen reichsstädtischen Ansehen zu behaupten sucht, oder der obbemeldte Adelstolz, der Stein des Anstosses war, woran diese Projekte scheiterten.

Der Bischof residirt zu Mörsburg, einem kleinen Städtchen an dem entgegengesezten Ufer des Sees, und hat ohngefehr 70000 Gulden Einkünfte. Er besizt sehr ansehnliche Güter auf helvetischem Boden. Die übrigen

gen nennenswürdigen Orte auf der deutschen Seite sind: Ueberlingen und Lindau, worinn man die Spießbürgerey im größten Glanz sieht.

Die helvetische Küste dieses kleinen Meeres ist scheinbarer, als die deutsche. Die schöne Mischung der nahgelegenen, zum Theil mit Weinstöcken bepflanzten Hügel, die zerstreute Lage der Bauernhöfe mit ihren vielen Fruchtbäumen umher, und die kleinen Parthieen von all den vielen Arten des Feldbaues geben derselben ein um so lebhafteres Ansehen, da die schwäbischen Dörfer enge, wie die Städte zusammen gebaut sind, und oft ein großes Getreidefeld, oder weitläuftige Wiesengründe, um sich her beherrschen. Im Ganzen glaube ich, sind beyde Ufer nach dem Verhältniß gleich stark bewohnt. Das helvetische ist steinigter, und von schwererem Boden, als das Deutsche; und obschon das Thurgau unter die besten Gegenden der Schweiz gehört, so muß es doch einen guten Theil seines ersten Bedürfnisses, des nöthigen Getreides, aus Schwaben beziehen; wogegen es etwas Wein und Obst vertauscht.

In Holland denkt man wohl wenig daran, was man dem Bodensee zu verdanken hat. Kaum kann man jezt sich daselbst des Sandes erwehren, welcher durch die Aare und verschiedene andere Flüsse aus den Alpen in den Rhein geschwemmt wird, die Mündungen dieses Stroms zu verstopfen droht, und durch die großen Bänke, die er schon weit über seinem Ausfluß ansezt, in diesem tiefen Lande mit der Zeit gewaltsame Revolutionen erwarten läßt. Wenn nicht in diesem ungeheuren Behältniß die ungleich größere Menge des Sandes aufgefangen würde, welche durch den reissenden Rheinstrom aus dem hohen Bündtnerlande herabgespühlt

gespühlt wird, so läge jezt schon Holland unter neuem Sand begraben, und die gehemmte Ausflüsse des Rheines hätten dem Lande schon lange eine ganz andere Gestalt gegeben. Es ist wahr, diese Veränderung muß ohnehin mit der Zeit nothwendig erfolgen. So beträchtlich auch die Tiefe dieses Sees ist, denn an einigen Orten beträgt sie 300 Klafter, so muß er doch endlich, und um so eher ausgefüllt werden, da der Strom von seinem Ausfluß bey Konstanz an, durch die höheren Gegenden Deutschlandes, immer sein Bette tiefer grabt, und der See also eben so viel Wasser verliert, als er Sand gewinnt. Aber wenn man bedenkt, was ein so großer Umfang, wie der des Sees, fassen kann, wenn man seinen Inhalt, wie de la Torre jenen des Vesuvs, berechnet, so haben sich die Holländer noch freylich durch viele Generationen zu trösten; und wenn der jüngste Tag so schnell kömmt, als er von den erleuchtesten unserer Theologen angekündigt wird, so ist diese Berechnung vollends überflüßig.

Ich konnte diese Gegenden unmöglich verlassen, ohne den berühmten Rheinfall bey Laufen zu besuchen. Es war das schönste Schauspiel, das ich in meinem Leben gesehen. Da mir zuvor kein Gemählde und kein Kupfer von diesem prächtigen Auftritt der Natur zu Gesicht gekommen, und ich ihn bloß aus einem dunkeln Ruf kannte, so geschah mir, was vermuthlich allen geschieht, die nicht einen etwas bestimmtern Begrif davon mitbringen. Meine Einbildung hatte mich getäuscht. Ich dachte mir die wildeste Gegend, wo der Rhein vom Himmel herab in einen unermeßlichen Schlund stürzte. In dem Abstand zwischen der Wirklichkeit und meiner Idee, war die Ueberraschung um so angenehmer, da es hier, wie mit allen wirklich grossen Natur und Kunstwerken ist, deren wahre Größe und Schönheit nicht beym ersten Anblik auffällt, sondern erst durch genaue Beobachtung und Vergleichung der Theile muß gefühlt werden. Ich fand den Fall lange nicht so hoch, aber viel schöner, als ich mir ihn gedacht hatte. Das Amphitheatralische der mit Bäumen besezten Hügel drüber her, die 2 Felsen, auf deren einem das Schloß Laufen, auf dem andern aber ein Dorf, und vor demselben eine Mühle liegt, und die, wie die Säulen einer Vorderbühne, dem Fall selbst zur Seite stehen; die Breite des Falles, und die schöne Vertheilung des mannichfaltig herabstürzenden Wassers, das herrliche Baßin unter dem Fall, die schöne, und fast gekünstelte Mischung des Wilden mit dem Angebauten in der Gegend umher; kurz, alles war anders und schöner, als ich erwartete.

Der Fall beträgt jezt höchstens 50 Schuhe, die kleinen Abhänge mitgerechnet, die der Strom kurz vor seinem Hauptsturz zur Vorbereitung macht, und die man nur von der Höhe herab sehen kann. Ehedem war er zuverläßig höher, und noch bey Mannsgedenken ist ein Stük des Felsen weggerissen worden, welcher dem Sturz mitten im Weg steht. Ich glaube an dem Fels, worauf das Schloß Laufen steht, beobachtet zu haben, wie der Strom stufenweis in die Tiefe gegraben. Es folgt also daraus, daß, wie ich dir oben sagte, der Bodensee immer nach dem Verhältniß schwinden muß, wie der Rhein sein Bette tiefer aufwühlt. Bey Lindau sah ich auch, auf meiner Reise hieher, offenbar neues Land. Er hat das mit allen hochgelegnen Seen gemein, und am Neufchatellersee soll diese Abnahme

unter

unter den helvetischen Gewässern am merklichsten seyn.

Ich machte eine kleine Lustreise nach der nicht weit von Konstanz gelegenen Insel Meinau, die eine Kommenturey des deutschen Ordens ist. Die Wohnung des Kommenturs ist ein neues schönes Gebäude, welches die herrlichste Aussicht über den ganzen See beherrscht. Koxe hat auf seiner Schweizerreise die Anlage des Gartens dieses Schlosses nicht begriffen. Er findet es abgeschmakt, daß man in demselben die freye Aussicht auf den See durch Busch-Alleen verdekt hat. Allein diese führen den Spatzierenden unvermerkt auf den ausgesuchten Flek, wo er von dieser Aussicht überrascht wird, und den ganzen See, samt seinem herrlichen Gelände, in voller Pracht vor sich hat. Die durchaus ofne Aussicht auf das Wasser würde im Garten um so weniger interessant seyn, da man sie in den Zimmern des Pallastes ohnehin immerfort genießt.

Noch muß ich dich, ehe ich von Konstanz abgehe, eines Mannes erinnern, der vor einigen Jahren in den Zeitungen so viel Lärmen machte. In dieser Gegend fieng der berüchtigte Gaßner, welcher in kurzer Zeit einige Millionen Teufel austrieb, und einige hundert Gläubige heilte, sein Spiel an. Der Bischof von Konstanz verbat sich solche Wunder in seinem Sprengel, und nun flüchtete sich der Mann unter den Schuz des Prälaten von Salmannsweiler, der sich immer mit schwerem Gelde die Exemtion von der bischöflichen Gewalt vom Pabst erkauft. Aus Eifersucht auf den Herrn Bischof, nahm der Prälat die Parthey des Flüchtlings mit aller Hitze, und nun war sein Glük durch seine Verfolgung gemacht. Der Oekonom der Prälatur fournirte ihm einige Fässer verdorbenes Oel und ähnliche Sachen, die Gaßner zur Heilung der Menschen weihte, und wobey der erstere seine Rechnung fand. Ich theile dir diese Anekdote mit, weil ich sie von guter Hand habe, sie wenig bekannt ist, und ich dir ein neues Beyspiel geben kann, daß Mahomed und alle Propheten seiner Art ihren Ruhm der Hitze ihrer Verfolger und Patronen, die oft mit dem Prophetenthum dieser Männer in gar keiner Verbindung steht, zu verdanken haben. Lebe wohl.

Augspurg ——

Nachdem ich die Gegenden des Bodensees in der Runde besichtigt, trat ich meine Reise von Lindau hieher an, und kam durch einige verfallene Reichsstädte, die das Reich um Nachlaß ihres Kontingents bitten müssen, und wirklich Dörfer geworden sind. Memmingen nimmt sich unter ihnen sehr aus. Es hat einige Manufakturen, und sieht wirklich einer Stadt etwas ähnlich. Von diesem Städtchen kam mir der Auszug einer Kronik zu Handen, der so altweiberisch, wie alle Kroniken kleiner Städte lautet, woraus ich dir aber einige Stellen mittheilen muß, weil sie den Karakter des Volks schildern.

Im Jahr 1448 gieng in den Schenken der Stadt der Wein aus. Der Rath schikte eine feyerliche Deputation an den Necker, um dies dringende Bedürfniß seiner Unterthanen zu verschaffen. Als die Wagen mit Wein im Anzug waren, gieng ihnen die Bürgerschaft in einer Prozeßion, mit klingendem Spiel und fliegenden

den Fahnen, entgegen; und es wurde auch ein öffentliches Freudenfeuer angestellt... Im Jahr 1449. entstand am St. Gallentage, in der Martinskirche, wegen den Betstühlen, eine Uneinigkeit unter den Weibern, die in der Kirche selbst eine große Schlägerey unter denselben veranlaßte. Die Geistlichkeit meynte, man müsse nun die entheiligte Kirche von neuem einweihen; aber der Rath widersezte sich mit allem Nachdruk: weil es nur Weiber gewesen wären... Beyde Schilderungen haben noch ihren Werth; denn der Schwabe hat noch die nemliche Verehrung für den Wein, und die nemliche Superiorität über sein Weib.

Nebst diesen kam ich durch unzählige Graf- und Herrschaften, worunter die Güter der Grafen Truchsesse und Fugger die beträchtlichsten sind, und wohl Fürstenthümer seyn könnten, wenn sie nicht unter so viele Nebenäste der Familie zertheilt wären.

Der ganze Strich vom Bodensee hieher, ist lange nicht so schön gebaut, als der untere Theil des Schwabenlandes. Auch in der sittlichen Kultur ist er weit unter diesem. In der Bildung der Menschen ist der Unterschied auffallend. Die Einwohner dieser Gegend haben so viel eckigtes und schiefes in ihren Gebehrden, daß es einem eckelt. Die Natur hat aber selbst auch viel weniger für sie gethan, als für ihre Nachbarn. Der ganze Strich ist eine Ebene, die nur von einer Reihe waldigter Hügel, zwischen Lindau und Leutkirchen, unterbrochen wird, und das Land ist also bloß zum Ackerbau bequem; dahingegen im Unterschwaben das Gemische der Berge, Hügel und Thäler zu einer mannichfaltigern Kultur Anlaß gibt.

Was vollends zum Verderben dieser Gegend gereicht

ist die Zerstückung in so viele, gar zu kleine Herrschaften, und daß mehrere Besitzer derselben an großen Höfen leben, und also das Geld aus dem Lande ziehen. Man hat nicht nöthig zu fragen, ob der Herr des Gutes an Ort und Stelle residirt. Man sieht es augenscheinlich auf den Gesichtern der Unterthanen, und der Verwilderung des Landes. Während, daß der Herr am Hofe mit der Beute seiner Unterthanen glänzt, sind diese den Bedrückungen raubgieriger Beamten unterworfen, die gemeiniglich in wenigen Jahren so viel zusammen zu bringen wissen, daß sie freywillig abdanken, und dann selbst Herren spielen können.

Wenn nicht so ungeheure Verschwendung und so lächerliche Titelsucht unter dem großen deutschen Adel Mode wäre; wenn er mehr Geschmak an Wissenschaften und Künsten hätte; wenn er ein besseres Vergnügen, als das an Pferden, prächtigen Wagen, vielen Bedienten, u. d. kennte; wenn er etwas mehr, als einen steifen Rücken, gezwungene Stellung der Füße, eine gute Art, sein Geld zu verspielen, das elendeste Jargon und gewisse Krankheiten aus Frankreich zu holen wüßte, so könnte er die glüklichste Klasse von Erdensöhnen seyn. Fast ganz unabhängig, wie er ist, könnte er im weitesten Verstande der Schöpfer des Glückes seiner Unterthanen, und von ihnen angebetet werden. Aber dafür scheint der große Haufen der Barons *) kein Gefühl zu haben. Die Natur rächet es. Durch ihre dumme Verschwendung an den Höfen, werden ihre Güter verschuldet, und die Quellen versiegen nach und nach.

Das

*) Man braucht wohl nicht anzumerken, daß zu Paris jeder deutsche Kavalier, wenn er auch Graf ist, Baron heißt. D. U.

Brief.

Das berühmte Augspurg ist das lange nicht mehr, was es war. Es gibt hier nun keine Fugger und Welser mehr, die den Kaisern Millionen vorschießen können. In dieser großen und schönen Stadt, die unter den deutschen Handelsstädten in der ersten Reihe sieht, sind nicht über 6 Häuser zu finden, die über 200000, und keine 15 die 100000 Gulden Vermögen hätten. Der große Schwarm der hiesigen Kaufleute, wovon ein guter Theil Karossen haben muß, schleppt sich mit einem Kapitälchen von 30 bis 40000 Gulden herum, macht den Krämer, Mäkler und Kommissär, und die nun einmal gängige Gewerbart macht ihn zur Anlegung von Fabriken zu träge. Einige wenige Häuser thun etwas in Wechselgeschäften, und der Weg durch Tyrol und Graubündten, veranlaßt hier einigen Gegenhandel zwischen Italien und Deutschland.

Nach diesen Krämern und Mäklern sind die Kupferstecher, Bilderschnitzer und Mahler der ansehnlichste Theil der beschäftigten Einwohner. Ihre Produkten aber sind der Pedant zur Nürnberger Quinquallerie. Es gab immer einige Leute von Talent unter ihnen; da sie aber bey den kleinen Versuchen für die Kunst nie ihre Rechnung fanden, so mußten sie bei den Kapuziner-Arbeiten bleiben, um nicht zu verhungern. Sie versehen fast das ganze katholische Deutschland mit Bilderchen für die Gebetbücher, und zur Auszierung der Bürgerhäuser. Für die Kunst ist der hiesige Himmel sehr ungünstig. Der Baron füttert lieber Pferde und Hunde, und einen Schwarm Bedienten, deren Narr er gemeiniglich ist, als Künstler, und wenn er auf Geheiß der Mode, der Kunst ein Opfer bringen muß, so hat er keinen Glauben an das Talent seiner Landsleute.

Da er selten selbst Geschmak und Einsichten hat, so folgt er gewöhnlich in seiner Wahl dem blinden Ru fremder Künstler, und läßt das Verdienst in seinem Vaterland darben. Es scheint in andern Gegenden Deutschlands hierin nicht viel besser zu seyn; denn Mengs, Winkelmann, Gluk, Hasse, Händel, und viele andre, mußten erst von Ausländern in Ruf gebracht werden, ehe man in Deutschland ihre Verdienste anerkannte.

Es hat sich zwar, unter dem Schuz des Magistrates, hier eine Künstlerakademie zusammengethan, die aber, so wie ihre Patronen, keinen höhern Zwek zu haben scheint, als unter dem Namen von Künstlern, gute Handwerksleute zu bilden, und die Manufakturen der Stadt im Gang zu erhalten. Der Rath geht seit einiger Zeit mit vielen ähnlichen Entwürfen zur Beförderung der Industrie schwanger, und wie ich an jeder patriotischen Empfindung Theil nehme, so konnte ich denselben anfangs meinen Beyfall nicht versagen. Aber wie ärgerlich war es mir zu sehen, daß diese Entwürfe, zum Theil von den Regenten der Stadt selbst, wieder vereitelt werden!

Der Grund dieses widersinnigen Betragens liegt zum Theil in der Regierungsform. Die Patrizier, welche nebst einem Ausschuß der Kaufleute, die Stadt aristokratisch beherrschen, können es nicht verdauen, daß der Plebejer durch die Mittel, die er sich durch seinen Fleiß erwirbt, das Haupt über sie empor heben soll. Sie hassen und verfolgen den Fleiß in seiner Werkstätte aus einer elenden Eifersucht, und sprechen ihm in der Rathstube aus affektirtem Patriotisme das Wort. Ein gewisser Schülin, welcher durch eine beträchtliche Kottonfabrik sein Glük gemacht, ist ein trauriges Beyspiel davon.

von. Mit den Millionen, die er sich durch seinen Fleiß erworben, kann er wohl prächtiger leben, als die Patrizier mit ihren leeren Titeln, und deßwegen ist er der unsinnigsten Verfolgung ausgesezt.

Der Hauptgrund dieser erbärmlichen Politik ligt in der Verderbtheit des Ganzen. Neun Zehntheile der Einwohner sind das infamste Kanaille, das man sich denken kann, das immer bereit ist, sich selbst auf das erste Signal aus Religionshaß zu erwürgen, das den Arbeitslohn einer Woche richtig auf den Sonntag in die Bierschenke trägt, und an die Größe seiner Vorfahrer nicht eher denkt, als wenn das Bier in seinem Kopfe gährt.— Ich hätte dir schon lange sagen sollen, daß die Regierung gemischt, und zur Hälfte katholisch und lutherisch ist. Im Ganzen mögen die Katholiken zahlreicher seyn, als die Protestanten. — Es ist platterdings unmöglich, alles Lächerliche, was hier der Religionshaß erzeugt, in einer Satyre zu erschöpfen. Täglich hast du einen neuen unerwarteten Auftritt zu erwarten, der dich lachen und fluchen macht. Es kann kein Spinngewebe an einem öffentlichen Gebäude weggeräumt werden, ohne daß sich die Religion ins Spiel mische. Die Katholiken, welche natürlicherweise erhizter sind, als die Protestanten, halten sich einen sogenannten Kontroversprediger, der zu gewissen Zeiten die eine Hälfte von Augspurg lachen, und die andere rasen macht. Der, welcher jezt diese Rolle spielt, ist ein Jesuit, und der beste Hannswurst, den ich von seiner Art gesehen. — Die tiefe Armuth und Liederlichkeit des Pöbels macht ihn gegen die Rechte unempfindlich, die er der ursprünglichen Verfassung gemäß behaupten sollte. Die Aristokraten wären so übermächtig nicht, wenn das Volk mehr Sinn und Gefühl für seine eigentliche

liche Konstitution hätte. Aber die Freyheit der meisten hiesigen Bürger ist so wohlfeil, als die Jungferschaften ihrer Töchter, welche die hiesigen Dohmherren, deren Pfründen ohngefehr 2000 Gulden eintragen, jährlich duzendweis kaufen.

Das übrige Zehntheil der Einwohner besteht aus einigen Patrizier-Familien, unter denen es sehr artige Leute giebt, aus einem Duzend Kaufleuthe, einigen Künstlern und der Geistlichkeit. Unter diesen herrscht aber zu viel dumme Verschwendung, welcher auch der Klügere nicht ganz entsagen darf, weil sie allgemeine Sitte ist, und zu viel Privateifersucht, als daß wahre, wirksame Vaterlandsliebe unter ihnen Wurzel fassen könnte. — In dieser Stadt, die allerdings drey Stunden im Umfang hat, wohnen kaum 36000 Menschen, und das ganze eintragende Kapital derselben beträgt schwerlich über 15 Millionen Gulden. — Ihre Abnahme wird von Jahr zu Jahr merklicher, und wenn ihr nicht sehr günstige Umstände zu Hülfe eilen, so enthält sie im künftigen Jahrhundert nichts als einen Haufen Bettler, deren Regenten in den geraubten und mit Flittergold verbrämten Lumpen ihrer Unterthanen paradiren.

Die Stadt ist wirklich schön, und das Rathhaus eines der schönsten Gebäude, die ich auf der ganzen Reise hieher gesehen. Der Magistrat läßt sich auch die äussere Verschönerung der Stadt, man sollte glauben, um so mehr angelegen seyn, als die innern Kräfte derselben abnehmen. Die Schminke der ausgedienten Buhlschwester täuscht wohl den vorübergehenden Fremden; aber wer sie am Nachttische besucht — — Vor kurzem ließ das Bauamt auf Befehl des Rathes eine Verordnung ergehen, daß die Dachrinnen, welche das Wasser sonst auf
die

die Gassen sprizten, und das Pflaster verdarben, an den Häusern herab sollten geführt werden. Eine Gesellschaft von Kaufleuthen protestirte dagegen, und in ihrer Vorstellung an den Rath wurde gesagt: „Die Römer wären eben nicht auf der höchsten Stufe ihrer Größe gewesen, als der appische Weg gemacht worden.„ — Ich weiß nicht, ob der Konzipient seinen Spaß trieb. Man sagt sonst: Jede Vergleichung hinkt. Neben den Römern sind die Krücken der Augspurger gar zu sichtbar.

Die Stadt bekömmt das Trinkwasser größtentheils aus dem Lech, welcher in einiger Entfernung vorüberfließt. Das Werk, wodurch das Wasser in der Stadt vertheilt wird, ist wirklich bewundernswürdig. Der bayrische Hof kann dieses unentbehrliche Bedürfniß derselben abschneiden, und sezt sie unter Androhung dieser Katastrophe öfters in Kontribution. Er hat nebstdem noch verschiedene Mittel in Händen, den hohen Rath in einer gewissen Abhängigkeit zu erhalten. Um sich gegen die Unterdrückung dieses Hofes sicher zu setzen, sucht die Stadt den Schuz des Wiener Hofes, und macht sich auf dieser Seite eben so abhängig, als auf der ersten, und die Staatskunst des hochweisen Rathes ist also ein Ball, womit beyde Höfe unter sich spielen. — Der kaiserliche Minister für den schwäbischen Kreis residirt gemeiniglich hier, und versichert seinem Hof einen immerwährenden Einfluß. — Es liegen immerfort auch Oestreicher und Preussen auf Werbung hier, und die Partheylichkeit der Stadtregierung für die erstern ist sehr merklich. — Im Krieg von 1756 war die Bürgerschaft für beyde Höfe in zwo gleiche Partheyen getheilt. Die Katholicken betrachteten den Kaiser, und die Protestanten den König von

Preussen

Preußen als ihren Schuzgott, und bald hätte der Religionshaß hier einen blutigen Bürgerkrieg veranlaßt.

Der Bischof, welcher sich von dieser Stadt benennt, aber zu Dillingen residirt, hat ohngefähr 200000 Gulden Einkünfte.   Leb wohl.

Augspurg. —

Unter allen Kreisen des deutschen Reiches, ist der schwäbische am meisten zerstükt. Er zählt nicht mehr als 4 geistliche und 13 weltliche Fürstenthümer, 19 unmittelbare Präkaturen und Abteyen, 26 Graf- und Herrschaften und 31 freye Reichsstädte. Die sogenannten Kreisausschreibende Fürsten, sind der Bischof von Konstanz, und der Herzog von Würtemberg, welcher leztere aber allein das Direktorium der zu verhandelnden Kriegssachen hat.

Das Gemische dieser vielen Regierungsarten und Religionssekten, der Druk der Größern auf die Kleinern, die Dazwischenkunft des kaiserlichen Hofes, welcher viele zerstreute Stücke Landes unabhängig vom Kreise in Schwaben besizt, und zufolge eines dem Erzherzogthum Oestreich eigenen Privilegiums seine Besizungen in demselben auf verschiedene Arten erweitern kann; alles das giebt der Wirthschaft des Landes und dem Karakter der Bewohner eine sonderbare Gestalt. In vielen Gegenden sieht man auf einigen Poststationen die höchste Kultur mit der äussersten Verwilderung, einen ziemlichen Grad von Aufklärung und Zucht mit der tiefsten Unwissenheit und Bigotterie, Spuren von Freyheit mit der tiefsten Unterdrückung, Nationalstolz mit Verachtung oder Gleichgültigkeit

tigkeit gegen das Vaterland, und alle gesellschaftlichen Verhältnisse auf die auffallendste Art miteinander abstechen.

Offenbar sind die größern Länder in Schwaben, wie das Würtembergische, Oestreichische und Baadensche am besten gebaut. Das ganze Schwabenland mag in der Größe beynahe 900 deutsche Quadratmeilen betragen, in welchem Umfange ohngefähr 2 Millionen Menschen wohnen, von denen über die Hälfte den 3 bemeldten Häusern zugehöret, ob sie schon bey weitem nicht die Hälfte des ganzen Landes besitzen.

Wenn sich die kleinen deutschen Herren vernünftig wüßten einzuschränken, wenn sie nicht größer scheinen wollten, als sie sind, wenn sie mehr Liebe zu ihren Unterthanen hätten, und nicht so fühllos gegen die sanftern Empfindungen der Menschlichkeit, und gegen die Reize der Musen wären, so könnte die Kleinheit dieser Staaten selbst ihr Glük seyn. Wenn gleich ein kleiner Bauernstaat, für manche Bedürfnisse Geld muß ausfliessen lassen, so kann doch, wenn der Herr nicht übermäßigen Luxus liebt, ein guter Theil des Landesertrags in Betracht des kleinen Kreises, in einem viel engern, und also vortheilhaftern Umlauf erhalten werden, wenn das Höfchen seinen und den von dem seinigen unzertrennlichen Vortheil seiner Unterthanen versteht, und die Einnahme wieder in die gehörigen Kanäle zurükgießt. Da die meisten Herren dieser Gegend katholisch sind, und ihren jüngern Söhnen die reichen Stifter der Nachbarschaft offen stehn, so haben sie sich wenig um Appanagen zu kümmern. Viele derselben sind selbst geistlich, und können also durch ihre gesezliche Leibesprodukten ihren Unterthanen niemals zur Last fallen. Aber hier, wo vom

Glücke

Glücke der Völker die Rede ist, kommen diese Herren doch nicht in Anschlag. Wegen Mangel der Familienbande betrachten sie sich bekanntlich nie als Angehörige ihres Landes, sondern als Kommandanten, die da sind, um das Volk zu brandschatzen... Die Entbehrlichkeit des Soldatenstandes, die Leichtigkeit das Ganze zu übersehen, die Entfernung von dem politischen Gezerre der größern Staaten, die Sicherheit, daß ihre Regenten keine großen Eroberer spielen können, und noch viele andre Verhältnisse könnten diesen kleinen Völkerschaften zu statten kommen, wenn ihre Häupter gesünder wären.

Allein, die Höfe von Stuttgard und Karlsruhe ausgenommen, habe ich zu meinem großen Leidwesen keinen in Schwaben gefunden, der das Glük seiner Unterthanen als seinen Beruf betrachtete. Die andern scheinen im Wahn zu stehn, daß die Völker wegen ihnen, und nicht sie wegen dem Volk geschäffen seyen. Die Kameralisten dieser Herren, deren ich einige sehr genau kennen lernte, machen einen sehr wesentlichen Unterschied zwischen dem Interesse des Hofes und jenem des Volkes, und wenn gleich der Unterthan, wie ich dir schon gesagt, gegen die gröbste Tyranney sicher ist, so ist er es doch nicht gegen die feine Beutelschneiderey der Finanziers.

Die Erziehung der meisten dieser Herren ist zu abscheulich, als daß es besser seyn könnte. Sie ist fast durchgehends in Händen von Pfaffen, theils Mönchen, deren Kenntnisse in ihre Kapuzen eingeschränkt sind, theils jungen Abbés, die so eben von der Schule gekommen, und durch die Familie ihres Eleven ihr Glük machen wollen. Und worin besteht nun die Moral des jungen Herrn? Der Mönch gewöhnt ihn die Verehrung

des

des heiligen Franziskus, Benediktus oder Ignazius, die öftern Bestellungen von Messen, die Skapuliere, Rosenkränze, Allmosen für Klöster u. d. m. für die wesentlichsten Pflichten zu halten, und zu wähnen, man könne damit eine Menge Vergehungen andrer Art wieder gut machen. — Und der Abbe? Dieser ist gemeiniglich ein junger Mensch, der auf der Schul seine ganze Philosophie und Moral von Mönchen geholt hat, ans Kriechen gewohnt ist, sich zum Schuheputzen gebrauchen läßt, und aus Furcht beym Regierungsantritt des jungen Herrn sein gehoftes Brod zu verlieren, in den kritischesten Jugendjahren ihm gerne durch die Finger sieht. Beyde vergessen natürlich nicht, dem heranwachsenden Regenten zu sagen, daß es Sünde sey, die Menschen wie die Fliegen todt zu schlagen, auf offener Strasse zu rauben, die Weiber ihrer Unterthanen durch Jäger oder Husaren aus den Betten auf das Schloß holen zu lassen u. dgl. Aber das feinere sittliche Gefühl, Achtung für jedes Geschöpf, das ihnen ähnlich sieht, Empfindungen für höhere Tugenden, als die in den Legenden zum Muster dargestellt werden, weiß keiner dieser Herren in dem Zögling rege zu machen. Und sind die Klöster und Schulen auch der Ort, die Welt, die zarten Nüancen der menschlichen Pflichten, und besonders die Erfordernisse zu einem guten Regenten kennen zu lernen?

Ich hatte Gelegenheit, einer Prüfung beyzuwohnen, die der Hofmeister von den Söhnen eines ansehnlichen schwäbischen Herrn mit denselben sehr feyerlich angestellt. Die Eltern, welche sich wenigstens durch den Eifer, ihre Kinder gut zu erziehen, vor vielen andern schwäbischen Häusern auszeichnen, nahmen viel Theil daran, und hatten alle Verwandten und Freunde dazu gebethen. Der
Hof-

Hofmeister, ein Benediktiner, both alle Prälaten und Prioren in der Gegend auf, um den Triumph seiner Erziehungskunst glänzender zu machen, die dann um so zahlreicher sich einfanden, als bey diesem Anlaß ein fetter Schmauß zu erwarten stand. Die Zöglinge waren so zwischen den 14 und 18 Jahren. Der Anfang wurde mit der lateinischen Sprache gemacht, und der ältere dieser Jünglinge las eine lateinische Rede ab, die er nach dem Vorgeben verfaßt haben sollte, die aber offenbar das Werk seines Lehrers war, welches dieser auch in seinen Blicken und Mienen während des Ablesens zu gestehen schien. Die Rede war durch alle die bekannte Figuren durchgearbeitet, und alle Fragen, Ausrufungen, Invektionen u. s. w. waren gegen die neuern Philosophen gerichtet, die der Religion und der menschlichen Gesellschaft überhaupt den Untergang androhen. Ich war sehr aufmerksam, weil ich einigemal den Voltairius und Rousseauvius mit aller rhetorischen Wuth bestürmen hörte. Ich konnte nicht begreiffen, was z. B. Rousseau, dessen Moral im Ganzen, besonders für Regenten, vortreflich ist, und der, auf der guten Seite genommen, in diesen Gegenden zum Besten der Menschheit wichtige Revolutionen machen könnte, einem jungen schwäbischen Herrn oder seinem Hofmeister, die ihn zuverläßig weder in Person noch in seinen Schriften kennen, Leids gethan haben sollte. Einer unserer Landsleute, der Sprachmeister der jungen Herren, durch den ich Eintritt fand, half mir aus dem Traum, und sagte mir, daß es seit mehrern Jahren unter den Geistlichen dieser Gegenden Mode sey, dem Voltaire und Rousseau allen erdenklichen Unsinn aufzubürden, und auf den Kanzeln, und bey jeder öffentlichen Gelegenheit ihren Witz an denselben zu schärfen ...

Nach-

Nachdem die Rede gehörig beklatscht, und die Komplimente und Gegenkomplimente verhallt waren, schritt man zu der Geschichte. Da giengs durch die vier Universalmonarchien, und die jungen Herrn nennten eine Menge babylonischer, assyrischer, kaldäischer, ägyptischer, persischer und andrer Regenten der Vorwelt, von denen sich nichts weiter sagen läßt, als daß ihre Asche mit der Erde, die wir bewohnen, vermischt ist. Und alle die Monarchien drehten sich um das alte Testament herum, und wurden auf den salomonischen Tempel aufgehaspelt. In Griechenland wußte man nichts als die 7 Weisen mit ihren Sprüchen aufzufinden, und hier, wie in dem republikanischen Rom, war weder von den großen Tugenden, noch von der Kultur, noch von den Ursachen des Steigens und Fallens dieser Völker die Rede. In den Augen eines Mönchen kann ein Heide keine Tugend haben, und die Aufklärung, die Philosophie dieser berühmten Nationen war eben der Gegenstand, gegen den die Rede mit ihrem Feuer spielte. Dafür schien der Hofmeister als Lehrer der Geschichte gar keinen Sinn zu haben. In der Kaysergeschichte war weiter nichts zu melden, als die zehn oder zwanzig Verfolgungen der Kristen. Ich weiß nicht, ob es noch mehrere waren, ob ich schon der römischen Geschichte, wie du weißt, eben nicht fremd bin. Man nennte alle nennbare Märterer, die unter diesen Kaisern litten. In der neuen Geschichte spielten natürlicherweise die Ahnen der jungen Herren die Hauptrolle; wie sie Klöster gestiftet und begabet, die Kreuzzüge mitgemacht, u. s. w. Hierauf kam man zur Geographie, und da wußte man von Arabien, Abyssinien, Monomotapa, Nubien, Monomugi und den Ländern, die wir am wenigsten kennen, am meisten zu sprechen.

Nachdem man zur Prüfung einige wohlgeübte Exempel chen der Rechenkunst auf eine Tafel gekratzt hatte, kam endlich die Reihe an die Glaubens-und Sittenlehre. Es wurde in Behandlung des erstern Gegenstandes so viel von den untrüglichen Kennzeichen der alleinseligmachenden Kirche gesprochen, daß ich bald davon gelaufen wäre. Ich hatte in einem Lande von vermischter Religion wie dieses, solche harte Ausdrücke um so weniger erwartet, da die Toleranz der herrschenden Sekten ein Reichsgrundgesetz ist. Die moralische Prüfung war folgende: Hofmeister. Welches sind die Haupttugenden? Erster Eleve. Glaub, Hofnung und Liebe. — Hofm. Erwecken sie mir den Glauben, Graf Karl! Graf Karl. O mein Gott, ich glaube alles, u. s. w. Hofm. Graf Max, erwecken sie mir die Hofnung! Graf Max. O mein Gott, ich hoffe alles, u. s. w. Hofm. Graf August, erwecken sie mir die Liebe! Graf August. O mein Gott, ich liebe alles, u. s. w. Es war recht herzbrechend für die guten Eltern anzuhören, wie ihre Kinder den Glauben, die Hofnung und die Liebe so hübsch nach dem Katechismus auswendig gelernt hatten. — Hofm. Welches sind die Hauptlaster? Neid, Zorn, Unkeuschheit, Füllerey, u. s. w. Da fielen mir die Prälaten mit ihren rothen, dicken Köpfen auf, besonders einer, der mit einer faunischen Miene die Hand auf dem Schoos der gnädigen Frau liegen hatte. — Hofm. Welches sind die schweren Sünden in den heiligen Geist? An einer erkannten Wahrheit zweifeln: in einem erkannten Irrthum verharren, u. s. w. — Hofm. Wie viel giebt es gute Werke, Graf Karl? Graf Karl. Sieben; erstens, die Hungrigen speisen; zweytens, die Durstigen tränken; drittens, die Nackenden bekleiden;

vier=

viertens die Gefangenen erlösen, u. s. w. Und das war nebst den 10 Geboten Gottes und den 5 Geboten der Kirche alles, was die Sittenlehre anbelangt. — Also nur 7 gute Werke, Herr Graf! — Also für einen Herrn Grafen von 50000 Gulden Einkünften ist es ein gutes Werk, keine Pflicht, den Hungrigen zu speisen! Also thut der Herr Graf ein gutes Werk, wenn er seinen Spizbuben die Gefängnisse öffnet! — Es war alles buchstäblich so, Bruder, wie ich dirs niederschreibe, es ist nichts übertrieben, nichts verkleinert. Von Pflichten der Größern gegen die Kleinern, von dem wohllüstigen Geschäfte andre glüklich zu machen, von sündlicher Verschwendung des mit Schweiß und Thränen benezten Geldes der Unterthanen, von Großmuth, Sanftmuth und ähnlichen Dingen war so wenig die Rede, als in dem wissenschaftlichen Theil der Prüfung von landwirthschaftlichen und statistischen Kenntnissen.

Der Hofmeister führte sodann seine Zöglinge triumphirend zu dem Schwarm der Zuhörer, die ihn und die jungen Herren mit einem verwirrten Gemurmel von Glükwünschen empfiengen. Der Zug gieng hierauf sehr feyerlich zur Tafel, wo ich im Punkt der schönen Sitten meine Bemerkungen über die Erziehungsart der jungen Herren fortsetzen konnte. Eine gewisse grimaßirende Stekheit war mir in ihren Bewegungen schon beym ersten Anblik aufgefallen; aber der Sprachmeister machte mich erst bey Tische auf das Detail ihrer schönen Manieren aufmerksam. Da wußten sie alle die Löffel, Messer und Gäbeln gar methodisch zu beyden Seiten der Teller auszutheilen, die Servietten, einer wie der andre, sein durch das oberste Knopfloch zu ziehn, gerade eine Spanne weit vom Tisch mit steifen Rücken, und die Hände züchtiglich neben die Teller gelegt, da zu sitzen, und wenn sie die Nase putzen wollten, es gar unsichtbar mit dem Schnupftuche unter der Serviette zu thun. Die Kaffeetassen nahmen sie mit dem Daumen und dem Zeigefinger, und strekten die übrigen Finger, alle gleich, sehrartig neben aus. Keiner durfte den Mund aufthun, als wenn er angeredet wurde. Wenn sie standen, so mußten die Füße fein vest auf einem Flek, und nicht gar weit auseinander stehn, und die eine Hand in der Weste, und die andre in der Roktasche stecken. — Der Sprachmeister sagte mir, die ganze Familie und der Hofmeister wären innig überzeugt, daß kein Mensch zu Paris anderst bey Tische säße, anderst die Tasse nähme, oder anderst die Nase puzte. Er werde oft versucht, dem Benediktiner bey seinen Lektionen von der Art unter die Nase zu lachen, wenn er ihm nicht subordinirt wäre.

Wenn nun auch diese junge Herren auf die Universität oder auf Reisen gehn, so geschieht es unter der Aufsicht ihres jetzigen Hofmeisters, der ihnen alles, was sie sehen, durch seine alte Mönchsbrille zeigt, und alle Kenntnisse, die sie allenfalls sammeln, auf den dürren Stamm seiner ehemaligen Lehren einpfropft. Welche Vorbereitung wird nicht erfodert, um mit Nuzen reisen zu können? — Und wenn nun endlich der junge Erbherr die Regierung seines Landes antritt, kann es besser werden, als es ist?

Dank dem allweisen Schiksal, oder der allgütigen Vorsicht, die in den Regierungen der Länder nur gar zu sichtbar die Hände hat! Wenn man den Anbau dieser Gegenden des Schwabenlandes betrachtet, und weiß, wie wenig von den Herren desselben für sie gethan wird, so muß man glauben, es mache immer ein mächtiger

Genius

Brief.

Genius über ihnen, der allezeit das, was die Regenten verderben, zum Theil wieder gut machen muß. Lebe wohl.

München. —

Mit meiner Reisegesellschaft von Augspurg hieher war ich sehr wohl zufrieden. Der Postwagen war mit einigen Theatinermönchen, die ihrem Institut gemäß von der Vorsehung Gottes leben, aber auf alle Fälle den Beutel immer wohl gespikt haben, und einigen Kaufleuten angefüllt. Alle waren wakre Zecher und lustige Pursche, und die Mönche äusserten durch ihr Betragen, daß ihnen der bayrische Himmel ganz vorzüglich günstig sey. Sobald man über der Lechbrücke ist, muß man dem Wein gute Nacht sagen, und sich an dem vortreflichen bayrischen Bier halten, wovon die Maaß nur drey Kreuzer kostet. Die Theatiner wußten immer vorher, auf welcher Station das bessere Getränke anzutreffen sey. Nach einigen tüchtigen Schmäusen fuhren wir, gleich einem Kor Bachanten, unter Singen und lautem Gelächter in das schöne München ein.

Als ich vom Posthaus ins Wirthshaus kam, trat eine schöne Wirthin vor mich, sah mir sehr bedenklich ins Gesicht, und that verschiedene Querfragen, die ich wegen Mangel an Kenntniß der hiesigen Provinzialaussprache nur halb beantworten konnte. Da mir das viele Quästioniren an Wirthen unausstehlich ist, so sagte ich ihr etwas rauh; sie sollte mir geradezu sagen, ob ich auf einige Tage bey ihr Bett und Tisch haben könnte? Mit einiger Schüchternheit gab sie mir endlich zu verstehen,

sie habe mich so halb für einen Juden angesehen, und
ich weiß nicht zu welchem Heiligen ein Gelübde gethan,
keinen Juden zu beherbergen. Bald hätte ich wieder die
Thüre in die Hand genommen; söhnte mich aber des andern Tages, als mein etwas zu großer Bart abgeschoren
war, mit der hübschen Judenhässerin förmlich und feyerlich aus, und befinde mich jetzt recht wohl bey ihr.

Ungeachtet des starken Schmausens unterwegs hieher
hatte ich doch Zeit genug, die Bemerkung zu machen,
daß der Ackerbau in diesem Theil von Bayern lange nicht
so gut bestellt zu seyn scheint, als in Schwaben. Ich
habe sehr viele schwäbischen Dörfer gesehn; die viel eher
Städte zu nennen wären, als die elenden Dinge, die
ich seit meinem kurzen Aufenthalt in Bayern unter diesem Namen zu Gesicht bekommen, und darunter waren
Dörfer, wovon manches die sechs ersten um München
her, sehr weit von einander zerstreuten Oerter zusammengenommen, an Mannschaft übertraf.

Ich bin mit dem Hof und dem Land noch zu wenig
bekannt, um dir etwas zuverlässiges davon sagen zu können. Ich gedenke mich eine ziemliche Zeit hier aufzu-
halten, und werde dir in gehöriger Ordnung meine Erkundigungen mittheilen. — Unterdessen besuche ich fleißig
das hiesige deutsche Theater, und bin nun eben aufgelegt,
dich mit dem Zustand des dramatischen Theils der deutschen Litteratur, in so weit ich ihn bisher habe kennen
gelernt, zu unterhalten.

Schon zu Straßburg erfährt man, wenn man die
deutsche Sprache versteht, daß Deutschland seit einigen
Jahren mit einer Art von Theaterwuth befallen ist. Da
werden die Buchläden von Zeit zu Zeit mit einem ungeheuern Schwall von neuen Schauspielen, Dramatur-

gien,

gien, Theateralmanachen, Theaterkroniken und Journalen überschwemmt, und in den Katalogen neuer Bücher nehmen die Theaterschriften allzeit richtig den dritten Theil ein. Ich halte selbst das Dramatisiren für die höchste Stufe der Dichtkunst, so wie das Geschichtemalen für den edelsten Theil der Malerey. Es soll uns den edelsten Theil der Schöpfung, den Menschen in seinen mannichfaltigen Verhältnissen am anschaulichsten und mit der größten Wahrheit darstellen. Aber die Art Menschen, welche jezt in den meisten deutschen Schauspielen herrscht, findet man unter dem Mond höchst selten, und wenn hie und da einer von dieser Art von ohngefähr erscheint, so nimmt die Polizey des Orts, wenn eine da ist, gewiß die Versorgung desselben über sich, und thut ihn ins Toll- oder Zuchthaus.

Stelle dir vor, lieber Bruder, die jezigen Lieblingskaraktere des dramaturgischen deutschen Publikums sind rasende Liebhaber, Vatermörder, Straßenräuber, Minister, Mätressen, und große Herren, die immer alle Taschen der Ober- und Unterkleider voll Dolche und Giftpulver haben, melancholische und wüthende Narren von allen Arten, Mordbrenner und Todtengräber. Du glaubst es vielleicht nicht, aber es ist die Wahrheit, daß ich dir über 30 Stücke nennen kann, worin verrükte Personen Hauptrollen spielen, und der Dichter seine Stärke in der Schilderung der Narrheit gesucht hat. Und was sagst du, wenn ich dich auf meine Ehre versichere, daß das deutsche Publikum, welches ich bisher zu kennen die Ehre habe, gerade die Stellen am stärksten bewundert und beklatscht, wo am tollsten gerast wird? — Man hat Stücke, worin die Hauptperson alle 12 bis 15 mitspielende Personen der Reihe nach umbringt, und sich dann zur Vollendung des löblichen Werkes den Dolch selbst in die Brust stößt. — Es ist ausgemacht, daß die Stücke den meisten Beyfall haben, worin am häufigsten gerafet und gemordet wird, und verschiedene Schauspieler und Schauspielerinnen konnten mir nicht genug beschreiben, was sie für Noth hätten, um auf verschiedene neue Arten sterben zu lernen. Es kommen Stellen vor, wo Leute unter abgebrochenen Reden und anhaltenden Konvulsionen eine halbe Stunde lang in den lezten Zügen liegen müssen, und das ist doch wahrlich kein geringes Stük Arbeit, einen solchen Tod gehörig zu souteniren. Du solltest nur manchmal eine deutsche Schaubühne sehn, wo vier bis fünf Personen auf einmal auf dem Boden liegen, und der eine mit den Füssen, der andre mit den Aermen, der mit dem Bauch, und jener mit dem Kopf seinen Todeskampf ringt, und das Parterre unterdessen jede Zuckung der Glieder beklatscht.

Nach den Rasenden und Mördern behaupten die Besoffenen, die Soldaten und Nachtwächter den zweyten Rang auf der deutschen Bühne. Diese Personagen entsprechen dem Nationalkarakter zu sehr, als daß sie einem deutschen Zuschauer auf der Bühne nicht willkommen seyn sollten. Aber warum der phlegmatische Deutsche, der zu stürmischen Leidenschaften, zu rasenden Unternehmungen, zu starken tragischen Zügen so wenig Anlage hat, so verliebt in die Dolche, Giftmischereyen und hitzige Fieber auf dem Theater ist, das konnte ich mir anfangs so leicht nicht erklären.

Auf der Seite des Publikums mag wohl der Mangel an mannichfaltigern Kenntnissen des bürgerlichen Lebens und am geselligen Umgang eine Ursache davon seyn. Die verschiedenen Volksklassen kreuzen sich in den deutschen

Städten nicht auf so verschiedene Art, wie in den Französischen. Alles, was Adel heißt, und wenn auch der Adel nur auf dem Namen beruhen sollte, und alles, was sich zum Hof rechnet, ist für den deutschen Bürger verschlossen. Seine Kenntnisse, seine Empfindungen von gesellschaftlichen Situationen, sind also viel eingeschränkter, als jene unserer Bürger. Er hat kein Gefühl für unzählige Verhältnisse des gemeinen Lebens, die der Bewohner einer mittelmäßigen französischen Stadt gehörig zu schätzen und zu empfinden weiß. Bey dieser Gefühllosigkeit für bürgerliche Tugenden und Laster, bey dieser Stumpfheit für die Verkettungen und Intriguen des gewöhnlichen gesellschaftlichen Lebens, hat nun der deutsche Bürger natürlich zu seiner Unterhaltung im Theater Karrikaturen und starke Erschütterungen nöthig, da sich der Franzose mit einem viel feinern Spiel der Maschinen eines Theaterstückes begnügt, und seine eigne Welt gerne auf der Bühne vorgestellt sieht, weil er sie kennt. Die Theaterstücke, welche man aus Sachsen bekommt, sind nicht so abentheuerlich und ungeheuer, als die, welche in dem westlichen und südlichen Theil von Deutschland gemacht werden, weil ohne Zweifel mehr Aufklärung, Sittlichkeit und Geselligkeit unter den Bürgerständen daselbst herrscht, und man also auch die Schattirungen der Auftritte des gemeinen Lebens besser fühlt, als hier. Ueberhaupt ist hier zu Lande der große Haufen mehr Pöbel als in Frankreich, und bekanntlich lauft der Pöbel gerne zum Richtplaz und zu Leichen.

Auf der Seite des Dichters hat diese tragische Wuth verschiedene Ursachen. Die meisten der jeztlebenden deutschen Schauspielschreiber haben das mit dem übrigen Pöbel gemein, daß sie die Fugen und das Spiel des bürgerlichen Lebens gar nicht kennen. Viele derselben sind Studenten, die noch auf der Schule sitzen, oder so eben davon zurükgekommen sind, und das Schauspielmachen zu ihrem Metier erwählt haben. Da schmauchen sie ohne alle Weltkenntniß hinter ihrem Ofen, phantasiren sich in den Tobaksworlken eine Riesenwelt, worin sie als Schöpfer handeln können, wie es ihnen beliebt, und ihren Kreaturen keine Schonung, keine Ausbildung, keine Polizey, und keine Gerechtigkeit schuldig sind. Da ist es nun kein Wunder, daß aus diesen Wolken so viele Menschen ohne Köpfe, und so viele Unmenschen mit Köpfen herausspringen. Sie suchen die tragische Stimmung des Publikums zu benutzen, um mit der größten Leichtigkeit ihr Brod zu gewinnen; denn, ohne auch das willkührliche Abentheuerliche in Anschlag zu bringen, so ist es doch allzeit leichter eine Tragödie, als eine Komödie von gleicher Güte zu machen.

Ein anderer Theil dieser Kothurnaten läßt sich von dem herrschenden Geschmak verführen. Da trat vor einigen Jahren ein gewisser Göthe, den du ohne Zweifel nun aus einigen Uebersetzungen kennst, mit einem Stük auf, das seine sehr große Schönheiten hat, aber im Ganzen das abentheuerlichste ist, das je in der Theaterwelt erschienen. Ich brauche dir weiter nichts zu sagen, um dir einen Begrif davon zu geben, als daß der Bauernkrieg, unter Kaiser Maximilian, mit brennenden Dörfern, Zigeunerbanden und Mordbrennern mit den Fackeln in der Hand, auf die anschaulichste Art vorgestellt wird. Es heißt, Göz von Berlichingen mit der eisernen Hand, und hat verschiedenen Versuchen ungeachtet, zum großen Leidwesen des deutschen Publikums,

noch

noch nicht auf das Theater gebracht werden können, weil die häufigen Veränderungen der Scenen, die erstmalig vielen Maschinen und Dekorationen zu viel Aufwand erfodern, und zwischen den Auftritten gar zu lange Pausen verursachen. Göthe ist wirklich ein Genie. Ich habe einige andere Theaterstücke von ihm gelesen, und aufführen gesehen, worin man sieht, daß er die Menschen, die wie er, auf ihren zwey Beinen gehen, in dem alltäglichen Leben eben so gut zu behandeln weiß, als die, welche auf dem Kopf stehen. Mit Vergnügen sahe ich sein Erwin und Elmire, eine sehr niedliche Operette, und seinen Klavigo, ein Trauerspiel, wozu unser Beaumarchais, wie du weißt, den Stof gegeben. Dieses hat zwar auch seine starken Ausschweifungen; aber einem Genie ist alles erlaubt. — Nun drängte sich ein unzähliger Schwarm von Nachahmer um den Mann. Sein Götz von Berlichingen war ein magischer Stab, womit er einige hundert Genies auf einen Schlag aus dem Nichts hervorrief. Stumpf gegen die wahren Schönheiten des Originals, suchten die Nachahmer ihre Größe darin, die Ausschweifungen desselben treulich zu kopiren. Im Götz von Berlichingen wird mit jedem Auftritt das Theater verändert. Ein gutes Stük mußte also nun, der Reihe nach, wenigstens eine ganze Stadt durchlaufen, von der Kirche an, durch die Rathsstuben, Gerichtshöfe, über die Marktplätze, bis zur Wahlstadt. Da Göthe etwas verschwenderisch mit den Exekutionen umgieng, so wimmelte es nun in der deutschen Theaterwelt von Scharfrichtern. Shakspear, den Göthe vermuthlich bloß aus Laune, oder vielleicht in der guten Absicht, um seine Landsleute auf diesen großen Dichter aufmerksamer zu machen,

machen, in seinem Götz zum Muster genommen, Shakspear war nun der Abgott der deutschen Theaterdichter; aber nicht der Shakspear, welcher dir die Menschen wie Raphael in jeder augenblicklichen Stimmung, in allen Nuancen der Handlungen, mit jeden Bewegungen der Muskeln und Nerven; mit jeder Schattirung der Leidenschaften, mit aller möglichen Wahrheit darstellt; sondern der Shakspear, welcher aus Mangel einer Bekanntschaft mit andern Originalien, und einer gehörigen Ausbildung, sich mit aller Gemächlichkeit seiner Laune überließ, mit Flügeln seines Genies über Jahrhunderte, und über ganze Weltkreise wegflog, und sich im Gefühl seiner vorschwebenden Gegenstände um keine Einheiten, und um keinen Wohlstand kümmerte. Ein Geschichtmahler kann unendlich stark im Ausdruk einzelner Personen oder Partheyen seyn, und die anständige Zusammensetzung, das, was man Haltung heißt, und verschiedene andere Dinge vernachläßigen; aber wenn sein Schüler, in Nachahmung dieser Nachläßigkeit seine Stärke sucht, so ist er wahrhaftig zu bedauern.

Die Regeln sind keine Sklavenfesseln für das Genie. Entweder trägt es sie wie Blumenketten, ungezwungen, leicht, und mit Anstand, oder, wenn es den Werth dieses Schmuckes nicht kennt, wenn es in seiner natürlichen Wildheit auftreten will, so ersezt es durch die unbändige Stärke, womit es seine Gegenstände umfaßt, die vernachläßigten Verzierungen. Aber solche stürmische Genieen sind höchst selten, und platterdings nicht zum Nachahmen in den Manieren gemacht. England hat seit so vielen Jahrhunderten nur einen Shakspear, man muß sagen, ganz Europa hat nur einen hervorgebracht. Der größte Theil der kunsttreibenden

Erden-

Brief.

Erdensöhne wird immer durch angestrengtes Studiren seine Größe suchen müssen, und die Regeln sind zur Prüfung des Studiums gemacht.

Dieser lächerliche Geschmak, durch die Vernachläßigung des Wohlstandes und der Regeln, durch affektirte Ausgelassenheit, abentheuerliche Situationen, abscheuliche Grimassen, und erbärmliche Verunstaltungen glänzen zu wollen, hat seit dieser Zeit alle Theile des litterarischen und kunsttreibenden Deutschlandes angestekt. Man hat junge angebliche Genies in der Menge, die in ihren verschiedenen Fächern, in der Musik, in der Mahlerey, in andern Theilen der Dichtkunst um so größer zu seyn, wähnen, je weiter sie sich von den Regeln entfernen, und je weniger sie studiren. Die Alten dachten anders hierüber, und die Werke, welche sie uns hinterlassen haben, werden von diesen vorgeblichen Urgenien gewiß nicht verdunkelt werden. Virgil verglich seine Produkten der unförmlichen Geburt einer Bärin, die bloß durch vieles Lecken eine Gestalt bekommen muß, und man sieht dem Terenz und Plautus gewiß an, daß sie eine Scene ihrer Schauspiele nicht bey einer Pfeife Tobak vollenden konnten. — Du weißt, daß Shakspear auch unter uns seit einiger Zeit seine Anhänger hat. Aber dazu wird es doch so leicht nicht kommen, daß seine Ausgelassenheit Regel wird, und wenn auch gleich Arnaud den Ungeheuern den Weg auf unsere Bühne geöfnet hat, so sind sie doch bisher zu selten erschienen, als daß wir Gefahr liefen, die gewöhnlichen Menschen und unsere ehrlichen, bekannten Mitbürger durch dieselben davon verdrängt zu sehen.

In der deutschen Sprache machte dieser verdorbene Geschmak eine merkwürdige Revolution. Wenn man

die Schriften eines Geßners, Wielands, und Leßings liest, so sieht man, daß die Sprache im Gang zu ihrer Ausbildung war, und nach und nach die Rundung und Politur bekommen haben würde, die zu einer klassischen Sprache unumgänglich nöthig ist. Aber den neugeschaffenen Genies war es nicht genug, in ihrer erzwungenen Wuth einzelne Wörter zu verstümmeln; sondern sie giengen mit ganzen Perioden eben so grausam um. Alle Verbindungswörter wurden abgeschaft, und alle Gedankenfugen getrennt. In vielen neuern Schriften stehen die Sätze alle wie unzusammenhängende Orakelsprüche da, und man findet keine Unterscheidungszeichen darin, als Punkten, und !!! und ??? und — — —
Jeder wollte sich zu seinen anmaßlichen Uridéen auch neue Wörter schaffen, und du müßtest dich krank lachen, wenn du gewisse litterarische Produkte Deutschlands, die von vielen für Meisterstücke gehalten werden, kennen solltest.

Nun ist eben hiemit nicht gesagt, daß in Deutschland gar keine Leute von bessern Geschmak seyen. Sie wurden nur überschrieen, weil sie die geringere Zahl ausmachen, mit Gelassenheit und überzeugenden Gründen sprechen wollten; die andern aber ein betäubendes Geplerre begannen. Erst gestern sahe ich mit vielem Vergnügen ein neues kleines Stük, aufführen, welches den Titel hat: Geschwind, ehe es jemand erfährt, und welches sich durch die Simplizität der Handlung, durch sanftes und stilles Spiel seiner einfachen Maschine, und besonders durch den reinen und runden Dialog ungemein auszeichnet. Ich sahe noch verschiedene andere Lust- und Trauerspiele vom ähnlichen Gehalt; aber das Parterre will gerast, gemordet, gedonnert und kanonirt

nonirt haben, und die Schauspieler führen solche Stük nur auf, um zu verschnaufen, und zu neuen Rasereyen Athem holen können.

Die hiesige Schauspielergesellschaft ist ohngefehr die sechste, die ich in Deutschland gesehen. Du wunderst dich über die Menge in dem kleinen Strich? Es dienet dir also zur Nachricht, daß seit verschiedenen Jahren in Deutschland unzählige kleine Haufen Komödianten, wie in Spanien und England, auf dem Lande herumziehen, oft in Scheunen und Ställen der Dörfer und Flecken ihre Bühnen aufschlagen, und vom Dorfschulzen den Schlafrok und die Pantoffeln borgen, um einen Julius Cäsar in der Toga, oder welches ihnen eins ist, einen Sultan darin spielen zu können. In Schwaben sah ich 4 solche Gesellschaften. Sie bestehen meistens aus verlaufenen Studenten und liederlichen Handwerkspurschen, die bald auf dem Theater, bald unter den Soldaten, bald im Zuchthaus, bald im Spital sind. Die hiesige Schauspielergesellschaft ist weit über diesen Troß erhaben. Alle Glieder stehen in der Besoldung des Hofes, welcher die Einnahme der Entrees hat. Fast alle sind sehr artige, gebildete Leute, und in Rüksicht auf die Kunst, übertreffen sie weit meine Erwartung. Ich wüßte nicht über 3 bis 4 Theater in Frankreich, die ich dem hiesigen vorzöge. Die Schauspieler genießen den Umgang der größten Leute des Hofes, und haben also Gelegenheit, sich auszubilden. Wie widersinnig, daß dieser Umgang dem Dichter verschlossen ist, welcher eben so viel dabey zu gewinnen hat, als der Schauspieler!

Schon zu Straßburg hörte ich viel Gutes von Herrn Marchand und seiner Gesellschaft. Er hatte daselbst

ver-

verschiedenemal gespielt, als er noch kein beständiges Engagement hatte. Der Kurfürst nahm schon zu Mannheim seine Gesellschaft zu Hofschauspieler an, und machte ihn mit einem ansehnlichen Gehalt zum Direkteur des Hoftheaters. Es war mir sehr angenehm, ihn persönlich kennen zu lernen. Er ist ein Mann von Welt, sehr lebhaft und witzig, der zugleich seine Wirthschaft so gut verstund, daß er in den Gegenden des Unterrheins ein Kapital von ohngefehr 100000 Livres zusammengebracht hat. Er sagte mir, wie viele Mühe er sich beym Antritt seiner Prinzipalität gegeben, um seine Gesellschaft auf einen andern Fuß zu setzen, als worauf die meisten Deutschen Schauspielergesellschaften damals standen. Er wählte sich nur gutgezogene Leute, zahlte sie sehr richtig aus, und dankte sie bey einer Ausgelassenheit eben so richtig ab. Dadurch erwarb er sich, und seinen Leuten, die Achtung des Publikums, welches anfangs die Schauspieler noch als unehrliche Leute betrachtete. Auch auf den Geschmak des Publikums verschafte er sich Einfluß. Er gab nichts, als sehr wohlgewählte, übersezte französische und englische Stücke, nebst den bessern Originalien, und wechselte zur Unterhaltung des Publikums mit unsern Operetten ab, die ausser Paris gewiß nicht besser als bey ihm aufgeführt wurden. Nun riß aber auf einmal die tragische Wuth, und das Riesenmäßige in die deutschen Bühnen ein. Er kämpfte lange dagegen; mußte aber doch endlich den Strom nachgeben. Da die Lungen seiner Leute an gewöhnliche Menschentöne gewöhnt waren, und die starken Erschütterungen nicht aushalten konnten, welche zu der neuen Riesensprache, zu den erschreklichen Rasereyen und all dem Geheule nöthig waren, so mußte er sich bey

seiner

seiner Ankunft zu München, auf Verlangen des Publikums, einige neue Subjekte beschreiben, die im stundenlangen Sterben und Heulen geübt sind, und im Ausreissen ihrer eingesteckten falschen Haare, im unerträglichsten Gebrülle und Händeringen mehr beklatscht werden, als die andern im feinsten Ausdruk ihres Gegenstandes. Doch vermuthlich ist der jetzige Geschmak nur eine vorübergehende Fieberhitze, die der guten Sache, dem gesunden Menschenverstand mit der Zeit Plaz machen muß. Lebe wohl.

München — —

Du forderst in deinem Brief viel zu viel von mir. Ich begreife wohl, daß dir besonders daran gelegen ist, diesen Hof und dieses Land genau zu kennen, weil, ohne unsere ehemaligen Verhältnisse mit Bayern in Anschlag zu bringen, das pfälzische Haus nach dem österreichischen und brandeburgischen jezt das mächtigste in Deutschland ist, oder doch seinen innern Kräften nach seyn sollte, und die Lage der Besitzungen desselben es in gewissen Umständen für unsern, oder den kaiserlichen Hof, äusserst wichtig machen könnte. Ich will thun, was ich kann; aber die Zeit, die ich hier zubringen will, ist zu kurz, um dir gänzlich genug zu thun.

Der hiesige Hof ist in einen so dicken, bunten und strahlenden Schwarm von Ministern, Räthen, Intendanten und Kommandanten eingehüllt, daß es sich nicht wohl durchkömmen, auch nicht wohl durchsehen läßt. Mit unserm hiesigen Minister, der ohne Zweifel seine

Welt kennt, konnte ich noch keine besondere Bekanntschaft machen. Ich schildere dir also den Hof, wie ich ihn theils aus den Beschreibungen einiger ziemlich zuverläßigen Leute, theils aus meinen wenigen Beobachtungen kenne, die ich aber nur in einiger Entfernung machte. In so weit der Hof in Verbindung mit dem Lande steht, da haben wir ja die öffentlichen Verordnungen und Anstalten, um ihn zu taxiren.

Der Kurfürst hat das glüklichste Temperament. Er ist von sanftem, geselligem und munterem Karakter, gar nicht mißtrauisch und argwöhnend, und zu Machtsprüchen und Gewaltthätigkeiten so wenig aufgelegt, daß er, als einst eine Reformation an seinem Hofe zu Mannheim nöthig war, und er den entschlossenen Grafen von Goldstein zum ersten Minister von Düsseldorf berief, um mit Muth Hand an das Werk zu legen, er unterdessen eine Reise nach Italien machte, damit die Reforme durch das Bitten und Klagen der Abgedankten, denen er sich nicht zu widerstehen getraute, nicht hintertrieben würde. In seinen jüngern Jahren verleitete ihn eine etwas mißvergnügte Ehe, aus der er keine Kinder erzielen konnte, zu einigen nicht übertriebenen Ausschweifungen. Die Kinder, welche er von linker Seite hat, liebte er, wie ihre Mutter, so sehr, daß er sie mit schweren Kosten in den Grafenstand erhob. In seinen ältern Tagen öfnete nun seine weiche Gemüthsart, und vielleicht die Erinnerung seiner sehr verzeihlichen Fehltritte, einer gewissen Frömmigkeit den Weg zu seinem Herzen, die an sich wohlthätig für das Land wäre, wenn nicht zugleich durch sie, den Pfaffen und Mönchen, der Eingang offen stünde.

Was

Was seine Kenntnisse anbelangt, so soll er in verschiedenen Wissenschaften, besonders in den mathematischen, ziemlich bewandert seyn, und französisch, italiänisch und englisch sprechen. Aber die Kunst ist eigentlich seine Sache. Er hat ihr sehr große Opfer gebracht. Seine Orchester und seine Oper, sind, nebst den Musiken zu Neapel und Turin, das beste von der Art in Europa. Die prächtigen Sammlungen von Kupferstichen, Antiken, und andern Sachen, sind ewige Denkmäler seiner Freundschaft mit den Musen.

Ein Engländer soll ihm zu Mannheim das Kompliment gemacht haben: Er verdiene ein Privatmann zu seyn. Gewiß ist dies das beste, was sich über den Karakter dieses Fürsten sagen läßt. Ihm fehlt platterdings die Härte und Entschlossenheit, die unumgänglich nöthig ist, um ein so wüstes Land, wie Bayern, umzuschaffen. Es fehlt ihm an richtiger Menschenkenntniß, und sein gutes Herz deutet alles zum Vortheil der Leute, die ihn umgeben. Seine Pfaffen sieht er alle im Licht seiner Frömmigkeit und Religion, mit welcher sie doch im Grunde keine wesentliche Verbindung haben, und so ist es sehr begreiflich, daß der liebenswürdigste Privatmann eben nicht der beste Regent ist.

Wenn ich nun meine Augen von der Hauptperson abziehe, und mich nach dem umsehe, der nach derselben, und natürlich auch auf dieselbe, den meisten Einfluß hat, so tappe ich im Finstern herum, und weiß nicht, wen ich greifen soll. Da ist ein Obristhofmeister, ein Finanzminister, ein Kanzler, ein paar geheime Räthe, ein Beichtvater, ein paar Weiber, die unter sich den Einfluß getheilt, und sich den gegenseitigen Antheil garantirt zu haben scheinen.

Wer die Sache bey Licht betrachten, und dem Gang jeder Intrigue, bis auf den Ursprung, nachspüren könnte, der würde die eigentlichen Triebfedern der Hofmaschine, ohne Zweifel in einer Kutte und in einem Cotillon finden, welche den Staat, vermittelst der geheimen Räthe, des Kanzlers und der übrigen Herren mit Sternen und Bändern in die Bewegung setzen.

Was die Pfaffen und Weiber, welche leztere hier zwar keinen unmittelbaren, aber doch einen sehr starken Einfluß auf den Regenten haben, für eine Wirthschaft zu treiben pflegen, wenn sie Meister sind, davon haben wir an unserm Hofe Beyspiele genug gehabt. Aber so schlimm, wie sie es hier treiben, war es bey uns doch nie, wenn auch gleich hier nicht, wie an unserm Hofe geschehen, der Raub vieler Provinzen von der Grille einer Mätresse verschlungen wird. Es fehlte doch bey uns nie an entschlossenen Patrioten, die der bösen Wirthschaft entgegen arbeiteten, und öfters zum Theil wieder gut machten, was die andern verdorben haben. Aber einen Patrioten suchst du am hiesigen Hof vergebens, oder wenn du einen findest, so muß er seinen Patriotismus in stillen, unnützen Seufzern aushauchen.

Von den herrschenden Grundsätzen der hiesigen Hofleute überhaupt genommen, weiß ich dir wenig zu sagen. Das augenblikliche Privatinteresse scheint die Richtschnur eines jeden zu seyn. Wenn sie Grundsätze haben, so sind es gewiß die geschmeidigsten und biegsamsten von der Welt. — Wenn es sich von der Denkungsart einiger Untergeordneten, die ich kenne, auf die Höhern, mit denen sie in Verbindung stehen, schlies-

schliessen läßt, so haben verschiedene der Großen des hiesigen Hofes den abscheulichsten Unsinn zu ihrer politischen Theorie angenommen; z. B. die Religion sey nur für den großen Haufen, um ihn unter den Füßen behalten zu können. — Ein Hofmann müsse das Aeussere der Religion mitmachen, und sein Inneres für das Volk verschliessen. — Die Menschen seyen von Natur böse, zum Aufruhr, zu Veränderungen, und zum beständigen Murren geneigt, und nie zu befriedigen; man müsse sie daher unter einem beständigen Druk halten, und ihnen die Kräfte, zu handeln, nehmen. — Viel Aufklärung sey dem Volk schädlich. — Die Großen hätten ihre Vorrechte über das Volk unmittelbar von Gott erhalten; sie seyen dem Volk also keine Rechenschaft schuldig, und über alle Verbindlichkeiten gegen dasselbe erhaben, u. s. w. — Doch, wie gesagt, das sind keine Grundsätze, sondern es ist elender Wahnwitz, den einige italiänische Politiker zuerst in Ausübung gebracht, weil sie Machiavels Fürsten mißverstanden, den dieser große Schriftsteller in seinen Anmerkungen über den Titus Livius doch selbst so gründlich und deutlich widerlegt.

Du wirst nun von selbst erachten, daß der hiesige Hof nicht viel besser als der spanische und portugiesische bestellt sey. Mit den besten Absichten kann der Fürst nichts zum wahren Wohl seines Volks bewirken. Die Kanäle, wodurch sich der Regent seinen Unterthanen mittheilen soll, sind verstopft. Unter der vorigen Regierung verkaufte der Minister die Stellen öffentlich, und nun werden sie am Spieltische vergeben. Man hat häufige Beyspiele, daß Leute die gesuchte Beförderung nicht anders erhalten konnten, als wenn sie, oder ihre

ihre Patronen, an gewisse Damen eine gewisse Summe verloren. Alles ist hier feil. Vor 2 Jahren hätten einige Minister des hiesigen Hofes das halbe Bayern an Oestreich verkauft, wenn nicht der preußische und russische Hof, und der zweybrückische Minister Hofenfels, den Kauf hintertrieben hätten. Alle Entwürfe, welche dem Fürsten vorgelegt werden, haben nur geringern Theils die gute Sache, größten Theils aber den Vortheil des Projektanten zur Absicht.

Wie ist es möglich, daß ein Hof die zum Glük des Volks erfoderliche politische Bildung, und die Grundsätze haben kann, worauf der Werth einer Regierung beruht, wenn man bloß durch eine glänzende Geburt, durch Verwandtschaften, durch Geld, durch Weiber und Pfaffen, zu den höchsten Ehrenstellen kömmt? — Nebst der Gutherzigkeit ist auch die Prachtliebe des Fürsten zum Uebertriebenen geneigt. Die erstere verleitet ihn zu glauben, der Hof sey vielen Leuten, und besonders dem Adel, reichen Unterhalt schuldig, wenn sie auch gleich nichts zum Besten des Staats thun. Während, daß sich viele andere Regierungen alle Mühe geben, die unbegründeten Vorrechte des Adels zu beschneiden, und ihn zu zwingen, sich bloß durch wirkliche Verdienste geltend zu machen, hält es der hiesige Hof für seine Pflicht, ihn in seinem geheiligten Müßiggang, wie die Frösche der Latona, oder die Gänse des Kapitols, auf Kosten des Staats zu mästen. — Man geht jezt mit dem Projekt schwanger, eine neue Provinz des Maltheserordens mit vielen Millionen in Bayern zu errichten. Nicht das Verdienst, sondern bloß der Adel, hat auf den Genuß dieser reichen Stiftung Anspruch zu machen. Ich weiß nicht, ob der kristliche Vorsaz, den Sarazenen

nen Abbruch zu thun, oder sonst eine besondere Vorliebe für diesen Orden, den Kurfürsten auf den Einfall gebracht hat: Aber das ist gewiß, daß die Ritter die Zeit, welche sie in ihrem Noviziat auf der See, oder vielmehr an den Spieltischen, und bey den Schmäussen auf der Insel Malta zubringen, zu Hause viel nüzlicher für Bayern verwenden könnten. So wenig Vortheil von dieser neuen Maltheserprovinz für den Staat abzusehen ist, so gewiß soll die Ausführung dieses Projekts beschlossen seyn. Man berathschlagt sich nur noch, woher man den Fonds dazu nehmen soll. — Die Prachtliebe des Fürsten ist eben so verschwenderisch mit den Staatsgeldern. Ich könnte dir hier zur Erbauung aus dem Hofkalender einige hundert Bedienungen benamsen, deren Verrichtungen insgesamt dir ein unauflösbares Räthsel seyn würden. Es soll aber genug seyn, dir zu sagen, daß sich der hiesige Hof zu 2 bis 3 Rheinschiffen einen Großadmiral hält.

Alles, alles ist hier durchaus auf den Schein angelegt. — Die Armee des Hofes besteht aus ohngefehr 30 Regimentern, die ihrer nun angefangenen Ergänzung ungeachtet, doch noch keine 18000 Mann zusammen ausmachen. Wenigstens einen Viertheil derselben machen die Offiziers aus, worunter auch mehrere Generalfeldmarschälle sind. — Die vielen Titel und die bordirten Westen der hiesigen Einwohner setzen einen Fremden nicht sicher, von ihnen angebettelt zu werden. Vorgestern beschaute ich die schöne Jesuitenkirche, und um nicht das Ansehen eines müßigen Anschauers zu haben, kniete ich zu einigen Leuten in einen Betstuhl. Sogleich rükte ein Mann, den ich nach seiner Kleidung für eine wichtige Person gehalten hätte, näher zu mir, both mir eine Prise Tobak an, und nach einigen Anmerkungen über die Schönheit der Kirche, fieng er an, umständlich seine Noth zu klagen, und mich um ein Allmosen anzusprechen. Das nemliche war mir schon in einer andern Kirche von einem sehr wohlgekleideten Frauenzimmer begegnet. — Die Polizey, welche sich die Beleuchtung und Reinlichkeit der Stadt so sehr angelegen seyn läßt, muß sich von den Dieben und Räubern an den Thoren der Stadt Troz bieten lassen, und weiß den unzähligen hiesigen Bettlern keine Beschäftigung und kein Brod zu verschaffen.

Dieser Mangel an wahren, durchgedachten und festen Grundsätzen, diese Scheinliebe, diese Verwirrung der Geschäfte, durch die zu große Anzahl unbrauchbarer, unpatriotischer und müßiger Bedienten, macht die Verordnungen des Hofes oft sehr widersprechend. Einige vom Hofe haben vielleicht zwischen Wachen und Schlafen den Bekkaria gelesen, oder doch von der Verminderung der Todesstrafen und Abstellung der Folter in Preussen, Rußland und Oesterreich gehört. Nun affektirte man hier auch diesen philosophischen Ton; — es zeigte sich aber bald, daß es nur Affektation war. Die Diebe, Mörder und Strassenräuber mehrten sich so schnell und stark, daß eine Verordnung erschien, welche die ganze Blöße des Hofes an wahren Grundsätzen zeigte, und worin gesagt wurde: „So sehr der Landesfürst zur Milde geneigt sey, und so fest er sich vorgenommen gehabt habe, nach dem Beyspiel anderer Mächte die Gerechtigkeit, menschlicher zu machen, so habe er sich doch gezwungen gesehen, wieder strenge nach der Karolina, wie zuvor, hängen, rädern, spiessen, verbrennen und foltern zu lassen." — Aber warum um hat die Milderung der strafenden Gerechtigkeit in Preussen, Rußland und Oesterreich die Folgen nicht gehabt, die in Bayern das neue System wieder umwarfen? Aus keiner andern Ursache, als weil benannte Mächte ein ernstliches, durchgedachtes und zusammenhängendes System in ihrer Regierung befolgen; der hiesige Hof aber dieses System bloß zum Schein geborgt hatte, und seine übrige Wirthschaft mit dieser Philosophie nicht übereinstimmte. Man wußte hier nicht, wie in jenen Staaten, durch nüzliche Beschäftigung der Müßiggänger, das Land von herumstreifendem Gesindel rein zu halten. Man sorgte nicht dafür, durch gute Erziehung, mehrere Aufklärung, Verbesserung der Sitten, und Ermunterung zum Arbeiten, die Unterthanen vom Stehlen und Rauben abgeneigt zu machen. — Und wenn dann auch der Hof, bey Errichtung von Schulen und öffentlichen Arbeitshäusern, für den müßigen Pöbel etwas hätte aufopfern müssen, so hätten ja die 6 Millionen Gulden, die man für das Maltheserwerk wegwerfen will, zur Ersparung und Beßerung vieler tausend Menschen nüzlicher angelegt werden können. — Diese prächtigen Opern, diese kostbare Sammlungen von Seltenheiten, diese großen Palläste und Gärten, dieser unzählbare Schwarm von schimmernden Bedienten, macht nicht alles dem Hof den Vorwurf, daß das Eigenthum seiner Unterthanen in schlimmen Händen ist? — Ohne Zweifel werde ich Anlaß finden, dich an andern Orten an den hiesigen Hof einigemal zurük zu erinnern.

Was die hiesigen Pfaffen betrift, so liegen sie jezt unter sich im Streit. Es sind die nemlichen Partheyen, die in Frankreich durch ihre Verbitterung und Hitze gegen einander so viel Aufsehens gemacht haben. Die Exjesuiten, mit ihrem Anhang, haben eine mächtige Stütze an dem Beichtvater des Kurfürsten, einem aus ihrem Mittel, und an der Spitze der Benediktiner stehen sehr reiche Prälaten, die sich mit ihrem Gelde durch die feilen Hofbedienten und Damen einen Weg in das Kabinet zu öfnen suchen. Wenn ich nicht irre, so gehören einige der leztern auch zum Korps der Landsstände: Aber bey der jetzigen Regierung, die so eifersüchtig auf ihren Sultanismus ist, und die Landsstände als ihre Feinde betrachtet, gibt ihnen das wenig Gewicht, wie denn der Hof auch der Huldigung seiner Stände, so lang als möglich, auszuweichen sucht. Demungeachtet glaubt man, sie würden die Jesuiten noch unter die Füsse bringen, weil das Geld hier allmächtig ist. Was der Staat dabey zu verlieren oder zu gewinnen hat, weiß ich nicht. Die Benediktiner sind zwar immer auch Mönche, aber wenigstens doch so eigensinnig und unverträglich nicht, als ihre Feinde von der Gesellschaft Jesu.

Diese Intoleranz der Jesuiten, welche schon seit langer Zeit Einfluß auf den Fürsten gehabt haben, hat der Pfalz am Rhein sehr viel geschadet. Die Reformirten machen wenigstens die Hälfte der Einwohner dieses Landes aus, und haben verschiedene Friedensschlüsse und öffentliche Verträge zu ihrer Sicherheit. Sie sind in jedem Staat die besten Bürger, deren Religionslehren mit der gesunden Politik vollkommen übereinstimmen, und deren Geistlichkeit mit der weltlichen Macht gar nicht im Streit liegt. Demungeachtet werden sie noch bis auf diesen Tag auf alle Art gedrükt; und der Hof scheint sich ein Verdienst daraus zu machen,

chen, diesen bessern Theil seiner Unterthanen auszurotten, und geblendet von den Trugschlüssen seiner Pfaffen, betrachtet er ihn als Unkraut im Garten des Herrn. Die Heuchler verlarven ihren Verfolgungsgeist mit politischen Scheingründen, und suchen den Fürsten zu bereden, Einheit der Religion sey jeder Staatsverfassung so wesentlich, als Einheit der Souveränität. So eben lese ich einen Kabinetsbefehl, zur Unterdrückung eines kleinen, artigen und sehr unschuldigen Gedichtes gegen die Intoleranz. Es heißt darin, der Verfasser suche in dem erzkatholischen Bayern, einen dem Staat sehr schädlichen Mischmasch von Religionen, einzuführen. Sähe der Hof doch, oder hätte er doch Augen zu sehen, was dieser Mischmasch von Religionen in Holland für gute Wirkungen für den Staat hat, und wie groß im politischen Betracht, der Abstand zwischen dem durchaus katholischen Bayern und dem Lande sey, das etliche und dreyßig Sekten zählt!

Durch die nemlichen Scheingründen trugen die Jesuiten in Frankreich viel dazu bey, daß das Edikt von Nantes wiederrufen wurde. Sie gewöhnten Ludwig den Vierzehnten von Jugend auf, die Reformirten als heimliche Feinde der Krone und des Staats zu betrachten, und dichteten diesen stillen Bürgern den Verfolgungsgeist an, den sie selbst in ihrem eignen Busen fühlten. Unser Hof hat nun einsehen gelernt, daß die Jesuiten ärgere Feinde Frankreichs waren, als die Reformirten; aber während, daß wir diesen Schritt so laut bereuen, während, daß die Reformirten Hofnung haben, unter Ludwig dem Sechszehnten ihre entrissene Religionsfreyheit wieder zu erlangen, während, daß Neker an seiner hohen Stelle ein öffentlicher Beweis

von

von den unjesuitischen Gesinnungen unsers Hofes ist, fährt man hier fort, die Reformirten auch von den niedrigsten Staatsbedienungen auszuschliessen, und auf alle erdenkliche Art zu unterdrücken.

Die Natur rächt allzeit ihre gekränkten Rechte. Die verfolgten Ketzer fliehen aus der Pfalz, und bauen die nordamerikanischen Wildnisse an, da unterdessen ein großer Theil von Bayern wüste bleibt, und mit allen seinen Finanzprojekten kann der hiesige Hof das nicht ersetzen, was er sich selbst durch seine Intoleranz schadet. Lebe wohl.

München. —

Vor einigen Tagen hatte ich eine sehr lange und lebhafte Unterredung mit Einem von den wenigen aufgeklärten Patrioten, die hier im Dunkeln das Schiksal ihres Vaterlands beseufzen. Wir kamen auf Kaiser Karl den Siebenden, und den bekannten bayrischen Krieg zu sprechen. Ich hatte schon einigemal hören müssen, unser Hof hätte damals den hiesigen auf die schändlichste Art betrogen, und der Krieg würde zum Vortheil Bayerns ganz anders ausgefallen seyn, wenn wir redlicher gehandelt hätten. Dieser gute Freund wußte mir auch sehr viel davon zu sagen, wie unsre Armeen in ihrem Angesicht die bayrischen Truppen vom Feind hätten angreifen lassen, ohne sich zu regen; wie die Subsidiengelder ausgeblieben wären; wie unsere Minister durch große Versprechungen, die sie nie hielten, den Krieg zum Verderben Bayerns verlängert; wie eigenmächtig unsere Kommandanten auf bayrischen

Grund

Grund und Boden gehandelt, u. ſ. w. Alles das räumte ich ihm zum Theil ein. Ich wußte nur zu gut, wie ſchlecht unſer Miniſterium damals beſtellt war, beſonders als die d'A∗∗∗s ans Ruder kamen. Ich wußte, daß der damalige preußiſche Geſandte dem unſrigen am hieſigen Hof die nemlichen Vorwürfe gemacht, der leztere ſich damit entſchuldigen wollte, daß er unſere Miniſter Dummköpfe hieß, der erſtere aber verſezte: Das ſind keine Dummköpfe; das ſind Schurken; (ce ne ſont pas de ſots; ce ſont des coquins) Ich wußte aber auch von einigen unſerer alten Offiziers, die den Krieg mitgemacht, und den Zuſtand des hieſigen Hofes ſehr genau kannten, daß die hieſigen Hofleute viel größere Dummköpfe und Schurken waren, als die unſrigen; daß der Kaiſer ſelbſt ſich um ſeinen Roſenkranz, ſeine Hunde, ſeine Pfaffen und Mätreſſen, von welchen er gegen 40 Kinder hinterließ, vielmehr bekümmerte, als um ſeine Staatsangelegenheiten; daß ſeine Bedienten mehr darauf bedacht waren, ſeinen Leidenſchaften und ſeiner Laune zu ſchmeicheln, als das Beſte ihres Vaterlandes zu befördern, wie ihm dann ein gewiſſer Graf, ſeine eigne Nichte verkuppelte, und durch den Einfluß, den er ſich dadurch erwarb, jeden guten Rath der wahren Freunde des Kaiſers vereitelte. Ich wußte, daß unſere Miniſter hier keinen einzigen Mann finden konnten, der mit dem Archiv und den Geſchäften bekannt genug geweſen wäre, um zu Unterhandlungen vortheilhaft gebraucht werden zu können; daß die anfangs von Verſailles richtig eingeſchikten Subſidiengelder durch Nichtswürdige verſchleudert wurden; die angegebene Zahl der bayriſchen Truppen nie komplet war, und die meiſten Offiziers mit den Zahlmeiſtern die Hälfte der

Kriegs-

Kriegskasse neben einstekten. Ich wußte, daß der Kaiser, seiner großen Verlegenheit ohngeachtet, kaum dahin zu bringen war, von seinen reichen Klöstern Abgaben zu fodern, vielweniger durch Unterdrückung derselben, und Besiznehmung einiger benachbarten geistlichen Fürstenthümer, den Zustand seiner Finanzen zu verbessern, und seiner wankenden Krone mehr Gewicht zu verschaffen.

Mein guter Freund mußte mir also gestehen, daß Bayern selbst den größten Theil der Schuld zu tragen hatte, als die Sachen nicht nach Wunsch giengen. Von jeher stand der hiesige Hof unter dem Einfluß eines Dämons mit einer Kapuze, der seine Politik verwirrte, seine Schazkammer beraubte, und Dummköpfe und Verräther an die Spize der Geschäfte stellte. Während daß sich einige der kleinsten Häuser Deutschlands zu einer fürchterlichen Größe empor zu schwingen wußten, ob sie schon mit fast unüberwindlichen Hindernissen zu kämpfen hatten, mußte dieses alte mächtige Haus die weiten Gränzen seiner Besizungen immer mehr zusammen schwinden sehn, wenn sich gleich oft alle günstige Umstände vereinigten, um es hoch empor zu heben, sobald es der gesunden Politik Gehör geben wollte. — Als der Kurfürst von der Pfalz zum König von Böhmen erwählt ward, wer hätte erwarten sollen, daß sein eigener Vetter, der Herzog von Bayern, das meiste beytragen würde, ihn seiner Krone zu berauben, und auf Kosten seines Hauses das übermächtige Oesterreich, diesen gefährlichen Nachbarn Bayerns, noch mehr zuverstärken? Nun wäre Böhmen mit Bayern und der Pfalz vereinigt, und der jezige Kurfürst, ein mächtiger König — im westphälischen Frieden wußten sich die Glieder des protestantischen

schen Bundes für die schweren Kosten des schwedischen Krieges bezahlt zu machen, indem sie sich in Besiz der ihnen nahgelegenen geistlichen Fürstenthümer sezten; aber Bayern, welches für den Pabst und das Haus Oesterreich bis auf den lezten Blutstropfen gekämpft hatte, hielt sich mit der Kurwürde und der Oberpfalz, die es doch nur auf Kosten eines andern Astes seines eignen Hauses erwerben konnte, für überflüßig bezahlt, und verabsäumte die beste Gelegenheit, das wichtige Fürstenthum Salzburg, mit dem es jezt so viel zu zanken hat, das in seinem Busen gelegene Fürstenthum Freysingen, und viele andere angränzende Bisthümer in Besiz zu nehmen, und so kämpfte es immer, von falschen Religionsbegriffen geblendet, gegen seine eigene Größe hinan.

Diese Kriege, die es, so zu sagen, gegen sich selbst geführt, der bald darauf erfolgte spanische Succeßionskrieg, und dann jener von Kaiser Karl dem Siebenden, haben diesem Haus Wunden geschlagen, die es hätte heilen können, wenn es gegen seinen innerlichen Zustand durch die nemlichen Religionsschimären nicht blind und fühllos wäre gemacht worden. Nun eitern sie aber noch, und stellen dem Beobachter das ekelhafte Gemählde eines durchaus siechen Staatskörpers dar.

Man glaubte, der vorige Kurfürst hätte während seiner langen und stillen Regierung den größten Theil der Staatsschulden abgetragen, aber beym Antritt des jezigen Fürsten fand man sich in seiner Erwartung sehr betrogen. Etwas von den ältesten Forderungen war zwar getilgt; aber es wurden dagegen wieder sehr viele neue Anleihn gemacht. Der Fürst hatte platterdings keinen Begrif von seinen Finanzen, sondern gab sie seinen

nen eigennützigen Bedienten preiß, und war zufrieden, wenn seine kostbaren Jagden konnten bestritten werden, und der jetzige Hof scheint auch nicht geneigt zu seyn, den ungeheuren Aufwand für seine Opern u. d. m. wegen seiner Schulden einzuschränken, die sich doch beynahe auf 25 Millionen Gulden belaufen sollen.

Mit Schauern sah ich auf meinen Auswandrungen von hier, die Spuren der schreklichen Kriegsverheerungen auf dem Lande. Ausser der Hauptstadt ist in dem ganzen großen Bayern kein erhebliches Städtchen aufzufinden; denn du kannst nicht glauben, was das Landsberg, das Wasserburg, das Landshut und viele andere, die auf den Landkarten als Städte paradiren, für elende Nester sind. Nach aller Wahrscheinlichkeit hat weder Ingolstadt, noch Straubingen, noch irgend eine der größern Städte nach München über 4000 Seelen; und solcher Landstädte zählt man in allem nur 40, da Sachsen nach den öffentlichen Nachrichten gegen 220 zählt, ob es schon um nichts größer ist als Bayern. Ueberall fällt einem die Armuth an Menschen auf, und überall herrscht noch die Liederlichkeit unter dem Volk, womit die kriegenden Armeen eine Provinz anzustecken pflegen. Die Bierbrauer, Wirthe und Bäcker ausgenommen, suchst du im ganzen Lande einen reichen Bürger umsonst. Du findest keine Spur von Industrie, weder unter den Bürgern, noch den Bauern. Der Müßiggang und die Bettelen scheinen durchaus für den glüklichsten Zustand des Menschen gehalten zu werden.

Abgezogen, was nicht zu dem Kreis gehört, ist Schwaben ungefähr so groß, als das Herzogthum Bayern samt der Oberpfalz, und beyde haben ohngefehr 729 Quadratmeilen; denn das, was Bayern durch

den

den Teschner Frieden verlor, ward durch die Vereinigung der Fürstenthümer Neuburg und Sulzbach beynahe wieder ersezt. Die schwäbischen Kreislande zählet aber wenigstens 1600000 Menschen, da man in Bayern bey einer Zählung unlängst nicht über 1180000 Seelen fand.

Der südliche Theil dieses Landes ist sehr bergigt, aber doch zum Ackerbau so unbequem nicht, als er gemeiniglich in Geographien beschrieben wird. Viele Thäler dieser großen Bergmasse haben den vortreflichsten Boden, und in einem Winkel derselben hat ein aufgeklärter und fleißiger Landwirth, der einzige, den ich von seiner Art finden konnte, den gesäeten Waizen sechszehnmal geerndtet. Der Strich von der Hauptstadt bis zur Donau und zum Inn ist durchaus das beste Ackerfeld, welches von verschiedenen Reihen waldigter Hügel hie und da unterbrochen wird. Die Oberpfalz samt dem jenseits der Donau gelegenen Theil des Herzogthums Bayern ist ein fast ganz zusammenhängender Berghaufen, der sich allmählich von der Donau an bis zum Fichtelberg und dem böhmischen Gebirge erhebt, aber doch auch eines starken Anbaues fähig ist.

Ein ansehnlicher Theil dieses von der Natur so begünstigten Landes liegt seit den ehemaligen Kriegen wüste. Ich sah verschiedene große Striche, welche die Einwohner Moos nennen, die aber so locker und sumpfigt nicht sind, als die Torf- und Moorgründe in Holland und andern Ländern. Man sieht auf vielen derselben noch die alten Furchen, und hat Beweise in Ueberfluß, daß sie angebaut waren, und leicht wieder gebaut werden könnten. Ein andrer Theil von Bayern wird noch von überflüßigem und finsterm Gehölze bedekt, und ein dritter liegt immer unnöthiger Weise brach. — Es ist mehr als wahrscheinscheinlich, daß das ganze Land kaum zur Hälfte recht gebaut ist.

Die Bauern theilen sich in 4 Klassen; in ganze, halbe und viertels Bauern, und in die sogenannten Häusler. Die ganzen Bauern pflügen mit 8 Pferden, und heissen Einsiedler, weil ihre Höfe weit von Dörfern entlegen sind. Viele dieser Höfe beherrschen ein Bezirk von mehr als einer halben Stund in die Länge und Breite, und die Besitzer derselben haben oft wohl 12 bis 15 Pferde zu ihrem Feldbau nöthig (2 Pferde auf einen Pflug gerechnet, welches an einigen Orten zwar zu viel, an einigen auch zu wenig ist.) Solcher Einöden sollen in allem 40000 seyn. — Ein halber Bauer pflügt mit 4, und ein viertels Bauer mit 2 Pferden. Die Häusler sind Taglöhner für die andern, und bauen allenfalls ihr bisgen Eigenthum mit fremdem Vieh.

Von der Zahl der Pflüge läßt es sich hier gar nicht auf die Grösse der Bauerngüter schliessen. Die besten Felder bleiben oft 4 bis 6 und mehrere Jahre brach liegen, so wie es die hergebrachte Gewohnheit, die Gemächlichkeit oder der Eigensinn des Besitzers für gut befindet. Da man keine Begriffe vom Wiesenbau und von der Stallfütterung hat, so entschuldigt man diese schlechte Wirthschaft mit dem Mangel an Dünger. — Mein guter Freund, mit dem ich so viel über den bayrischen Krieg zu streiten hatte, nahm sich auch hier mit aller Wärme seiner Landsleute an. Er behauptete, der Ackerbau könnte in seinem Vaterlande unmöglich besser bestellt seyn, weil die innere Konsumtion und der Preis des Getraides zu geringe und keine Wege zu einer stärkern Ausfuhr zu öfnen wären, und die innere Konsumtion könnte nicht wohl durch Manufakturen vermehrt werden, weil Bayerns Flüsse alle nach Oesterreich flößen, es mit den Erblanden dieses Hauses in Kunstprodukten nie konkurriren könnte, und der Absatz auf den andern Seiten wegen Mangel an schifbaren Flüssen erschwert wäre. *) — Welche Sophisterey um die Trägheit und Liederlichkeit seiner Landsleute zu bemänteln! Es wäre schlimm, wenn zur Aufnahme der Fabriken schiffbare Flüsse unumgänglich nöthig wären. Der größte Theil der Schweizermanufakturen wird auf der Are verführt; denn das, was Helvetien durch den Rhein absezt, läßt sich mit der Menge Waaren nicht vergleichen, die über Land nach Frankfurt, Leipzig u. s. w. durch den ganzen Norden, und die Kreuz und die Quere durch Frankreich und Italien verführt wird. Aber Bayern soll noch gar nichts an Fremde absetzen. Nach den Regeln einer ordentlichen Oekonomie muß man erst sehen, was zu ersparen sey, ehe man Bedacht darauf nimmt, wo etwas von Fremden zu gewinnen stehe. Das Ersparen ist schon Gewinn, und der sicherste Gewinn. Wie viel Geld läßt dieses Land nicht für Tücher, Wollenzeuge, Leinwand, Lein = und Rüböhl, Tobak, Leder und fast unzählige Artickel ausfliessen, zu deren Zubereitung ihm die Natur selbst alle Mittel dargebothen hat? Wie viel könnte dadurch erspart, wie viele Menschen damit beschäftigt, wie sehr die innere Konsumtion des Getraides vermehrt und der Ackerbau befördert werden!

Aber der Hof und das Volk sind gegen ihren eignen wahren Vortheil mit Blindheit geschlagen. — Seit mehrern Jahren erhob sich in Deutschland ein schrekliches Geschrey von Bevölkerung, Manufakturen und Industrie.

Das

---

*) Die nämlichen seichten Gründe werden in einer bayerschen Monathschrift zur Entschuldigung des Mangels an Industrie in diesem

Das Geschrey drang auch zu den Ohren des hiesigen Hofes, und er fieng auch an, einen Beschützer des Kunstfleisses zu affektiren. Ohne die Natur um Rath zu fragen, ohne zu untersuchen, welche Kunstprodukten die gemeinnützigsten seyen, und durch welche das meiste Geld im Lande erhalten werden könnte, suchte man bloß diejenigen in Aufnahme zu bringen, die am meisten Aufsehens machten und auf der Liste des Luxus oben an stehen. Bey der unbeschreiblichen Armuth an so vielen dringenden Bedürfnissen legte man Porzellanfabricken an, die der Hof als eine Lotterie für das Volk betrachtet, und nur durch mancherley Kniffe und Pfiffe im Gang erhalten kan. Man errichtete Manufakturen von Tapeten, reichen Stoffen, und Seidenzeugen, und ersparte dem Lande wenigstens das Geld für die Meßgewänder der Pfaffen und die Gallakleider der Münchner Damen, während daß sich der größte Theil der Bürger und Bauern mit fremdem Tuch kleiden muß.

Man darf sich nur mit dem hiesigen Mauthwesen bekannt machen, wenn man sich überzeugen will, daß man hier die wahren Grundsätze der Staatswirthschaft gar nicht kennt. Als die aufgeklärte österreichische Regierung ihre Mauthen nach den Regeln einer klugen Oekonomie einrichtete, freuten sich die hiesigen Kammeralisten, durch das Beyspiel Oesterreichs ein Mittel gefunden zu haben, die fürstlichen Einkünfte um ein ansehnliches zu vermehren. Man äffte das österreichische Mauthsistem nach, wußte aber nicht, daß Auflagen auf die einzuführende fremde Waaren nichts anders als Strafen sind, und die Verminderung des Ertrags derselben einer klugen Regierung so angenehm seyn muß, als die Verminderung der Strafgefälle von den Gerichtsstuben. Das österreichische Mauthsistem hieng mit dem großen Plan zusammen, mit

allen

allen Kräften daran zu arbeiten, daß die Einfuhr fremder Waaren samt den Mauthen selbst durch seinen innern Kunstfleiß so viel als möglich vernichtet, und die Konsumtion der entbehrlichsten Artikel des Luxus, die man vom Auslande bezieht, durch die Vertheurung verringert würde. Aber hier (anstatt die Mauthregister nach dem Beyspiel Oesterreichs zur Richtschnur zu gebrauchen, wie der innere Kunstfleiß aufzumuntern, und zur Bearbeitung der Artikel, die das meiste Geld aus dem Lande ziehen, zu lenken sey) betrachtet man die Mauthen als eine ergiebige Quelle, deren Ausfluß eher befördert als gestopft werden müße!

Ich hätte dich mit diesen Punkten des staatswirthschaftlichen ABCs nicht so lange ennuyirt, wenn ich dir nicht einigermassen im Detail hätte zeigen müssen, daß man nicht einmal dieses hier versteht. Leb wohl.

München. —

Ein Gemählde von bayrischen Karakteren und Sitten von Hogarths Hand müßte äusserst interessant seyn. In England sind die Extremen zwar auch nicht selten; aber Karikaturen, wie sie Bayern liefert, übertreffen alles, was man von der Art sehen kann. Du weist, ich bin kein Maler, und wenn ich dir das Eigenthümliche des Bayern in der Abstraktion gebe, so kann es natürlich das Leben nicht haben, welches ihm Hogarth in einer Gruppe oder Shakespear in einem dramatischen Auftritt geben könnte. Doch ich will versuchen, was ich kann.

Um methodisch zu verfahren — denn du glaubst nicht, wie sich in allen Dingen eine verwünschte Methode an mich hängt,

hängt, seitdem ich deutsche Luft athme — so muß ich dir erst den Körper des Bayern voranatomisiren, ehe ich zur Zergliederung seines geistigen Wesens schreite. — Im Ganzen ist der Bayer stark von Leib, nervigt und fleischigt. Man findet sehr viele schlanke und wohlgebaute Männer, die man in jedem Betracht schön heissen kann. Die rothen Backen sind unter dem hiesigen Mannsvolk etwas seltener als in Schwaben, welchen Unterscheid vermuthlich der Wein und das Bier verursachen.

Das Eigne eines Bayern ist ein sehr runder Kopf, nur das Kinn ein wenig zugespizt, ein dicker Bauch, und eine bleiche Gesichtsfarbe. Es giebt mitunter die drolligsten Figuren von der Welt, mit aufgedunsenen Wänsten, kurzen Stampffüssen und schmalen Schultern, worauf ein dicker runder Kopf mit einem kurzen Hals, sehr seltsam sizt, und in diese Form pflegt gemeiniglich der Bayer zu fallen, wenn er mehr oder weniger Karrikatur seyn soll. Sie sind etwas schwerfällig und plump in ihren Gebehrden, und ihre kleinen Augen verrathen ziemlich viel Schalkheit. — Die Weibsleute gehören im Durchschnitt gewiß zu den schönsten in der Welt. Sie fallen zwar auch gerne etwas dick ins Fleisch, aber dieses Fleisch übertrift alles, was je ein Maler im Inkarnat geleistet hat. Das reinste Lilienweis ist am gehörigen Ort, wie von den Grazien mit Purpur sanft angehaucht. Ich sah Bauernmädchen so zart von Farbe und Fleisch, als wenn die Sonne durchschiene. Sie sind sehr wohlgebaut, und in ihren Gebehrden viel lebhafter und runder als die Mannsleute.

In der Hauptstadt kleidet man sich französisch, oder glaubt wenigstens französisch gekleidet zu seyn. Die Männer lieben noch das Gold und die bunten Farben zu viel.

Die

Die Kleidung des Landvolks ist abgeschmakt. Der Hauptschmuk der Männer ist ein langer, breiter, oft sehr seltsam gestikter Hosenträger, woran die Beinkleider sehr tief und nachläßig hangen, vermuthlich um dem Bauch, welcher der Haupttheil eines Bayern ist, sein freyes Spiel zu lassen. Die Weibsleute verunstalten sich mit ihren Schnürbrüsten, welche grade die Form eines Trichters haben, hoch über die Brust und Schultern heraufsteigen, und oben ganz schnureben abgeschnitten sind, so daß man gar keine Wölbung der Achseln und des Halses sieht. Diese steife Schnürbrust ist vorne mit grossen Silberstücken verblecht, und mit dicken Silberketten überladen. Die Hausmütter, oder die, welche dem Hauswesen vorstehn, tragen an vielen Orten ein dickes Gebund Schlüssel und ein Messer an einem Riemen, die fast bis zur Erde reichen.

Was den Karakter und die Sitten der Bayern betrift, so können die Einwohner der Hauptstadt nicht anderst als sehr verschieden von dem Landvolk seyn. Der Karakter der Münchner bliebe für mich ein Räthsel, und wenn ich auch noch viele Jahre hier wäre. Ich glaube mit allem Grund behaupten zu können, daß sie gar keinen Karakter haben. — Ihre Sitten sind so verdorben, als sie es in einem Gewirre von 40000 Menschen seyn müssen, die bloß vom Hofe leben, und größtentheils auf Kosten desselben müßig gehn.

Unter dem großen Adel giebt es, wie überall, ausgebildete und sehr artige Leute; aber überhaupt genommen, ist er im ganzen Umfange des Wortes Pöbel, ohne alles Gefühl von Ehre, wenn nicht ein großer Titel und Bänder und Sterne ausschließlich Ehre heissen, ohne Erziehung und ohne Thätigkeit für den Staat, ohne alles Gefühl für sein Vaterland, ohne alle Empfindung von

Groß-

Großmuth. Die meisten Häuser, von denen mehrere 15 bis 20, und einige auch wohl 30 bis 40 tausend Gulden Einkünste haben, wissen von gar keiner andern Verwendung ihres Geldes, und von keinem andern Vergnügen, als welches Tisch, Keller, Spieltisch und Bette gewähren. Das Spiel hat schon viele gute Häuser hier zu Grunde gerichtet. Das jetzregierende Lieblingsspiel der Hofleute heißt Zwicken; seitdem aber der Finanzminister Hombesch die Besoldungen so erschreklich zwikt, nennen sie es Hombeschen. — Viele Hofdamen kennen ausser dem Bette keine andre Beschäftigung, als mit ihren Papagayen, Hunden und Katzen zu spielen. Eine der vornehmsten Damen, die ich kenne, hält sich einen großen Saal voll Katzen, und zur Bedienung derselben 2 bis 3 Zofen. Sie bespricht sich halbe Tage lang mit denselben, bedient sie oft selbst mit Kaffe und Zuckerbrod, und puzt sie nach ihrer Phantasie täglich anderst auf.

Der kleine Adel und die eigentlichen Hofbedienten schleppen sich mit einer erbärmlichen Titelsucht. Ehe der jetzige Kurfürst hieher kam, wimmelte es hier von Exzellenzen, gnädigen und gestrengen Herren. Das lächerliche der Titulatur fiel dem ietzigen Hof auf, weil sie zu Mannheim nicht üblich war. Es erschien eine Verordnung welche deutlich bestimmte, wer Exzellenz, Euer Gnaden, und Euer Gestrengen heissen sollte. Die, welche durch diese Verordnung entexzellenzt und entgnädigt wurden, und besonders die Weiber derselben, wollten verzweifeln. Zum erstenmal hörte man nun hier über Tyranney klagen, von der man zuvor gar keinen Begriff zu haben schien, und der Hof hätte den gnädigen Herren ihr B. od, ihre bürgerliche Ehre und ihr Leben nehmen können, ohne sich diesen Vorwurf zuzuziehn.

Der übrige Theil der Einwohner lebt bloß, um zu schmaussen, und der zyprischen Göttin zu opfern. Alle Abende ertönen die Strassen von dem Gesumse der Saufgelagen in den unzählichen Schenken, welches hie und da mit einem Hackbrett, einer Leyer oder einer Harfe begleitet ist. — Wer nur ein wenig den Herrn machen kann, muß seine Matresse haben; die übrigen tummeln sich um einen sehr wohlfeilen Preiß auf den Gemeinplätzen herum. In diesem Punkt ist es auch auf dem Lande nicht besser. — Als im bayrischen Krieg einige Rekruten zu einem französischen Korps kamen, welches in der Gegend von Augspurg stand, fragte ein Gaskogner einen seiner Landsleute, der schon ein Kampagne in Bayern mitgemacht hatte, wie es daselbst um ein gewisses Bedürfniß stunde: O! antwortete dieser, in Bayern findest du das größte B — — l von der Welt. Da zu Augspurg ist der Eingang, und zu Passau die Hinterthüre. — Ich habe die Anekdote von einem alten Offizier, und wenn sie gleich von einem Gaskogner ist, so ist es doch sicher keine Gaskonnade.

Das Landvolk ist äusserst schmutzig. Wenn man sich einige Stunden weit von der Hauptstadt entfernt, sollte man die Höfe der meisten Bauern kaum für Menschenwohnungen halten. Viele haben die Mistpfützen vor den Fenstern ihrer Stuben, und müssen auf Bretern über dieselbe in die Thüre gehen. Viel lieber sehe ich die Strohdächer der Landleute in verschiedenen Gegenden Frankreichs, als die elenden Hütten der bayrischen Bauern, deren Dächer mit groben Steinen belegt sind, damit die Schindeln nicht vom Wind weggetragen werden. So traurig das auch aussieht, so wohlfeil auch die Nägel im Lande sind, und so oft auch von heftigen Sturmwinden halbe Dächer weggerissen werden, so läßt sich doch auch der reichere Bauer nicht bereden, seine Schindeln ordentlich nageln zu lassen. — Kurz, Liederlichkeit ist der Hauptzug des Bayern, vom Hofe an gerechnet bis in die kleinste Hütte.

Mit dieser großen Liederlichkeit kontrastirt ein eben so hoher Grad von Bigotterie auf eine seltsame Art. — Ich komme in eine schwarze Bauernschenke, die in ein Gewölke von Tobakrauch eingehüllt ist, und bey deren Eintritt ich von dem Gelärme der Säufer fast betäubt werde. Meine Augen dringen nach und nach durch den dicken Dampf, und da erblicke ich mitten unter 15 bis 20 berauschten Kerlen den Pfarrer oder Kaplan des Orts, dessen schwarzer Rok eben so beschmiert ist, als die Kittel seiner geistlichen Kinder. Er hält gleich den übrigen einen Pak Karten in der linken Hand, und schlägt sie mit der rechten einzeln eben so gewaltig, wie die andern, auf den kothigten Tisch, daß die ganze Stube zittert. Ich höre sie die abscheulichsten Schimpfnamen einander beylegen, und glaube, sie seyen im heftigsten Streit begriffen. Endlich schliesse ich aus dem Gelächter, welches das Schimpfen und Fluchen bisweilen unterbricht, daß alle die S=schw==nze, H==schw==nze u. d. m. eine Art von freundschaftlichen Begrüssungen unter ihnen sind. Nun hat jeder 6 bis 8 Kannen Bier geleert, und sie fodern nach einander vom Wirth einen Schluk Brandtewein, um, wie sie sagen, den Magen zu schliessen. Der gute Humor verläßt sie, und nun sehe ich auf allen Gesichtern, und in allen Gebehrden ernstlichere Vorbereitungen zu einem Streit. Dieser fängt an, auszubrechen. Der Pfarrer oder Kaplan gibt sich vergebens Mühe, ihn zu unterdrücken.

Er

Er flucht und wettert endlich so stark, als die andern. Nun packt der eine einen Krug, um ihn seinem Gegner an den Kopf zu werfen; der andre lüftet die geballte Faust, und der dritte tritt die Beine aus einem Stuhl, um seinem Feind den Kopf zu zerschlagen. Alles schnaubt nach Blut und Tod. Auf einmal läutet die Abendglocke. „Ave Maria, ihr S**schw**nze,“ schreyt der Pfarrer oder Kaplan; und alle lassen die Werkzeuge des Mordes aus den Händen fallen, ziehen die Mützen vom Kopf, falten die Hände, und beten ihr Ave Maria. Das erinnerte mich an den Auftritt von Don Quixotte, wo er in der großen Schlägerey wegen dem Helm Mambrins, und dem Eselssattel, durch die Vorstellung der Verwirrung im agramantischen Lager auf einmal Friede machte. — So wie aber das Gebet zu Ende ist, werden sie alle von der vorigen Wuth wieder ergriffen, die nun um so gewaltiger ist, da sie auf einen Augenblick aufgehalten worden. Die Krüge und Gläser fangen an zu fliegen; ich sehe den Pfarrer oder Kaplan zu seiner Sicherheit unter den Tisch kriechen, und ich ziehe mich in das Schlafzimmer des Wirths zurück.

Aehnliche Auftritte findest du auch in den Landstädten unter den Bürgern, Beamten, Geistlichen und Studenten. Alles begrüßt sich mit Schimpfnamen; alles wetteifert in Saufen, und überall steht neben der Kirche eine Schenke und ein B . . . Ein braver Student auf der Universität zu Ingolstadt muß einen dicken Dornknippel und den Hut abgekrempt tragen, seine 8 bis 10 Maaß Bier in einem Sitz verschlucken können, und immer bereit seyn, sich wegen nichts auf das Blut herumzubalgen. Eine Gesellschaft solcher Braven kam

daselbst

daselbst auf eine Erfindung, die mit einem Zug den bayrischen Karakter in ein sehr helles Licht setzt. Sie fanden es sehr beschwerlich bey ihren Saufgelagen vom Tische aufstehen zu müssen, um wieder von sich zu geben, was sie verschlukt hatten. Der Wirth mußte ihnen also einen Trog unter den langen Tisch anbringen lassen, worin jeder sein Wasser ließ, ohne sich von der Stelle zu regen. — Sehr seltsame moralische Karikaturen liefern die bayrischen Mädchen. Da wühlt ein Pfaff mit der Hand in einem schönen Busen, der zur Hälfte mit des Mädchens Skapulier bedekt ist. Dort sizt ein schönes Kind, und hält in der einen Hand den Rosenkranz, und in der andern einen Priap. Die fragt dich, ob du von ihrer Religion seyest, denn mit einem Ketzer wolle sie nichts zu schaffen haben. Jene hörst du mitten in der Ausgelassenheit von ihren geistlichen Brüderschaften, ihren gewonnenen und noch zu gewinnenden Ablässen, und ihren Wallfahrten mit der Miene der Frömmigkeit sprechen, daß du ihr ins Gesicht lachen mußt. — Der glänzendste Auftritt von der Art, geschah in der berühmten Marienkirche zu Oettingen, wo ein reicher Pfaff vor dem Altar der wunderthätigen Maria in der Nacht eine Jungferschaft eroberte, auf die er schon lange Zeit Jagd gemacht, und die er nicht anders, als auf der Wallfahrt erbeuten konnte.

Mit der Liederlichkeit und Andächteley vereinigt das Landvolk eine gewisse wilde Tapferkeit, die oft sehr blutige Auftritte veranlaßt. Wenn sie eine Kirchweihe, oder sonst eine öffentliche Lustfeyer loben wollen, so sagen sie: Da giengs lustig zu; es sind 4 oder 6 todt, oder zu Krippel, geschlagen worden; und wenn es ohne Mord

Mord und Blut abläuft, so heißt das Feſt eine Lumperey. — Im vorigen Jahrhundert, und noch zu Anfang des jetzigen, behaupteten die Bayern den Ruhm der beſten deutſchen Truppen. In der berühmten Schlacht bey Höchſtädt ſtanden ſie noch, und hielten ſich für Sieger, als ihr Kurfürſt, der an ihrer Spitze ſtand, die Nachricht bekam, daß die Franzoſen auf dem andern Flügel geſchlagen wären. Unter Tilly und Mercy haben ſie Wunder gethan. Aber ſeitdem ſich die Kriegszucht ſo ſehr geändert hat, ſind ſie keine Soldaten mehr. Kein Volk kann mehr Abſcheu gegen alles haben, was Zucht und Ordnung heißt, als die Bayern. Zu Partheygängern, denen das Rauben, Plündern, und alle Ausſchweifungen mehr erlaubt ſind, als den regulirten Truppen, mögen ſie noch vortreflich ſeyn. Es ziehen wirklich gegen 1000 Purſche in verſchiedenen Räuberbanden, im Lande herum, die ohne Zweifel im Krieg ein ſehr gutes Streifkorps ſeyn würden. Man hat Beyſpiele, daß ſich einige mit ihren kühnen Anführern, bis auf den letzten Mann, gegen das Militär vertheidigt haben. Aber auch der ärmſte Bauersjunge hält es für eine große Strafe, wenn er unter die regulirten Truppen ſeines Fürſten gezogen wird.

Dagegen ſind die Einwohner der Hauptſtadt das weichſte, furchtſamſte, und kriechendſte Volk von der Welt, ohne alle Schnellkraft, und die oft ins grobe fallende Freymüthigkeit, welche noch der ſchönſte Zug im Karakter des Landvolks iſt, ſucht man in der Stadt umſonſt. Als die Münchner unter der vorigen Regierung zu den Füſſen eines deſpotiſchen Miniſters krochen, und nur allenfalls im Dunkeln zu murren ſich getrau-

ten, äusserte das Landvolk sein Mißvergnügen mit einer Freyheit, die für den Despoten fast sehr schlimme Folgen gehabt hätte. Nur die unbegränzte und unbeschreibliche Liebe der Bauern zu ihrem Fürsten konnte sie dazu bewegen, daß sie auf einen Befehl des Jägermeisters die Zäune ihrer Felder niederrissen, um das Wild darauf weyden zu lassen. Mit Entzücken sprachen sie von den guten Eigenschaften ihres Herrn; vergassen aber seine Fehler nicht, sondern suchten sie zu entschuldigen, und warfen ohne alle Zurükhaltung den schwersten Fluch auf die Bedienten desselben, und so gaben sie jedem Fremden ein treues Gemählde des Hofes, während, daß die Tyrannen des Landes von den Einwohnern der Stadt in Zueignungsschriften von Büchern, in Gedichten und öffenlichen Unterredungen zum Himmel erhoben wurden. — Auch die jetzige Regierung und den Hof hörst du vom Landvolk viel richtiger beurtheilen, als von den Stadtleuten. Ich könnte weder vom Fürsten, noch seinem Bedienten, die geringste Nachricht einziehen, wenn ich nicht mit einigen fremden Künstlern bekannt wäre, die zum Hofe gehören, und sich um den Zustand desselben mehr intereßiren, als die Eingebohrnen, die bey ihren Bierkrügen eilfe gerad seyn lassen. In Paris kennt jeder Schuhputzer alle Großen des Hofes; interessirt sich um ihr Privatleben so gut, als um ihr politisches, und lobt oder tadelt sie nach seinen Einsichten. Aber hier kannst du zu sehr vielen Hofräthen und Sekretären kommen, welche von den Großen ihres Hofes platterdings nichts als den Namen kennen. Leb wohl.

Zwölfter Brief.

München ———

Du hast recht, daß sich der hiesige Hof sehr wichtig machen könnte, wenn er von seinen Kräften Gebrauch zu machen wüßte. Er kann sich mit dem König von Dännemark messen, und Schwedens Macht ist nicht viel ansehnlicher als seine. Wenn man die Lappländer, und die übrige fast ganz unbrauchbare Menschen, von der Summe der Unterthanen dieser nordischen Mächte abzieht, so werden sie an Mannschaft vor dem hiesigen Hof, wenig voraus haben. Bayern hat 1180000, die Pfalz am Rhein 280000, und die Herzogthümer Jülich und Berg zählen ohngefehr 260000 Menschen. Die Zahl der sämmtlichen Unterthanen des hiesigen Hofes beträgt also ohngefehr 1720000. In einigen öffentlichen Blättern wird sie nur auf etliche und 1400 tausend angegeben; aber ohne Zweifel sind die Unterthanen in den westphälischen Staaten des Kurfürsten in dieser Summe nicht mitbegriffen.

Ueber die Einkünfte des Hofes ist man weder hier, noch in den öffentlichen Nachrichten einig. Der sehr fleißige, und in den meisten Stücken sehr richtige Herr Büsching, sagt in der neuesten Ausgabe seiner vortreflichen Erdbeschreibung: Er habe von guter Hand, die Einkünfte aus Bayern beliefen sich auf 8 Millionen rheinische Gulden. Dieses stimmt mit der mäßigsten Angabe der hiesigen Hofleute überein. Ich habe die aber in meinem lezten Brief gesagt, daß sehr wenige derselben mit dem Zustand des Hofes bekannt sind. Ich bemerkte auch, daß alle aus einer dummen Prahlerey die Summe der Einkünfte zu vergrößern suchten. Leute, die allem Anschein nach, die Sache genau wissen konnten

Zwölfter

ten, wollten mich bereden, der Hof habe 12 bis 16 Millionen Gulden jährlicher Einkünfte. Ich sah, daß es unmöglich war, anders hinter die Wahrheit zu kommen, als wenn ich mich an den gehörigen Orten theilweise um den Zustand der Finanzen erkundigte; und so brachte ich nach langem Forschen mit ziemlich viel Gewißheit heraus, daß die sämmtlichen Einkünfte aus den Steuern, Zöllen, Akzisen, Domänen, Forsten, Bergwerken u. s. w. kaum 5 Millionen Gulden betrügen. In dieser Summe ist einer der wichtigsten Artikeln, der Handel mit dem salzburgischen und Reichenhaller Salz nicht mitbegriffen. Dieser wird von einigen auf 2 Millionen gesezt; aber höchst wahrscheinlich beläuft er sich nicht über 1 Million Gulden. Man kann also die sämmtlichen Einkünfte von Bayern am sichersten auf 6 Millionen Gulden setzen. — Die Einkünfte aus der Pfalz am Rhein belaufen sich ohngefehr auf 1700000, die aus den westphälischen Landen auf 1500000 Gulden; so daß der Hof in allem jährlich ohngefehr 9200000 Gulden, oder 20 Millionen Livres aus seinen Staaten zieht. — Du siehst, daß die Einkünfte der Rheinlande des Kurfürsten etwas mehr als die Hälfte des Einkommens aus Bayern betragen, obschon die Zahl der Einwohner derselben, nicht gar die Hälfte der Einwohner Bayerns ausmacht; aber sowohl dieser Unterschied, als auch jener, den der einträgliche bayrische Salzhandel verursacht, wird durch die bessere Benuzung besagter Lande, durch den fleißigern Anbau, durch die größern Auflagen, durch das lebhaftere Gewerbe der Einwohner, besonders jener in den westphälischen Staaten, und durch die sehr einträglichen Wasser und Landzölle überwiegend gehoben.

Wäre

Wäre Bayern nach dem Verhältniß seiner Größe so gut bevölkert und gebaut, als die mit ihm verknüpften Rheinlande, so müßte es 3 bis 4 Millionen Gulden mehr eintragen. Ich habe dir schon gesagt, daß es 729 Quadratmeilen enthält. Der Umfang der Rheinpfalz und der Herzogthümer Jülich und Berg zusammengenommen, beträgt kaum 240 Quadratmeilen, und ob er gleich noch nicht den dritten Theil der Grösse Bayerns ausmacht, so zählt er doch beynahe halb so viel Einwohner, und wirft mehr dann halb so viel ab, als Bayern.

Diesen Unterschied macht hauptsächlich das unselige Mönchswesen, welches der stärkern Bevölkerung, und bessern Aufklärung, dem Kunstfleiß und dem Anbau der Ländereyen in Bayern überall im Weg steht. Dieses Land mästet ohngefähr 5000 Mönche in 200 Klöstern, deren verschiedene 30 bis 40 tausend Gulden Einkünfte haben. Das Kloster Niederalteich soll jährlich über 100000 Gulden verschlingen. Ohne zu übertreiben kann man alle Einkünfte der Stifter und Klöster dieses Landes auf ohngefähr 2 Millianen Gulden schätzen, welches ein Drittheil von dem Einkommen des Hofes ist.

Der Schaden, welchen die Möncherey in dem Lande anrichtet, ist auf den größern Bauernhöfen, in den sogenannten Einöden am sichtbarsten. Um die Söhne dieser großen Bauern bewerben sich die Klöster am meisten, weil sie mit jedem 1, 2, 3 und mehrere tausend Gulden erhaschen. Dadurch wird zum großen Nachtheil des Staates die Vertheilung dieser weitläufigen Ländereyen gehindert, die wegen ihrer Größe immer nur zur Hälfte recht gebaut werden. An den Söhnen der ärmern Landleute, welche in die Klöster gehn, verliert der Staat wohl auch etwas; aber bey der jetzigen Verfassung könnten diese armen Studenten doch weiter nichts als Soldaten, müßige Schreiber oder Komödianten werden. — Der Hang zum Müßiggehen, zum Schmaussen und zur Betteley, welcher durch ganz Bayern herrscht, wird durch das Beyspiel der fetten Mönche erhalten und geheiligt. Das Volk beneidet sie durchaus um ihren seligen Müßiggang. — Die Gaukeleyen, die Bruderschaften, Kirchenfeste und Winkelandachten dieser heiligen Marktschreyer beschäftigen den großen Haufen so sehr, daß er den dritten Theil seiner Zeit an sie verschwendet. — Ihr Interesse räth ihnen, das Volk in dem Grad von Dummheit zu erhalten, der zu ihrem Gedeyen nöthig ist, und deswegen liegen sie immer gegen alles, was gesunde Vernunft und Aufklärung heißt, mit unbeschreiblicher Wuth zu Felde. Ihnen allein hat man die entsezliche Verwilderung der Sitten in Bayern zu verdanken. Sie haben ihre Kapuzen zum Wesen des Kristenthums und der ganzen Moral gemacht. Sie predigen nichts, als die ihnen sehr einträgliche Messe, den Rosenkranz, das Skapulier und die lächerlichen Leibskasteyungen, wodurch sich so mancher Dummkopf den Namen eines Heiligen erworben hat. Der betrogne Landmann glaubt mit der Beicht und einer Messe um 30 Kreuzer die gröbste Sünde tilgen zu können, und hält das sinnlose Beten des Rosenkranzes für seine wesentlichste Pflicht.

So beträchtlich die Anzahl der Mönche, so gering ist jene der Landpriester, die doch das meiste zur sittlichen Bildung des Volks beitragen könnten und sollten, und diese werden von dem großen Haufen in seinen Begriffen weit unter die Mönche gesezt, weil ihre Kleidung und ihr Betragen nicht so seltsam ist, als jenes

der

der Mönche. Aber, so wie die Landpriester überhaupt in Bayern wirklich beschaffen sind, verdienen sie auch nicht mehr Achtung als die Mönche. Die meisten unterscheiden sich vom Bauern platterdings durch nichts, als die schwarze Farbe ihrer Kleider, eine kostbarere Tafel, und eine schönere und besser gekleidete Haushälterin. Im übrigen sind sie eben so liederlich, ungezogen und unwissend. — Es gibt Pfarreyen von 3 bis 4 Stunden in die Länge und Breite, und von 4 bis 6 tausend Gulden Einkünften. Wie nüzlich wäre es dem Lande, wenn solche Pfarreyen in 5 bis 6 kleinere zerstükt, und mit einer bessern Zucht von geistlichen Hirten besezt würden! Man müßte aber zugleich den Mönchen verbieten, sich in die Seelsorge einzumischen, oder, welches wohl das rathsamste wäre, aber unter der jetzigen Regierung nicht zu erwarten ist, man müßte sie mit Stumpf und Stiel zu vertilgen suchen.

Wenn man die Güter der Klöster einzöge, wie denn die meisten ehedem landesfürstliche Domänen waren, die in melankolischen Stunden, worin die Fürsten Vormünder nöthig hatten, verschenkt wurden, und wenn man alle Fremde ohne Unterschied der Religion unter annehmlichen Bedingungen zum Kauf derselben zuließe, so könnten die Staatsschulden in sehr kurzer Zeit getilgt werden, und das Land würde gar bald eine ganz andre Gestalt gewinnen. Aber Karl Theodor ist von diesem Entschluß so weit entfernt, und kennt sein eignes Interesse, und das seiner Staaten sowohl, daß er in der Rheinpfalz ein neues Nonnenkloster stiftet, und die Güter der Exjesuiten einer andern Art Mönche, den Maltheserrittern schenkt. Was sagte man von dem Privatmann, der voll Schulden wäre, und noch Vermächtmächtniſſe in die Kirche machte? — Doch hier iſt das Räſonniren ſehr übel angebracht.

Die ſchädliche Größe vieler Bauergüter in Bayern brachte mich auf eine Betrachtung, die wohl verdiente, von einem größern Politiker, als ich bin, etwas genauer erwogen zu werden. — Ich theile die freyen Bauern in 3 Klaſſen: 1) in die, deren Güter zu klein ſind, um davon leben zu können, und die noch andern dienen müſſen, um ihren völligen Unterhalt zu gewinnen. 2) In ſolche, welche von ihrem Eigenthum hinlänglich beſtehen können, und 3) in die, welche mehr beſitzen, als zum gemächlichen Unterhalt einer Familie nöthig iſt, und die man eigentlich mehr oder weniger reiche Bauern nennt. — Beym erſten Anblik ſcheint das Steuern der Güter nach der Schatzung einzelner Grundſtücke und gewiſſen Prozenten ſehr billig angelegt zu ſeyn. Kauft der Bauer ein neues Grundſtük, ſo ſteuert er nach der Schatzung deſſelben ſein gewiſſes Prozent, und ſo ſteigen ſeine Abgaben verhältnißmäßig mit der Zahl der Morgen Landes, die er beſizt. — Bey genauer Unterſuchung finde ich aber, daß es ein großer ſtaatiſtiſcher Rechnungsfehler iſt, wenn der Bauer, der zu ſeinem Unterhalt nicht genug beſitzt, verhältnißmäßig eben ſo viel von ſeinem Gut zahlen ſoll, als der, welcher von ſeinen Beſitzungen ſein gemächliches Auskommen hat, und wenn dieſer jenem, der übermäßig reich iſt, in den Prozenten von den Grundſtücken gleich gehalten wird. — Es iſt ein politiſches Axiom, daß 3 oder 4 wohlhabende Bürger einem Staat viel ſchäzbarer ſeyn müſſen, als Ein reicher, wenn auch das Kapital des leztern das Vermögen der erſtern weit überwiegen ſollte. Eine ganz gleiche Vertheilung der Güter und des Geldes in einem Staat, wenn sie möglich wäre, würde Raserey seyn; aber in der Ueberzeugung, daß sie platterdings unmöglich ist, muß jeder kluge Regent doch immer so handeln, als wenn sie möglich wäre. Die unglüklichsten Staaten sind die, worin zu großer Reichthum mit zu tiefer Armuth der einzeln Glieder zusammen absticht. Es kann nicht lange dauern, so muß ein Theil der Einwohner derselben Despoten, und der andre Sklaven seyn. Wahre freye Leute werden von einem solchen Staat, wie von einer tobenden Gährung ausgeworfen, oder verzehrt. — Ein übermäßig reicher Bauer verschlingt nach und nach alle Armen in seinem Bezirke. Er leiht Gelder auf die Grundstücke der Aermern, benuzt die Mißjahre, um ein Gütchen vom Nachbar wohlfeil zu erschnappen, und wenn er kein ehrlicher Mann ist, so kann er sich noch durch unzählige Kniffe in Besiz eines für ihn wohlgelegenen Stük Landes setzen. In einigen republikanischen Staaten sah ich mit Entsetzen, wie einige reiche Bauern auf die Art eine ganze Gemeinde zu Grunde richten, und die Tyrannen ihrer Mitbürger werden können. In monarchischen Staaten ist das Uebel so groß nicht; aber doch immer beträchtlich genug, um mit allen Kräften dagegen zu arbeiten.

Man erwäge die Vortheile, die ein reicher Bauer von einem, und dem nemlichen Grundstücke, im Vergleich mit einem mittelmäßigen oder armen ziehen kann. Der Arme muß den Ertrag desselben, sobald als möglich, und gemeiniglich unter dem Preiß verkaufen, weil ihn seine Gläubiger drängen. Der Mittelmäßige kann auch nicht lange aufspeichern, weil er Gefahr liefe, Geld zu leihen, und durch die Interessen das wieder verlieren

118 Zwölfter

zu müssen, was er durch das Aufspeichern vielleicht gewinnen könnte. Aber der Reiche macht seine Spekulationen, und selten schlägt er um den Preiß los, warum die andern ihren Schweiß verkaufen müssen. Er kauft in der Gegend von den kleinern das Getreide auf, oder er hat ihnen vor der Erndte Geld vorgeschossen, und sie müssen es ihm um den Preiß lassen, den er selbst sezt, und so vertheurt er selbst zu seinem Vortheil das Getreide in seinem Bezirke. — Bey einer Ueberschwemmung, bey einem Hagelwetter, bleibt dem geringern Bauern oft nicht die Saat auf das künftige Jahr übrig. Das Stük Landes liegt brach, und wenn es der Reiche besizt, wird es nun mit zwey- dreyfachem Gewinn gebaut, und so wird dieser auf Kosten des Armen, und auf Kosten des Staates immer reicher, bis endlich, nachdem er zum großen Nachtheil der Bevölkerung ein Duzend kleine Bauern verschlungen, sein Herr Sohn, der unterdessen studiren mußte, kein Bauer mehr seyn will, sich in die Stadt sezt, sein Gut verpachtet, und dem Staat einen Müßiggänger mehr liefert.

Sollte der Reiche nicht für alle diese Vortheile, die er von dem nemlichen Grundstücke zieht, das sein ärmerer Nachbar, so gut als er, besizen kann, dem Staat etwas mehr entrichten? Kann der Staat gleichgültig dabey seyn, wenn die zahlreichste und nüzlichste Klasse des Volks sich zum Theil unter sich selbst aufreibt, und ein reicher Bauer bey einer Vergrößerung seiner Ländereyen einen Eigenthumsherrn zu einem Taglöhner macht?

Ich finde es höchst billig, daß in der Anlage der Steuer auf die Verschiedenheit der Bauern Rüksicht ge-

Brief.

nommen werde. Der Arme soll nach dem Verhältniß von einem Grundstük nicht so viel zahlen, als der Wohlhabende, und dieser nicht so viel als der Reiche. Der Staat muß es dem erstern zu erleichtern suchen, wohlhabend zu werden, und dem lezteren wehren, sich zum Nachtheil der Bevölkerung noch mehr zu vergrößern. Ich würde also in meiner Republik, die noch ungebildet, als Chaos im unendlichen leeren Raum schwimmt, ungefehr ein Mittel bestimmen, und in der Steueranlage die Prozente im Verhältniß so steigen lassen, je weiter das Vermögen an Grundstücken eines einzeln Bauers über dieses Mittel hinaufgeht, oder unter dasselbe fällt; — z. B. in meiner Republik wäre ein wohlhabender Bauer, der, welcher 30 bis 50 Morgen Landes, oder kürzer für 4 bis 6 tausend Gulden Güter besizt. Nun sollte jeder, der unter 4000 Gulden Vermögen hat, ein Prozent, der welcher zwischen den 3 und 5 bis 6 tausenden schwebt, zwey; jener, welcher mehr besizt, drey; und wer doppelt so viel besizt, vier Prozent von dem bezahlen, was über das Mittel hinaufsteigt. Beym Ankauf eines Grundstückes hätte dann der Arme gegen den Wohlhabenden, und dieser gegen den Reichen einen sehr billigen Vortheil. Es ist wahr, es gäbe meinen Beamten etwas mehr zu rechnen, und es müßte mit den Urbarien etwas seltsam umgesprungen werden; aber dafür laß mich nur sorgen, wenn ich erst einmal meinen Staat auf sichern Grund und Boden habe.

Um also wieder auf unser Bayern *) zu kommen,

H 4   so

---

*) Die vielen Projekte, die der Herr Verfasser über Bayern gemacht hat, geben ihm wohl das Recht, das von ihm umgeschafene Bayern sein zu heißen. Aber so wie es wirklich ist. — In

so wirst du dir ziemlich deutlich vorstellen können, wie wenig es das noch ist, was es seyn könnte. Wären die Schulden getilgt, so könnte der Kurfürst nach der Zahl seiner Unterthanen und seinen Einkünften leicht 40 bis 45 tausend Mann auf den Beinen halten; und wäre dieser Theil seiner Besitzungen so angebaut, wie seine Rheinlande, so könnte er wohl eine Armee von 60000 Mann unterhalten, und sich von den mächtigsten Häusern sehr viel Hochachtung verschaffen. Wenn sein Nachfolger zur Regierung kömmt, so wird das Ganze durch das Herzogthum Zweybrücken um ein Beträchtliches vermehrt, und vielleicht wird dann auch die Wirthschaft besser. Leb wohl.

Salzburg. —

Der Weg von München hieher ist sehr traurig. Er geht durch eine ungeheure Ebene, die nur hie und da von kleinen Anhöhen unterbrochen wird. Das viele Schwarzholz, die elenden, dünn zerstreuten Bauernhütten, der Mangel an Städten, die Unsicherheit vor Räubern, alles macht einen so viel, als möglich, aus Bayern hinaus eilen. Auf dem langen Wege von 17 deutschen Meilen sieht man keinen nennenswürdigen Ort,

---

den vierziger Jahren brauchte ein österreichischer General auch öfters den Ausruf: notre Baviere. Ein französischer Offizier, der wegen Auswechslung der Gefangenen mit ihm unterhandeln sollte, hörte lange zu; und sagte endlich: Monsieur, nous avons une Chanson dont le refrein est: *Quand j'ai bien bu, toute la terre est à moi.* — Der österreichische General liebte den Trunk sehr. Vielleicht war der Verfasser hier auch etwas mehr erleuchtet, als er seyn sollte. D. H.

Ort, als das schwarze Wasserburg in seinem tiefen Loch zwischen öden Sandhügeln, wodurch sich der Inn krümmt, und zwischen denen er eine Erdzunge bildet, worauf der Ort sehr seltsam sitzt.

An der salzburgischen Gränze wird es besser. Die Aussichten sind mannichfaltiger, die Wohnungen der Bauern reinlicher und lebhafter von Aussehn, und das Land ist viel besser gebaut. — Ohngefehr eine Stunde vor dieser Stadt stellte sich einer der schönsten Prospekte dar, die ich je gesehen. Er bildet ein ungeheures Amphitheater. Im Hintergrunde erheben nakte Felsen ihre trotzigen Häupter zum Himmel empor. Einige derselben, die etwas zur Seite stehn, haben die Gestalt von Pyramiden. Diese abentheuerliche Bergmasse verliert sich stufenweis in waldigte Berge, und dann zu beyden Seiten her in schöne, zum Theil wohl angebaute Hügel. Mitten auf dem Grund dieser Bühne liegt die Stadt, über welche das Schloß auf einem hohen Felsen emporragt. Der Salzafluß giebt der ohnehin so mannichfaltigen Landschaft noch mehr Leben. Hie und da breitet er sich ziemlich aus, und seine Ufer sind an manchen Orten mit schönen Parthieen Gehölze beschattet.

Mit der einförmigen und öden Gegend um München sticht die Lage dieser Stadt ungemein ab. Sie ist äusserst sonderbar, und ein bewundernswürdiges Spiel der Natur und Kunst. Der Strom theilt sie in zwey ungleiche Theile. Auf der Westseite desselben, worauf der größere Theil der Stadt liegt, erhebt sich aus einer weiten Ebene ein hoher, runder, steiler und harter Fels, der das Schloß wie eine Krone trägt. Vom Fuß dieses Felsen zieht sich längst dem Strom herab, in einer geringen Entfernung von demselben, um diesen Theil der Stadt her ein langer

Berg

Berg von bestem Sandstein, der sowohl von innen als
aussen senkrecht wie eine Mauer abgehauen und mehrere
hundert Fuß hoch ist. Auf diesem natürlichen Wall, der
weit über die hohen Häuser der Stadt emporragt, steht
ein starkes Gehölze, und es liegen verschiedene Landgüter
darauf. Man hat an einem Ort, wo er gegen 60 Schritte
breit ist, ein schönes Thor durchgehauen. Auf der andern
Seite des Flusses steht der abentheuerlichste Fels, den man
sehen mag. Er kehrt gegen eine schöne Ebene abwärts des
Stromes eine von der Natur abgehauene, nakte Wand,
die eine halbe Stunde lang, und in der Mitte wohl 500
Fuß hoch ist. Aufwärts des Stromes verliert sich sein be-
hölzter Abhang sanft in eine andere schöne Ebene. Ich
kann dir seine sonderbare Lage nicht besser geben, als wenn
du die Stadt zum Mittelpunkt eines zwei stundenlangen
Diameters, den der Fluß bildet, annimmst, einen halben
Zirkel von schönen Bergen gegen Osten herumziehst, und
diesen Felsen dann als einen Radius in die Mitte setzest,
so daß er zwischen der Stadt und dem Bogen der Berge
wie eine Querscheidewand steht, und die Fläche des Halb-
zirkels in 2 gleiche Theile schneidet. Da wo er dem größern
Theil der Stadt gegen über an den Fluß stößt, liegt der
kleinere Theil derselben, und von seiner gegen Norden zu
senkrecht abgehauenen, langen Wand ziehen sich die Be-
stungswerke in einem Viertelzirkel bis an den Fluß herab.
Eine einzige, sehr enge Strasse, geht zwischen dem Fluß
und seinem Abhang gegen Süden hin.

Die Natur hat in einer wunderlichen Laune dem Strom
seinen Weg durch die abgerissenen Felsen angewiesen. Zwischen dem sonderbaren Wall des größern Theils der Stadt
und den nächsten Bergen gegen Westen ist eine ganz gleiche, 2 Stunden weite und tiefe Ebene, die sich weit über

der

der Stadt hinauf längſt dem Fluß hinzieht. Wenn man die Gegend beſchaut, ſo ſollte man meynen, er müßte ſeinen Weg durch dieſe Ebene nehmen, um ſich in ſeinem wilden Lauf mehr ausbreiten zu können. Aber anſtatt deſſen drängt er ſich ungeſtüm durch die Felſen durch, welche die Stadt umgeben, und ſich ſeinem Lauf entgegen zu ſetzen ſcheinen. Nur aus der erſtaunlichen Wuth und Gewalt, womit er haſtig ſein Bette gräbt, läßt ſich dieſer eigenſinnige Lauf erklären. — Das Land umher ſieht überhaupt ſehr romantiſch aus, und ich ſehe wohl, ich werde mich länger hier aufhalten, als ich anfangs dachte.

Die Stadt iſt auch innerlich ſehr ſchön. Die Häuſer ſind hoch, und durchaus von Stein gebaut. Die Mauern gehn nach italiäniſcher Art über die flachen Dächer hinauf, ſo daß man auf denſelben durch ganze lange Straſſen gehen kann. Die Dohmkirche iſt die ſchönſte, die ich auf der ganzen Reiſe von Paris hieher geſehen, und nach dem verkleinerten und ſimplifizirten Riß der Peterskirche zu Rom von groſſen Quaderſtücken gebaut. Das Portal iſt von Marmor, und das Ganze mit Kupfer gedekt. Vor dem Portal iſt ein groſſer vierekter Platz, mit Schwibbögen und Gallerieen eingefangen, und an denſelben ſtoſſen die fürſtliche Reſidenz und die Abtey St. Peter. Mitten auf dieſem Platz ſteht eine ſchöne Statue der Maria in Bley in übermenſchlicher Gröſſe. Zu beyden Seiten der Kirche ſind groſſe, mit ſchönen Gebäuden umgebne Plätze. Mitten auf dem zur Linken ſteht eine der prächtigſten Fontänen von Marmor, die ich je geſehen, mit einigen koſtbaren Figuren in Rieſengröſſe. Auf jenen zur Rechten iſt ſeitwärts ein Brunnen angebracht, der ſich mit dem erſten gar nicht vergleichen läßt, und deſſen Neptun eine ſehr erbärmliche Figur macht. — Die Stadt hat noch mehrere

vor-

124   Dreyzehnter

vortrefliche Gebäude und Statuen, die einen erinnern, daß man nicht weit von den italiänischen Gränzen entfernt ist.

So weit ich die Einwohner bisher kenne, scheinen sie sehr gesellig, offen und munter, und für die Fremden ungemein eingenommen zu seyn. Indessen, bis ich dich genauer mit ihnen bekannt machen kann, muß ich dir von einigen Ausfällen Nachricht geben, die ich von München aus in verschiedene Gegenden Bayerns gethan habe.

Die bischöfliche Residenz Freysingen ist eben kein schlecht gebautes, aber im Grunde doch ein sehr armseliges Städtchen, das bloß von Pfaffen, wohlfeilen Nymphen, einigen elenden Studenten und armen Handwerkern besteht. Das fürstliche Schloß hat eine angenehme Lage auf einem abgerissenen Berg, worauf es eine herrliche Aussicht über einen großen Theil von Bayern und auf das tyrolische und salzburgische Gebirge beherrscht. Die Besitzungen des Bischofs liegen durch Bayern und Oesterreich zerstreut, und so gering sie auch alle sind, so hat er doch einen großen Kreuzgang damit ganz bemalen lassen. Seine Einkünfte belaufen sich auf ohngefehr 130000 Gulden, und er hat seinen Obristhofmeister, seinen Oberjägermeister, seine Räthe, seine Leibwache, seine Musik und seine Küchen- und Kellermeister, welche letztre ohne Zweifel das meiste zu thun haben.

Von Freysingen reiste ich weiter nach Regensburg, einer finstern, melancholischen und sehr großen Reichsstadt, die, wie du weist, der Sitz des Reichstages ist, und ohngefähr 22000 Menschen enthält. Ich weiß dir wahrhaftig nichts gutes und schönes von ihr zu sagen, als daß die Brücke über die Donau sehr massiv ist, und der Teufel sie gebaut hat, und daß ich im Gasthaus zum weissen Lamm vortreflich einquartirt war. Der Wirth ist der artigfte und billigfte, den ich noch in Deutfchland gefun‍den. — Man follte glauben, die vielen Gefandten müßten die Stadt fehr lebhaft machen. Aber du glaubft nicht, wie da alles todt ift. Wäre der Fürft von Thurn und Taxis, kaiferlicher Prinzipalkommiffarius und Reichsoberftpoft‍meifter nicht da, fo wüßte man gar nicht daß der Reichs‍tag in der Stadt fäße. Aber diefer Herr, deffen Einkünfte fich auf ohngefähr 400000 Gulden belaufen, giebt Opern, Komödien, Hetzen, Bälle und Feuerwerke. Er ift ein herz‍guter Mann, der durch fein edles Betragen und feine Großmuth feinem Stand, feinem Souverän und feinem Vaterland Ehre macht. Er macht im eigentlichften Ver‍ftand die Honneurs des Reichstages; denn die übrigen Gefandten der Reichsftände müffen wegen ihres geringen Gehalts fehr eingezogen leben. Viele fahren in Miethkut‍fchen, und die Handelsleute unter der Bürgerfchaft beklagen fich fehr, daß fie ihnen das Brod nehmen. Da alles, was an die Gefandten kömmt, zollfrey ift, fo machen viele, oder doch ihre Bedienten, Kommiffionärs und Kaufleute ihren Profit darunter; und es mag wirklich wahr feyn, was mir ein angefehener Bürger fagte, daß Regensburg mehr Scha‍den als Vortheil von dem Reichstag habe. Auch die Ge‍fandten der größern Häufer, deren einige ein anfehnliches Vermögen haben, leben fehr ftille. Die fremden Minifter reguliren fich nach diefen, und fo kann man viele Wochen in diefer Stadt feyn, ohne von der Verfammlung des Reichstages etwas zu fpüren. Unter den Fremden nimmt fich unfer Gefandter durch feine Kenntniffe fehr aus. Nicht nur Er, fondern befonders auch unfer Legationsfekretär, Herr Geriffant, eines Parifer-Buchhändlers Sohn, find fowohl mit der Verfaffung Deutfchlands, als auch mit der Litteratur deffelben fehr genau bekannt.

Die Geschäfte des Reichstages gehn sehr langsam. Die Partheyen, die sich bey wichtigern Vorfällen bilden, und die Eifersucht der größern Häuser auf ihren gegenseitigen Einfluß, sind hauptsächlich daran Schuld: denn die Form des Reichstages selbst ist ziemlich einfach. Er besteht aus drey Kollegien, dem Kurfürstlichen, Fürstlichen und Städtischen. Die beyden erstern werden die höhern genannt, ob sie schon vor dem Leztern in den gemeinschaftlichen Reichstagssachen nichts Wesentliches voraus haben. Alle drey Kollegien versammeln sich in einem Saal, um den kaiserlichen Vortrag zu vernehmen. Hierauf vertheilen sie sich in die drey Kammern, in deren jeder die Stimmen nach einer vestgesezten Ordnung gesammelt werden. Die Mehrheit entscheidet sowohl in den drey besondern Kollegien, als auch in den Resultaten derselben. Sind alle drey Kammern einig, so wird ein Reichsschluß abgefaßt, und dieser als ein Reichsgutachten dem Kaiser oder dessen Prinzipalkommissar vorgelegt. Wenn ein Kollegium den zwey andern widerspricht, so wird sein Schluß dem Gutachten der zwey andern in der Relation an den Kaiser beygeführt. Die Reichsschlüsse werden sogleich vollzogen, und beym Ende eines Reichstages in den Reichsabschied gebracht.

Das Kurfürstenkollegium hat in Betracht der geringen Anzahl von Stimmen, woraus es besteht, und die jedem der zwey andern viel zahlreichern Kollegien das Gleichgewicht, halten besonders aber dadurch ein großes Uebergewicht, daß die fünf weltlichen Glieder desselben auch in dem Fürstenkollegium gegen zwanzig Stimmen haben. Seit dem Tod des leztern Kurfürsten von Bayern besteht es nur aus acht Stimmen, worunter der Kurfürst und Erzbischof von Mainz als der erste aller Reichsstände das

Direktorium führt. Es ist nicht entschieden, wer im Fall der Gleichheit der Stimmen den Ausschlag geben solle, und da dieser Fall bey einer so kleinen Anzahl doch oft zu erwarten ist, so hoft man die neunte Kurwürde in dem Haus Würtemberg oder Hessenkassel wieder aufleben zu sehen. Nur die Eifersucht einiger Kurhäuser, daß Oesterreich nicht einen Kandidaten in Vorschlag bringen möchte, der sein unzertrennlicher Anhänger seyn müßte, steht diesem Entwurf im Weg.

Das Fürstenkollegium zählt in allem hundert Stimmen, worunter drey und dreyßig geistliche, ein und sechszig weltliche und sechs Kollektivstimmen sind. Diese bestehn aus den zwey Bänken der Reichsprälaten und Aebtißinnen, nämlich der schwäbischen und rheinischen, und aus den vier Kollegien der Reichsgrafen, nämlich dem wetterauischen, schwäbischen, westphälischen und fränkischen. Jedes Grafenkollegium und jede Prälatenbank gilt für eine Fürstenstimme. An der schwäbischen Prälatenstimme haben zwanzig, und an der rheinischen neunzehn Glieder Antheil. Das wetterauische Grafenkollegium zählt wirklich zehn, das schwäbische zwanzig, das fränkische sechszehn, und das westphälische vier und dreißig Glieder. Es haben sich viele Grafen und Herren, die in dieser Zahl nicht mitbegriffen sind, von ihren Kollegien abgesondert, weil sie in den Fürstenstand erhoben worden, aber noch keinen Sitz auf dem Reichstag erhalten haben. Und sind ausgeschlossen worden, und noch andre Grafenstimmen ruhen, weil die Herrschaften, denen sie ankleben, an größere Häuser gefallen sind, die es nicht des Werths achten, eine Grafenstimme zu führen, welche im Grunde auch äusserst unerheblich ist. — Das Fürstenkollegium hat das Eigne, das ein Haus mehrere Stim-

men haben kann, so hat der jetzige Kurfürst von Pfalzbayern sieben, und sein Nachfolger, der Herzog von Zweybrücken, wird acht Stimmen haben; der König von Preussen hat fünf, und nach Absterben des regierenden Fürsten von Anspach und Bayreuth sieben, und der Kurfürst von Braunschweig hat auch fünf Stimmen; weil der Reichs-Fürstenstand nicht auf der Person, sondern auf dem Lande beruht, und eine Person mehrere Länder besitzen kann, deren jedem der Fürstenstand besonders anklebt. Im Vorsitz des Fürstenkollegiums wechseln Oesterreich und Salzburg täglich miteinander ab. Der Erzbischof von Besançon und der König von Sardinien, als Herzog von Savoyen, beschicken den Reichstag schon seit langer Zeit nicht mehr, und das Fürstenkollegium besteht also wirklich nur aus 98 Stimmen; das Kollegium der Reichsstädte besteht aus 51 Stimmen, und ist in zwey Bänke, nämlich die rheinische und schwäbische getheilt; jene hat 14 und diese 37 Sitze. Die Stadt, worinn der Reichstag gehalten wird, führt das Direktorium.

Der kaiserliche Hof hat auf alle drey Kollegien einen sehr großen Einfluß. In der Kammer der Kurfürsten hat er die drey Geistlichen fast immer auf seiner Seite, weil sie in neuern Zeiten gemeiniglich seine Kreaturen sind. Er spart weder Geld, noch Drohungen, noch Versprechungen, um die Dohmherren zu Mainz, Trier und Köln bey der Wahl eines neuen Erzbischofs, anstatt des heiligen Geistes, den sie feyerlich anrufen, zu inspiriren. Ebedem wußte sich unser Hof durch die nämlichen Mittel einen großen Einfluß auf das deutsche Reich zu verschaffen; aber nun sind ihm durch die Wachsamkeit und Thätigkeit des Wiener Hofes diese Kanäle auf immer verstopft. Im Fürstenkollegium hat er den nämlichen Vortheil. Fast alle

geistliche Fürsten sind seine wahren Söhne. Das Dohmkapitel zu Lüttich ist das einzige, das sich in neuern Zeiten bey einer Fürstenwahl gegen den kaiserlichen Einfluß wirksam gesträubt hat. Nebstdem hat dieser Hof seit langer Zeit die Maxime, seine Vasallen in seinen Erblanden, wenn sie irgend nur ein kleines unmittelbares Reichsgut besitzen, zu Fürsten zu machen, und ihnen Sitz und Stimme auf dem Reichstag zu verschaffen. So kamen die von Lobkowitz, Dietrichstein, Schwarzenberg, Lichtenstein, Auersperg und die von Thurn und Taxis, aller Protestationen der alten Fürsten ungeachtet, in den Reichsfürstenrath, bloß um den Einfluß des Hauses Oesterreich zu verstärken. Die Herzoge von Aremberg werden zwar unter die alten Fürsten gezählt; aber der größte Theil ihrer Güter liegt auch in den österreichischen Erblanden, und sie hängen fast gänzlich vom Hof zu Wien ab. Mehrere andre der alten Häuser müssen sich wegen der Lage ihrer Länder immer zu Oesterreich halten, und so kann man in jedem Fall beynahe die Hälfte aller Fürsten voraus zählen, die immer bereit sind, dem kaiserlichen Vortrag ihr Ja zuzuwerfen.—
Im Kollegium der Städte herrscht der Kaiser fast uneingeschränkt. Sie sind fast alle im Gedränge ihrer benachbarten mächtigern Mitstände; wo sie des besondern Schutzes des Wiener-Hofes bedürfen, um nicht gänzlich unter-

theidigung mitelnander verbunden haben, man keine weisern Maaßregeln erdenken könne, als die sie immer ergriffen haben, um ihre Freyheit gegen die innere Vorgewaltigungen sicher zu stellen. Die Definition der Verfassung des Reiches: „ Sie ist eine durch Gottes Allmacht erhaltene Verwirrung „ *) gilt in so weit, als man, irriger Weise, das Reich als einen einzigen selbstständigen Staat ansieht; aber betrachtet man es in dem rechten Gesichtspunkt als eine Sammlung vieler freyer Staaten, die sich in ein gewisses System zusammengethan haben, so erblikt man anstatt der Verwirrung sehr viel Ordnung, und anstatt dem blinden Verhängniß viel Klugheit und Vorsicht. — Der Damm, wovon ich dir sagte, und den die Reichsstände gegen die große Parthey des kaiserlichen Hofes angelegt haben, ist das Gesetz, „ daß die Mehrheit der Stimmen in den Reichskollegien nicht entscheiden solle, wenn es die Religion, oder solche Sachen betrift, worin die Stände nicht als ein Körper betrachtet werden können, oder wo die Katholiken einer, und die Protestanten einer andern Meinung sind „ ... In diesen Fällen gehn die Kollegien in Theile, und wenn auch ein Theil noch so gering an Zahl ist, so wird sein Schluß doch jenem des zahlreichern Theils gleich gehalten. Bloß die Religion hat zwar diesem Gesetz den Ursprung gegeben, aber in neuern Zeiten wußte auch die Politik guten Gebrauch davon zu machen; und auch den Katholiken, die dem kaiserlichen Hof anhängen mußten, kam es zu gut, daß sich die geringere Zahl der Protestanten dem Kaiser nachdrüklich widersetzen konnte. Seitdem die Macht des Königs von Preussen so erstaunlich gestiegen ist, steht er an der Spitze der prot:stantischen Parthey, obschon Sachsen eigentlich das

Direl

*) Est Confusio divinitus conservata.

Vierzehnter Brief. 131

Direktorium derselben führet, und er protestirt oft sehr nachdrüklich gegen Dinge, die mit der Religion eben nicht in der engsten Verbindung stehen.

Von München wanderte ich auch nach Inspruck, und noch etwas weiter ins Tyrol, ich will dir aber meine Nachrichten davon bis dahin aufsparen, wo ich sie im Zusammenhang mit den österreichischen Landen besser werde anbringen können, und dieser Brief hat ohnehin schon, wie ich sehe, die gehörige Länge: Also leb wohl.

───────────

Salzburg. —

Mit Entzücken durchwandre ich nun dieses herrliche Land, das mit dem gebirgigten Theil der Schweiz sehr viel Aehnlichkeit hat. Bald bin ich auf unermeßlichen Gipfeln, wo ich wie der Herr der Welt um mich her die Wolkenheere, unabsehbare Ebenen, unzählige Seen, Flüsse und Bäche, schauerlich tiefe Thäler und die kahlen Häupter von ungeheuern Granitfelsen mit dem Gefühl, das den himmlischen Regionen eigen ist, zu meinen Füßen betrachte. Bald lagere ich mich auf dem hohen Abhang eines Berges, in die Hütte einer Sendtin (Hittin), die mit ihrer Heerde den ganzen Sommer durch in dieser überirdischen Gegend wohnt, von niemand, als bisweilen von ihrem Liebhaber, der oft vier bis sechs Stunden zu klettern hat, einem Gämsjäger, oder allenfalls von einem irrenden Ritter meiner Art besucht wird, und da lebe ich einen Tag wie ein Patriarch der Vorwelt, bey Milch und Käs, zähle die Heerde die sich Abends auf einen Pfiff des Mädchens um die Hütte her versammelt, und die in diesem Augenblik so gut als mein ist, schlafe auf einem Büschel Heu sanfter, als du

auf deinen hypochondrischen Federn, und genieße dann des Schauspiels der aufgehenden Sonne mit einer Wohllust, die du in der Oper, Komödie, auf dem Ball und auf allen den Gemeinplätzen des Vergnügens vergeblich suchst. Bald besuch ich einen See im Busen hoher Berge, und doppelt lieb ist mirs, wenn ich ihn bey Anbruch des Tages mit einem Nebel bedekt finde. Mit wahrem Entzücken seh ich dann zu, wie ihn die aufgehende Sonne in dem Thal einpreßt und niederdrükt, daß die glänzenden Häupter der Berge weit drüber hinaustragen; wie der Wind nach und nach den Spiegel aufdekt, und der Nebel sich wie ein Nachtgespenst durch die Einschnitte der Berge in die angränzenden Klüfte verkriecht. Dann mache ich eine Spazierfahrt in einem ausgehöhlten Baum, der hier zu Lande meistens die Dienste eines Schiffes thun muß, und frühstücke dabey mit köstlicher Butter und Honig aus einer benachbarten Bauernhütte, und lache dich laut aus, wenn es mir einfällt, daß du so eben in deinem gelehrten Schlafrok und mit deiner kritischen Schlafmütze am Theetische sitzest, mit dem Thee eine eben so wässerigte und fade Brochüre du jour hinabschlukst, und von all dem Geschlampe Blähungen bekömmst, die du dann mit Rhabarber und all dem medizinischen Vorrath in deinem Glaskästchen umsonst wieder abzutreiben suchst.

Einer meiner Lieblingsplätze ist der nur zwey Stunden von hier entlegene Untersberg. Gegen die Stadt zu stellt er eine ungeheure Pyramide dar; aber rükwärts zieht sich sein holperichter und kahler Felsenrücken wohl auf zwey Stunden in die Länge, und man braucht gegen 6 bis 7 Stunden um ihn an seinem Fuß zu umgehen. Auf dem gewöhnlichen Weg kann man ihn von seinem Fuß an in 5 Stunden ersteigen; aber ein geübter Gemsjäger, der wie eine Katze zittern kann, braucht nicht gar 3 Stunden dazu. Auf demselben hat man eine gränzenlose Aussicht auf das flache Land von Bayern. Auf den Thürmen von München, welches 17 Meilen entlegen ist, sieht man seinem Gipfel sehr deutlich. Man zählt gegen 9 Seen in dem Gesichtskreis umher. Die schönste Parthie der Aussicht ist das Fürstenthum Berchtoldsgaden, welches dem Berg gegen Süden liegt, und in einem waldigten Thal besteht, das von den abentheuerlichsten Granitgipfeln ringsum eingeschlossen ist. Unter diesen nimmt sich der Wazmann durch seine vollkommene Kegelform vorzüglich aus. Mitten durch die finstere Waldung dieses Thales leuchten einige Seen hervor, die eine unbeschreiblich schöne Wirkung machen. Die Aussicht in einige benachbarte salzburgische Thäler ist nicht weniger schön.

Auch dieser Berg scheint Buffons Bergsystem zu bestätigen. Er ist eine in den Urstoff der Erde eingewurzelte Granitmasse, auf deren tiefern Abhängen und Einbiegungen hie und da Sand- und Kalchsteine wie vom Wasser angeschwemmt liegen. — Die unterste Gegend desselben ist mit Wald bewachsen, und hat einige schöne Brüche von röthlichtem und weissem Marmor. Auf dem Schutt eines dieser Brüche hat man eine herrliche Aussicht nach der Stadt zu. In einiger Entfernung von demselben ist in einer wilden Kluft des Berges ein merkwürdiger Wasserfall. Ein starker Bach, der aber im Frühling, wenn der Schnee zu schmelzen beginnt, viel beträchtlicher seyn soll, als er jetzt ist, bricht aus einer Felsenritze hervor, in dessen Mündung man vermittelst einer durch Kunst gehauenen Treppe kommen kann. In dem Ritz, worin man für Kälte schauert, hört man im innern des Berges ein dumpfes Getöse, wie einen weit entfernten Donner. Wahrscheinlich enthält

enthält der Berg in seinem Eingeweide einen See, in den das Schnee- und Regenwasser von aussen eindringt, und dessen Fall das Getöse verursacht. Ohne Zweifel wird dieses innere Gewässer mit der Zeit dem Berge verderblich seyn. Das Volk in der Gegend erzählt sich, Kaiser Karl der Große sey mit seiner ganzen Armee in diesen Berg bis an den jüngsten Tag eingeschlossen, und mache bis dahin zu seinem Zeitvertreib das schauerliche Gepolter. An einem gewissen Tag des Jahres sieht man ihn Nachts um 12 Uhr mit dem Gefolge von seinen Ministern und Generälen in einer Prozession in die Dohmkirche zu Salzburg ziehen. Von Zauberern, deren weisse Bärte in der Länge der Zeit 10 und 20 mal um die Tische herumgewachsen sind, an denen sie im Berge schlafend liegen, von tausendjährigen Eremiten, die verirrte Gemsjäger in das Innere des Berges geführt, und ihnen darin Feenpalläste von Gold und Edelgesteinen gezeigt haben, wollte ich dir eine Menge erzählen, wenn du nicht schon die Wunderdinge kenntest, die in der Sierra Morena beym Ursprung des Quadiana zu finden sind. Ich könnte dir ein Manuscript mittheilen, worinn diese Geschichten aktenmäßig bescheiniget, und vom Gerichte bestätigt sind. Aus der Spalte, worin man den großen Karl spucken hört, stürzt der Bach mit einem starken Geräusche und in den mannichfaltigsten Kaskaden durch einen tiefen und engen Schlund hinab, den er in den harten Marmor selbst gegraben zu haben scheint. Hie und da hat er sich in seinem Fall Marmorbecken ausgehöhlt, die keine Kunst schöner glätten und runden könnte. Ein Liebhaber von Alterthümern in der Nachbarschaft ist sogar versucht worden, einige derselben für altrömische Bäder anzusehen. Ganz unten am Fuß des Berges, hinter einer Mühle, bietet der Wasserfall einen

sehr

sehr angenehmen Anblik dar. Der Sturz ist hier zwar nicht hoch, aber doch sehr merkwürdig, weil sich das Wasser in unzählige Fäden zertheilt, die durch hingewälzte Felsenstücke sich so mannichfaltig und seltsam kreuzen, daß keine Phantasie die Kaskade eigensinniger anlegen könnte. Auf den abgerissenen Steinen stehn hie und da kleine Fichten, die das Launigte dieses Naturauftrittes unendlich vermehren. Das Wasser dieses Baches ist so kalt, daß du deine Hand keine 10 Sekunden darin halten kannst, und doch kannst du ohne die geringste Gefahr im größten Schweiß, so viel davon trinken als du willst. Du verdauest und vertünstest es so leicht wie Luft. In der größten Ermüdung wüßte ich kein besseres Erquickungsmittel, als dies Wasser. — Ihr armen Leute zu Paris, mit euern Diarrheen und Verstopfung, die euch das leimigte Seinewasser wechselweise verursacht! Könnte euch doch eure allmächtige Polizey dieses Wasser verschaffen, das sich hier ungenutzt in den Salzafluß verliert!

Der Theil des Fürstenthums Salzburg, welcher der Hauptstadt gegen Norden liegt, enthält zwar auch viele Berge, trägt aber doch zum Unterhalt seiner Bewohner Getreide genug. Allein sechs Stunden von der Stadt gegen Süden fängt ein langes und enges Thal an, welches sich erst auf einige Meilen gegen Süden fort, und hierauf gegen Westen herum zieht, von ungeheuerm Gebirge eingeschlossen ist, von der Salza durchströmt wird, den größten Theil des Fürstenthums ausmacht, und kaum den dritten Theil des nöthigen Getreides trägt. Der Eingang in dieses Thal ist der sogenannte Paß Lueg oder Luhk, welches im Plattdeutschen und Englischen so viel als Sehen heißt, und die nämliche Bedeutung als eine sogenannte Warte in verschiedenen Gebieten von Reichsstädten hat,

J 4 Dieser

Dieser Paß ist ein tiefer, enger Schlund zwischen nakten Granitfelsen, die über die Wolken emportragen, senkrecht abgehauen sind, und durch welche sich die Salza wüthend drängt. Ueber dem Fluß hat man einen Weg in den Fels gehauen, der durch ein Thor geht, welches kaum Raum genug für einen Wagen hat, und von einer Batterie bedekt wird, so daß hier wenige Leute eine große Armee aufhalten können. Die andern Zugänge dieses Thales sind eben so wohl verwahrt, und die Natur hat es so gut bevestigt, als das Walliserland.

Ausser diesem großen Thal gehören noch einige anstossende kleinere zu diesem Fürstenthum. Sie sind von der nämlichen Beschaffenheit, wie jenes, und die Nahrung der Einwohner besteht hauptsächlich in der Viehzucht. Man findt an vielen Orten sehr reiche Bauern, die 60 bis 80 Stücke großes Vieh besitzen. Es wird etwas Käs und Butter ausgeführt, aber lange nicht so viel, als es seyn könnte, wenn die Einwohner so fleißig, sparsam und zur Handlung so aufgelegt wären, als die Schweizerbauern. Nebst dem Hornvieh ist auch die Pferdezucht sehr beträchtlich. Diese sind vom stärksten Schlag, und werden als schwere Last- und Zugpferde weit ausgeführt. Von Gestalt sind sie nicht schön. Sie haben zu dicke Köpfe und ihr Hintergestelle ist zu hoch; aber ich erinnere mich, in einigen Städten am Rhein Salzburger Pferde gesehen zu haben, deren eines auf einem schweren Karren mit zwey Rädern gegen 40 Zentner vom Schiffe weg durch die Stadt ziehen mußte. Die Bauern brauchen sie schon im dritten Jahr zu ihrer schweren Arbeit, und dieß ist Ursache, daß sie gar bald steif werden, und nicht wohl zu Kutschenpferden zu brauchen sind. Der Kaiser kauft für seine Artillerie eines um 120 Gulden. — Die Besitzungen des Fürsten

in

in Kärnthen, sind in Rüksicht auf ihren natürlichen Zustand, dem übrigen Lande ziemlich gleich, und das, was er in Oesterreich besizt, ist zu unbeträchtlich, als daß es hier in Anschlag kommen sollte. Im Ganzen muß dieses Land beynahe die Hälfte seines nöthigen Getreydes aus Bayern beziehen.

Der hiesige Bauer kann sich nicht, wie der Bergschweizer, mit Käs oder Erdäpfeln behelfen. Durchaus muß er zu seinem Fleisch, welches er bey der Mahlzeit, so fett es auch seyn mag, immer noch bissenweis in zerlassenes Schmalz zu tunken pflegt, gutes Brod und Bier, und Branntewein in Ueberfluß ..... Diese für seine natürlich Lage zu kostbare Lebensart müßte das Land zu dem ärmsten in Europa machen, wenn er diesen Aufwand nicht durch eine kluge und bewundernswürdige Sparsamkeit in den andern Theilen seiner Wirthschaft ersezte. Er kleidet sich selbst von Kopf bis zu Fuß. Jede Familie webt aus ihrer eignen, und von ihr selbst zubereiteten Wolle, eine Art von grobem, dunkelgrauem Tuch, woraus sie sich selbst die Hauptstücke der nöthigen Kleidung verfertigt. Leinenzeug, Schuhe und Strümpfe, alles macht sich der Bauer selbst. Seine Kleidung ist dabey reinlich, einfach, bequem und schön. — Das Gleichgewicht zwischen der Einnahme und Ausgabe des Landes wird aber hauptsächlich durch die Ausbeute der Bergwerke hergestellt.

Unter diesen ist das Salzwerk zu Hallein ohne Vergleich das beträchtlichste. Das Innere dieses ohngefehr 4 Stunden von hier entlegenen Berges besteht aus einer Masse von Salzkristall, welches aber mit häufiger Erde vermischt ist. Um es zu reinigen, werden ungeheure Kammern hinein gehauen, und mit Wasser angefüllt, welches das Salz ableckt, und die Erdtheile zu Boden sinken läßt. Das geschwängerte Wasser wird sodann auf die Pfannen geleitet und ausgesotten. Mit der Länge der Zeit füllen sich die Kammern von selbst wieder mit Salz an, und der Schaz ist unerschöpflich. — Eine solche Kammer, wenn sie beleuchtet wird, ist der schönste Anblik von der Welt. Denke dir einen Saal von ohngefehr 100 Schritt ins Gevierte, dessen Wände und Böden aus Kristallstücken von allen erdenklichen Farben bestehen, die im Glanz der durchscheinenden Lichter so wunderbar durchspielen, daß du wirklich glauben mußt, du sehest in *** Feenpallast versezt. Zu diesem grossen Werk wird das Holz auf der Solza, und den sich in dieselbe ergiessenden Flüssen und Bächen, so weit jemer Hauptfluß das grose Thal beherrscht, herbey geschwemmt. Seit einiger Zeit werden die Holzungen merklich dünner, und mit der Zeit könnte die gar zu grose Verminderung derselben das Werk stockend machen.

Die unglükliche Lage des Landes ist schuld, daß es diesen Schaz nicht für sich ganz nuzen kann, sondern ihn größtentheils Fremden überlassen muß. Ringsum ist es von den österreichischen und bavrischen Landen eingeschlossen. Die erstern haben für sich Salz genug, und alle Einfuhr des fremden Salzes ist streng verboten. Auf der andern Seite ist das bayrische Salzwerk zu Reichenhall so ergiebig, daß es nicht nur diese Lande damit hinlänglich versorgen, sondern auch noch eine beträchtliche Menge an die Fremden abgeben kann. Die Erzbischöfe von Salzburg sahen sich also genöthiget, mit den Herzogen von Bayern einen Vertrag zu errichten, vermöge dessen diese jährlich eine gewisse Menge

Salzes

Salzes um einen unmäßig geringen Preiß von den erstern übernehmen, und einen Theil der Schweiz und des Schwabenlandes damit versehen. So ist Bayern eigentlich, im Besitz des Handels mit dem hier erbeuteten Salze, und gewinnt wohl 3 mal so viel dabey, als die Fürsten von Salzburg. Der Werth des Salzes, welches Bayern jährlich übernehmen muß, belauft sich, auf ohngefehr 200000 Gulden, und was im hiesigen Lande selbst, und durch einen unbeträchtlichen Schleichhandel in die benachbarten österreichischen Lande abgesetzt wird, beträgt so viel, daß der ganze Werth der Ausbeute auf ohngefehr 350000 Gulden geschätzt werden kann, wovon beynahe 200000 Gulden reiner Gewinn seyn mögen.

Die Gold- und Silbenbergwerke des Fürstenthums machen in den Geographien Deutschlands einen großen Lärmen, sind aber neben dem Salzwerk kaum nennenswerth. Ich habe den Auszug aus den Registern des Ertrags aller Gold- Silber- Eisen- Kupfer- und andere Gruben gesehen, und im Durchschnitt der letztern 10 Jahre, war der jährliche reine Gewinn des Fürsten von allen seinen Bergwerken 65000 Gulden. Er baut sie fast alle selbst, und verliert schon seit vielen Jahren, an dem Bau eines Goldwerks, in der Gegend von Gastein, jährlich über 20000 Gulden, in der betrüglichen Hofnung, mit der Zeit reichere Ausbeute zu bekommen, und um das Thal, worin es ist, und dessen Einwohner bloß von diesem Werke leben, nicht zu einer Wüste werden zu lassen. Das hiesige Eisen wird immer spröder, und von den Fremden weniger gesucht. Der Fürst hat auch, für seine Rechnung, eine Meßingfabrike; aber

der

der dazu erforderliche Gallmey wird im Lande immer seltener.

Herr Büsching sagt in seiner Beschreibung Deutschlandes, er habe von guter Hand, die jährlichen Einkünfte des Erzbischofs beliefen sich auf 4 Millionen Gulden. Wenn mich der Fürst zu seinem Generalpachter machen wollte, ich getraute mir kaum 1200000 Gulden für seine ganze Einnahme zu biethen. Ich weiß nemlich zuverläßig, daß die Steuern, Domänen, Landzölle u. d. gl. nicht viel über 600000 Gulden abwerfen; rechne ich nun den Gewinn an den Bergwerken dazu, so müsten die Akzise, Zölle, und der übrige Ertrag der Hauptstadt, samt einigen fürstlichen Bierbrauereyen noch 435000 einbringen, ehe ich bey meiner Pachtung gewinnen könnte.

Die Größe des Landes wird auf 240 deutsche Quadratmeilen geschäzt. Es hat nur 7 oder 8 Städte, wovon einige mit einem großen schwäbischen Dorf nicht zu vergleichen sind. Die Zahl der sämtlichen Einwohner wird auf 250000 angegeben, wovon ohngefehr 14000 auf die Hauptstadt kommen. Die geringern Fabriken von baumwollenen Strümpfen und Nachtmützen zu Hallein ausgenommen, ist das Land ganz von Manufakturen entblößt. Seitdem die Straße nach Triest so vortreflich ist angelegt worden, treibt die Stadt Salzburg einen beträchtlichen Handel mit Spezereyen und Materialien, womit sie einen großen Theil von Bayern versieht. Die Wege durch dieses bergichte Land sind überhaupt sehr gut, ob sie schon hie und da über schauerlichen Abgründen auf Holzgerüsten schweben, oder gar in Ketten an den hohen Felsen hängen. Die schwersten Fuhren haben nichts zu befürchten, als etwa von

einem

Fünfzehnter Brief.

einem gewaltigen Stoßwinde umgeworfen, oder im Frühjahr von einer Schneelauine, bedekt zu werden. Auf meiner Reise in das Bad zu Gastein, einer der wildesten Gegenden des Landes, sah ich alles, was zu thun möglich ist, um die schreklichsten Abgründe und die steilsten Felsen wegsam zu machen. Auf dieser Reise sah ich auch einen der merkwürdigsten Wasserfälle, die ich je gesehen. Ein starker Bach stürzt wie aus den Wolken auf einen unterliegenden Felsen, der über 100 Schuh über dem Weg emporragt, und wird von da in einem Bogen so stark zurükgeprellt, daß man auf der Straße, die unter diesem Bogen durchgeht, gar nicht benezt wird. Von vorne kann man diesen schönen Fall nicht sehen, weil das Tobel zu enge, und der entgegenstehende Fels zu steil ist; aber in einiger Entfernung bietet er, von der Seite betrachtet, den seltsamsten Anblik dar. Lebe wohl.

Salzburg ---

Ich lobe mir die Bergländer. Ich bin zwar keiner von denen, deren Gefühl bloß durch das Abentheuerliche reizbar ist; die starke Erschütterungen lieben, weil sie gegen sanftere Regungen gemeiniglich stumpf sind, und die ihr Vergnügen auf unwirkbaren Felsenrücken, und scheußlichen Eis- und Schneefeldern suchen, weil sie durch unmäßigen Genuß an den Freuden, welche mildere Gegenden darbieten, einen Eckel bekommen haben. Mir ist die einförmigste Ebene mannichfaltig genug, um mein Herz in dem Grad von Wärme, und meine Sinnen in der Spannung zu erhalten, die zu

einem

einem ununterbrochenen Genuß der Natur nöthig sind.
Ich umarme den Baum, der mir auf meiner Wanderung durch ein kahles und ebenes Gefilde auf einen Augenblik Schatten gibt; das Moos auf einer Heide hat Reiz für mich, und der Bach, der durch einen unabsehbaren Wiesengrund schleicht, ist mir auch ohne das Geräusche eines Wasserfalles lieb. Aber ich bin auch billig genug, um dem Gebirge Gerechtigkeit wiederfahren zu lassen, und ihm in Rüksicht auf Schönheit den Vorzug vor der Ebene einzuräumen. Der Puls der Natur schlägt hier stärker, alles verräth mehr Leben und Treibkraft; alles verkündigt die immer wirksame Allmacht lauter und stärker. Der Bach, welcher, ohne zu wissen, welchen Weg er nehmen soll, langsam die Ebene durchirrt, eilt im Gebirge brausend und ungestümm seinem Zwek zu. Der Zug der Wolken, die Empörungen der Luft, das Hallen des Donners; alles ist hier lebhafter und stärker. Die Thäler sind in der schönen Jahreszeit von einem viel geistigern Geruch der Blumen und Kräuter durchdüftet, als die Ebenen, deren Boden zur Zubereitung der feinern Pflanzensäfte nicht so bequem ist, und worauf sich die Ausduftung derselben in der weiten Luft verliert. Die Natur ist hier mannichfaltiger und unendlich mahlerischer. Sie schattirt sich auf eine Art, wovon sich der Bewohner einer Ebene keinen Begrif machen kann, und in der Schattirung werden alle, auch die kleinsten Züge derselben auffallender und reizender. Hier bietet die Natur die Eigenschaften aller Jahrszeiten und der verschiedensten Erdkreise auf einmal dar. Während daß man im Sommer in der Tiefe des Thales die Hitze von Afrika empfindet, genießt man auf der mittlern Höhe

der

der Berge die gemäßigte Luft des Frühlings, und auf den Gipfeln derselben starrt man im Frost Siberiens. Und wie mannichfaltig sind nicht die Gestalten, Verkettungen und Aufhäufungen all der Berge und Hügel!

Der Mensch ist wie sein Erdreich, wenn die Erziehung und die gesellschaftlichen Verbindungen keine Veränderung mit ihm vornehmen. Der Bauer im Innern dieses Landes trägt ganz das Gepräge der Natur um ihn her. Sein Gang ist schnell, wie der seines Waldstroms; er ist in seinen Leidenschaften stürmisch, wie die Luft, die er athmet; stark wie die Eiche, die ihn beschattet, und bieder, treu und fest wie der Fels, der seine Hütte trägt. Die Lebhaftigkeit und Mannichfaltigkeit der Auftritte, welche ihm die Natur darstellt, machen seinen Kopf reicher an Begriffen, und sein Herz wärmer, als es seyn würde, wenn er auf einer einförmigen Ebene wohnte, und wie hier, bloß der Natur überlassen wäre. Die Entfernung von großen Oertern, und die zerstreute Lage der Hütten, wodurch ihm viele Gelegenheit zu schädlichen Ausschweifungen genommen wird, erhalten seine Sitten reiner, und machen ihn zum Nachdenken aufgelegter, und auf seine Wirthschaft aufmerksamer. In seinem Bau, seiner Gesichtsbildung, seinen Gebehrden und seinem Gespräche zeichnet er sich vor dem bayrischen Bauer sehr zu seinem Vortheil aus. Ich bedaure unendlich, daß ich wegen Mangel an Kenntniß der hiesigen Provinzialsprache die Bergleute nicht so genießen kann, wie ich es wünsche. Die unbeschreibliche Offenherzigkeit, welche sie äußern, und die Züge des Wohlwollens, des guten Humors und des launigten Witzes, die man auf ihrem Gesichte liest, machen sie beym ersten Anblik dem Menschenfreund vorzüglich

züglich lieb. Viele von ihnen tragen noch lange Bärte, und die in den abgelegenen Gegenden duzen jedermann, auch ihren Fürsten. Die Kröpfe sind zwar nicht selten unter ihnen, aber doch lange nicht so häufig, als einige Reisebeschreiber zu melden belieben. Ueberhaupt genommen, sind sie ein sehr schöner Schlag Leute.

Die Lücken, welche durch die bekannte Auswanderung der Protestanten vor 50 Jahren in der Bevölkerung und dem Anbau dieses Landes gemacht worden, sind noch lange nicht wieder ausgefüllt. Sie war das Meisterstük einer schlimmen Regierung, wo die Schwäche eines Fürsten, und die eigennützige Bosheit eines Ministers im größten Glanz erschien. Ich habe die Akten dieses merkwürdigen Vorfalles zu meiner großen Erbauung ganz durchgelesen. Man irrt sich, wenn man die Veranlassung dieses seltenen Auftrittes überhaupt den Religionsgrundsätzen zuschreibt, die sich zur Zeit der Reformation in dieses Gebirge eingeschlichen haben. Aus den Akten ergibt sich, daß gar wenige einen deutlichen Begrif von dem augspurgischen oder helvetischen Glaubensbekenntniß hatten. Diese Grundsätze mögen wohl etwas beygetragen haben; aber die meisten dieser neuen Protestanten sind es durch eigenes Nachdenken und durch Unterredungen unter ihnen geworden, wozu sie selbst den Stoff aus den katholischen Predigten und Religionsbüchern nahmen. Hätte man ihnen eine unbedingte Religionsfreyheit im Lande gestattet, so hätten sie gewiß eine ganz neue Sekte gebildet, die mit der kalvinischen und lutherischen wenig Aehnlichkeit würde gehabt haben. Die meisten derselben, die gerichtlich verhört worden, antworteten auf die beyden Fragen: „Ob sie sich zur lutherischen oder kalvinischen Kirche beken-

„bekennen wollten?" geradezu „Nein; zu keiner von
„beyden. Wir glauben nur nicht, was unsere Mitbür-
„ger glauben, sondern halten uns bloß an die Schrift."
Es war eine durch verschiedene Umstände veranlaßte
Empörung des Menschenverstandes, woran die Reformatoren des 16ten Jahrhunderts wenig Theil hatten.
Bauern und Handwerker machten Prediger in ihren
Häusern, oder unter einem Baum an einem entlegenen
Ort. Kurz, man muß diesen Leuten die Ehre lassen,
daß sie fast ganz allein ihre eigne Lehrer waren. Erst
als sie sich wegen der Bedrückungen ihres Landesherrn
um fremden Schuz umsehen mußten, und mit dem König von Preussen in Unterhandlungen standen, erklär-
ten sie sich zu einer im deutschen Reiche durch den westphälischen Frieden privilegirten Sekte, weil sie sich auf
keine andere Art gegen ihre gänzliche Unterdrückung
sicher stellen konnten.

 Der damalige Erzbischof war ein guter Mann, der
seine Unterthanen wirklich liebte, und alles mögliche
that, um sie nach seiner Meinung auf den rechten Weg
zur Seligkeit zurückzuführen. Er schikte Kapuziner, als
Mißionärs ins Gebirge, deren Kapuzen und Bärte aber
gegen die Explosionen des erwachten Menschenverstandes nicht aushalten konnten. Er betete selbst unabläs-
sig für die Bekehrung seiner verirrten Schaafe, und
sparte weder Geld noch gute Worte, um sie dem Himmel wieder zu gewinnen. Der Verlust so vieler Seelen war ihm unendlich schmerzlicher, als der Abgang
so vieler Arme zum Bau seines Landes, und die dadurch
verursachte Schmälerung seiner Einkünfte. Sein Kanzler aber betrachtete die Sache in einem ganz andern
Lichte. Dieser hatte berechnet, was er für seine Per-

son bey der Auswanderung so vieler tausend Einwohner, und bey dem Verkauf so vieler Güter gewinnen könnte. Er benuzte die Schwäche seines Herrn, um sich bey dieser schönen Gelegenheit den Beutel zu spicken. Er stellte ihm vor, wie gefährlich es für das Seelenheil seiner noch rechtgläubigen Unterthanen sey, die Ketzer unter ihnen wohnen zu lassen. Wenn die altgläubigen Nachbarn eines Anhängers der neuen Lehre, ihn durch Schimpfen und Drohen auf das äußerste gereizt hatten, und er endlich in der Wuth sagte: „ Wartet nur bis die 60000 Mann des Königs von Preussen anrücken; da schlagen wir euch allen die Köpfe ein. Das ist ein anderer Monarch als der Erzbischof, und er ist schon auf dem Marsch zu uns, u. d. m. " So wußte der patriotische Kanzler Hochverrath und Landesverrätherey in diesen Reden zu finden, die nichts als der Ausbruch einer augenblicklichen, unbedachten und gereizten Laune waren. Mit einem Wort, er war die eigentliche Triebfeder des Abzuges von ohngefehr 25000 Menschen, wobey er gegen 50000 Gulden gewonnen, und sein Herr gegen 100000 Gulden an jährlichen Einkünften verloren hat. Der König von Preussen schikte 2 Kommissärs hieher, die das Eigenthum derjenigen, die sich in seine Lande begaben, besorgen musten, und den grösten Theil des Geldes welches aus dem Verkauf der Häuser, Güter und des Geräthes der Abgezogenen gelößt worden, aus dem Lande trugen.

Durch das ganze Gebirge gibt es noch viele Anhänger dieser neuen Lehre. Ich lernte einen von ihnen kennen, der in jedem Betracht zu merkwürdig ist, als daß ich dich nicht mit ihm bekannt machen sollte. — Vor einigen Tagen besuchte ich, mit einem Herrn von hier,

hier, den Landvogt, oder wie er hier heißt, den Pfleger von Werfen; einen sehr artigen und helldenkenden
Mann, wie es dann auch in den entlegensten Theilen
dieses Gebirges viele, weit über meine Erwartung aufgeklärte Leute gibt. Diese Wanderung hatte viel Vergnügen für mich. Vom Paß Lueg an, wo das große
Thal beginnt, geht der Weg 4 Stunden lang, bis nach
Werfen, durch einen engen Schlund zwischen nakten
Felsen, die oft auf große Strecken hin, wie himmelhohe Mauern zu beyden Seiten dastehn. Die am Fuß
dieser Bergketten hie und da zerstreuten Parthieen Holz,
der mannichfaltige Lauf der Salza, die sonderbaren
Einschnitte, Gestalten und Farben der Felsen, ihr
Schutt, die Spuren des ehemaligen Laufes des Flusses
viele Klaftern hoch über seinem jetzigen Bette, die seltsame Lage der wenigen Gebäude, und die auffallende
Schattirung des Ganzen geben dieser sonst öden Landschaft Reiz genug, um den Wanderer zu unterhalten.
Das Schloß Werfen steht bey dem Flecken dieses Namens, wo sich das Thal merklich zu erweitern beginnt,
auf einem abgerissenen kegelförmigten Felsen, der sich
mitten aus dem engen Schlund erhebt. Auf einer
Seite hat kaum am Fuße desselben die Straße, und
auf der andern kaum die Salza Raum genug. Auf
dem Schloß beherrscht man eine herrliche Aussicht vorwärts in das sich erweiternde Thal zwischen behölzten,
und zum Theil schön angebauten Bergen und Hügeln,
und rükwärts in den tiefen Schlund, wodurch man gekommen, dessen Felsenspitzen immer in der Sonne glänzen, während daß sich in die Tiefe desselben ein ewiges
Dunkel gelagert hat. Auf dem Schloß werden viele
Gefangene bewacht, die zum Theil in Ketten arbeiten
müs-

müssen. Unter denselben fiel mir die Gestalt und das Gesicht eines Mannes auf, von dem man mir schon viel gesagt hatte. Er ist das Bild eines schönen Mannes. Ein Alter von etlichen und sechszig Jahren, hat das blühendste Roth von seinen Wangen noch nicht weggewischt. Sein starker langer Bart, und sein schwarzes schönes Haar, sind nur hie und da mit etwas Grau untermischt. Er trägt sich so leicht, und steht so gerade wie ein Jüngling in seiner vollen Kraft. Seine Stirne, und die ganze Bildung seines Gesichtes, ist regelmäßig, schön, und sein großes, blaues und sprechendes Auge muß auch den geringsten Menschenkenner auf ihn aufmerksam machen. Aus seinem Antliz leuchtet eine unbeschreibliche Seelenruhe, und ein gewisser Stolz, der von einem starken Karakter unzertrennlich ist. Ich wollte seine Geschichte von ihm selbst hören, und erzähle sie dir aus seinem Munde wieder so gut ich kann.

„Ich bin nun, sagte er, ohngefehr 24 Jahre hier als ein Gefangener. Ich erinnere mich noch der Auswanderung so vieler tausend meiner Mitbürger, und habe, so jung ich auch noch war, viel Theil daran genommen. Wie ich heranwuchs, machte die Erinnerung dieses Auftrittes immer mehr Eindruk auf mich. Die Freude, womit so viele meiner Nachbarn ihr Vaterland verliessen, um dem Gewissenszwang zu entgehen, und in ihrem Glauben frey und ungekränkt zu seyn, hatte etwas Großes und Reizendes in meinen Augen. Dies verschafte den Vorstellungen einiger meiner Freunde und Bekannten, die im Punkt der Religion, mit den Kapuzinern nicht einig waren, leichten Eingang in mein Gemüth. Ich las die Schrift, verglich ihre Lehren mit den päbstlichen, und machte mir meine

eigne

eigne Religion, deren Grundsätze ich eben nicht sehr geheim hielt, weil ich Recht zu haben glaubte. Damals hatten die Kapuziner, die im ganzen Lande als Missionärs herumzogen, überall ihre Spionen; und es konnte nicht fehlen, daß ihnen nicht einige Aeusserungen, die mir in der Hitze verschiedener Religionsdisputen entfuhren, sollten zu Ohren gekommen seyn. Von dem Augenblik an verfolgten sie mich, wo ich nur immer war. Sie kamen sogar in mein Haus, und forderten ein Glaubensbekenntniß von mir. Ich wollte überzeugt seyn, und legte ihnen meine Gründe vor; sie waren aber bald am Ende, und ihre Gespräche liefen immer dahinaus: Es käme mir nicht zu, über Glaubenssachen, Untersuchungen anzustellen; der Glaube müsse blind seyn, und ich müßte ein Glaubensbekenntniß ablegen. Ich sagte ihnen, es wäre mir platterdings unmöglich, etwas gegen meine Ueberzeugung zu glauben; aber alles half nichts.

Als ich sah, daß sie mich nicht überzeugen konnten, und ihnen an meiner innern Ueberzeugung auch nichts gelegen war, sagte ich ihnen, sie sollten mich nur in Ruhe lassen; ich stünde ihnen mit Ehre und Leben dafür, daß ich meine Gedanken über die Religion für mich geheimhalten, und niemand zu meinem Glauben bekehren würde. Umsonst; täglich brachen sie ungestümm in mein Haus ein, und drangen auf das Bekenntniß eines Glaubens, dem mein Gewissen widersprach. Lieber Herr, ich that alles, was möglich war, um Ruhe zu haben; aber es war unmöglich. Eines Tages kam ich müde vom Feld nach Haus, und als ich mich bey meinem Brod erquicken wollte, stürmeten wieder die Kapuziner herein. Ich hatte mir seit einiger Zeit vorgenom-

genommen, ihnen kein Wort mehr, als: Guten Tag, oder guten Abend zu sagen. Als sie ihr altes Geschrey wieder begannen, hörte ich lange ruhig und stille zu, und ließ mir mein Brod desto besser schmecken, je mehr sie mich verfluchten. Wie es aber kein Ende nehmen wollte, kroch ich in den Winkel hinter den Ofen, und dachte, schreyt so lange ihr wollt. Aber auch da war ich nicht sicher. Ich warf mich endlich ungedultig aufs Bette, und wie der eine auch hier zu mir schritt, und nur in die Ohren schrie, kehrte ich ihm den Hintern zu; aber flugs war der andere wieder auf der andern Seite, und schrie noch ärger als sein Geselle. Endlich ward ich toll, sagte ihnen, ich wäre Herr in meinem Haus; und wie sie es immer gröber machten, sprang ich auf, nahm das erste Beßte, was mir in die Hände kam, (ich glaube es war ein Besen) und jagte sie zur Thüre hinaus. Nun ward ich nicht nur als ein verstockter Ketzer, sondern auch als ein Verfluchter behandelt, der an die geheiligten Priester des Herrn gewaltthätige Hände gelegt. Man nahm mich gefangen, und brachte mich in Ketten hieher. Anfangs litt ich entsetzlich. Hundertmal sagte ich, man sollte mich nur überzeugen, und ich wollte es dann mit Mund und Blut bekennen; aber alles war vergeblich. Man wollte mich zwingen in die Kirche zu gehen, zu beichten, meine Gedanken über die Religion zu eröfnen, u. s. w. Ich sagte, ich könnte von meiner Religion weiter nichts offenbaren, als daß ich nicht glaubte, was sie glauben. Ueberzeugen wollte oder könnte man mich nicht, und also würde ich gedultig zur Kirche gehen, wenn man michs hieße, aber ohne deswegen meinen Glauben zu ändern; und zu beichten hätte ich

nichts

Brief. 151

nichts. Das unausstehlichste war mir das unabläßige Dringen der Kapuziner auf ein Glaubensbekenntniß. Alles Bitten, mich zu verschonen, und alle Vorstellung, daß das Bekenntniß des Mundes, ohne Bekenntniß des Herzens, nach ihrer eignen Lehre nichts hälfe, war umsonst. Endlich nahm ich mir vor, mich als einen Stummen zu gebehrden, und kein Wort mehr zu reden; welches ich auch 18 ganze Jahre hindurch, dem Buchstaben nach, hielt. Vor einigen Jahren fieng man an, mich gelinder zu behandeln, und seit dieser Zeit habe ich meine Sprache wieder. "

Der Herr Pfleger bestätigte es, daß dieser sonderbare Mann 18 ganze Jahre hindurch keine Sylbe gesprochen. Und doch sah man während dieser langen Zeit kein Wölkchen des Unmuths, oder der bösen Laune auf seinem Gesicht. Sich immer gleich, that er gelassen und munter alles, was man ihm, ausser der Sphäre der Religion, geboth. Nur einen leichten Zug von Verachtung der Menschen um ihn her, will man an ihm bemerkt haben. Wenn man bedenkt, daß sein ziemlich heller Kopf, sein offenes Wesen und sein guter Humor ihm ein natürlicher und sehr starker Trieb zur Geselligkeit und zur Mittheilung seiner selbst seyn müssen, so muß man über seine freywillige Stummheit staunen. Durch sein Wohlverhalten in seiner Gefangenschaft brachte er es dahin, daß ihm der jetzige Fürst, ein sehr toleranter Herr, die Ketten abnehmen ließ, und auf Ansuchen des Herrn Pflegers, eine ansehnliche Zulage zu seinem täglichen Unterhalt bewilligte. Er hat sich so viel Zutrauen erworben, daß man ihn zu einer Art von Aufseher über seine Mitgefangenen gemacht hat. Ungeschlossen und ganz frey ward er mit denselben schon

K 4 mehr

mehrmalen zur Arbeit an Orte hingeschikt, wo es ihm
sehr leicht war, zu entwischen; aber sein Karakter ist
mehr Bürge für seine Person, als die stärkste Kette.
Er hat sich — ohne es selbst zu wissen — bey seinen
Mitgefangenen so viel Ansehen verschaft, daß er sie mit
einem Wort besser in der Zucht halten kann, als der
Kerkermeister mit dem Stocke. Die Natur hat ihm
eine Ueberlegenheit über den großen Haufen der Menschen
zugesichert, ob sie ihn schon in einer Bauernhütte ge-
bahr. Jezt beschäftigt er sich in seinen Nebenstunden
freywillig damit, daß er einen jungen Mordbrenner von
ungefehr 16 Jahren, der einigemal aus Muthwillen,
seines Vaters Haus angezündet, und seit einigen Jahren an Ketten liegt, lesen und schreiben lehrt, ohne
ihm etwas von seinen Religionsbegriffen mitzutheilen.
Diese hält er jezt so geheim, daß ich mit aller vertrau-
lichen Zudringlichkeit, mit allem Bitten und Versprechen nichts aus ihm herausbringen konnte. Er antwortete mir nichts, als: „Ich glaube nicht, was die
„Kapuziner glauben, und wünsche mir zu einem ver-
„gnügten Leben nichts mehr als eine Bibel." Vor
einigen Jahren ließ man einigemal seine Frau zu ihm,
die er aber, ohne die geringste Aeusserung einer Neigung, ihrer geniessen zu wollen, mit einigen guten und
warmen Ermahnungen zu ihrem Besten wieder entließ.
Eine Bibel, wornach seine Seele so heftig dürstet, wird
man ihm schwerlich gestatten, weil man seiner Schwärmerey nicht noch mehr Nahrung geben will. Alle
salzburger Herren und Damen, in deren Gesellschaft
ich diesen Mann zu sehen, die Ehre hatte, äusserten
eine gewisse Hochachtung gegen ihn; aber sie waren
auch alle einig, daß es eben nicht sehr politisch ge-

handelt sey, wegen so einer Kleinigkeit, als man von dem Mann gefordert, ein Märterer zu werden.

Das hiesige Landvolk ist ausserordentlich lebhaft und frölich. Die Mädchen in diesen verborgenen Winkeln unsers vesten Landes, alle frisch wie die Rosen und munter wie die Rehe, verstehn sich auf die Künste der Koquetterie so gut als unsere Pariserinnen, nur sind die Reize, womit sie auf Eroberungen ausgehen, natürlicher als bey diesen. Ihr gewölbter Busen, dessen Umrisse sie sehr sorgfältig oben und auf den Seiten des Brustlatzes zu entfalten suchen, ist kein Betrug eines lügnerischen Halstuches, oder einer hohlen Schnürbrust. Sie wissen das Schöne ihrer Kleidung ganz zu ihrem Vortheil zu benutzen. Wenn sie einen Liebhaber glüklich machen wollen, so macht ihnen weder die Schande einer unehlichen Geburt, noch die Besorgniß ein Kind ernähren zu müssen einige Bedenklichkeit. Die Sitten setzen sie über das erste, und die Leichtigkeit des Unterhaltes eines Kindes über das andere hinaus. Die Strafe, die sie für einen Fehltritt von der Art erlegen müssen, ist kaum nennenswerth. Die Kindermorde sind daher hier zu Lande äusserst selten. Ohne allen Zwang, ohne alle Zurükhaltung überläßt man sich hier dem Triebe der Natur. Die Mädchen nehmen Sonntags in der offenen Kirche den lauten Gruß und Handschlag von ihrem Geliebten an. Beym nächtlichen Besuch hat aber der Liebhaber einen harten Stand. Die Witterung mag noch so unfreundlich seyn, so wird ihm die Thüre oder das Fenster doch nicht eher geöfnet, bis eine gewisse Losung gegeben ist, die gemeiniglich in langen Reimen besteht, worin er sein Leiden und Sehnen in einer mysteriösen Sprache zu erkennen geben muß, und die das Mädchen Reim=oder Strophenweis beantwortet. Diese Sitte ist uralt, und in den entlegnern Theilen dieses Gebirges unverbrüchlich. Die Bekanntschaft und der Genuß beyder Liebenden mag noch so lange gewähret haben, so dörfen sie sich doch nicht darüber hinaussetzen. Sehr selten läßt ein Bauernjunge sein Mädchen sitzen, wenn er es auch erst nach zwey bis drey Kindbetten heyrathen kann.

Die Bewohner dieser Berge sind mit ihrem Zustand so vergnügt, daß sie ihr Land für eine Art von Paradies halten. Die Einwohner des sogenannten Dintner-Thales, einer scheußlichen Kluft zwischen nakten Felsen, die vom Dintenbach durchströmt wird, haben das Sprüchwort: Wenn einer aus dem Himmel fiele, so müsse er ins Dintner-Thal fallen; welches so viel sagt, als, dieses Thal sey der zweyte Himmel. Ich konnte lange nicht ausfindig machen, warum die guten Leute einen so hohen Begriff von einem Schlund haben, der oft viele Wochen lang so verschneyet ist, daß kein Mensch weder heraus noch hinein kommen kann, und der mit einigen benachbarten, viel reizendern Gegenden so stark absticht. Ich nahm es anfangs für Ironie; aber ich erfuhr endlich, daß es voller Ernst sey; und daß die uneingeschränkte Freyheit, welche die Bewohner dieses seltsamen Paradieses zu geniessen haben, ihnen die grosse Hochachtung für dasselbe eingeflößt hat. Sie bestehen bloß aus einigen Hirten, Bergwerkleuten und Eisenschmelzern, die fast ganz von Abgaben frey sind, und auf welche die Obrigkeit in Betracht des geringen Ertrags und der Entlegenheit dieser Gegend wenig Acht hat. — Die Abgaben der hiesigen Landleute sind überhaupt sehr mäßig, und die Befreyung von den Erpressungen, worunter die übrigen Völkerschaften Deutschlands seufzen, mag das meiste zu dem guten Humor beytragen, welcher in diesem ganzen Gebirge herrscht. Die Fürsten liessen es bisher bey dem Anschlag der Güter bewenden, der seine

Jahrhunderte alt ist, und also mit dem jetzigen Werth der Dinge in einem geringen Verhältniß steht. Der ietzige Fürst hat durch seinen Entwurf, neue Urbarien machen zu lassen, und die Schatzungen zu erhöhen, ein kleines Murren im Lande erregt. Wirklich ist er nach dem Verhältniß der Größe und des Reichsthums seines Landes im Puncte der Einkünfte weit hinter den übrigen Fürsten Deutschlands zurück, und in Betracht dessen wäre ihm dieser Entwurf wohl zu verzeihen. Aber die schlimmen Folgen seiner großen Liebe zur Jagd, wovon er vermuthlich nichts weiß, und die ohne Zweifel bloß das Werk seiner Bedienten sind, haben einen stärkern Zug von Despoterey, als die Erhöhung der Schatzungen, die dann doch unter der Garantie der Landstände auf eine lange Zeit vestgesetzt bleiben, und nicht, wie jene Wirkungen einer persönlichen Leidenschaft, willkürlichen, augenblicklichen und gewaltthätigen Erweiterungen ausgesetzt sind. In verschiedenen Gegenden ist den Bauern verboten worden, ihre Schaafe auf gewisse Waiden zu treiben, die an große Holzungen anstossen, damit dem gehegten Wild das Futter nicht entzogen werde. Ich habe dir gesagt, daß sich der hiesige Bauer meistens von seiner eignen Schur sein Tuch und Wollenzeug selbst macht. Verbote von dieser Art müssen also auf viele Wirthschaften einen sehr schädlichen Einfluß haben. Der hiesige Bauer ist gegen alle Neuerungen sehr empfindlich. Es gab schon Auftritte, wo diese Bergbewohner laut sagten, sie wollten sich auf den Fuß der Schweizer setzen. Läßt es aber ein Fürst beym Alten bewenden, so sind sie ihm unbeschreiblich zugethan. — O! müßten doch die Fürsten die Liebe ihrer Unterthanen, ihrer Nebenmenschen zu schätzen.

Viele der hiesigen Bauern tragen noch lange Bärte, und

und den Hals und die Brust zu jeder Jahreszeit offen. Diese ist dann von der Sonne und der Luft gebräunt und meistens stark behaart. In einiger Entfernung sehn sie schreklich aus; aber in der Nähe macht sie ihr freundlicher Blik und das unverhehlbare Gepräge der Redlichkeit willkommen. Sie sind muthig und stark, und würden bey einem Angriff in Vertheidigung ihres Landes förchterlich seyn; aber ausser ihrem Lande sind sie, nach dem Geständniß der erfahrensten hiesigen Officiers, keine guten Soldaten. Sie bekommen, wie alle Bergbewohner, gerne das Heimweh, und das Eigenthümliche ihrer von Jugend auf gewohnten Lebensart, welches sie in der Fremde entbehren müssen, macht sie oft in einem Feldzug unbrauchbar. Zum Glük hat ihr Landesherr mit der Erhaltung des Gleichgewichts unter den europäischen Mächten wenig zu schaffen. — Uebrigens sind sie viel gefälliger und nicht so gewinnsüchtig, wie die Landleute in den meisten Gegenden der Schweiz, die, so sehr sie allen Abgaben feind sind, die Fremden bey jeder Gelegenheit gerne in schwere Kontribution setzen. Ich habe häufige Proben, daß hiesige Bauern auf grosse Strecken mit mir gegangen sind, um mir den Weg zu zeigen, und mir noch mehrere kleine Dienste gethan haben, ohne eine Belohnung annehmen zu wollen. Leb wohl.

Salzburg. —

In Pilatis Reisen durch verschiedene Länder von Europa erinnere ich mich eine Anekdote gelesen zu haben, welche die Intoleranz der Salzburger schildern soll. Es ist wahr, man schreyt allen Leuten ohne Unterschied auf der Strasse zu, sich vor dem heil. Sakrament, wenn es in der Prozeßion oder zu einem Kranken getragen wird, nieder zu knieen, und die persönliche Grobheit des jetzigen Küsters macht es etwas zu auffallend. Auch hörte ich einige gutherzige Mädchen von einigen Protestanten, die sich auf eine kurze Zeit hier aufhalten, und meine Freunde sind, mit dem Ton des innigsten Mitleids sagen: Schade, daß sie Lutheraner sind! Allein, das Niederknieen vor dem Sakrament ausgenommen, welches jeder leicht vermeiden kann, weil man den Küster schon in großer Ferne schellen hört, wüßte ich nicht, was hier ein Protestant zu befürchten hätte. Unter dem Adel, der Geistlichkeit und der Kaufmannschaft giebt es vortrefliche Gesellschaften, worin man ohne Unterschied der Religion sehr wohl aufgenommen wird. In mehrern Gasthäusern kann man um Geld und gute Worte auf die Fasttäge Fleisch haben, und der Pöbel, der besonders in kleinen Residenzen sehr leicht den Ton des Hofes annimmt, hat unter der jetzigen Regierung viel von der heiligen Grobheit verloren, woran ihn die Bigotterie des vorigen Fürsten gewöhnt hatte.

Unter dem Adel, besonders den Dohmherren, giebt es nicht nur sehr gute Gesellschaften, sondern auch Leute, die sich durch ihre ausgebreiteten Kenntnisse sehr auszeichnen. Der jetzige Dohmprost, ein Bruder des berühmten Grafen von Firmian, Vicegouverneurs von Mayland ist mit den besten italiänischen, französischen, deutschen und englischen Schriftstellern sehr genau bekannt. Die Sammlung der Leztern ist in seiner ausgesuchten Bibliothek fast ganz vollständig. Er ist ein sehr liebenswürdiger Herr, der von den 20000 Gulden, die ihm seine Pfründe einträgt, den besten Gebrauch zu machen weiß. Der Obersthofmeister des Fürsten, ein andrer Bruder des berühmten Vicegouver-

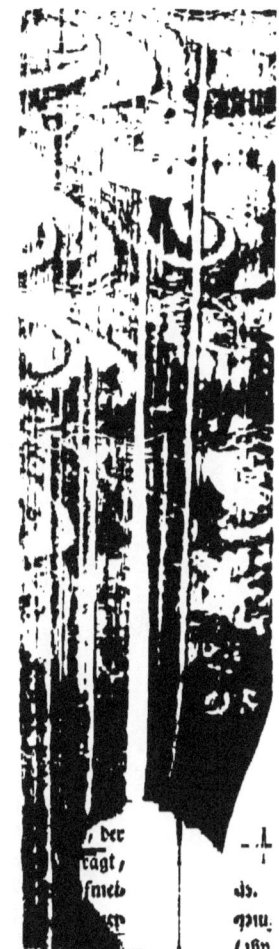

gouverneurs, ist ein großer Liebhaber und Kenner von Gemählden. Seine reiche Sammlung von Porträten von Künstlern, meistens von ihnen selbst gemahlt, ist nach jener zu Florenz einzig, und giebt derselben wenig nach. Der Gram über einen der schreklichsten Unglüksfälle, die einen Vater treffen können, hat seine Seelenkräfte sehr geschwächt, und die unbeschreibliche und fast kindische Güte, die aus seinen Gesichtszügen leuchtet, mit einem kleinen Gewölke überzogen. Sein erster Sohn, der hoffnungsvollste Herr, war Dohmherr zu Passau, und die Familie konnte erwarten, in ihm mit der Zeit einen Bischof, oder gar einen Erzbischof von Salzburg zu sehn. Der zärtliche Vater besuchte ihn, und machte mit ihm eine Jagdparthie. Als sie auf einem Schlitten nach dem Gehölze fuhren, gieng dem Vater die Flinte los, und die unglükliche Kugel fuhr seinem Sohn durch die Brust. Wie ein Rasender sprang er ins nahe Gebüchse, rauste sich die Haare, und wälzte sich im Schnee. Mit Gewalt mußten ihn die Jäger von der Stätte bringen. — Ein Graf Wolfegg, Domherr, hat eine Reise durch Frankreich gemacht, um unsre Manufakturen und Handwerker zu studieren. Er ist mit allen unsern berühmten Künstlern bekannt, und sein Lieblingsfach ist die Baukunst, worin er wirklich vortreflich ist. Der Oberstallmeister, Graf von Küenburg, ist ein weitumfassender Kopf, äusserst gefällig, witzig und einnehmend im Umgang. Seine niedliche Bibliothek enthält alle unsere guten Schriftsteller, und bey ihrer Anlage ist kein Index librorum prohibitorum zu Rathe gezogen worden. Der Bischof von Chiemsee, Graf von Zell, und noch viele andre vom hohen Adel, sind wegen ihrer Kenntnisse und ihrer guten Lebensart verehrungswürdige Leute.

Der

Brief.

Der hiesige hohe Adel besteht größtentheils aus österreichischen Familien und zeichnet sich durch Herablassung, Weltkenntniß und Sitten von dem dummstolzen Trotz der bayrischen und schwäbischen Baronen auffallend aus. Aber der kleine hiesige Adel, der große Schwarm der kleinen Hofleute, macht sich durch seine erbärmliche Titelsucht und seinen elenden Stolz lächerlich. Du findest hier gegen hundert gnädige Herren, die von 3 bis 400 Gulden auf Gnade des Hofes leben, und die du nicht gröber beleidigen kannst, als wenn du zu ihnen: Mein Herr, oder zu ihren Weibern: Madame, sagst. Man muß sich hier angewöhnen immer über das dritte Wort, Euer Gnaden, zu sagen, um nicht für einen Menschen ohne Lebensart gehalten zu werden. Wegen der unbeschreiblichen Armuth unter diesem Theil der Einwohner findet man eine Menge gnädiger Fräulein, welche die Dienste der Haushälterinnen und barmherzigen Schwestern verrichten. Sie beklagen sich alle, daß ihnen der Hof keine hinlängliche Besoldung giebt, um ihrem Stand gemäß leben zu können. Ich hab aber nicht ausfindig machen können, was eigentlich ihr Stand sey. Fast alle haben weder Güter noch Kapitalien, und da sie es für eine große Erniedrigung halten ihre Kinder zu Handwerkern, Fabrikanten, Künstlern, oder Handelsleuten zu erziehen, so sieht sich der Hof genöthigt, die Besoldungen so klein als möglich zu machen, um den vielen gnädigen und gestrengen Herren, von denen zwey Drittheile zu seiner Bedienung überflüssig sind, grade so viel geben zu können, daß sie nicht verhungern. Ihr Stand ist also nichts, als der gute Willen des Hofs, eine große Menge unnützer Bedienten zu ernähren, und ihr kühnes Vertrauen auf diesen guten Willen. Wenn man ihnen übrigens die gehörige Titulatur giebt, so sind sie bis
artig-

artigsten, geselligsten und dienstfertigsten Geschöpfe von der Welt. Sehr viele von ihnen beschäftigen sich auch mit der Lektur der deutschen und französischen Dichter, besonders jener, die für das Theater gearbeitet haben. Die Theaterwuth herrscht hier so stark, als zu München, und man lechzt nach der Ankunft einer fahrenden Schauspielergesellschaft, wie im äussersten Sibirien nach der Wiederkehr des Frühlings. Ein französischer Ingenieur, in Diensten des Fürsten, hat ihnen ein niedliches Bühnlein gebaut, mit einigen säuberlichen Statuen und Säulen, die aber nichts zu tragen haben, als ein dünnes Brett vor dem Vorhang, mit dem Wappen des Fürsten.

Im Ganzen glaube ich hier mehr Aufklärung bemerkt zu haben, als zu München. Obschon der Landesherr ein Geistlicher ist, so giebt es hier nach dem Verhältniß der Größe beyder Länder doch lange nicht so viele Klöster, als in Bayern, und die hiesige Geistlichkeit zeichnet sich durch gute Zucht, Demuth, Bestrebung ihrem Beruf nachzukommen, und andre Tugenden von der Bayrischen sehr aus. Man versteht hier die Regierungskunst unendlich besser, als zu München. In Rüksicht auf den Kopf kann man von dem jetzigen Fürsten nicht gutes genug sagen, aber — sein Herz kenne ich nicht. Er weiß, daß er den Salzburgern nicht sehr angenehm ist, und verachtet sie daher und verschließt sich. Ich glaube die Vorwürfe, die man ihm macht, sind sehr übertrieben. Man will berechnet haben, daß er jährlich gegen 300000 Gulden nach Wien an seine Familie schicke, und dem Land also einen guten Theil seines Markes entziehe. Ein Theil der Landesstände, nämlich fast das ganze Dohmkapitel, hat beym Reichshofrath zu Wien einen Prozeß gegen ihn anhängig gemacht, und besonders die Beschwerde angebracht, daß

er

er aus ihrer Kasse gegen Scheine vieles Geld genommen, und sie nun die Kisten, anstatt klingender Münze, voll Papier hätten, ohne abzusehn, wie es in baares Geld verwechselt werden könnte. Ich weiß nicht, in wie weit die Klagen des hochwürdigen Dohmkapitels gegründet sind, aber so viel ist gewiß, daß er in Rechtfertigung seiner selbst ungemein viel Feinheit und Verstand geäussert hat, und daß einige Dohmherren gleich von Anfang seiner Regierung gegen ihn aufgebracht waren, weil sie sich Hofnung zu der erzbischöflichen Würde gemacht hatten, die aber vom Hof zu Wien dem jetzigen Fürsten zugedacht war. Das, was er das Land geniessen läßt, so wenig es auch seyn mag, verwendet er wenigstens mit ungemein viel Verstand zum Besten desselben, und gemeiniglich zu guten Erziehungsanstalten. Er schont seine Geistlichkeit nicht, und hat den hiesigen Augustinern auf einmal gegen 100000 Gulden weggenommen, und die eine Hälfte dieser Summe für sich, die andere aber zum Genuß des Publikums bestimmt. Er ist in allem, sogar auch in seiner einzigen Paßion, der Jagd, äusserst sparsam, und mit einem Bataillon wackerer Soldaten, einem der schönsten, die ich je gesehen, dessen Officiers ihm sehr zugethan sind, und welches ganz auf österreichischen Fuß gesezt ist, kann er sich über alles Murren hinaussetzen.

Alles athmet hier den Geist des Vergnügens und der Lust. Man schmaußt, tanzt, macht Musicken, liebt und spielt zum Rasen, und ich habe noch keinen Ort gesehen, wo man mit so wenig Geld so viel Sinnliches geniessen kann. — Seit einiger Zeit soll die Venusseuche stark eingerissen haben. Doch die vielen blühenden Gesichter der mannbaren Mädchen, deren Gürtel fast durchaus gelöset sind, macht mich glauben, daß bloß die Neuheit das Uebel so groß macht. — Man spricht hier von religiösen und politi-

L schen

schen Gegenständen mit einer Freyheit, die der Regierung Ehre macht, und in den Buchläden kann man wenigstens die deutschen Schriften fast ohne Einschränkung haben. — Einer der Hauptkummelplätze der öffentlichen Lustbarkeit ist der eine Stunde von hier entlegene fürstliche Garten Hellbronn, wo Bier und Wein geschenkt wird. Das merkwürdigste in demselben — einige vortrefliche Statuen von Marmor ausgenommen — ist ein großer Park, in dessen Mitte sich ein waldigter Berg erhebt. Auf einer Seite bietet er eine schrofe Felsenstirne dar, die eine Heerde Steinböcke zum natürlichen Aufenthalt dient, und welche man, wegen ihrer zunehmenden Seltenheit, in den Gebirgen des Landes hier nachziehn will. Auf der entgegengesezten Seite enthält dieser Berg in einer Kluft ein in den natürlichen Felsen gehauenes Theater, und auf der Vorderseite desselben steht im Schatten bejahrter Eichen und Buchen ein kleines Schloß, welches über einen Theil des Parks, den Garten und die Gegend umher bis zu den hohen Granitgipfeln gegenüber eine prächtige Aussicht beherrscht. Am Fuß des Berges waidet eine ungeheure Heerde Damhirsche, und in verschiedenen Nebenabtheilungen werden andere Gattungen von Gewild aufbehalten. Auf der andern Seite stossen an den Garten eine kostbare Fasanerie, Teiche für Biber, und verschiedene Behältnisse für seltsame Thiere. Alles ist für jedermann offen.

Die hiesige Universität erhält sich durch die Kongregation der Benediktinerklöster, welche sie mit Lehrern besetzen. Den studierenden Unterthanen der schwäbischen Reichsprälaten, die mit im Bund sind, dient es zu einer Empfehlung, wenn sie zu Salzburg absolvirt haben, und ausser diesen und den Eingebohrnen findet man wenig Studirende hier, obschon der größte Theil der Lehrstühle mit aus-

Brief. 163

nehmend wackern Männern besetzt sind. Der Fond der Univerſität iſt zu klein; als daß alle die Fächer, worüber ſich in unſern Zeiten das Reich der Wiſſenſchaften ausgebreitet hat, gehörig beſorgt werden könnten. Die ſämtlichen Einkünfte derſelben belaufen ſich nicht viel über 5000 Gulden.

Zu dem Nationalſtolz, welcher unter dieſem Völkchen herrſcht, weiß ich nicht, was ich ſagen ſoll. Mir iſt alles, was zum Glük der Menſchen etwas beyträgt, gewiſſermaſſen ehrwürdig, ſo gering und unbedeutend es auch ſeyn mag. Wie Unglüklich wären wir, wenn man uns die Spiele und Täuſchungen unſerer Einbildung nehmen wollte? Die Einwohner dieſer Stadt ärgern ſich ſehr darüber, wenn man ſie Bayern heißt. Ich dachte, weil ihr Land im Kreis dieſes Namens läge, ſo wären ſie ſo gut Bayern, als die Würtemberger Schwaben ſind. Aber man belehrte mich ſehr umſtändlich, daß die Vergleichung mit Schwaben nicht ſtatt hätte, weil kein einzler Theil deſſelben ausſchließlich Schwaben hieſſe, daß der bayriſche Kreis ſeinen Namen von dem Herzogthum hätte, weil es der größte Theil deſſelben ſey, daß aber dieſer Kreis im Grunde eben ſo gut der Salzburgiſche heiſſen könnte. Man will hier mit den Bayern gar nichts gemein haben, und ſezt ſie ſehr tief unter ſich. Etwas mehr Geſchmak, und gute Lebensart, und etwas weniger Bigoterie muß man den Salzburgern vor den Bayern einräumen; aber daß man den Abſtand ſo groß macht, und die Bayern gar unter die Thiere herunter ſezt, das muß man der mächtigen Fee Phantaſie zu gut halten. Wenigſtens ſollten aber die hieſigen Herren und Damen bedenken, daß, wenn es jezt hier zu Lande etwas heiterer iſt, als unter dem bayriſchen Himmel, ſie es bloß dem jetzigen Fürſten zu danken haben, der die magiſchen Dünſte des Aberglaubens mit

seinem geheiligten Stab aus seinem Gebiete verscheucht. Eine eben so schnelle Revolution kann in kurzer Zeit die Bayern weit über ihren jetzigen Zustand hinaus setzen. Man hat hier noch Denkmäler genug von der Finsterniß, die vor 15 und 20 Jahren sich über den hiesigen Horizont gelagert hatte. Im hiesigen Gefängniß der Geistlichen sitzt noch ein Pfarrer, der, um seiner Gemeinde einen starken Haß gegen die Sünde, und eine lebhafte Furcht vor der Hölle einzujagen, seinen Schulmeister als einen Teufel ankleidete, ihn unter der Kanzel versteckte, und auf seinen Ruf mitten in der Predigt neben ihm erscheinen ließ, um Zeuge der Wahrheit zu seyn.

Für einen Mineralogen und Botaniker wäre dieses Land äusserst interessant; es hat aber das Unglük, wenig bekannt zu seyn, wenn das Geräuschmachen zum Glük der Menschen unumgänglich nöthig ist. Dieser Schaz ist der Zukunft aufbehalten, wenn einmal das Land ein Genie erzeugt, das seine Aufmerksamkeit auf diese Gegenstände wendet, oder der Schwarm der müßigen Reisenden, welcher wechselsweise die Alpen, die Appeninen, den Aetna, die Pirenäen, u. s. w. gleich den Heuschrecken überzogen hat, entlich einmal auch seinen Flug in dieß Gebirge nimmt, und durch sein Geschrey ein ausländisches Genie zur Untersuchung reizt. Das Zillerthal ist besonders reich an verschiedenen Steinarten, und in verschiedenen Gegenden des Gebirges findet man von den seltensten europäischen Pflanzen. Ueber den Bau der Berge, über die Wirkungen und Produkten des Wassers in denselben, und über ihre zu erwartende Revolutionen ließen sich hier herrliche Hypothesen spinnen.

Ich muß dir noch von einem Fürstenthum des heiligen römischen Reichs Nachricht geben, von dessen Daseyn schwerlich ein Geograph bey uns etwas weiß. Es ist das Fürstenthum Berchtoldsgaden, welches ich dir auf der Spitze des Unterberges, der seine nördliche Gränze ist, zu einem flüchtigen Ueberblik schon gezeigt habe. Es besteht in einem kleinen, engen, mit den steilsten Felsen ringsum vermaurten Thale, welches kaum 3000 Seelen enthält. Einige Seen nehmen den Boden des Thales ein, und eine ungeheure Waldung bedekt die niedern Abhänge der Berge. Auf einer Insel des größten Sees hielten wir vor einigen Tagen ein herrliches Mahl mit Fischen aus demselben, einigen niedlichen Fleischgerüchten und kostbarem Tyroler Wein. In den tiefsten Schlünden und Klüften fehlt es hier an guten Köchen nicht. Die Natur des Landes ist weder dem Akerbau noch einer einträglichen Viehzucht sehr günstig. Die Einwohner haben daher ihre Zuflucht zum Kunstfleiß genommen, der die Menschen in keinem Winkel der Erde darben läßt, und sinnreich und mächtig genug ist, alles, auch die härtesten Steine, in Brod zu verwandeln. In diesem unbekannten Thale, Bruder, wird der größte Theil der Quinkaillerie verfertigt, womit Nürnberg und Augspurg einen so ausgebreiteten Handel treiben. Die Steckenpferde, Raspeln, Kukuk, hölzerne Männchen, Weibchen, Ratten, Mäuse und all das Spielwerk für kleine Kinder; die Kruzifixchen, beinerne Spielzeichen in den so niedlichen Strohkästchen, die Puder und Pomadebüchsen, und all das Spielzeug für die großen Kinder, und kurz der größte Theil der Artikel, die man bey uns unter dem Titel der deutschen Waare begreift, kömmt aus diesem verborgenen Schlund. Es ist ein angenehmes Schauspiel, zwey bis drey Familien von den fast unmündigen Kindern an bis zu den Greisen in einer engen Hütte mit so seltsamen Produkten beschäftigt, und die kleinsten

Arbeiten von den plumpsten Bauernhänden verfertigen zu
sehen. Wegen des erstaunlich geringen Preises ihrer Waaren können sie zwar keine Reichthümer sammeln; aber sie
nähren sich alle redlich und haben genug. Die guten Leute
wissen nicht, daß ihre Produkten bis zu uns, und mit
großem Gewinn von den Spaniern nach Amerika, und
den Engländern nach Ostindien geführt werden. Ein kleiner Theil derselben beschäftigt sich mit dem Salzsieden;
aber da sie diesen Artikel bloß durch Bayern ausführen
können, und dieses Land so überflüßig damit versehen ist,
so müssen sie es um einen Spottpreis weggeben. Auch
empfinden sie den Druk eines mächtigern Nachbars von
der salzburgischen Seite. Salzburg soll seine Salzminen
schon weit über die Berchtoldsgadner Gränze fortgesezt
haben, ohne daß man auf die Klagen dieses bedrängten
Fürstenthümchens achtet. Auſſer diesem Thal, welches die
unmittelbaren Reichs- und Kreislande der gefürsteten
Probſtey ausmacht, besizt sie noch einige Güter in Oesterreich und Bayern, und ihre sämtlichen Einkünfte mögen
sich auf ohngefehr 60000 Gulden belaufen. Durch die
Verschwendung einiger ehemaligen Pröbſte ist sie in die
drückende Schulden gerathen.

Paſſau.

Von Salzburg fuhr ich auf der Salza und dem Inn zu
Schiffe hieher. Wasserreisen haben, in Betracht der zahlreichen Gesellschaft, die man öfters trift, ungemein viel
Reiz für mich. Biß nach Burghausen war das Schiff geſtopft voll. Da stieg die Hälfte meiner Reisegefährten aus;
um nach dem nahgelegenen Oettingen zu wallfahrten. Sie

bestand

bestand aus einem Schwarm junger Leute beyderley Geschlechts, denen man es sehr deutlich ansah, daß sie auf dieser heiligen Fahrt nichts weniger vorhatten, als ihre alten Sünden zu büssen. Wenn der erste Verführer dieser Mädchen nach der Aussage unserer Moralisten alle Schuld der Sünden tragen muß, die sie nachher begehen, so machen sie ihm aus Rache gewiß die Hölle heiß genug. Im Wirthshaus zu Burghausen blieben wir noch die Nacht über beysammen, und ich hatte viel Gelegenheit zu bemerken, daß meine Wallfahrer reichen Stoff zu ihrer bevorstehenden Beicht sammeln wollten.

Es blieb mir noch zu meiner Unterhaltung Gesellschaft genug übrig, ob ich gleich einen österreichischen Werber mit seinen Rekruten, und einige Studenten, die in die Ferien giengen, nicht geniessen konnte. Es schmiegte sich ein gnädiges Fräulein von Salzburg an mich, welches nach Wien wollte, um dort die Dienste einer Köchin oder eines Stubenmädchens zu verrichten, weil ihr Stand es ihr nicht erlaubte, sich auf diese Art in ihrer Vaterstadt zu ernähren. Das gute Kind nahm mich durch seine Gefälligkeit, sein gutes Herz, seinen Geschmak und seine ziemlich mannichfaltigen Kenntnisse wirklich ein. Es mußte mir versprechen, mir zu Wien nachzufragen, und mir zu sagen, wozu ich ihm allenfalls gut seyn könnte. Ein junges Frauenzimmer muß in einer fremden grossen Stadt in der ersten Zeit seines Aufenthalts äusserst verlegen seyn.

Wir fuhren auf der Gränzscheidung zwischen Oesterreich und Bayern. Das kleine Stük von Bayern, welches Oesterreich vor kurzem in Besitz genommen, und welches wir zur Rechten hatten, beträgt nicht über 38 deutsche Quadratmeilen, und enthält kaum 60000 Menschen. Die Einkünfte daraus belaufen sich auf ohngefehr 180000 Reichs-

Reichsthaler, und es ist kaum den achten Theil der Kosten werth, den Oesterreich auf die Eroberung desselben verwendet. Der Plan dieses Hauses bey dieser Unternehmung war aber viel weitaussehender als man zu Versailles dachte, wo man den ganzen Handel wie einen Streit um eine Nußschale betrachtete. Es war nicht das erstemal, wo der preußische Hof unser hochweises Ministerium von den Folgen belehren mußte, die die Schritte gewisser Höfe nach sich ziehen würden, und die es ohne diese Belehrung nie überdacht hätte. Als der König von Preussen die österreichischen Ansprüche mit der Feder eben so nachdrüklich als mit dem Degen bestritt, und der Wiener-Hof sich durch Rußlands Erklärung vollends genöthigt sah, zu friedlichen Unterhandlungen zu schreiten, that er den Vorschlag, den Inn bis unter Wasserburg zur Gränze zwischen Bayern und seinen Landen zu machen, und sie von da über die Iser, die Donau und durch die Oberpfalz bis an Böhmen zu ziehn; dagegen wollte er einige seiner Besitzungen in Schwaben dem Hof zu München abtretten. Unser Minister, Herr von Breteuil, soll sehr geneigt gewesen seyn, diesem Vorschlag seinen Beyfall zu geben; aber die genaue Kenntniß, die der Hof zu Berlin von dem Zustand und der Lage dieser Bezirke hatte, setzte ihn in Stand, unsern und den russischen Ministern die Augen zu öfnen. Er belehrte sie, daß das österreichische Schwaben kein Aequivalent gegen diesen großen Theil von Bayern seyn könnte, weil die Einkünfte, welche Oesterreich zum Maaßstab der Vertauschung annehmen wollte, im erstern aufs höchste getrieben, die bayrischen Lande aber, in Betracht ihres bisherigen schlechten Anbaues, in kurzer Zeit zu einem ungleich größern Ertrag gebracht werden könnten. Er zeigte ihnen, daß Oesterreich durch diesen Vergleich viel mehr gewinnen würde, als es wichtigen Bedürfniß von sich abhängig machte; daß Salzburg und Passau dem Hof zu Wien, so gut als unterthänig, gemacht würden, und daß endlich die Besitzungen des Hauses Pfalzbayern, wegen der zerstreuten Lage des österreichischen Schwabens, auf keiner Seite Konsistenz hätten, und die Macht dieses Hauses, in Rüksicht auf den äußern Gebrauch derselben, so gut als vernichtet seyn würde. Diese Vorstellungen wirkten so viel, daß der Kaiser die Arrondirung seiner deutschen Lande bis auf eine günstigere Zeit verschieben mußte. Ich glaube über lang oder kurz müssen sich die Bayern doch noch unter den österreichischen Zepter beugen, so sehr sie auch dagegen eingenommen sind. Ich als Weltbürger und Menschenfreund, der — wenn es um Erbschaften großer Länder zu thun ist, mehr das Wohl meiner Mitgeschöpfe, als das strenge Recht zu Rathe zieht, wünsche meines Theils, daß diese Veränderung sehr bald geschehen möchte. Auch eine viel bessere Regierung, als die jetzige ist, kann den Bayern die Vortheile nicht gewähren, die sie bloß von der Vereinigung ihres Landes mit Oesterreich zu erwarten haben. Befestigte Ruhe, ein leichterer Absaz ihrer Produkte, und eine gemächlichere Versorgung mit den Bedürfnissen, die ihnen die Natur versagt, den österreichischen Landen aber gewährt hat, sind natürliche Folgen dieser Revolution. Nimmt man die persönlichen guten Eigenschaften des jetzigen kaiserlichen Hauses, in Rüksicht auf

L 5 Regie-

Regierungskunst dazu, so muß man den Bayern Glük wünschen, wenn Oesterreich einmal seine Ansprüche auf ihr Land mit mehr Nachdruk geltend macht.

Passau ist eine arme, meistentheils schlecht gebaute Stadt, den um die Residenz des Fürsten, und gegen die Donau zu, gelegenen Theil ausgenommen, der wirklich schön ist. Sie lebt bloß von dem kleinen Hof, dessen Einkünfte sich auf ohngefehr 220000 Gulden belaufen sollen, und von den Dohmherren, deren Pfründen unter die fettesten in Deutschland gerechnet werden. Man schäzt eine derselben auf etwas mehr als 3000 Gulden, da eine salzburgische nicht über 2600 Gulden einträgt. Aber fast alle Dohmherren besizen 2, 3 bis 4 Pfründen zugleich, und sind noch Glieder der Kapitel zu Salzburg, Augspurg, Regenspurg, u. a. m., und daher gibt es in Deutschland wenige Dohmherren, deren Einkünfte sich nicht über 5000 Gulden belaufen. Die Einwohner der geistlichen Residenzstädte sehen sich alle gleich. Schmaussen, und die goldnen Werke der Göttin von Paphos, sind ihre grösten Beschäftigungen, und ihre Armuth und der gute Humor, der selten einen Liebhaber dieser Beschäftigungen verläßt, macht sie sehr gefällig, dienstfertig und geschmeidig. — Der hiesige Dohm ist ein sehr prächtiges Gebäude. Der Sprengel des Bischofs, welcher unmittelbar unter dem Pabst stehet, erstrekt sich fast bis nach Wien. Seine geistliche Gewalt im österreichischen, ist aber sehr eingeschränkt. Mit der Zeit dürfte sein Sprengel leicht bis vor die Thore seiner Residenz eingeschränkt werden; denn auf der Gränze des venetianischen Gebietes, und noch an mehrern Orten, hat der kaiserliche Hof deutlich genug geäußert, daß er sein Gebiete von aller fremden

Brief.

den geiſtlichen Jurisdiktion, ſo viel als möglich, unabhängig machen will. — In dem hieſigen kleinen Lande gibt es vortreſliche Porzellän- und Hafnererde. Die erſtere wird bis an den Rhein verführt.

Einige Leute, die über Helvetien geſchrieben, wollen dieſem Lande mit aller Gewalt die Ehre beymeſſen, daß daſſelbe, und nicht das Schwabenland, die eigentliche Quelle der Donau ſey. Ihr Hauptbeweisgrund iſt, daß hier bey dem Einfluß des Inns in die Donau der erſtere Strom eine gröſere Maſſe Waſſer habe, als der leztere. Die Sache iſt im Grunde nur ein Wortſtreit; denn wer will dem Publikum das Recht ſtreitig machen, die Flüſſe nach ſeiner Willkühr zu benennen. Der Fluß Brege im Schwarzwald, welcher an dem Ort ſeiner Vereinigung mit der eigentlichen Donau, ungleich ſtärker iſt als dieſe, muß ſich ſchon gefallen laſſen, ſeinen Namen dem Eigenſinn des Publikums aufzuopfern. Aber auch der Beweis, den die Freunde der Schweiz für den Inn wollen geltend machen, beruht bloß auf einem Scheingrund. Man kann einen ſehr kleinen beſtimmten Theil eines Fluſſes nicht zum Maaß der ganzen Gröſe deſſelben annehmen. Ein lockerer Boden des Bettes, ein ſtärkerer Strom, u. d. m. machen die Maſſe des Waſſers in einem Fluß zufälligerweis ſehr verſchieden. Hier, wo ſich der Inn mit der Donau vereinigt, ſtrömt dieſe zwiſchen Bergen mächtig daher, und hemmt den erſteren, der ihr in die Quere kommt, und ſich auf einen flächern und weichern Boden bey ſeiner Mündung mehr ausbreiten kann. Die Donau läßt hier zuverläſſig in dem nemlichen Zeitraum viel mehr Waſſer vorüberſtrömen, als der aufgehaltene Inn, und iſt weit über Regenſpurg, noch ehe ſie die ſtarken Flüſſe, Altmühl,

mühl, Nab, Regen und Iser zu sich genommen, schon ein mächtigerer Strom, als der Inn zwischen Wasserburg und Innsbruk, welcher durch die sehr unstete Salza im Durchschnitt eben nicht viel Zusaz bekömmt. Schwaben hat ohne Widerrede die Ehre, die Mutter des gewaltigen Donaustroms zu seyn, mit dem sich unter den europäischen Flüssen nur die Wolga messen kann.

Wenn man das ganze Gebiete der 2 Flüsse, die sich hier vereinigen, bis an ihren Zusammenfluß überschaut, so ist jenes des Inns, in Betracht der Krümmung, zwar ein wenig länger, aber viel schmäler, als das weite Donaugebiet. Bis unter Kuffstein fließt der Inn in einem sehr engen Thale; dahingegen die Donau Oberschwaben und Bayern in der ganzen Breite beherrscht. Die Iller und der Lech sind bey ihrem Einfluß in die Donau auf ihrem langen Lauf schon so stark geworden, als der Inn bey Innsbruk ist. In einem sehr engen Thale bekömmt dieser Fluß keine Nahrung, als von kurzen Gletscher- und Waldbächen, indessen die Donau alle Säfte eines der wasserreichsten Länder, das etliche und 40 Meilen in die Länge, und 30 in die Breite hat, verschlingt.

Auf meiner Reise durch Deutschland bis hieher, kam ich nun durch 3 große Thäler, die von dem Rhein, dem Necker und der Donau der Länge nach, durchströmt werden. Das Vogesische Gebirge und der Schwarzwald, die von Süden nach Norden parallel laufen, bilden das erstere. Der Schwarzwald dekt es gegen die kalten Ostwinde, und die verschiedenen Arme dieser parallelen Gebirge schützen es auch gegen die unfreundlichen Stöße des Nordwindes. Es genießt eine angenehme und gemäßigte Witterung, welche die Weintrauben

Brief.   173

trauben zu einer vollkommenen Zeitigung gedeihen läßt. Das Neckerthal ist von einer ähnlichen Beschaffenheit; aber das ungeheure Donauthal steht der Wuth aller unfreundlichen Winde offen. Der größte Theil desselben ist gegen Norden und Nordosten abhängig, wie man aus dem Lauf der Flüsse, Iller, Lech, Iser u. a. ersieht. Hier schüzt den zärtlichen Vater Bachus nichts gegen die Grobheit des Boreas und des Aquilo. An der Iser und Donau unter Regensburg, hat man zwar Versuche mit dem Weinbau gemacht; aber man gewinnt bisher von dem Weinstok noch nichts als Eßig. Ich glaube, dieser ganze Strich Landes ist noch zu waldigt und wässerigt, als daß die Traube in der hiesigen Luft zeitigen kann. Was war Schwaben und das Rheinland zu Tacitus Zeiten? Wie weit war nicht dieser Römer entfernt zu glauben, der Weinstok könne auf deutschem Boden Nahrung finden. Er verzweifelt sogar, daß unter diesem Himmel Obst wachsen könne. Und doch trägt izt Schwaben herrliche Weine, die dem Falerner und allen den gepriesenen römischen Weinen den Rang streitig machen, und das noch wildere Bayern bringt gutes Obst in Ueberfluß hervor. Mit dem Anbau eines Landes verändert sich seine Luft. Die Austroknung des Bodens macht sie wärmer; und wer weiß, wie viel nicht die Ausdünstung einer starken Volksmenge auf die Luft wirken kann? Mit der Zeit können ohne Zweifel auch glüklichere Versuche in Bayern mit dem Weinbau gemacht werden. Die Abhänge der Berge am linken Ufer der Donau, zwischen hier und Regensburg bieten für die Rebe eine günstige Pflanzstädte dar, indem sie gegen die schlimmen Winde gedekt sind; und der Wein,

der

der wirklich in der Gegend von Passau gezogen wird, verdient allerdings diesen Namen.

Uebrigens hat dieses große Donauthal, welches hier auf der linken Seite des Flusses von einem Arm des böhmischen, auf der rechten aber von einem Ast des steyrischen Gebirges geschlossen wird, den besten Getreideboden. Es könnte sehr leicht noch einmal so viele Menschen nähren, als es wirklich enthält. Oft ist in Bayern der Preiß des Getreides so gering, daß dem Bauern kaum die Mühe des Baues bezahlt wird. 170 Pfund Roggen werden öfters unter 2 Gulden verkauft.

Die Schiffahrt ist in dieser Gegend der Donau bey weitem nicht so beträchtlich, als sie es am Oberrhein ist. Man versteht es noch nicht, den Strom gemächlich aufwärts zu fahren. Die meisten Schiffe, welche hier vorübergehen, kommen von Regensburg und Ulm; sind ohne Masten, ohne Theer, bloß von Tannenbrettern gebaut, und werden zu Wien oder anderstwo verkauft. Der Kaiser hat den Schiffsleuten, die ihre Fahrzeuge nach rheinischer Art bauen würden, ansehnliche Belohnungen versprochen; aber es geht hier wie überall. Es hält schwer, den mechanischen Theil des Publikums aus seinem gewöhnten Gleise zu bringen. Die Schiffleute, mit denen ich gesprochen, wollen gar nichts von Masten und Segeln hören. Sie sagen, der Mast drücke das Schif vorne nieder, wenn es gezogen würde. Umsonst erklärt man ihnen, daß, wenn an das Seil, welches von der Spitze des Mastes ans Ufer geht, ein Queerseil angebracht wird, das an der Spitze des Vordertheils des Schiffes befestiget ist, und in einer Rolle

Brief. 175

an jenem großen Seil hängt, auf diese Art das Schif nicht niedergedrükt werden kann, indem die Richtuug des Zuges alsdann horizontal geht. Es ist unausstehlich, ein Schif die Donau heraufziehn zu sehen. Das Seil ist an dem Vordertheil des Schiffes befestigt, und wird von 15 bis 18 der stärksten Pferde auf dem Rand des Ufers fortgeschleppt. Es rasirt alles kleine Gesträuche, das ihm in den Weg kömmt, und wenn das Hinderniß etwas zu groß ist, so müssen 2 bis 3 Kerls dasselbe mit Hebeln lüften. Das Schif wird in seinem Schnekengang alle Augenblicke aufgehalten, und oft müssen in einem Raum von einigen hundert Schritten die Pferde mehrmal ausgespannt werden. Das Reiben des Zugseiles auf der Erde, vermehrt die Last wenigstens um so viel, als ein Pferd ziehen mag, und mit dem Seegel könnten oft mehrere Pferde erspart werden. Die unbetheerten Schiffe werden in dem süßen Wasser, und von der Sonnenhitze gar bald lek. Weil die Fahrt den Strom hinauf noch nicht sehr gewöhnlich ist, so fehlt es von Statiönen zu Stationen an Miethpferden, und die Schifleute sind gezwungen, alle Pferde für die ganze Reise mitzunehmen, ob sie schon an manchen Orten einige ersparen könnten. Der Rheinschiffer genießt die Gemächlichkeit, daß er bald mit 2, bald mit 6 Pferden fahren kann, je nachdem ihm die Gegend des Stromes, oder der Wind günstig ist, welches er bloß der starken Befahrung dieses Flusses zu verdanken hat, wodurch die am Ufer wohnenden Landleute in den Stand gesezt werden, Pferde auf kleine Stationen zur Miethe für die Schiffer herzugeben. Alle diese Hindernisse können jezt so leicht noch nicht gehoben werden, und einige fallen von selbst weg, sobald die Hand-

lung

lung der Donaulande beträchtlicher seyn wird. Das größte Donauschif, welches diese Gegend bis nach Wien befahrt, ladet öfters 2500 Zentner, welches ohngefehr so viel als die Ladung eines zweymastigen Seeschiffes beträgt. Lebe wohl.

Linz — —

Ich erwartete zu Passau das ordinäre Wochenschif von Regenspurg, und wollte mit demselben gerade nach Wien fahren. Die Schiffleute machten bey der größten Luftstille, unter dem Vorwand eines bald zu erwartenden bösen Windes so oft halt, daß mir die Geduld ausbrach. Ich merkte wohl, daß es ihnen darum zu thun war, um an den kleinen Orten ihre Kontrebande mit guter Art an Land zu bringen. Meine Reisegesellschaft hatte auch zu wenig Reiz für mich. Sie bestand aus einem Schwarm Handwerkspursche, die mit dem Rudern ihre Fracht bezahlen, und aus einer Menge Bauerndirnen, die zu Wien als Mägde unterkommen wollen. Einige derselben waren sichtbarlich in gesegneten Leibsumständen, und schienen ihre Heimath verlassen zu haben, um in dem Spital zu Wien mit geringerer Schande, auf Kosten des Kaisers, entbunden zu werden. Oesterreich soll immerfort auf dieser Seite einen starken Zufluß von Bevölkerung dieser Art erhalten. Der ganze Troß, sammt den groben Schiffern, war mir platterdings ungenießbar, und die Stadt Linz, mit der Gegend umher, lachte mich zu freundlich an, als daß ich nicht aussteigen, und auf einige Tage nähere Bekanntschaft mit ihr machen sollte.

Zu

Brief. 177

Zu Engelshartszell wurden wir visitirt. Alles geschah in der besten Ordnung, und mit ziemlich viel Gelindigkeit. Man hatte einen ganzen Tag mit dem Plombiren der Waaren unsers Schiffes zu thun. Es war mir ein unerklärliches Räthsel, wie die Schiffer ihre Kontrebande, von deren Daseyn ich überzeugt war, durchbringen konnten; denn die Mauthbedienten schienen mir eben nicht sehr geneigt zu seyn, sich bestechen zu lassen. Auf meine Bücher richteten die Herren Visitatoren ganz vorzüglich ihre Aufmerksamkeit. Youngs übersetzte Nachtgedanken, die ich von einem armen Studenten zu Salzburg aus Erbarmen gekauft hatte; nahm man mir als ein verbotenes Buch weg, und Gibbons Werke ließ man durchgehen. Der erste ist ein Krist bis zur Schwärmerey, und bloß der kleine Ausfall, den er wegen des Begräbnisses seiner Tochter — nicht gegen die Katholiken überhaupt, sondern bloß gegen die Stadt thut, die seinem Kind das Begräbniß versagte, hat ihn neben den Machiavels, Spinozas, Bolingbrokes, u. d. m. an den heiligen Pranger gebracht. Wie lächerlich wird der Inder, wenn man offenbar sieht, daß öfters der bloße Titel sein Werk brandmarkt; und wenn man bedenkt, daß kein Zensurkollegium im Stande ist, mit der ungeheuren Menge neuer Bücher, die in den kultivirten Sprachen unserer Zeit erscheinen, augenblicklich so bekannt zu seyn, daß man ihnen sogleich auf die Gränze Stekbriefe entgegen schicken, und den Eintritt in das Land wehren könne. Gibbon ist ein erklärter Feind der Religion, und hat doch über Oesterreichs Gränze eindringen können. Ich höre zwar, daß man zu Wien die Bücher, welche den Zensoren fremde sind, nicht eher verabfolgen läßt, bis man sie

M ganz

ganz durchgelesen hat; aber ich werde die Herren dieser Mühe zu überheben wissen. — Vielleicht ist dies die einzige schwache Seite der kaiserlichen Regierung. — Es ist sehr unökonomisch gehandelt. Das Bücherverbot erhöht nur ihre Preiße im Lande. In der Schweiz, zu Innsbruk, zu Salzburg und an andern Orten, erfuhr ich, daß jährlich eine ungeheure Menge verbotener Bücher auf dieser Seite in die österreichischen Lande gebracht wird. Offiziers vom ersten Rang, Präsidenten und Räthe sind bey diesem Schleichhandel interessirt, und das Verbot hat keine andre Wirkung, als daß z. B. Bayles Diktionnäre, welches sonst 5 Louis, d'or kostet, zu Wien mit 100 Thaler bezahlt wird, und um diesen Preiß häufig genug zu haben ist. — Ohne Zweifel wird dieser Schleichhandel auf der sächsischen und schlesischen Gränze eben so stark getrieben.

Sobald man den Fuß auf österreichischen Grund und Boden gesezt hat, fühlt man lebhaft, daß ein ganz andrer Regierungsgeist das Land belebt. Die Wohnungen der Landleute, ihre Kleidung, ihre Gesichtszüge, der Anbau ihrer Güter, alles zeichnet sie zu ihrem Vortheil auffallend von den Bayern aus. Gestern sah ich hier einige Bauern in einspännigen Kaleschen zu Markte fahren, die völlig wie die reichern Pachter in England, oder die nordholländischen Bauern aussehen. Ihr volles Gesicht, ihre ausgefütterten Pferde, und das gute Geschirr, sprachen von einem Wohlstand, die ihr langer, brauner, aber doch sehr reinlicher Wollenkittel, ihre plumpen Schuhe ohne Schnallen, und ihre großen abgekrempten Hüte nicht zu verrathen schienen. Diese reichern Bauern nennt man hier Landler, und ihre beträchtliche Anzahl macht der Regierung viel

Ehre.

Ehre. Ueberall erblikt man Spuren des Wohlstandes, und es ist mehr Sitte, als dringende Armuth, daß man besonders unter dem Titel zur Aussteuerung einer Braut oder eines Bräutigams von den Landleuten angebettelt wird. — Die großen abgekrempten, grauen oder schwarzen Filzhüte lassen den hiesigen Bauernmädchen, so wie ihre ganze Kleidung ungemein schön.

Oberösterreich ist gegen die befruchtenden West- und Südwinde von großen Bergen verschlossen, und auch dem reinigenden Nordwinde ist vom böhmischen Gebirge der Zugang erschwert. Nur der Ostwind hat durch einen Theil desselben freyen Zug. Das sehr wasserreiche Land kann also nicht anders als sehr feucht seyn. Der bergichte und waldichte Boden ist dem Ackerbau nicht sehr günstig, und sein Reichthum besteht hauptsächlich in der Viehzucht, in Salz und Obst, dessen Most den Mangel des Weines ersezt.

Linz, die Hauptstadt dieses Landes, hat eine vortrefliche Lage. Auf dem Schloßberg, welcher auf der Westseite der Stadt liegt, beherrscht man eine prächtige Aussicht, auf eine ungeheure Ebene zur Rechten der Donau, die gegen Süden von den himmelhohen steyrischen Bergen geschlossen wird, deren Häupter oft über die Wolken emporragen. Jenseits der Donau, der Stadt gerade gegenüber, stellt sich ein ungemein schönes Amphitheater dar. Der Halbzirkel der schönen und hohen Berge, die es bilden, stößt an der Donau an. Der tiefe und weite Grund desselben, ist dicht mit Dörfern und Höfen besäet, und auf den waldigten Abhängen der Berge nehmen sich einige Schlösser vortreflich aus. Die majestätische Donau gibt dieser

schönen Landschaft noch mehr Pracht, Leben und Mannichfaltigkeit.

Die Stadt ist sehr schön, und fast durchaus von Steinen erbaut. Unter den 12000 Einwohnern, die sie ohngefehr enthält, herrscht so viel Industrie, Geselligkeit und Wohlstand, daß mir die Erinnerung der bayrischen Städte im Abstich mit dieser anekelt. Es gibt hier einige sehr beträchtliche Manufakturen, und die Handlung der Stadt ist sehr ausgebreitet. Der ziemlich zahlreiche und gutgesittete Adel, die Offiziers der hier einquartirten Truppen, und einige Professoren, bieten die besten Gesellschaften dar. Die Stadt ist ganz offen, und das Ländliche, ist nach meinem Geschmak, so schön mit dem Städtischen vermischt, daß ich hier meine beständige Hütte aufschlagen würde, wenn mir mein irrender Rittergeist Ruhe gestattete. Der hiesige Adel besteht zwar bloß aus solchen Familien, deren Einkünfte zu eingeschränkt sind, als daß sie mit Anstand zu Wien leben könnten; aber dadurch ist man des imposanten Tones überhoben, womit der reiche deutsche Adel seine Gesellschaft so abschreckend macht.

Das hiesige Frauenzimmer ist mit den guten Manieren, der Lektüre und den gesellschaftlichen Situationen viel besser bekannt, als die Bayerinnen und Schwäbinnen, die aber an Fleisch reichlich ersetzen, was ihnen an Geist gebricht. Man schreibt es dem Wasser und der feuchten Luft zu, daß hier das Roth auf den Wangen so selten ist, und die sprechenden und einnehmenden Gesichtszüge des hiesigen Frauenzimmers den Fremden auf das Welke ihrer Körper nur noch aufmerksamer machen; allein ich glaube, die Hauptquelle des Uebels liegt anderswo. Eine starke Besatzung ist selten der Ge-

sundheit

Brief. 181

sundheit des Frauenzimmers zuträglich. —' Die Kleidung der gemeinen Weibsleute ist die niedlichste, die ich je gesehen. Ihr Temperament scheint sehr reizbar zu seyn, welches das Verwelken ihrer Körper beschleunigt.

Die Art, wie man die hier ankommenden Fremden behandelt, entspricht nicht dem sanften, menschenfreundlichen Ton, den sonst die österreichische Regierung annimmt. Man eskortirte uns wie Gefangene aus dem Schif zur Hauptwache, und ich mußte über eine halbe Stunde in der stinkenden Stube stehen, bis der Offizier mit der Mine eines Inquisitors die Kundschaften der Handwerkspursche durchschaut hatte, und es ihm endlich beliebte, meinen Paß zu besichtigen. Es war ihm mehr darum zu thun, einen Rekruten zu werben, als sich und seine Obern durch gute Art den Fremden zu empfehlen. Ich hatte meine Tobaksdose in dem Schif vergessen, und da ich wußte, daß es zu Ens, einige Stunden von hier, halten mußte, um einige Waaren auszuladen, so machte ich durch die reizende Landschaft einen Spaziergang dahin. Ich kam eben dazu, als einige Unteroffiziers mit groben Ungestümm an Bord stiegen, um die Handwerkspursche, die sich zu Linz hinlänglich legitimirt zu haben glaubten, noch einmal zu visitiren. Sie nahmen 2 Böhmen mit Gewalt unter dem Titel weg, daß es den Landeskindern verboten sey, sich ohne besondere Erlaubniß aus ihrer Provinz irgendwohin zu begeben. Unterdessen gieng das Schif weg; die Böhmen legitimirten sich durch ihre Papiere, und mußten nun einige Meilen zu Fuß laufen, um wieder zu dem Schif zu kommen. Die Absicht der Soldaten war, die guten Leute durch diesen Aufenthalt in Verlegenheit zu setzen, um sie zu Werbunterhaltun-

M 3 gen

gen geneigt zu machen. Gewaltthätigkeiten von dieser
Art hat ein Reisender vom niedrigsten Stande in Frankreich nicht zu befürchten. Wenn sein Paß besichtigt,
und sein Koffer durchsucht ist, wird er nirgends mehr
angehalten. — Ich stand heute am Ufer der Donau,
um die Leute aus einem Ulmer Schiffe aussteigen zu
sehen, in deren Gesellschaft ich morgen meine Reise
fortsetzen werde. Unter denselben befanden sich 2 unserer Landsleute; der eine ein betagter Mann, der zu
Wien als Sprachmeister sein Brod suchen will, und
der andere ein Friseur. Ein Stokböhme foderte mit
aufgepflanzter Bayonnette die Pässe und Kundschaften
ein, und riß sie vielen mit einer gewissen groben Wildheit aus den Händen, die ich ihm nicht verargte, weil
sie ihm natürlich war. Der Sprachmeister schöpfte aus
dieser unfreundlichen Art den Argwohn, es könnte mit
den Pässen unrichtig zugehen, und vielleicht mancher
dem Eigenthümer vorenthalten werden, um Ansprüche
auf seine Person zu bekommen. Es war ihm nicht um
sich selbst, sondern um den jungen, wohlgewachsenen
Friseur zu thun, der den Soldaten in die Augen ste-
chen mußte. Er rafte all sein bisgen deutsch zusammen,
um dem Soldaten seine Bedenklichkeit begreiflich zu
machen. Aber dieser verstand als ein Stokböhme kein
Wort davon, und ward durch die anhaltenden Vorstellungen des Franzosen so aufgebracht, daß er ihm bald
den Flintenkolben unter die Ribben gestoßen hätte. Der
Franzose äusserte gegen die umstehenden Zuschauer,
daß man in seinem Vaterlande die Fremden anders behandelte, und nun mischte sich ein Eingebohrner ein,
der ihm unter die Nase sagte, wenn ihm diese Art nicht
gefiele, so sollte er zu Hause bleiben. — Ein Fremder,

dem

dem nicht die bessern Gesellschaften geradezu offen stehen, ist hier zu Lande überhaupt schlecht empfohlen.

Vorstellungen sind hier übel angebracht. Ueberall steht der allmächtige Stok zur Antwort bereit, und überall fühlt man, daß man in einen militärischen Staat gekommen ist, der strenge auf Subordination hält. Leute von Stand empfinden diesen Druk nicht, aber ich denke, man wäre allen Menschen, ohne Ausnahme, Billigkeit und Liebe schuldig. Bey uns nimmt auch der geringste Soldat eine Vorstellung an, und beantwortet sie, so gut er kann. Alles beeifert sich, dem Fremden zu zeigen, daß man an seinem Schiksal Theil nimmt, daß man froh ist, ihn bey sich zu sehen, und stolz, ihm durch gutes Betragen den Aufenthalt angenehm zu machen. Offenbar begegnete man uns bey der Mauth zu Engelhartszell etwas gelinder, weil wegen der zu befürchtenden Desertion keine Truppen dorthin gelegt werden können, und also die Civilbedienten eher ein Wort in Güte annehmen müssen. Aber hier, wo die ganze Luft vom Schwingen der Korporalstöcke ertönt, muß man jeden Blik eines Unterbedienten als ein Gesez annehmen. — Bruder! in Betracht der schönen Sitten und wahren Menschenliebe, können wir immer stolz auf uns seyn. Es ist kein Vorurtheil. Unter den übrigen europäischen Nationen ist die gute Lebensart fast durchaus nur auf die kleine höhere Klasse eingeschränkt; aber man muß auch unserm Pöbel die Ehre lassen, daß er es lange nicht so sehr, als in andern Ländern ist, und die sogenannte Freymüthigkeit einiger unserer Nachbarn ist gar oft nichts als eine durch schlechte Erziehung angewöhnte Grobheit und Verwilderung der Sitten.

M 4 Wien —

Neunzehnter

Wien —

London ausgenommen, lieber Bruder, ist gewiß keine große Stadt so schlecht mit Gasthäusern versehen, als Wien. Die wenigen Stunden, die ich nun hier bin, habe ich fast bloß mit Fluchen zugebracht. Da wies man mich in eines der berühmtesten Gasthäuser, dessen Namen ich nicht nachsprechen kann, so sehr meine Zunge auch an die wiehernde deutsche Sprache gewohnt ist. So viel weiß ich, daß man es einen Hof betitelt. Da brennte man in der sogenannten Gaststube, die einem unterirdischen Gewölbe ähnlich ist, bey hellem Mittag ein Licht. Der schmutzige Keller sagte mir, alle Zimmer seyen von einer Truppe Komödianten besetzt, und ich nahm meinen Weg zum Ochsen, dem allerberühmtesten Gasthof in der Hauptstadt Wien. Da mußte ich wie auf einen hohen Thurm hinaufklettern, in ein schwarzes Kämmerlein, wo ich keine Lust und keine Aussicht als auf Dächer hatte. Ich fragte um den Preiß dieses Loches, und da foderte man 56 Kreuzer des Tages. Ich lief was ich laufen konnte den babylonischen Thurm wieder herab, und fragte nach einem andern berühmten Gasthaus. Man führte mich in den wilden Mann, der immer noch unter die 4 bis 5 ersten Gasthöfe der Kaiserstadt Wien gehört, und da habe ich nun eine Art von Gefängniß in Besiz genommen, wo ich durch mein Fenster nichts als schwarze Mauern sehe, worin, ausser dem schlechten Bett, einem Tisch und Stuhl von schwarzen Tannenbrettern, nicht das geringste befindlich ist, in welches ich nur über 4 bis 5 Stiegen kommen kann, und das ich doch täglich mit

42 Kreu-

42 Kreuzer, oder beynahe 2 Livre's unsern Geldes bezahlen muß.

Als die Rede vom Essen war, da war weder eine Table d'hôte, noch etwas ähnliches im Haus. Der Keller stellte sich steif vor mich hin, und nannte mir 20 bis 30 Gerüchte in einem Athem so geschwinde daher, daß ich nichts unterscheiden konnte. Ich mußte es platterdings seiner Diskretion überlassen, die Speisen für mich zu wählen. Nun giengs an ein Fragen, für wie viel Kreuzer Suppe, für wie viel Gemüß, für wie viel Braten u. s. w. ich haben wollte, als wenn man im ersten Augenblik mit dem Werth der Dinge in einer Stadt bekannt seyn könnte. Ich sagte ihm nur, er soll mich nach seinem Gutbefinden füttern, und ich wollte dann alles richtig bezahlen. Zum guten Gebrauch für die Zukunft erkundigte ich mich um den Preiß jeder Schüssel, wie sie mir aufgetragen wurde, und ich muß gestehn, daß alles sehr billig war. Um 20 bis 24 Kreuzer kann man hier ein ziemlich gutes Mittagessen, nebst einem Schoppen Wein haben. Aber die Art zu speisen ist traurig. Jeder sezt sich besonders in einen Winkel, bewegt eine Zeit lang die beyden Kinnbacken und die Hände, bezahlt seine Zeche, und geht fort ohne ein Wort geredt zu haben. Man hört in der Gaststube nichts, als das Scharren mit den Löffeln und das Geräusch des Kauens. Ich bin, wie du weißt, nur halb satt, wenn ich vom Tisch aufstehn muß, ohne meinen Theil geplaudert zu haben. Man sollte glauben, es sey hier eine Taxe auf das Reden gelegt. Wie verschieden von Paris! Wie lebhaft sieht es da in den Gaststuben aus! Wie bekannt thun nicht da alle Fremden und Eingebohrnen zusammen im ersten Augenblik, wo sie einander sehn! — An der Thüre des Gastzimmers ist ein Zettel angeschlagen, worauf mit großen

M 5   Buch-

Buchstaben gedrukt zu lesen ist, „daß der Wirth zehn Thaler Strafe zu erlegen habe, wenn er auf die Fasttäge einem bekannten Katholiken Fleisch zu essen gäbe.„ — Ich bekam Fleisch im Ueberfluß, ob es schon heute Freytag ist. Der Keller nahm sich die Mühe nicht, sich um meine Religion zu erkundigen, und da that er wohl daran.

Nach dem Essen legte ich mich ans Fenster der Gaststube, woraus ich einen großen Theil einer der gangbarsten Strassen dieser Stadt, nämlich der Kärnthnerstrasse überschauen kounte. Das Gewimmel ist nicht viel geringer, als das in der Gegend der neuen Brücke zu Paris, und es sieht hier viel bunter aus. Türken, Raizen, Polen, Ungarn, Kroaten, und ich glaube, auch Panduren und Kosaken und Kalmuken durchkreutzen auf eine stark abstechende Art den dicken Schwarm der Eingebohrnen, der sich in unglaublicher Stille durch die Strasse drängt. Entweder weiß man hier nichts zu reden, oder man scheut sich laut zu reden. Wenn zwey Bekannte mit einander gehn, so lispeln sie auf der Seite einander zu, und wenn die Kutschen nicht etwas Lärmen machten, so verspürte man auch in dieser Hauptstrasse bey eingeschlossenen Fenstern nichts davon, daß man in einer großen Stadt ist. Wie verschieden von Paris, London und Neapel!

Ohne Zweifel werde ich hier noch Verschiedenheit genug finden, um dich auf eine lange Zeit unterhalten und dir einen Begriff von der Hauptstadt des ganzen Deutschlandes und aller österreichischen Staaten geben zu können. Indessen, bis ich einen bessern Standpunkt, als meine hohe Felsenhöhle in diesem Gasthaus ist, bekommen werde, meine Beobachtungen anzustellen, will ich dir von meiner Fahrt von Linz hieher Nachricht geben.

Unser

Unser Schiff war nach dem Riß der Arche Noahs gebaut, ohne Fenster, durchaus verdekt, und Menschen, Waaren, Thiere und Ungeziefer ohne Unterschied durch einander eingepakt. Was eine Art von Kajüte vorstellen sollte, war der Vordertheil. Eine hohe Lage Zuckerkisten bildeten die hintere Wand, und auf einer Seite war eine kleine Oefnung angebracht, die man ein Fenster nannte, wodurch man aber kaum sehen konnte, daß es Tag war. Mitten in dem Schiff, der Länge nach, war zur Seite auf dem Verdek eine andre Oefnung gemacht; aber nicht um eine Taube nach einem Oelzweig auffliegen zu lassen.— Man mußte über das ziemlich abhängige und bey einem Regen sehr schlüpfrige Verdecke mit etwas Lebensgefahr in diese Oefnung hinabsteigen, um seine Nothdurft zu verrichten. Da diese Kloake keinen Außfluß hatte, und auch kein Schiffsjunge da war, sie zu reinigen, so kannst du dir leicht vorstellen, daß das ganze Schiff immerfort mit balsamischen Düften angefüllt war, besonders da es ungewöhnlich viel Leute hatte.

Ich lag die meiste Zeit ausgestrekt auf dem Dach der Arche, mußte aber die Vorsicht gebrauchen, mich auf der Spize desselben wohl anzustemmen, um nicht durch den geringsten Stoß, den das Schiff von einem Ruderzug oder von dem Berühren des Ufers zu befürchten hatte, ins Wasser gewippt zu werden. Es ist nicht das geringste angebracht, was den Füssen einige Sicherheit geben könnte. Die herrlichen Aussichten, deren ich genoß, machten mir die Reise in etwas erträglich. Von Passau bis hieher sind die Ufer der Donau gebirgigt, und nur an sehr wenigen Orten stehn die Bergreihen, welche das Thal Oesterreich bilden, so weit von einander, daß man den Zwischenraum eine Ebene heissen kann. An vielen Orten hängen sie wie

abgehauene Mauern über den Fluß her. Dem ungeachtet sind diese Ufer stark bewohnt und vortreflich angebaut. Man erblikt zwar auf denselben, von Linz bis hieher, welches 28 deutsche Meilen beträgt, keine beträchtliche Stadt, aber eine Menge kleiner Städte und wohlgebauter Flecken und Dörfer, die Alle von einem hohen Wohlstand der Einwohner sprechen.

Was den meisten Reiz für mich hatte, waren die Krümmungen des Flusses. Einigemal führen wir ein langes enges Thal herab, dessen Bergabhänge aber sanft genug waren, um stufenweis bis zu den Gipfeln hinauf auf die mannichfaltigste Art angebaut zu werden. Im Hintergrund des schönen Perspektivs lag am Fuß eines steilen Berges irgend ein wohlgebautes Städtchen, oder ein großer Flecken, dessen Weiß mit der finstern Waldung des herüberragenden Berges stark abstach. Nun nähert sich unser Schiff nach und nach diesem Ort, welcher die ganze Aussicht schließt, und auf dem Wasser zu schwimmen scheint. Wir sind nur noch einige hundert Schritte davon entfernt, ohne absehn zu können, auf welcher Seite sich der Strom aus dem Thal winden wird. Wir glauben bald an die Mauern des Städtchens zu stossen, oder in die Strassen des Fleckens einlaufen zu müssen, als sich auf einmal zu unserer Rechten ein Perspektiv von einer ganz andern Natur öfnet. In einem scharfen Winkel wendet sich der Fluß hier aus dem heitern Thale in einen engen wilden Tobel, dessen ganzen Boden er einnimmt. Es ist als wenn man auf einmal aus dem hellen Mittag in die tiefe Dämmerung der Nacht versezt würde. Die senkrechten und sehr hohen Berg- und Felsenwände zu beyden Seiten lassen den Tag nicht eindringen. Den Hintergrund dekt eine dicke Nacht, die kaum die Umrisse der Berghäupter an dem tiefen Blau des Himmels sehen läst. Der Vorbergrund dämmert in einem Halbdunkel, welches den Farben und Gestalten der Berge und Felsen vortreflich zu statten kömmt. Kein Laut unterbricht die Stille, die in diesem öden Thale herrscht, als etwa der widerhallende Schlag eines Holzhauers im nahen Walde, oder der Gesang eines Vogels. Wir sind nun bald am Ende des schauerlichen Perspektivs und erwarten, durch eine unterirdische Kluft aus demselben wieder an das Tageslicht zu kommen. Die Schaubühne wird immer dunkler und enger und unsere Auskunft immer räthselhafter. Mit gierigen Blicken suchen wir eine Oefnung in den Felsenwänden, worin wir ringsum eingemauert sind. Wie auf den Schlag eines Feenstabes öfnet sich nun eine lachende Landschaft zu unsrer Seite, in die wir durch einen Schlund einfahren. Unsere betroffenen Augen weiden nun auf den schönen Hügeln, dem mannichfaltigen Gehölze, den unzähligen Flecken, Schlössern und Höfen, den Weinbergen und Gärten, die sich auf eine große Strecke hin in dem Fluß spiegeln. — Auf diese Art wechselten die Aussichten immerfort ab, mit einem Abstich, der bey jeder Veränderung immer mehr erwarten ließ, und immer mehr leistete, als er versprach.

Ich bestand auf dieser Fahrt zwey Abentheuer, die ich, als ich sie bloß aus dem Gerüchte kennte, nicht gegen jenes des Ritters aus der Mancha in der Höhle Montesinos vertauscht hätte. Wie es aber zur Sache selbst kam, entwikkelte sich der Auftritt, wie jener mit den Walkmühlen, und fast schäme ich mich, die Nachricht davon zu geben. Zu Ulm, Augspurg, München, Regenspurg, Passau und Linz hörte ich so viel von einem Strudel und Wirbel, die man auf der Donau mit großer Gefahr paßiren müßte, daß ich dir und der Nannette durch die Beschreibung dieser Gefährlichkeiten, die ich bestehen wollte, nicht wenig Schrecken einzujagen gedachte. Ihr könnt aber ruhig seyn, lieben Kinder; wenn ich auch noch hundertmal diese Scylla und Charybdis befahren müßte. Byde Pläze sind nicht so gefährlich als es einige Gegenden in der Mosel, Maaß, Rhone, Loire, im Rhein und in mehrern Flüssen von Europa sind, die demungeachtet stark befahren werden.

Verschiedene Nebenumstände erhalten den Ruf des Schreckens dieser beyden Pläze. Viele Handwerkspursche pralen gerne damit, daß sie das Abentheuer bestanden, und vergrössern vorsetzlich die Gefahr. Andre sind einfältig genug, dieselbe für wirklich zu halten, und das Schauerliche der Landschaft und des Brausens des Wassers trägt nebst dem Vorurtheil noch viel dazu bey, daß sie auf den verschrieenen Stellen zittern und es ihnen düster vor den Augen wird. Nun sehn sie alles durch das Vergrösserungsglas ihrer eingebildeten Forcht, und übertreiben dann ihre Beschreibung davon unvorsetzlich. Das Meiste aber thun hiebey die Schiffleute. Sie bringen die Gefahr mit dem Frachtlohn in Anschlag, und wenn man an den berüchtigten Plätzen vorüber ist, so geht der Steuermann mit offenem Hut im Schiffe herum, und sammelt von den Passagiers ein Trinkgeld ein, daß er sie glüklich durch die Gefahr gebracht. Es ist ihnen also daran gelegen den Strudel und Wirbel in ihrem Kredit zu erhalten. Der Eigenthümer des Schiffes, als er sah, daß ich keinen Glauben an das Gespenst hatte, gestand mir im Vertrauen, daß er sich seit den zwanzig Jahren, durch welche er nun die Donau befahren habe, keines Unglüks zu erinnern wisse, das auf diesen verschrieenen Orten vorgefallen wäre.

Ungleich mehr Gefahr ist bey den vielen Holzbrücken, worunter die Schiffe durchfahren müssen. Die Joche stehn größtentheils so nahe beysammen, daß kaum für ein großes Schiff zwischen derselben Raum genug ist. Auf einem ordinären Fahrzeug, welches Güter von beträchtlichem Werth und Reisende an Bord hat, ist auch nicht viel zu besorgen, denn der Rand dieser Schiffe geht so hoch über das Wasser hinauf, daß sie beym Anstoßen nicht sogleich Wasser schöpfen können, und die Schiffleute, welche für die Waaren haften müssen, sind vorsichtig genug, um sich vor Schaden zu hüten. Aber zu Stein, wo wir uns im Wirthshause an der herrlichen Aussicht nach dem Kloster Gottwich und der Gegend umher waideten, sahen wir drey Holzschiffe nach einander an der Brücke untergehn. Die wenigen Schiffleute, welche sie führten, sprangen in einen Kahn, und suchten vor der ungeheuern Menge Holz, womit die ganze Donau bedeckt war, so viel wieder aufzufangen als sie konnten. Das Bord dieser Schiffe geht kaum einige Zoll hoch über die Oberfläche des Flußes hinauf, und bey dem geringsten Anstoß schöpfen sie auf einmal so viel Wasser, daß sie sinken müssen. Diese Holzschiffer sind arme Leute, an denen sich die Handelsleute nicht erholen können. Ihr elendes Schiff hat keinen Werth, und sie können sich im Fall des Scheiterns immer leicht auf einen Kahn retten, den sie hauptsächlich zu diesem Zweck mitnehmen. Ihrer Liederlichkeit hat man die meisten Unglücksfälle zuzuschreiben.

Auf der ganzen Reise wurden wir in den Gasthäusern ungemein gut und wohlfeil bewirthet. Von Kellern weiß man hier zu Lande nichts; sondern die Dienste derselben verrichten schöne junge Mädchen, die ziemlich viel guten Willen äussern, die Fremden nicht bloß zu Tische zu bedienen. —

dienen. — Durchaus herrscht eine auffallende Reinlichkeit und ein hoher Grad von Wohlstand.

Paris fällt auf keiner Seite so schön in die Augen, als die Hauptstadt Deutschlands, wenn man sich derselben auf dem Flusse nähert. In der Entfernung von einigen Stunden erblickt man zuerst den hohen St. Stephansthurm durch ein enges Thal, wodurch sich der Strom windet. Die Krümmungen des Thales entziehn ihn wieder dem Auge des Reisenden, der nun mit Sehnsucht die Augen nach der Gegend richtet, wo ihm die verschwundene Pyramide die Nähe der Kaiserstadt verkündet hat. Hohe Weinberge schliessen dieses Thal, und zur Linken öfnet sich eine unabsehbare Ebene, worauf man einen Theil der Stadt allmählich erblikt. Zur Rechten ziehn sich die zum Theil beholzten, zum Theil bekehrten Berge immer noch am Ufer fort, und das königliche Kloster Neuburg vermehrt noch die Pracht der schönen Gegend. Endlich kömmt man an einen steilen Felsen, der sturzdrohend über den Fluß herüber ragt. Sein Gipfel trägt ein Kloster, und an seinem Fuß liegt das schöne Dorf Nusdorf, welches man bald für eine Vorstadt von Wien halten sollte. Sobald man an diesem Felsen vorüber ist, nimmt diese Hauptstadt den ganzen Gesichtskreis vor den Augen des staunenden Fremden ein. Ihre Theile entfalten sich dem Auge um so deutlicher, da sie hie und da ziemlich weit von einander getrennt sind, und viele derselben auf merklichen Erhöhungen liegen. Die unübersehbare Masse der Gebäude, das Geräusch, welches einem entgegen hallt, und endlich die Tiefe der Aussicht in die unendlichen Häuserhaufen, wenn man sich nun wirklich zwischen den Vorstädten befindet, machten mir das Herz pochen, so sehr ich auch auf den Spruch: Nil admirari, halte.

Als wir ausstiegen, ward mein Koffer am Ufer noch einmal visitirt. Es geschah ohne lästige Umstände, und man nahm sich die Mühe nicht, meine Taschen anzuschauen, die ich mit einigen konfiskablen Büchern hoch angefüllt hatte. — Die ganze Reise von Linz hieher währte sechs Tage, ob man sie schon sehr gemächlich in zwey Tagen machen kann. Die Schiffleute nahmen wieder die widrigen Winde zum Vorwand; ich wußte aber wohl, daß ihre Kontrebande eigentlich Schuld daran war. — Mit zwey Dukaten kann man die Reise von Regensburg hieher machen. Mit dem einen wird die Fracht, und mit dem andern die Kost der Schiffleute bezahlt, welche in frischen Fischen, gesalzenem Fleisch, und etwas Zugemüß besteht. Bey der guten Jahreszeit kann man auch ohne Beschwerde im Schiffe schlafen. — So wohlfeil auch diese Reise von 56 deutschen Meilen nach diesem Anschlag ist, so fand ich doch meine Rechnung nicht dabey. Der öftere und lange Aufenthalt des Schiffes reizte mich zu oft auszusteigen, und in den Wirthshäusern Zerstreuung zu suchen. — Wenn man das Glük hat, zu Ulm oder Regensburg Gesellschaft zu finden, so thut diese wohl, wenn sie für sich ein kleines, gedektes Fahrzeug kauft, welches man um 60 bis 70 Gulden immer haben kann, und das für 12 bis 16 Personen geräumig genug ist. Das Schiff kann zu Wien gar leicht wieder verkauft werden, und man macht dann die Fahrt von Ulm hieher in vier, fünf oder höchstens sechs Tagen, wozu ein ordinäres Schiff oft 14 bis 18 Tage braucht. Drey bis vier Schiffsjungen, die man zum Rudern mitnimmt, halten sich für gut bezahlt, wenn man ihnen zu Wien das Schiff überläßt und sie unterwegs kostfrey hält. Leb wohl.

Wien. —

Das war eine Arbeit, Bruder, bis ich ein Zimmer hatte! Drey ganzer Tage lief ich mit meinem Lehnlaquayen in der Stadt herum, ehe ich unter Dach kommen konnte. Es ist hier nicht wie zu Paris, wo jedes Quartier ein Komtoir hat, welches dem Nachfrager Auskunft giebt, welche Wohnungen, Stuben und Kämmerchen, und um welchen Preis sie zu vermiethen stehn. Jeder Eigenthümer heftet hier einen Zettel an die Thüre seines Hauses, worauf gar umständlich zu lesen ist, welche Zimmer ledig sind. In sehr vielen Häusern hat jedes der fünf oder sechs Stokwerke seinen besondern Eigenthümer, oder es hat einer eine ganze Wohnung gemiethet, und kann eine Stube oder eine Kammer entbehren. Nun heftet jeder seine Anzeige besonders an die Thüre, die oft zur Hälfte mit solchen Zettelchen überpappt ist. Da hat einer eine ganze halbe Stunde zu lesen, ehe er im Reinen ist.

Das erste Zimmer, das ich beschaute, war über vier Stiegen, und gefiel mir nicht übel; aber sobald ich hörte, daß der gute Mann, der es mir vermiethen wollte, ein gnädiger Herr sey, sagte ich zu meinem Lehnlaquayen in unserer Sprache: Fort; mit einem gnädigen Herrn, der die Hälfte seiner gemietheten Wohnung vermiethen will, mag ich nichts zu schaffen haben. — Nun giengs in einem andern Haus der Anzeige nach über sechs Stiegen hinauf. Als ich auf der letzten Treppe verschnauft hatte, kam ein Männchen in einem Schlafrok, und mit einer Feder hinter dem Ohr, aus einer niedern Thüre gekrochen, welches die Magd, die ihm auf dem Fuß nachfolgte, gestrenger Herr, betitelte. Gestrenger Herr, dachte ich bey mir, geht noch an. Ich besah die Stube, und wollte eben, in

Betracht der reinen Luft, die ich in dieser hohen Region athmen würde, den Kontrakt schliessen, als es mir einfiel, ein Fenster zu öfnen, um zu sehn, was ich für eine Aussicht hätte. Ich erblikte nichts als einige gegenüberstehende Dächer und Schornsteine; denn das gebrochne Dach unter meinem Fenster dekte die ganze Strasse für mich. — Weiter, sagte ich; und nun nahmen wir denselben Tag wenigstens noch sechs Stuben in Augenschein, wovon mir aber keine behagte. Unter andern kamen wir auch zu einer Exzellenz, oder (ich will die Wahl haben) zu einer Magnifizenz, denn einen ähnlichen Klang hatte die Titulatur, welche gar auf dem Parterre eines Hintergebäudes wohnte, und mit welcher ich die faule Luft, die sie einathmete, nicht theilen wollte. Des andern Tages ward das grosse Werk der Stubenmiethe mit einer gnädigen Frau eröfnet, die ihrer Fräulein Tochter so viel mit mir zu schaffen machen wollte, daß ich unmöglich meine Einwilligung dazu geben konnte. „Sehen Sie, sagten Ihre Gnaden, meine Tochter bringt ihnen alle Morgen selbst den Kaffee. Wollen Sie Abends Thee, so wird Ihnen meine Tochter selbst damit aufwarten. Wollen Sie uns manchmal in die Komödie begleiten, so steht Ihnen, wenns Ihnen zu spät ist zum Traiteur zu gehn, unsre kalte Küche zu Befehl,„ u. s. w. Du must wissen, daß es in Deutschland nicht wie bey uns ist, wo es ein ehrbares Frauenzimmer für eine Beleidigung hielte, wenn ihm ein Mannsbild, mit dem es keine besondere Verbindung hat, das Entree in ein Schauspiel bezahlen wollte. Hier zu Lande ist es eine Schuldigkeit, das Frauenzimmer, welches man irgendwohin begleitet, frey zu halten. Ich merkte wohl, daß die Dienste des schönen Fräuleins schon im Preiß des Zimmers angeschlagen waren, und daß man

noch verschiedene Nebengefälle von mir erwartete: Also weiter. — Nachdem ich mich diesen Tag müde gelaufen, überzeugte ich mich, daß ich in der Stadt selbst meine Konvenienz nicht finden würde. Die gemächlichen Wohnungen, die etwas freye Luft und Aussicht geniessen, sind hier ungleich theurer als zu Paris. Es kann wohl nicht anderst seyn; denn beynahe der dritte Theil der Einwohner Wiens, im Ganzen genommen, wohnt in der eigentlichen Stadt, welche doch kaum den sechsten Theil des ganzen Umfanges einnimmt. Die Vorstädte sind auf 600 Schritte von der Stadt selbst entfernt, und die Entlegenheit und ihre Weitläuftigkeit sind Ursache, daß sich das Volk zwischen den Wällen der alten Stadt, als dem Mittelpunkt des Gewerbes und der ganzen Bewegung der ungeheuern Maschine, so unmäßig zusammendrängt. Die meisten Vorstädte von Paris sind nicht viel weniger bewohnt, als die Stadt selbst: aber hier sehen viele wie Dörfer aus. Eine andre Ursache des hohen Preises der bessern Wohnungen in der Stadt ist, daß das zweyte Stockwerk von jedem Haus dem Hof zugehört, welcher es seinen Bedienten einräumt. Für eines der bessern Zimmer in einer gangbaren Strasse foderte man sechs bis acht Gulden den Monat, oder ohngefehr sechszehn bis zwanzig Livres, und für das schlechteste unter dem Dache, drey Gulden. — In der Vorstadt Mariahilf, einer der gesundesten Gegenden der Stadt, fand ich nach einigen Umfragen den dritten Tag ein sehr gemächliches und lustiges Zimmer um drey Gulden den Monath, das seine sehr schöne Aussicht hat, und welches ich gegen keines derjenigen, die ich in der Stadt beschaut, vertauschen würde.

Ohne große Beschwerde kann ich nun freylich nicht in die Stadt kommen. Während daß man zu Paris ewig im

Koth herumwadet, möchte man hier beständig im Staub ersticken. Wien steht den trockenen Ost- und Nordwinden offen, und ist von nahen Bergen gegen die Süd- und Westwinde gedekt, da hingegen Paris von den leztern zuviel befeuchtet wird. Wenn es hier eine ganze Nacht geregnet hat, so ist einige Stunden nach Aufgang der Sonne alles wieder aufgetroknet, und gegen Mittag steigen schon wieder die Staubwolken empor. Regnet es den Tag über, so ist während dieser Zeit wegen des vielen Staubes der Koth entsetzlich tief. Nun muß ich, wenn ich in die Stadt will, über die weite und öde Ebene, welche sie von ihren Vorstädten trennt; wo die Fußgänger meistens gezwungen sind, den Mund und die Nase mit einem Tuch zu verstopfen, um nicht vom Staub erstikt zu werden. Man fährt hier durchaus, auch mit den Fiakern, im stärksten Trott oder im Gilopp, und da der Weg nach Schönbrunn unter meinem Fenster vorüber geht, so gehört viel Vorsicht und noch etwas Glük dazu, um mit verstopftem Munde durch das Staubgewölke durchzukommen, ohne überfahren zu werden, oder mit dem Kopf an einen andern Fußgänger anzurennen.

Der Raum zwischen der Stadt und den Vorstädten giebt, im Fall einer Belagerung, der Vestung freyes Spiel; aber es ist höchst unwahrscheinlich, daß dieser Fall je wieder kommen werde. In neuern Zeiten waren die Türken die einzigen, die ihre Siege bis vor die Thore dieser Hauptstadt verfolgen konnten, und selbst der König von Preussen konnte auch nach den glüklichsten Schlachten nicht weit gegen dieselbe eindringen. Die Macht des Kaisers ist nun jener der Pforte so überlegen, daß ich glaube, der hiesige Hof unterhält die Vestungswerke hauptsächlich in der Absicht, um die Stadt selbst im Zaum zu halten. Ohne einer Menge Familien zu schaden, könnten sie auch nicht geschleift werden; denn durch die Bebauung des leeren Raumes vor den Wällen, würde der Werth der Häuser in der Stadt wenigstens um die Hälfte fallen. Nun gibt es viele Wohnhäuser von 2 bis 300000 Gulden werth, die das ganze Kapital ihrer Eigenthümer ausmachen, und jeder, der in der Stadt selbst ein schuldenfreyes Haus besitzt, ist ein reicher Mann. Das Haus des Buchhändlers von Trattnern trägt jährlich gegen 30000 Gulden oder beynahe 80000 Livres an Zinsen ein. Die Vortheile, die für die Gesundheit und Gemächlichkeit der sämtlichen Einwohner daraus entspringen, wenn die Stadt bis an die Vorstädte erweitert, und der gedrängte Haufen der Einwohner verdünnert würde, sind so beträchtlich eben nicht, als sie den Schaden aufwögen, den die Eigenthümer der Häuser durch diese Veränderung leiden müßten.

Seit einigen Tagen lief ich nach meiner Art die Kreuz und die Queere durch die Stadt, um mir einen Begriff von ihren Haupttheilen und ihrer Größe zu machen. Von dem äussersten Ende der Vorstadt Wieden, bis an das Ende der Leopoldstadt, die nur von einem schmalen Arm der Donau von der Stadt selbst getrennt wird, und größer als diese ist, hatte ich fast zwey Stunden zu gehn. Vor der Vorstadt Rossau an bis zu Ende der Vorstadt Landstraße brachte ich beynahe anderthalb Stunden zu. Der Umfang von Wien beträgt also weit mehr als der von Paris. Der Vorstädte sind etlich und dreißig, aber viele Gegenden in denselben sind öde, und einige hundert Gärten, worunter kaum drey bis vier sehenswürdige sind, nehmen fast den dritten Theil ihres Umfangs ein. Die volkreichsten Vorstädte sind die Rossau, die Josephstadt, St. Ulrich, Mariahilf, und ein Theil der Wieden und der Leopoldstadt. Die größte von allen nach der Leopoldstadt ist die Wieden, und die Einwohner eines Theils derselben haben viel Aehnlichkeit mit denen in St. Marcel zu Paris.

In der Stadt sind kaum acht Gebäude, die man schön oder prächtig heissen könnte. Unter denselben nehmen sich der Lichtensteinische Pallast, die kaiserliche Bibliothek und die Reichskanzley vorzüglich aus. Die kaiserliche Burg ist ein altes, schwarzes Gebäude ohne Schönheit und Pracht. Alles übrige ist eine geschmaklose Felsenmasse, die bis auf die Gipfel fünf, sechs bis sieben Stokwerk hoch ausgehöhlt ist, um so viel Einwohner als möglich zu fassen. Es giebt hier kaum drey Pläze, die etwas Figur machen. Diese sind der Hof, der Graben und der Neumarkt. Das größte Gedränge ist von der kaiserlichen Burg an über den Kohlmarkt, den Graben, den Stokameisenplaz und durch die Kärnthnerstrasse. In diesen Gegenden, besonders auf dem engen und unregelmäßigen Stokameisenplaz ist der Zusammenfluß von Menschen so groß und die Bewegung so lebhaft als irgend in einer Gegend von London oder Paris. Der Strom dieses großen Getümmels zieht sich noch bis an das Leopolds-Thor und in die Hauptstrasse der Leopolds-Stadt fort. — In den Vorstädten steigt die Zahl der sehenswürdigen Gebäude auch nicht über acht, und die Bauart und die Anlage der meisten Gärten verrathen überhaupt sehr wenig Geschmak.

Nach der gemeinen Sage, die auch von Leuten, denen man eine genauere Kenntniß ihrer Vaterstadt zutrauen sollte, bestätigt wird, beläuft sich die Anzahl der sämtlichen Einwohner Wiens wenigstens auf eine Million. Der berühmte Herr Büsching aber will in seiner Erdbeschreibung dieser Stadt kaum 200000 Menschen zugestehen. Das hiesige Publikum und dieser große Geograph sind fast gleichweit von der Wahrheit entfernt. Voriges Jahr, wo die Sterblichkeit hier nicht ausserordentlich war, betrug die Anzahl der Todten etwas über 10000, oder ohngefehr die Hälfte der jährlichen Begräbnisse zu Paris. Wenn man die ungeheure Menge der ab- und zuströmenden Fremden, deren Sterblichkeit man nur sehr geringen Theils mit in den ganzen Anschlag bringen kann, dazu nimmt, so muß man die Summe der Verstorbenen mit etlichen und dreißig multipliciren, um die wahre Zahl der hier wirklich athmenden Menschen beyläufig zu bestimmen. Ein Mann von Stande, der es genau wissen kann, sagte mir, man habe bey einer Zählung vor kurzem 385000 Menschen hier gefunden, die Einwohner und Fremden zusammengenommen. Diese Zahl wird sehr wahrscheinlich, wenn man bedenkt, daß hier Luft und Wasser besser sind als zu Paris, und in dieser Stadt über 700000 Menschen gezählt werden, wovon jährlich ohngefehr 21000 sterben. Wien ist also ohngefehr so stark bevölkert als Neapel, und diese zwey Städte sind nach Konstantinopel, London und Paris ohne Vergleich die volkreichsten in Europa. — Wenn man nur mit mehrern grossen Städten bekannt ist, so wird man beym ersten Anblik schon überzeugt, daß diese Stadt mehr als 200000 Seelen enthalten muß.

Mit dem Karakter, den Sitten, Gebräuchen, Belustigungen u. dgl. der hiesigen Einwohner bin ich noch zu wenig bekannt, als daß ich dir etwas zuverläßiges davon sagen könnte. Ich konnte bisher nichts als einige aussere Züge haschen, die von einer erstaunlichen Prachtliebe der Großen zeugen. Man zeigte mir den Fürsten Karl von Lichtenstein, der ein stolzes Pferd ritt.

Sein Gefolge bestand wenigstens aus 8 Personen, worunter auch einige niedlich gekleidete Husaren waren, die dem Anschein nach, eine Art von Leibwache von ihm sind. Er soll in seinen Manieren, Gebehrden und Gesichtszügen etwas Aehnlichkeit mit dem Kaiser haben, und man glaubt, einer kopire den andern im Aeusserlichen. Ich konnte diese Aehnlichkeit in dem flüchtigen Blik, den ich auf beyde zu werfen, Gelegenheit hatte, nicht finden. Wenigstens unterscheidet sich der Kaiser von dem Fürsten darin, daß er bey seinen Spazierfahrten kein so zahlreiches Gefolge liebt. Ich sah ihn in einem Kabriolet mit einem einzigen Bedienten in den Augarten fahren. Er liebt das Einfache und Populäre fast bis zur Uebertreibung, und sticht darin mit den Großen seines Hofes stark ab, die dieses so stark auffallende Beyspiel nöthig hatten. Ich glaube in dieser kurzen Zeit mehr prächtige Equipagen und Pferde hier gesehen zu haben, als zu Paris. Unsere Moden herrschen hier despotisch. Periodisch werden die Puppen aus Paris hieher geschikt, und dienen den hiesigen Damen zum Muster ihrer Kleidung und ihres Haarpuzes. Auch die süssen Herren beschreiben sich von Zeit zu Zeit Zeichnungen aus Paris, und legen sie ihren Schneidern und Friseurs zum Studium vor. Gestern hörte ich in der Komödie eine Dame der andern mit dem Ton und der Miene der höchsten Wichtigkeit erklären, die Königin von Frankreich habe erst vor 4 Wochen zu Muette den Kopfpuz gehabt, nach dessen Muster sie koeffirt sey. Alle Damen, die ich sah, sind wie die zu Paris, stark geschminkt, und das Rothe zieht sich bis an die Ohren und in die Augenwinkel. Die Kunstverständigen sagen, die Augen bekämen durch dieses Roth ein gewisses

wisses Feuer, das die Blicke unaussprechlich beseele. Ich glaube, ich habe dir und der Nannette schon erklärt, daß ich Barbar genug wäre, alle Schminke von den Wangen der Damen mit einem Strohwisch und grobem Sand wegzureiben, wenn auch alles Spiel der Augen verloren gienge. Unterdessen scheint die dicke Schminke, den hiesigen Damen wie den unsrigen, ein unentbehrliches Bedürfniß geworden zu seyn, um ihr natürliches Gelb zu verdecken. Ich sah einige, die alle Ursache hatten zu beten: La verole mon Dieu m'a rongé jusqu'aux os.

Wien —

Unsere neuern Philosophen sind durchaus gegen die großen Gesellschaften. Ich meines Theils nehme die Sachen gerne wie sie sind, und bin mit jeder Einrichtung herzlich zufrieden, wenn eine Veränderung gefährlich oder unmöglich wäre. Es ist wahr, es schauert der Menschheit, wenn man die großen Städte auf ihrer Schattenseite betrachtet. Setze sich aber einer dieser Herren, die so viel mit der besten Welt in der Luft zu schaffen haben, nur einmal hin, und löse das Problem auf, wie Paris, London oder Wien kleiner zu machen seyen, ohne den ganzen Staat zu erschüttern, und ohne einen großen Theil der wirklichen Einwohner dieser Städte unglücklich zu machen. Diese zahlreichen Gesellschaften bestehen bloß durch ihre Mängel, durch den ungeheuren Luxus, der sie mitten im Ueberfluß arm macht, durch ekelhafte Sklaverey des einen, und durch Uebermuth und Stolz des andern Theils, durch Aufopferung der Gesundheit und des Lebens so vieler tausend Menschen, deren Schiksal unser Philosoph bedauert, daß sie nicht zerstreut wohnen wollen, wie die Schotten im Hochland, und die Helvetier in den Alpen, oder gar wie die Illinois und Irokesen in den Wäldern von Nordamerika, oder die Afrikaner in ihren Sandwüsten.

Wo viel Licht ist, ist auch viel Schatten. Der Mensch überhaupt genommen, ist überall mehr gut als bös, und wenn das Böse des abstrakten Menschen in großen Städten sichtbarer ist, als in den zerstreuten Hütten der Berge, Wälder und Wüstenbewohner, so ist es meistentheils deswegen, weil dort die natürlichen Anlagen des zweybeinigten Thieres ohne Federn mehr Gelegenheit haben, sich zu entwickeln, weil man die zusammengetragne Masse des Bösen so vieler Menschen auf einmal übersehen kann, welches bey dem zerstreut wohnenden nicht statt hat, weil dieses gehäufte Böse mit dem Guten um so stärker absticht, weil die Polizey mehr Neigung hat, das Böse zu ahnden, als das Gute zu belohnen, und das erstere also ruchbarer ist, als das letztere, weil unsere Philosophen, die hierüber deklamiren, mehr Spleen als gute Laune haben, und lieber Schwarz als Weiß sehen, und weil es den meisten mit ihren Deklamationen so wenig Ernst ist, daß der sehr ernstliche Herr Hans Jakob von Genf doch lieber zu Paris wohnte, als unter den Savoyarden und Wallisern, deren Lobredner er war.

Man sagt von London, daß man daselbst Himmel und Hölle beysammen sehe. Dieses gilt für jede große Stadt, nur die kleine Modifikation des Guten und Bösen ausgenommen, womit der starke Karakter des Britten seine Handlungen schattirt. Käme doch einer dieser Herren Denker auf dem sechsten Stokwerk auf den Einfall, die Gemählde von heroischen Tugenden, wovon der Halbwilde keinen Begrif haben kann, aus der täglichen Geschichte großer Städte zu sammeln, und wenn es doch einmal des lieben Brodtes wegen geschrieben seyn muß, sie mit der gehörigen Brühe für das Publikum zu appretiren. Das Gute des Menschen entwickelt sich in gedrängten Gesellschaften eben so leicht als das Böse, und hat in den Augen eines wahren Menschenfreundes unendlich mehr Werth, als das Gute des Halbwilden, weil es nicht wie bey diesem die Wirkung eines fühllosen Instinktes, sondern mit mehr Bewußtseyn und einem lebhafteren Gefühl begleitet ist. Die Schilderung des Taglöhners in St. Marcel zu Paris, den ein Mönch auf dem Todesbette damit trösten wollte, daß er froh seyn müßte, aus diesem Jammerthal in das Paradies überzugehen, aber die unerwarte Antwort bekam: „Lieber Vater! keine Sünde nagt an meinem Gewissen. Meine Tage fließen sanft und in ununterbrochener Freude dahin, und mir war die Welt kein Jammerthal. Willig unterwerfe ich mich der Fügung des Schiksals, und ich sterbe ohne Seufzer; aber fristet mir der Schöpfer noch das Leben, so verschaffe ich mir mit meiner Holzsäge und meiner Axt noch mehr vergnügte Tage!". . . Das Gemählde des jungen Menschen, der sich ums Geld so oft zur Ader ließ, um einem angehenden Wundarzt zum Studium zu dienen, und mit seinem Blut seiner Familie auf einige Zeit Brod verschafte . . . Das Mädchen in St. Jakob zu Paris, welches taub gegen alle Beredsamkeit der Wollust, große Reichthümer ausschlug, die der Preiß ihrer Entehrung seyn sollten, und mit der ekelhaftesten

haftesten und härtesten Arbeit, die ihre Schönheit und Gesundheit aufzehrte, ihrer kranken Mutter und ihren kleinen Geschwistern Unterhalt verschafte; und noch tausend Beyspiele von dieser Art, welche die Geschichte von Paris liefert, sind Beweise genug, daß der Mensch in der gehäuften Gesellschaft in eben dem hohen Grad gut als bös seyn kann, und daß der natürliche Stand des Menschen mit seinen Vorzügen an Tugend und Glük meistens nur ein schöner Traum müßiger Denker ist. Ich, Bruder, fand den Menschen auf nakten Felsenwänden, wenn er Anlaß dazu hatte, so bös und gewaltthätig, als den Bürger in der Stadt. Der Hang zur Unterdrückung seiner Nebengeschöpfe kann sich bey dem ersten nicht so leicht entwickeln, weil er nicht so oft und so stark in Kollisionen kommt, als bey dem leztern; aber wenn dieser gut ist, so ist er es gewiß in einem höhern Grade, als der Halbwilde.

Es ist wahr, eine gewisse Erziehungsart, gewisse Gebräuche, und eine verderbte Regierung können den Menschen in der gedrängten Gesellschaft leichter unter seine Natur erniedrigen, als da, wo er einsamer lebt. Aber alle Halbwilden, die wir kennen, sind auch diesem zufälligen Einfluß der Erziehung, der Gebräuche und der Regierung ausgesezt, und die ganz Wilden, oder die Urmenschen lernen wir nicht eher kennen, als bis die Länder jenseits des Mondes entdekt seyn werden. Dagegen ist aber der Mensch in der zahlreichen Gesellschaft biegsamer, und wenn er verdorben ist, leichter wieder zu bessern, als der Halbwilde, der sein Leben für seine Gebräuche und Sitten sezt. Auch die schwärmerischesten Verehrer der Schweiz konnten doch nur in einigen Thälerchen von Wallis das Urbild der Unschuld

finden,

finden, dessen Züge vielleicht in der nächsten Generation unkenntlich seyn werden, und sie müssen gestehen, daß das Verderben, welches unter den einsamen Bewohnern der Graubündtner Berge, und durch einige demokratische Kantons herrscht, alle Vorstellung übersteigt, die man sich ausser diesen Gebirgen davon machen kann, und daß das Uebel hier platterdings unheilbar ist, dahingegen der Pariser, Londner, Wiener u. a. m. in einigen Generationen gebessert werden kann.

Ich fand diese Borerinnerung nöthig, um dir einigermassen begreiflich zu machen, daß mir die Wiener, wenn ich auch gleich nicht so viel Gutes von ihnen sagen kann als ich wünsche, doch sehr liebe Leute sind, und daß ich ihnen deswegen nicht rathen möchte, auseinander zu laufen, und wie die Zigeuner hinter den Hecken zu leben, um ihren Zustand zu bessern, und dem Stand der Natur näher zu kommen. Ich finde den Menschen, an dem sich mein Herz wärmen kann, überall, und habe nicht nöthig, mit unsern neuern Rittern in die Thäler von Piemont, Savoyen und der Schweiz zu laufen, um Menschen zu suchen. Ich weiß nicht, ob diese Herren die Menschen, die sie suchen, dort finden; aber das ist bekannt, daß sie alle sehr bald wieder zurückkommen.

Das hiesige Publikum sticht mit dem von Paris durch eine gewisse Grobheit, einen unbeschreiblichen Stolz, eine gewisse Schwerfälligkeit und Dummheit, und durch einen ausschweifenden Hang zur Schwelgerey erstaunlich ab. Die Gastfreyheit, wodurch es sich bey vielen Reisebeschreibern einen so großen Ruhm erworben, ist meistens nur ein Vehikulum seines Stolzes. Seit den 4 Wochen, als ich hier bin, konnte ich kaum

3 oder

3 oder 4mal nach meiner Gemächlichkeit bey einem Traiteur speisen. Es ist Sitte, wenn man in ein Haus eingeführt wird, einen Tag zu bestimmen, an welchem man wöchentlich Gast im Hause seyn muß. In dem Haus, worin ich zum erstenmal eingeführt ward, fand ich sehr artige Leute, deren Gastfreyheit ich für wahre Gefälligkeit nehmen konnte. Aber da waren so viele Bekannte und Verwandte zu Tische, die mich gleichfalls einluden, und bey diesen bekam ich wieder so viele Einladungen, daß ich, wenn ich auch keine neuen mehr annehme, in den ersten 4 Wochen noch nicht damit zu Ende bin. Den meisten stand über den Augen die Frage an mich auf der Stirne geschrieben: „Nicht wahr; wir sind andere Leute als die Pariser?" Einige konnten sich auch nicht enthalten, in ziemlich platte und grobe Spöttereyen über uns auszubrechen. Es ist wahr, man ißt und trinkt hier ungleich besser und mehr, als zu Paris. Die tägliche Tafel der Leute vom Mittelstand, der geringern Hofbedienten, der Kaufleute, Künstler und bessern Handwerker besteht aus 6, 8 bis 10 Gerichten, wobey 2, 3 bis 4 Gattungen Wein aufgesetzt werden. Gewöhnlich sitzt man 2 Stunden am Tisch, und man nahm es für eine Unhöflichkeit auf, daß ich mir manche Gerichte verbat, um mir die Indigestionen zu ersparen, womit ich anfangs einigemal geplagt war. Aber so sehr nun auch für die Nahrung deines Leibes hier gesorgt ist, so sehr hungert es deiner Seele nach den freundschaftlichen Dinees und Soupees zu Paris, die mehr zur Mittheilung der gegenseitigen Empfindungen und Beobachtungen, als zu Indigestionen und Blähungen angelegt sind.

Platter Scherz und Spott sind fast das einzige, womit sich die Gäste bey der Tafel zu unterhalten suchen. Die, welche den ersten Rang unter dem Mittelstand behaupten, haben gemeiniglich einen Mönchen, und öfters auch einen Komödianten an der Tafel, deren sehr verschiedener Wiz die ganze Gesellschaft belustiget. Den Ehrwürdigen sezt man zwischen das Frauenzimmer, welches er unabläßig necken muß, und der andere Komödiant nimmt diese Neckereyen zum Stof der seinigen. Nun dreht sich der ganze Spaß um Zweydeutigkeiten herum, die alle Bäuche und Lungen erschüttern. Nimmt das Gespräche eine ernsthaftere Wendung, so fällt es gewöhnlich auf das Theater, welches die ganze Sphäre der hiesigen Kritik und des hiesigen Beobachtungsgeistes ist. Die hiesigen Schauspieler scheinen nicht wie die unsrigen, die besten Gesellschafter zu seyn. Auffallend war mirs, daß die, welche ich bisher kennen lernte, nicht einmal ihre Muttersprache gut sprechen können. Man würde es zu Paris einem Akteur nicht verzeihen, wenn er in einer Gesellschaft das Patois der Fischerweiber spräche, wie die Herren vom hiesigen Theater, die ich kenne, und sich, wie diese, in seinen Gebehrden, seinen Beobachtungen und seinem Wiz nicht einmal über das tiefste Pöbelhafte erheben würde.

Ueberhaupt herrscht hier im alltäglichen Umgang nichts von der Munterkeit, dem geistigen Vergnügen, der uneingeschränkten Gefälligkeit, der lebhaften, und zum Interesse des Umganges unumgänglich nöthigen Neugierde, wodurch auch die Gesellschaften vom niedrigsten Rang zu Paris beseelt werden. Kein Mensch macht hier Beobachtungen über die Leute, die den Hof ausmachen. Niemand versieht das Publikum mit Anecdoten

boten und Neuigkeiten du jour. Du findeſt unzäh-
liche Leute von Mittelſtand, die von ihren Miniſtern,
Generälen und Gelehrten kein Wörtchen zu ſagen wiſ-
ſen, und ſie kaum den Namen nach kennen. Alles
hängt hier ganz an der Sinnlichkeit. Man frühſtücket
bis zum Mittageſſen, ſpeiſt dann zu Mittag bis zum
Nachtmahl; und kaum wird dieſer Zuſammenhang von
Schmäuſſen von einem trägen Spaziergang unterbrochen, und dann gehts in das Schauſpiel. Gehſt du
den Tag über in ein Kaffeehaus, deren es hier gegen
70 gibt, oder in ein Bierhaus, welche unter den öffentlichen Häuſern die reinlichſten und prächtigſten ſind —
ich ſah eines mit rothem Damaſt tapezirt, und mit ver-
goldeten Rahmen, Uhren und Spiegeln à la grecque,
und mit Marmortiſchen — ſo ſiehſt du halt das ewige
Eſſen, Trinken und Spielen. Du biſt ſicher, daß dich
kein Menſch ausforſcht, oder dir mit Fragen läſtig iſt.
Kein Menſch redet da, als nur mit ſeinen Bekannten,
und gemeiniglich nur ins Ohr. Man ſollte denken,
es wäre hier wie zu Venedig, wo ſich alle Leute in den
öffentlichen Häuſern für Spionen halten.

Ich ſtund einigemal gegen Mittag auf dem Graben,
um welche Zeit das Gedränge am ſtärkſten iſt, um die
Wiener in ihren Phyſonomien zu ſtudiren. Ihre Ge-
ſichtsbildung nimmt ſich dadurch aus, daß überhaupt
genommen, die Knochen unter den Augen ein wenig
weit vorſtehen, und das Kinn, längs den Wangen her,
platt und unten ſpiz zulauft. Auſſer einigen Zügen von
grobem Stolz konnt' ich nichts auf dieſen Geſichtern
leſen. Entweder iſt das erſte Axiom der Phyſonomik,
nemlich, daß ſich die Seele in den äuſſern Linien des
Körpers abdrucke, grundfalſch, oder die Wiener haben

O wenig

wenig Seele. Nos numerus sumus & fruges consumere nati; das ist alles, was sich da lesen läßt. Ich sah bisher ausserordentlich wenig bedeutende, geistige Gesichter.

Ich schränke meine Beobachtungen bloß auf den Mittelstand ein, der den großen Haufen, oder im wahren Verstande des Wortes das Volk ausmacht. Der große Adel in Europa sieht sich zu unsern Zeiten — einige kleine Nuancen ausgenommen — fast überall gleich, und die ganz untere Klasse des Pöbels gehört kaum zur Gesellschaft. Die Mannichfaltigkeit und Verschiedenheit der Nationen ist nur in der Sphäre des Mittelstandes zu suchen.

Wenn ein Fremder, wie es dem Engländer Moore begegnet seyn mag, das Glük hat, in gewisse große Häuser hier zu kommen, so findet er freylich einige Gesellschaften, die die besten zu Paris und London übertreffen. Es gibt hier unter den Damen vom ersten Rang Aspasien — ausser dem Bette, versteht sich — die ihren griechischen Urbildern Ehre machen, deren Zirkel aus den besten Köpfen, den größten Helden und Staatsmännern bestehen, und selbst von einem der größten, besten und weisesten Monarchen mit einer sich ganz mittheilenden Herablassung besucht werden, die den Kreis an Augusts Hofe versezt. Aber hier lassen sich keine Gemählde von Volkssitten und Nationalcharakteren sammeln, die uns Herr Moore auf dem Titel seines Werks zu geben verspricht.

Die Geselligkeit, der Geschmak, und die schönen Sitten, welche nun den größten Theil des hiesigen hohen Adels so liebenswürdig machen, sind eine Folge des hinreissenden und entzückenden Beyspiels des jetzigen Kai-

Kaiſers. Sein Herr Vater ſtimmte den ſultaniſchen Ton des hieſigen Hofes ſchon etwas herunter, aber Joſeph iſt der erſte ſeines Hauſes, der für alle Menſchen Menſch iſt; der ſeine Kron und ſeinen Zepter für ein unbedeutendes Gepränge der Eitelkeit hält, die Kaiſerwürde bloß im Wohlthun ſucht, und ſich bloß durch den größern Wirkungskreis wohlzuthun von ſeinen Unterthanen unterſcheidet. Der hieſige Adel war ehedem das Gepräge des Hofes. Einer vom hohen, alten Adel hielt es für eine Entehrung, wenn ihm ein Bürgerlicher nur gerade in die Augen ſah. Der kleine Adel ward unter dem Titel des Leoniſchen nach ſpaniſcher Art ganz von der Geſellſchaft ausgeſchloſſen, und man hat Beyſpiele, daß ſogar Feldmarſchällen von niederer Geburt der Zugang verſagt wurde. Das ganze Reich der Wiſſenſchaften ward unter dem Titel der Pedanterie begriffen, und die Künſte, die ohne Wiſſenſchaften geſchmaklos ſind, durften nur im bunten Gewand des Harlekins erſcheinen. Kaiſer Leopold war ein groſſer Verehrer der Muſik, und man hat noch Aufſätze von ihm, die aber nach Ausſage der Kenner wenig Geſchmak haben. Denke dir dieſen Cäſar, wie er mit der Krone auf dem Haupt zum Fenſter ſeines Pallaſtes herausſchaut, um ſich an den Harlekinaden einiger damaligen Schauſpieler zu ergötzen, die im Hofe des Pallaſtes herumtanzten, ſangen, und ihre Schellenkappen gegen die Kaiſerkrone aufſchwangen; ſo haſt du das wahre Bild des damaligen Hofes, der mit dem gleichzeitigen von Ludwig XIV. ſtark genug abſticht. Der erſtickende Dunſt der affektirten Hoheit verſcheuchte die Muſen und Grazien weit vom Hofe und aus dem ganzen Lande. Nach dem Getümmel der langwierigen Kriege,

Kriege, worin er so viel Lorbeer sammelte, weihte zwar der große Eugen von Savoyen seine Ruhe den schönen Göttinnen. Alles, was von ihm noch übrig ist, spricht von einem Geschmak, der auf die alte, finstere Masse Wiens Licht wirft. Er war der erste, der der französischen Lektüre hier den Eingang zu öfnen suchte. Er stand mit den größten Gelehrten und Künstlern seiner Zeit in Verbindung, und wäre hier für die Wissenschaften eben das geworden, was er für die kaiserliche Armee war, wenn der Aberglaube und die Dummheit so leicht zu besiegen wären, als die größten Kriegesheere. Die Mönche, besonders die Jesuiten, hemmten seinen wohlthätigen Einfluß, und vereitelten seine patriotischen Bemühungen, wie sie auch das meiste dazu beytrugen, daß seine politische Gegenparthey immer bey Hofe über ihn siegte. Unter Karl dem sechsten stand kein Fach der Wissenschaften in Ansehen, als die, welche sich auf das Finanz- und Handlungswesen beziehen, die subtile Gelehrsamkeit ausgenommen, die sich mit dem ächten Schnitt einer Kapuze, mit der Berechnung, wie viel Geister auf einer Nadelspitze zu tanzen, Raum hätten; mit der Untersuchung, wie sich die einfachen Wesen vervielfachen, und wieder vereinfachen können, u. dgl. m. beschäftigen. Vor einigen Tagen fiel mir hier von ohngefehr ein Buch in die Hände, welches ohne Zweifel das beste inländische Produkt ist, welches Karls des sechsten Zeiten aufweisen können. Es handelt von den Staats- und besonders von den Finanzwissenschaften, und die vortreflichen Grundsätze, die in einem sehr barbarischen Deutsch darin vorgetragen werden, hat bisher noch kein Monarch genau befolgt, als der König von Preussen, der dadurch groß

gewor-

geworden. Der Verfasser nennt sich Schröder, und stand in kaiserlichen Diensten. Aber ausser dem Fach der Finanzen war alles dicke Finsterniß. Alles, sogar die Predigten, waren Hanswursterey; und erst spät unter der Regierung des verstorbenen Kaisers kommen einige Spuren von einem gereinigten Geschmak zum Vorschein. Die Kaiserin Maria Theresia konnte sich nie entschließen, ihrem Gemahl die Zügel des Staats ganz zu überlassen, sonst wäre es hier schon viel heller. Diese in jedem andern Betracht so große Fürstin hat eine schwache Seite, die den Pfaffen, welche die Schwäche der Regenten immer am besten zu benutzen wissen, freyes Spiel gestattet. Sie sieht alles, Künste, Wissenschaften, Sitten und Gesellschaften im Licht ihrer persönlichen Religion und Frömmigkeit, und möchte gern alle ihre Unterthanen mit Gewalt zu Engeln machen. Ich werde dir hierüber ein andermal weitläuftigere Nachricht geben. Sie hat auch die alte spanische Etiquette ihres Hofes noch nicht ganz vergessen können, und hält noch viel auf alten, reinen Adel. Dies ist Ursache, daß auch der bessere Theil der hiesigen Einwohner nur in so weit geändert ist, als er es durch den persönlichen Umgang des Kaisers werden konnte; denn dieser hat als Mitregent auf die Regierung seiner Erblande noch gar wenig Einfluß. Die Frömmigkeit der Kaiserin gestattet zur Aufnahme der Wissenschaften und Künste, und zu einem frohen Genuß der geselligen Freuden zu wenig Freyheit, und der Zug von Stolz und Herrschsucht, der die natürliche Güte ihres Herzens ein wenig schattirt, theilt sich noch einem Theil des Adels und der Hofleute mit.

Bey den unbeschreiblich vielen Anstalten, welche die

Kaise-

Ein und zwanzigster Brief.

Kaiserin zur moralischen Besserung ihrer Unterthanen macht, oder doch zu machen glaubt, muß doch der Hof noch ganz allein hier die frommen Stiftungen unterhalten, und das meiste für die Hausarmen thun. Hier ist kein Pfarrer von St. Sulpice, der zur Verpflegung der Nothdürftigen von subscribirten Wohlthätern jährlich gegen 300000 Livres einnimmt. Der hiesige Erzbischof, Migazzi, hat zwar die Bigotterie und die Anhänglichkeit an die päbstliche Hierarchie mit unserm Beaumont gemein; aber er vertheilt nicht wie dieser jährlich gegen eine Million Livres unter verschämte Arme und Nothleidende. Ich zweifle, ob hier eine Kollekte von 10000 Gulden gemacht werden könnte. Und doch gibt es Häuser hier, mit denen sich die Reichsten zu Paris nicht messen können. Pracht, Verschwendung und Schwelgerey macht hier fast alles gegen die sanftern Gefühle der Menschlichkeit, gegen die reine Wohllust, seinen Nebengeschöpfen Gutes zu thun, und gegen die wahre Größe des Menschen stumpf und fühllos. Die meisten der reichen Häuser haben sich durch ihren übertriebenen Aufwand mit Schulden belastet, und doch haben es noch wenige gelernt, sich vernünftig einzuschränken. Sie würden es für eine Schande halten, wenn sie, ihrer Schulden wegen eine bessere Oekonomie einführen sollten. Die vom Mittelstand verzehren alles von Hand zu Mund, und sind froh, wenn sie auch bey einem beträchtlichen Einkommen keine Schulden haben, wenn das Jahr zu Ende ist. Oekonomie ist hier eine unbekannte Sache. Alles schwelgt, und lebt bloß für seine Sinnlichkeit. Ich muß abbrechen, und die Fortsetzung dieses Briefes auf die nächste Post versparen.

Wien —

Zwey und zwanzigster Brief.

Wien —

Die hiesige Polizey ist ganz dazu angelegt, alles, was Schwung der Seele und moralische Stärke des Menschen heißt, zu unterdrücken. Man sollte bedenken, daß die beste Polizey eben nicht diejenige ist, die gar keine andere Absicht hat, als jedes Glied der Gesellschaft, so viel als möglich, sicher zu stellen. Eine weise und wahrhaft menschliche Polizey beschäftigt sich mit dem Problem, wie es möglich sey, der Gesellschaft die größte Sicherheit zu verschaffen, und dabey die Freyheit der einzeln Glieder, so wenig als möglich, zu kränken. Wenn man jeder bürgerlichen Familie einen Wächter zur Seite stellt, unter dessen Aufsicht sogar die Tische und Betten des Hauses stehen, und welcher den Bewohnern desselben überall hin auf dem Fuße nachfolgt, so ist freylich für alle Unordnungen gesorgt; aber wer liebt die Ordnung unter den Ruderknechten auf einer Galeere?

Der weise Schöpfer, dessen Ebenbild jede Regierung seyn soll, ließ uns den freyen Willen, den wir so oft mißbrauchen. Er legte dem Guten einen stärkern Reiz bey, ohne uns die Gewalt zu nehmen, Böses zu thun. Diese Freyheit macht, alles Bösen ungeachtet, welches daraus erfolget, die wahre Größe des Menschen aus. Die Religion sagt uns, der Schöpfer wird zu seiner Zeit das Böse streng bestrafen, und das Gute reichlich belohnen. Ohne die Freyheit, Böses zu thun, hätten wir kein moralisches Gefühl und kein moralisches Glük, und Gott könnte dann nicht gerecht gegen uns seyn.

Ein treffenderes Urbild für die menschliche Gerechtigkeit und Polizey gibt es nicht. Unsere Gerechtigkeit soll das Böse ohne alle Nachsicht strafen und das Gute mit voller Hand belohnen, und die Polizey, welche derselben untergeordnet ist, soll keine andere Absicht haben, als der Gerechtigkeit die Mittel an die Hand zu geben, alles Böse strafen, und alles Gute belohnen zu können. Aber das moralische Böse physisch unmöglich machen zu wollen, ist eine Beleidigung der Menschheit und der Gottheit.

Die menschliche Gerechtigkeit hat kein Böses, als das, welches aus den Handlungen entspringt, die der Gesellschaft schaden. Sie und ihre Magd, die Polizey sollen ihre Richterstühle nicht zu Beichtstühlen machen, und ihre Gebiete gewalttthätigerweise über die häusliche Moralität der Menschen ausdehnen. Die Polizey-, Konsistorial-, und andere Räthe dürfen nicht, wie hier, Inquisitoren seyn, wenn das Volk mehr Karakter und mehr moralisches Gefühl haben soll, als es wirklich hat.

Vielleicht ist Wien die einzige Stadt in der Welt, die eine besondere Keuschheits-Kommißion hat. Noch vor wenig Jahren giengen die Spionen dieser sonderbaren Kommißion den jungen Leuten bis in die Häuser auf dem Fuß nach, und man mußte sichs gefallen lassen, daß sie auch mitten in der Nacht in die Schlafzimmer brachen, und die Betten visitirten. Der Greuel, den diese Kommißion in der Gesellschaft anrichtete, war so groß, daß der Kaiser sein ganzes Ansehen gebrauchte, um von seiner Frau Mutter, die sich besonders viel von dieser Kommißion versprach, eine Einschränkung derselben zu bewirken. Einige von den Keuschheitsspionen standen mit Nymphen im Vertrag, die junge Leute in die Häuser lokten, und dann nach der getroffenen Verabredung von den Mouches in Flagranti überfallen wurden. Der junge Mensch mußte sich nun, um nicht vor die Kommission geführt zu werden, rein ausplündern lassen, und der Mouche und die Nymphe theilten die Beute heimlich unter sich. Das Uebel ist nun durch die Verwendung des Kaisers in etwas gehoben worden; aber wie ekelhaft ist nicht für einen Menschenfreund der Anblik eines Polizeywächters im Prater, wo die Natur selbst die Menschen zum freyen Genuß des Umgangs einladet; wenn er sieht, wie der Wächter den jungen Leuten in die dickern Gebüsche und unter die Bäume nachgeht, um den möglichen Sünden zuvorzukommen.

Man glaubt hier, das wirksamste Mittel zur Unterdrükung der Hurerey und der Kindermorde, und zur Beförderung der Bevölkerung wäre, wenn man den jungen Menschen, der von einem Mädchen als Vater angegeben wird, stehenden Fußes vor dem Konsistorium mit demselben vereheligte. Man erzählte mir einen seltsamen Auftritt von der Art. Ein junger Herr ward vor das Konsistorium gefordert. Er wußte, daß ein Mädchen Ansprüche auf ihn machte, und was er zu erwarten hatte. In dem Vorzimmer der Gerichtsstube fand er ein armes Jüngferchen, dem er leicht ansah, daß es von dem Konsistorium auch einen Mann zu fodern habe. Er ließ sich in aller Eile einige Umstände von ihr erklären, und als er hörte, daß der Schwängerer dieses Mädchens entflohen, und es wenig Hoffnung habe, ihn zum Mann zu bekommen, versprach er ihr eine ansehnliche Summe, wenn es ihn als Vater angeben würde, aber von einem frühern Datum, als das gute Kind, mit dem er so eben vor Gericht con-

frontirt

frontirt werden sollte. Das Mädchen gab ihm sein Wort, und voll Zuversicht, ein sicheres Auskunftmittel gefunden zu haben, stellte er sich vor die Räthe. Man fragte ihn, ob er die neben ihm stehende Person beschlafen habe? Er gestand es. Man sagte ihm, daß er Vater sey, und also dem Mädchen die Hand geben müße. Er wandte dagegen ein, im Vorzimmer stehe eine Person, die ältere Ansprüche auf ihn zu machen habe. Diese wird vorgefordert. Man sieht mit einem Blik, daß sie länger schon Mutter sey, als die andre. Die erste Klägerin muß sich mit einer gewissen Summe Geld begnügen und abtreten. Nun sagt der junge Herr, mit dieser noch anwesenden Person habe er sich vorläufig schon abgefunden. Sie läugnet es. Die Räthe fodern Zeugen und Unterschrift. Der gute Herr hat nichts aufzuweisen, und muß auf der Stelle seine Hand einer Hure geben, die er hier zum erstenmal in seinem Leben gesehn.

Ich kenne verschiedene angesehene Herren, die auf diese Art Männer wurden. Ihre Weiber trieben eine Zeit lang in der Stille den Schleichhandel mit ihren Reizen. Als diese zu welken begannen, wählten sie aus dem Schwarm ihrer Günstlinge irgend einen, mit dem sie eine gute Parthey zu treffen glaubten, und gaben ihn vor Gericht an. Das Beschlafen, auch ohne Schwängerung, gab ihren Ansprüchen Gewicht genug. Einige dieser sehr seltsamen Ehepaare sind als Künstler dem ganzen Publikum bekannt.

Um die Hurerey und die Kindermorde zu verhüten, wüßte ich ein sicherers Mittel, welches aber der andern Absicht, die man durch diesen Ehezwang erreichen will, nämlich der Beförderung der Bevölkerung, gar nicht zuträglich ist. Shakspear hat es schon der hiesigen Polizey vorgeſchlagen. Ich beſinne mich nicht, in welchem Stücke ſeiner theatraliſchen Werke dieſer Dichter einen Hurenwirth zu Wien ſagen läßt, „wenn die Polizey das Huren gänzlich abſchaffen wollte, ſo müßte ſie alle Mannsleute kaſtriren.„ Es ſcheint, die hieſige Polizey ſtand wegen ihrer Keuſchheit ſchon damals in Ruf.

Dieſer Ehezwang hat ſchrekliche Folgen für die Geſellſchaft und den Staat. Ich weiß nicht, ob die Hurerey dadurch in etwas gehemmt wird, aber gewiß iſt es, daß das Ehebrechen dadurch befördert wird. Die eheliche Treue, Vertraulichkeit und Liebe, die heiligſten und heilſamſten Bande der Geſellſchaft werden dadurch aufgehoben. Der Mann, welcher ſeine Frau, indem er ihr gezwungen die Hand reicht, als eine Hure betrachten muß, kann nie ihr wahrer Freund werden, kann nie die Hochachtung für ſie bekommen, die zu einem glüklichen Eheſtand unumgänglich nöthig iſt. Es iſt auffallend, wie gleichgültig hier die Eheleute gegen einander ſind. Zu Paris herrſcht unter einem großen Theil der verehelichten Einwohner die nämliche Gleichgültigkeit; aber ſie iſt Sitte, und kein Fehler der Regierung. Eheliche Liebe und Treue ſind unter dem Mittelſtand zu Paris auch ſo unbekannt nicht, wie ſie hier zu ſeyn ſcheinen. Die Bevölkerung, welche man durch dieſen Zwang befördern will, wird grade dadurch vermindert. Nach der Meinung der einſichtsvollſten und erfahrenſten Phyſiker iſt warme Liebe der Befruchtung ungemein zuträglich, und der Beyſchlaf ohne dieſelbe gar oft fruchtlos. Die meiſten durch dieſen unnatürlichen Zwang verknüpfte Ehepaare, die ich hier kenne, ſind kinderlos, und die Ehen hier überhaupt wenig fruchtbar. — Die Gleichgültigkeit der Eltern gegen einander theilt ſich auch den Kindern mit, und die ſanftern Empfindungen der Liebe und Freundschaft werden schon in der Jugend erstikt. Dieser Mangel an ehelicher und häuslicher Zärtlichkeit ist ohne Zweifel eine der Hauptursachen, daß die hiesigen Einwohner überhaupt so wenig sittliches Gefühl haben.

Es ist wahr, jedes Ding hat seine schlimme und gute Seite. Wenn es dem hiesigen Nationalgeist an Stärke und Schwung fehlt, so sind seine Laster eben so kleinlicht und schwach, als seine Tugenden. Man hört hier nichts von den tragischen Auftritten, die zu London, Neapel und auch zu Paris so gewöhnlich sind. Beutelschneider, Betrüger, Bankrutierer, Diebe, Verschwender, Kuppler und Kupplerinnen sind fast die einzigen Gattungen von Arrestirten, die man hier findet. Nicht einmal zu einem Strassenräuber ist der Oesterreicher stark genug, denn ich schreibe es den zahlreichen Armeen des Kaisers, die so viele junge müßige Leute mit der Flinte beschäftigt, nicht allein zu, daß diese Art von Verbrechern hier so selten ist. Ein Sachse, den ich hier kenne, und der schon seit mehrern Jahren die österreichischen Staaten durchreiset, kann sich nicht erinnern, je von einem Duell gehört zu haben. Gestern sah ich einen Auftritt, der die hiesigen Einwohner und die Polizey stark karakterisirt. Ein nach dem Aeusserlichen sehr ansehnlicher Herr bekam auf offener Strasse Händel mit einem Miethkutscher. Von den 600 Polizeydienern, die durch die Stadt vertheilt sind, sprang sogleich der nächste herzu. Der Herr fieng an heftig zu schimpfen: Der Miethkutscher ermangelte nicht, jedes Schimpfwort mit starkem Prozent wieder zurückzugeben. Es entstand das lächerlichste Schauspiel, das ich je gesehen. Zwischen dem Schimpfen wollte jeder den dicken Haufen von Zuschauern überzeugen, daß er Recht habe. Nun fuhren sie in ihren Erklärungen unabläßig einander mit den Händen an den Nasen herum, aber jeder gebraucht eine unbeschreibliche und für einen Franzosen, Engländer oder Italiäner unmögliche Vorsicht, die Spitze der Nase seines Gegners nicht zu berühren; denn nach dem Gesetz wird der, welcher zuerst schlägt, ohne Barmherzigkeit gestraft, wenn ihm auch der andre noch so viel Anlaß dazu gegeben. Der Polizeydiener stand stumm da, und folgte mit angestrengten Augen den mannichfaltigen Bewegungen der Hände der Streitenden. Hätte einer nur die Hutspitze des andern berührt, so wäre es ein Schlag gewesen, und der Wächter hätte den Schläger eingezogen. Der Auftritt währte über eine Viertelstunde, und endigte sich mit einem Gelächter der Zuschauer. Weiter als zum Schimpfen kömmt es hier zwischen streitenden Partheyen höchstselten, und zum Schimpfen ist hier jedermann vortreflich ausgerüstet.

Einen Aufstand hat der Hof in seiner Hauptstadt nicht zu befürchten. Die Geschichte Wiens weiß überhaupt sehr wenig von solchen Auftritten. Gegen den Anfang des vorigen Jahrhunderts haben hier die Protestanten eine kleine Gährung veranlaßt, aber jetzt steht nicht das Geringste zu befürchten, was einem öffentlichen Tumult ähnlich sähe. Der Wiener ist zu entnervt dazu. Dagegen weiß er auch nichts von dem warmen patriotischen Gefühl, welches alle Londner und Pariser begeistert, wenn die Ehre der Nation und der Krone bey irgend einem Vorfall interessirt ist. Die Stände der französischen Provinzen, und die Stadt Paris haben in Kriegszeiten oft freywillig der Krone viele Millionen geschenkt, und in einzeln Kaffeehäusern unserer Hauptstadt sind öfters schon Kollekten gemacht worden, die zum Bau und zur Ausrüstung eines Linienschiffes hinlänglich waren. Die österreichischen Staaten haben wenige und sehr unbedeutende Beyspiele von der Art aufzuweisen.

Subordination ist hier die einzige Triebfeder des Staates. Ich habe noch kein Fünkchen von der Freyheitsliebe der Engländer, oder von dem Gefühl der Ehre, welches unsere Landsleute auszeichnet, hier aufspüren können. Der Stolz, welcher unter der kaiserlichen Armee herrscht, ist zu persönlich, als daß er eine für den Staat wohlthätige Empfindung seyn könnte. Dem Feuer des Nationalstolzes, welches mehr für den ganzen Staat als für die Privatehre im Busen unserer Landsleute brennt, haben wir es zu verdanken, daß auch unsere halbaufgezehrten Wohllüstlinge vom Busen ihrer Freundinnen sich losreissen, und mit einer Tapferkeit vor den Kanonen der Feinde auftretten, die sogar auch diese zu jeder Zeit bewundern mußten. Unsere Soldaten werden zu patriotischen Dichtern entzükt, und die Gesänge, welche ein Haufen Kameraden auch zur Friedenszeit unter sich anstimmt, sind größtentheils Empfindungen des Muths, der Ehre und des Nationalstolzes, und Lobeserhebungen ihrer Anführer. Ich hörte hier zu Lande die Soldaten überhaupt wenig singen, und was sie sangen, waren grobe Polissonnerien. Ich zweifle nicht, daß des Singens ungeachtet ein österreichisches Kriegsheer zu unsern Zeiten nicht ein französisches schlagen würde; aber hierüber werde ich zu Berlin mit dir sprechen, wo der Ort schiklicher dazu ist.

Ein Staat, der bloß durch Subordination besteht, sezt Schwäche der einzeln Glieder voraus. Der strenge Gehorsam schwächte den Karakter der Spartaner nicht, weil er nicht die eigentliche Seele des Staates, sondern nur ein Mittel zur Vertheidigung der Freiheit und der Nationallehre war, für welche die lazedämonischen Herzen glühten.

ten. Die Gesetze Großbrittaniens sind strenge, und unter der Marine desselben ist eine Subordination eingeführt, welche der preußischen an Genauigkeit gleich kömmt. Aber die Pünktlichkeit und dieser Gehorsam unterdrücken die hohen Empfindungen eines Britten nicht, weil sie nicht die Haupttriebfedern seiner Regierung sind. Kein Volk hat die Gewalt seiner Könige kaltblütiger eingeschränkt, als das brittische, und doch hat keine Nation solche Beyspiele von kindlicher Liebe zu einzeln Königen, und Aufopferungen für die Personen verschiedener derselben aufzuweisen, als man in der Geschichte Englands so häufig findet. Das Gefühl des Britten für die Freyheit ist für die Person des Königs eben so stark, wenn der König die Konstitution unangetastet läßt, und Liebe zu derselben äußert. Indessen der Unterthan eines Staates, der bloß durch Subordination regiert wird, schwach von Karakter wird, behält der Britte seine Stärke so lange als seine Konstitution dauert.

Die Großen, wenn Herrschsucht ihre erste Leidenschaft ist, müssen freylich die Stärke des Karakters ihrer Unterthanen als das größte Hinderniß ihrer Herrschsucht, und also als ihre natürliche Feindin betrachten. Es muß ihnen daran gelegen seyn, ihren Staat im eigentlichen Verstande des Wortes zu einer Maschine zu machen, wovon ihr freyer Wille allein die Seele ist, und alle Thatkraft der untergeordneten Glieder dieser Maschine zu unterdrücken. Das Maschinenmäßige, worauf auch die Kriegskunst zu unsern Zeiten gestiegen oder gefallen ist, schließt alle Personaltapferkeit aus, und macht den Muth der einzeln Glieder der Armee entbehrlich. Es ist sogar gewissermaßen wahr, was einer unserer größten Schriftsteller bemerkt hat, daß eine solche Staatsmaschine, wenn alle Fugen gehörig in einander passen, desto dauerhafter und brauch-

barer

barer ist, je schwächer die einzeln Glieder derselben im moralischen Betracht sind; aber ich mag kein Glied dieser Maschine seyn.

Die hiesige Regierung scheint diesen mannichfaltigen Zwang durch eine unpartheyische Verwaltung der Gerechtigkeit, durch eine allgemeine Sicherheit, und durch eine Begünstigung der öffentlichen sinnlichen Vergnügen — jene der Liebe ausgenommen — wieder in etwas gut zu machen. Der geringste Bediente hat sich gegen seinen Herrn, und wenn er auch einer der ersten Hofleute wäre, Gerechtigkeit zu versprechen. Die Polizey ist so aufmerksam und thätig, daß ihr auch oft die feinsten Diebereyen nicht verborgen bleiben, und der Eigenthümer wieder zu dem Seinigen kömmt. Fast alle kaiserlichen Schlösser und Gärten stehn dem gesammten Publikum zur Ergötzung offen. Der Prater und der Augarten sind vom Hof zu den schönsten öffentlichen Spaziergängen großer Städte in Europa gemacht worden. Die Schaubühnen geniessen vorzüglich den Schuz eines Hofes, der in allem zeigt, daß der Zwang, den er seinen Unterthanen anthut, mehr die Folge irriger Grundsätze, als eines Hanges zur Unterdrückung ist. Aber bey all den vielen Lustbarkeiten, bey all der schönen Ordnung und Sicherheit, welche dabey herrschen, bin ich — vielleicht scheint es dir paradox — viel lieber unter den Engländern in London, ob ich schon nicht so sicher wie hier bin, auf der Strasse in der Nacht angefallen zu werden. Ein Vauxhall, wenn mir auch gleich die zertrümmerten Gläser um den Kopf fliegen, ist mir immer lieber, als das stille Saufen und Fressen und Spielen im Prater, wobey freylich jeder sicher ist, daß ihm kein Haar gekrümmt wird. Die Stiergefechte der Spanier, das Rauffen der Trasteverini zu Rom, die Schlägereyen

reyen unserer Edelleute und Offiziers, das Boxen der Britten, sind freylich politische Unordnungen, von denen man hier nichts ähnliches sieht; aber ich glaube, es sind Unordnungen, welche von einem stärkern Nationalkarakter, als der hiesige ist, unzertrennlich sind. Mit nächster Post mehr davon.

Wien. —

Sobald Joseph allein am Ruder der Regierung steht, wird hier eine Revolution geschehen, wodurch die jetzigen Einwohner schon in der nächsten Generation werden unerkenntlich gemacht werden. Er ist Philosoph im wahren Verstand des Wortes, ob er schon nicht, wie Kaiser Rudolph der Zweyte, mit einem Tycho Brahe nach den Sternen sieht. Er liebt die Menschen, und kennt ihren Werth. Ich weiß kein öffentliches Denkmal, das einem Fürsten mehr Ehre macht, als die Aufschrift über der Pforte des Augartens: Belustigungsort für alle Menschen, gewidmet von ihrem Freund. Er ist der größte Verehrer von allem, was bürgerliche Tugend heißt, und seine Regierungsgrundsätze sind unendlich republikanischer, als jene der meisten heutigen Staaten, die sich Republiken nennen. Aber die Gesinnungen seiner Frau Mutter stimmen mit seiner Philosophie zu wenig überein.

Die helle Seite dieser Fürstin ist freilich so glänzend, daß man die dunkle kaum bemerken kann. In dem häuslichen Karakter sind diese Flecken ganz unbedeutend und zum Theil liebenswürdig; aber es ist ein Unglük für die Menschheit, daß auch die geringsten Schwachheiten der

Regenten auf das Glük ihrer Staaten Einfluß haben können, und daß oft die kleinsten Personalgebrechen die größten politischen Mängel sind.

Noch sieht man dieser berühmten Kaiserin an, daß sie eine Schönheit war. Ihr Körper kämpft seit verschiedenen Jahren mit einigen Gebrechen; aber alle Züge desselben verrathen noch eine starke Konstitution und ein heftiges Temperament. In der Augustinerkirche, wo sie einen Sieg feyerte, sah ich sie zum erstenmal, und erkannte sie sogleich, nicht sowohl aus der Aehnlichkeit mit den Porträts, die ich von ihr gesehen, und die, in Betracht ihres hohen Alters, viel von ihrer Wahrheit verlohren haben, als vielmehr aus dem Blik der Majestät, der jedem, welcher die Ehre hat, ihr nahe zu kommen, auffallen muß. Sie hat die heftigsten Leidenschaften, und doch konnten sie grade diejenigen, denen die Natur den mächtigsten Trieb beygelegt hat, und denen ihr Temperament am meisten unterworfen zu seyn scheint, nicht zu der geringsten Ausschweifung verleiten. Sie ist vielleicht das größte und einzige Beyspiel in der Geschichte von einer Monarchin, über welche die Vernunft und Religion mehr Gewalt hatten, als der natürliche Trieb eines starken Temperaments, und die Schmeicheleyen der unumschränkten Gewalt. Wahrscheinlich hat die Liebe an der Wahl ihres Gemahls viel Antheil gehabt. Er war einer der liebenswürdigsten Ritter seiner Zeit, und von der Natur vortreflich ausgerüstet, die Gunst einer Dame zu behaupten. Sie hielt ihn strenge zu seiner Ritterpflicht an; aber sie erlaubte sich keinen zweydeutigen Blik auf einen andern Gegenstand, als den ihr die Religion zu lieben gebot. Umsonst sucht die scandalöse Kronik im Kabinet dieser großen Fürstin Anekdoten. Sie war die treuste Gemahlin unter tausenden

senden und hundert tausenden. Zehn noch lebende, wohlgebildete und starke Kinder sind Zeugen, daß ihr Gemahl ihre Liebe in vollem Maaß erwiederte. Nach seinem Tod entsagte sie mit einer heldenmüthigen Entschlossenheit allem Genuß der Liebe, und that ein Gelübde, ihn ewig zu betrauern, welches sie unverbrüchlich hält. Sie geht immer noch schwarz und ohne allen Schmuk. Wer staunt nicht, wenn er die Geschichten der Elisabethen, K.... und so vieler anderer Fürstinnen kennt?

Aber die nämliche heftige Liebe machte ihrem Gemahl doch manche bange Stunde; die Eifersucht muß Gewalt über ein Herz bekommen, dessen heftige Triebe bloß von der Religion eingeschränkt werden. Man weiß nicht, wie viel Anlaß ihr Gemahl dazu gegeben; aber man kennt einige Frauenzimmer, die sich aus der Stadt entfernen mußten, bloß weil der gegen jederman, und besonders gegen die Damen, sehr höfliche, Kaiser Franz denselben einige vertrauliche, und vermuthlich ganz unschuldige Komplimente gemacht.

Ihre Wohlthätigkeit, woran auch die Religion viel Antheil hat, geht fast bis zur Verschwendung. Sie versagt keiner Seele, die leidet, ihre Hülfe, und dem geringsten ihrer Unterthanen steht der Weg offen, seine Leiden zu klagen. Ihr Hauszahlmeister hat ihr fast gar nichts als Rechnungen von Almosen vorzulegen. Gegen die Wittwen, besonders die von Adel, ist sie vorzüglich freygebig. Sie giebt eine ungeheure Menge Pensionen zu 6000 Gulden, welches nach unserm Gelde fast 16000 Livres macht, und unter denen, welche so ansehnliche Pensionen genießen, sind viele Wittwen von Obristen, Hofräthen, u. dgl. m. Weil sie auf Hoheit hält, so will sie, daß jedermann seiner Geburt und seinem Stand gemäß leben soll.

Für die öffentlichen Stiftungen zeigt sie sich wirklich als Kaiserin. Die Bibliothek, die Schulen, die Kranken- und Armenhäuser kosten sie unermeßliche Summen. Man sagte mir, die Schulden, die sie durch ihre Freygebigkeit gemacht, beliefen sich weit über 20 Millionen Gulden, und einer meiner Bekannten will einen ziemlich genauen Ueberschlag gemacht haben, daß sie beynahe 3 Millionen Gulden jährlicher Pensionen einziehen könnte, ohne jemand das Nothdürftigste zu entziehen.

Und wer sollte glauben, daß unter dieser großmüthigen Fürstin das Verdienst doch öfters darben muß, während daß so viele Nichtswürdige ihre Wohlthaten genießen? Wer sollte glauben, die Religion könne über ihre natürliche Großmuth so weit siegen, daß sie einen Officier, der in ihren Diensten zu einem Krippel ward, nicht eher befördern wollte, als bis er die katholische Religion angenommen? Als dieser die Pfaffen einigemal von sich gewiesen hatte, und sah daß er mit aller Gewalt ein Schurk seyn sollte, um befördert zu werden, verließ er Wien und starb als holländischer General im Haag. Seitdem der jetzige Kaiser einigen Einfluß hat, ist von dieser Art, das Verdienst zu unterdrücken, nichts mehr zu befürchten; aber er muß doch sein ganzes Ansehen gebrauchen, um ähnlichen Auftritten, die allzeit mehr das Werk der Pfaffen als der Monarchin selbst sind, zuvorzukommen.

Ihr lebhaftes Temperament bricht oft in Jachzorn, Strenge und Unerbittlichkeit aus; aber sobald diese schnellen Bewegungen vorüber sind, sucht sie augenblicklich das wieder gut zu machen, was sie in der unbändigen Hitze allenfalls verdorben hat. Man erzählte mir einen Auftritt, der, wenn er auch nicht wahr seyn sollte, ihrem Karakter doch vollkommen entspricht. Ein Officier ließ sich wegen einem Gesuche, das er zu machen hatte, auf die Audienzliste schreiben. Es währte lange, bis die Reihe an ihn kam, die nach der strengsten Ordnung beobachtet wird. Endlich ward er vorgerufen. Kaum hatte er vor der Monarchin die spanische Kniebeugung gemacht, die bey ihr Etiquette ist, so brach sie in Vorwürfe, Schimpfungen und Drohungen gegen ihn aus, daß er zu Boden sinken wollte. Ihre Lebhaftigkeit machte ihre Augen in Feuer rollen, und die Bewegungen ihrer Arme war dabey so lebhaft, daß er wirklich in Forcht stand, sie möchte mit eignen hohen Händen eine kleine Exekution an ihm vornehmen. Er wollte zwey und dreymal das Wort nehmen; aber der Strom der Verwünschungen der Monarchin machte ihn taub und stumm. Er mußte warten, bis sie wirklich außer Athem gekommen war. Hierauf raffte er seinen Muth zusammen, und sagte, Ihre Majestät müßte ihn verkennen; er sey N. N. Sobald sie hörte, daß sie sich in der Person geirrt, bat sie ihn förmlich um Verzeihung, und ihr Eifer, alles wieder gut zu machen, gieng nun so weit, daß sie ihm eine ziemlich ansehnliche Pension aussetzte.

Sie ist nicht fühllos gegen den Ruhm; und sie ist stolz auf ihre Würde und die Größe ihres Hauses. Sie weint Freudenthränen, wenn sie davon hört, wie ihre Kinder, besonders der Kaiser und unsre Königin, von aller Welt angebethet werden. Dieser Familienstolz, und ihr lebhaftes Gefühl überhaupt sind Ursach, daß sie alle Fürsten, die sie bekriegt haben, für ihre persönliche Feinde hielt, und es keinem hat vergessen können. Die lezte Gemahlin des Kaisers, eine bayrische Prinzeßin, mußte es noch empfinden, daß ihr Vater ehedem sich beygehen ließ, ihr Böhmen, Oberösterreich und die Kaiserkrone zu rauben.

ben. Sie ließ sie die Vorzüge des Hauses Oesterreich vor dem Hause Bayern fühlen; aber die Fabeln, die man hierüber ersonnen hat, sind nicht werth widerlegt zu werden.

Mit Bewußtseyn hat diese große Fürstin nie unrecht gehandelt. Sie ist Weib, und ist es besonders in den guten Eigenschaften des liebenswürdigen Geschlechts mehr als sehr viele andere. Sie nahm es auch nicht Uebel, daß ihr ein naher Anverwandter einer andern großen Monarchin, dem sie über den Ruhm seiner Verwandtin Komplimente machte, zur Antwort gab. „Eure Majestät; meine Schwester ist doch nur ein Weib.„ Alle Tinten in Theresens Karakter sind Schattierungen eines sehr lebhaften weiblichen Karakters. Sie ist die treuste, aber auch die eifersüchtigste Gattin, die zärtlichste, aber auch die strengste Mutter, die freundschaftlichste, aber auch die gebietherischste Schwiegermutter.

Gar oft erhebt sich ihr Karakter über die Stärke eines Mannes. Die Entschlossenheit, womit sie nach dem Tod ihres Vaters ihre Erbschaft gegen so viele mächtige Ansprüche behauptete, hat ganz Europa staunen gemacht. Ihre Gerechtigkeitsliebe ist so unpartheyisch, daß sie gewiß ihre Ansprüche fahren ließe, sobald man sie überzeugen könnte, daß sie unrecht hätte, und wenn auch ihr Vortheil und ihre Ehre darunter leiden sollten. Der König von Preussen, ob er schon weiß, daß sie einen kleinen Groll gegen ihn mit sich ins Grab nimmt, hat sich doch auf die Gewissenhaftigkeit dieser Monarchin allzeit so sehr verlassen, daß er bey jeder Unterhandlung nichts angelegeners hatte, als durch die Minister des hiesigen Hofes durchzubringen, und seine Gründe der Monarchin selbst vor Augen zu legen. Der ganze Adel von Genua, wie mir ein holländischer Offizier von hohem Rang erzählte, der an der bekannten Revolution in Genua 1746 viel Antheil hatte, schrie unter der Tyranney des abscheulichen Botta einstimmig: „O wär es doch möglich! unsre Beschwerden vor die Kaiserin selbst zu bringen; gewiß es wäre uns geholfen!" Die Ausrufung dieser Republikaner zu einer Zeit, da sie von den österreichischen Waffen so hart mitgenommen wurden, ist die größte Lobrede, welche Theresia je hören konnte; aber sie hörte sie nicht.

Bey den vielen Kenntnissen, die sie besizt, fehlt es ihr an jener, welche unter allen zum Regieren die nothwendigste ist, nämlich an der wahren Kenntniß der Menschen. Sie ward nach der ehemaligen Gewohnheit ihres Hauses im Dunst der Hoheit erzogen, wodurch sie nie mit ihrem Blik in die Verhältnisse des bürgerlichen Lebens, in die Angelegenheiten der untern Volksklassen, und in das wahre Interesse der Nation eindringen konnte. Ihre ganze Erziehung war dazu angelegt, sie den falschen Vorstellungen der Schmeichler, den Betrügereyen der Pfaffen und den Vorurtheilen Preis zu geben, welche die Adelichen und Bürgerlichen, die Priester und Layen, zu wesentlich verschiedenen Menschenarten machen. Schmeichler und Pfaffen verleiten sie zu Gewaltthätigkeiten, die ihr Herz verabscheuen würde, wenn sie dieselbe im rechten Licht sähe. Bey dem unbedeutenden Aufstand der Bauern in einigen böhmischen Kreisen vor einigen Jahren wollte der Kaiser den Weg der Güte einschlagen. Er kannte die wahre Lage dieser armen Sklaven, die selbst nicht wußten, was sie wollten, und bloß vom Hunger herumgetrieben wurden. Man konnte ihnen wenig mehr zur Last legen, als daß sie einige Baronen aus den Betten gejagt hatten. Die Weiber der böhmischen Edelleute vermochten mit einigen geborgten Thränen die Kaiserin dahin, daß man Soldaten gegen die sogenannten Rebellen ausrücken ließ, und daß viele als Hochverräther aufgehängt wurden, die im Grunde nichts als Opfer ihres Hungers waren. Es war um die Zeit der bekannten Misjahre, wo sich eine Theurung über ganz Europa ausbreitete, die besonders in dem so getreidereichen Böhmen eine schrökliche Hungersnoth veranlaßt hatte. Der Kaiser wußte, daß der Geiz der Güterbesitzer, besonders der Pfaffen, die vornehmste Ursache dieser Hungersnoth war. Um das Schiksal seiner Böhmen zu erleichtern, drang er auf die Aufhebung der Leibeigenschaft, die einem Staat so nachtheilig ist. Die Anhänglichkeit seiner Mutter an den Adel widersezte sich einem Entwurf, wodurch das von der Natur so begünstigte Böhmen in kurzer Zeit zu einem der blühendsten Reiche werden müßte. Die Kaiserin glaubte gegen ihr Gewissen zu handeln, wenn durch die Ausführung dieses Entwurfs ein kleiner Theil ihrer Unterthanen nur das geringste von seinem Einkommen verlieren sollte, und bedachte nicht, daß der Adel und die Pfaffen den Schweiß und das Blut so vieler tausend ihrer Unterthanen in Müßiggang verschwelgen.

Ein uneingeschränkter Regent, der nicht Menschenkenntniß genug besizt, um die Leute, die ihn umgeben zu übersehn, zu durchschauen, ist der abhängigste Mensch in seinem Staat. Bey all ihren Einsichten in so verschiedenen Sachen, bey all ihrer Obergewalt kann es die gute Monarchin doch nicht rügen, daß sie fast von allen Leuten betrogen wird. Sie glaubt mit ihren Kuschheitsanstalten allen Sünden zuvorgekommen zu seyn, und es ahndet ihr nicht, daß sie so viele Weiber, denen sie allen so viele Enthaltsamkeit als sich selbst zutraut, durch ihre Anstalten selbst zu Ehebrecherinnen macht. Sie denkt nicht daran, daß, indem sie einen Theil des hiesigen unverheyratheten Frauenzimmers gegen die Anfälle der Mannsleute sicher setzt, der böse Geist unterdessen die Fahne mit doppelter Wuth gegen die Frauen schwingt, die unzählige und unentdekbare Hinterthüren haben, welche dem Feind, vor dem sie öffentlich das Kreuz machen, zu jeder Zeit offen stehen. Sie würde verzweifeln, wenn sie nur den Theil der Hörner sehen könnte, welche die hiesigen Männer unter ihren Verüken und Frisuren herumtragen. Man versicherte, die Monarchin habe eine gewisse Art der jungen Leute, ihr Haar zu binden, besonders bey den Schülern des Theresianums sehr ärgerlich gefunden; und doch weiß ich von einem Grafen, der ehedem in diesem Institut war, daß es der neuverordneten keuschern Haarzöpfe ungeachtet, durchaus mit gewissen stummen Sünden angestekt war, und vielleicht noch ist, die ungleich abscheulicher und schädlicher sind, als die Sünden, worauf die Keuschheitskommißion Jagd machen soll. Ich kenne eine Frau, die, um sich und ihrer schönen Tochter den Titel eines Unterhaltes zu verschaffen, dieselbe auf ein kleines Theater gab, von dem sie aber kaum so viel bekommt, daß sie ihre Haarnadeln damit bezahlen könnte. Das Theater ist zu Paris auch mehr der Titel als der wirkliche Unterhalt der Tänzerinnen, Sängerinnen und Aktrizen; aber das Eigne ist hier, daß die Mutter ihre feile Tochter von der Probe aus dem Theater gerade in die Kirche führt, wo sie beyde mit niedergeschlagenen Augen und der frömmsten Mine anlangen, rasselnden

P 5 Rosen-

Drey und zwanzigster Brief.

Rosenkränzen beten, um sich bey der Polizey in den Ruf der Heiligkeit zu bringen. Viele Hofleute, welche um die Gunst der Monarchin buhlen, wissen keinen bessern Weg zu ihrem Zwek, als fleißig die Hofkirche zu besuchen. Ich kenne einen sogenannten Gelehrten hier, der ein Gebetbuch aus dem Französischen übersezte, und es der Kaiserin dedicirte, um nebst einem Geschenke, auch die Anwartschaft auf eine Hofstelle zu bekommen. Er erreichte seinen Zwek. Die Kaiserin hielt ihn für einen frommen Mann, und er war unverschämt genug, im Kreis seiner Vertrauten der guten Monarchin zu spotten. Mit der Bücherzensur verhält es sich eben so. Die Monarchin würde zu Boden sinken, wenn sie nur eine von den tausend hiesigen Privatbibliotheken sehen sollte, worin man alle die vornehmsten der ketzerischen und skandalösen Schriftsteller findet, die sie durch ihr Zensurkollegium und ihren Index, der dicker ist als der römische, auf ewig aus ihren Landen verbannt zu haben glaubt. So wird sie durch ihre eigne Anstalten, deren völlige Fruchtlosigkeit genug beweist, daß sie unnatürlich sind, von aller Welt betrogen, und hängt bloß von dem gleißnerischen Schein ihrer Unterthanen ab. Das schlimmste ist, daß ein großer Theil derselben zur Heucheley gezwungen wird.

Wien —

Um sich einen richtigen Begrif von der hiesigen Regierung, wie sie izt wirklich ist, zu machen, muß man sich drey Partheyen denken, die sehr von einander verschie-

Vier und zwanzigster Brief.

ben sind. Die erste und stärkste ist jene der Kaiserin. Sie besteht, nebst der Hauptperson, aus dem Kardinal Migazzi, hiesigen Erzbischof, aus einigen Mönchen, besonders Kapuzinern, und einigen alten frommen Damen, die der Monarchin sogar mit Nachahmung der Trauerkleider derselben schmeicheln. Diese Parthey geht immerfort mit Keuschheitskommißionen, Bücherverbothen, Vertreibung gefährlicher Lehrer und Prediger, Beförderung von Heuchlern, Aufrechthaltung der päbstlichen Monarchie und Verfolgung der sogenannten neuen Philosophie schwanger. Ein großer Theil des alten Adels, dessen Rechte mit jenen der Pfaffen auch wirklich in Verbindung stehen, dient dieser Parthey zum Rükhalt.

Die zweyte Parthey ist jene des Kaisers. Diese liegt mit der ersten in einem unaufhörlichen Kampf. Sie ist mit Verbesserung der Geseßgebung, mit Beförderung des Ackerbaues, der Handlung und Industrie überhaupt, mit Untergrabung der Gewalt der Dummheit und ihrer Trabanten, mit Verbreitung der Philosophie und des Geschmaks, mit Beschneidung der unbegründeten Rechte des Adels, mit Beschüßung der Niedern gegen die Unterdrückung der Großen, und mit allem dem beschäftigt, was Erdengötter thun können. Eine Hauptstüße dieser Parthey ist der Feldmarschall Lascy, dessen Art die Mönche und ihren Anhang zu bekriegen gerade die nemliche ist, womit er vor einigen Jahren dem König von Preußen in Böhmen die Spize both; nemlich es ist die vertheidigende Art Krieg zu führen, die auch der Graf von Sachsen wohl kannte. Er legt dem Kaiser die Plane von verschanzten Lagern, Zikzakmärschen und vortheilhaften Retiraden vor, und der General

Migazzi

Migozzi mit seinen braunen, schwarzen, weissen, halb-schwarzen und halbbraunen Truppen mußte oft schon das Feld räumen, und das Winterquartier beziehen, ohne schlagen zu können. Diese zwey Partheyen, die offenbare Feinde sind, pflegen durch Vermittelung der dritten unabläßig Unterhandlungen mit einander.

An der Spitze der leztern steht Fürst Kaunitz, einer der größten Staatsmänner unsrer Zeit, der sich durch seine Verdienste um das kaiserliche Haus in das Vertrauen der Kaiserin und ihres Sohnes gesezt hat, und würdig ist, der Vermittler zwischen beyden zu seyn. Im Herzen mag er mehr der Parthey des Kaisers anhängen, als den Grundsätzen seiner Frau Mutter; aber es ist ienem selbst daran gelegen, an ihm einen Vermittler zu haben, der bey der Monarchin Ansehen genug hat, um bey derselben ihren philosophischen Operationen die Farbe von Religiosität zu geben, ohne welche sie ihren Zwek nie erreichen könnte. Er maskirt die Märsche des Kaisers und seines großen Feldmarschalls, und so wachsam auch der Kardinal mit allen seinen vortreflichen Spionen ist, so mußte er doch öfters schon kapituliren, noch ehe er wußte, daß der Feind im Anmarsch sey. Fürst Kaunitz hat zwar einen Zug in seinem Karakter, der jeden, welcher ihn kennt, glaubend macht, daß er einige wirkliche Anhänglichkeit an die Kaiserin haben müsse, so wenig er auch für die übrigen Grundsätze derselben eingenommen seyn mag. Von der Anhänglichkeit, welche jeder Minister seinem Hof schuldig ist, ist hier die Rede nicht. Ich betrachte hier bloß das Personnelle. Dieser Zug ist seine große Liebe zur Pracht und zu einem starken Aufwand, welche der großen Sparsamkeit des Kaisers so stark widerspricht. Choiseul, der Herzensbruder des Fürsten Kaunitz, gibt keine prächtigere Tafeln zu Paris, wo er doch so berühmt in diesem Punkt ist, als der hiesige Minister. Beyde haben eine Politik und eine Lebensart mit einander gemein. Bey dem Fürsten Kaunitz wird es gegen 11 oder 12 Uhr Morgen; die Mittagstafel beginnt um 4 oder 5 Uhr, und währet bis 7 oder 8 Uhr und noch länger, wenn er kein Schauspiel besucht, und bey den Soupees um Mitternacht findest du, nebst den fremden Ministern, reisenden Standespersonen, und hiesigen Hofleuten, öfters auch die ausgesuchtesten Künstler, Gelehrten, Schauspieler und Schauspielerinnen. Er ist zum Theil gezwungen, diesen Aufwand zu machen; denn er macht die Honneurs des Hofes, wofür ihm die Kaiserin 50000 fl. nebst seiner Besoldung, jährlich ausgesezt haben soll. Aber diese Honneurs sind dem Kaiser zu kostbar. Der Fürst, welchem es als einem alten gemächlichen Manne unmöglich ist, seine Lebensart zu ändern, kann es also auch mit der Kaiserin und dem Hofbanquier nicht ganz verderben; und ob er schon gewiß weiß, daß der Kaiser seine Verdienste zu hoch schäzt, als daß er bey einer Veränderung in Gefahr stünde, etwas von seinen ansehnlichen Appointements zu verlieren, so können doch ausserordentliche Fälle kommen, wo eine freygebige Freundin der Geistlichkeit einem sparsamen Philosophen, der mit seinem Sistem harmonirt, die Waage hält.

Die Einschränkungen der Klöster, die neuen Schuleinrichtungen, die vielen Bücher, welche ans Licht treten, und die Beförderungen zu geistlichen und weltlichen Ehrenstellen geben allen drey Partheyen vollauf zu thun. Der lezte Punkt gibt besonders viel zu streiten

und

und zu vermitteln. Kaum ist eine Stelle ledig, so wird die Kaiserin augenbliklich von ihren Damen und Pfaffen mit Rekommendationen und Supplikationen bestürmt, und gemeiniglich kommt der Kaiser, welcher seinen Mann immer nur nach dem Verdienste wählt, mit seinem Kandidaten zu spät. Der unglüklichen Wahl der Kaiserin, nach Rekommendationen und Suppliken, hat man hauptsächlich die Unthätigkeit zu verdanken, welche hier fast in allen Dikasterien herrscht. Gar viele Räthe und Assessoren arbeiten platterdings nichts. Es ist hier große Mode, sich um ein kleines Geld einen Subalternen zu dingen, der die Geschäfte versehen muß. Sehr viele Staatsbedienten könnten nicht einmal arbeiten, weil sie sich zu den Geschäften, wovon sie den Titel haben, nie fähig zu machen suchten. Und doch gibt es eine Menge Hofräthe hier, die 6 bis 8 tausend Gulden ziehen. Einige, die besonders viel arbeiten wollen, bringen sich noch viel höher. Man nannte mir einen, der jährlich auf seine 18000 Gulden kommt, aber sie auch durch seinen unermüdeten, aber hier höchst seltenen Fleiß verdient. Unter dieser Klasse der Hofbedienten herrscht ein unbeschreiblicher Luxus. Der gnädige Herr, denn alle Räthe sind gnädige Herren, muß seinen Kammerdiener haben; und gar oft hat die gnädige Frau auch den ihrigen. Es ist hier nicht wie bey uns, wo der Kammerdiener fast die verächtlichste Person unter den Laquayen ist. Hier folgt er unmittelbar auf den Haushofmeister, und versieht gar oft die Stelle eines Sekretärs, dem er auch allzeit den Rang streitig macht. Wenn es nur äusserst möglich ist, so muß der gnädige Herr, dessen Geschäfte so unbedeutend als sein Titel sind, auch seine Equipage haben. Vielleicht ist

ausser

außer dem türkischen kein Hof in Europa, der, was die Bedienungen vom zweyten Rang betrift, seine Bedienten so gut bezahlt, und doch dabey so schlecht bedient wird, als der hiesige. Der Kaiser bekommt mit der Zeit eine herkulische Arbeit, um seine Dikasterienstelle zu reinigen.

Seit mehrern Jahren hat die Kaiserin ihrem Sohn die Verwaltung des Kriegswesens uneingeschränkt überlassen. Das Militäre ist also der einzige Stand, dessen Glieder bloß vom Kaiser abhängen, und beym ersten Blik sieht man, daß dieser Stand zu einer Vollkommenheit gebracht ist, die mit der Unordnung im Civilstand und Kirchenwesen stark absticht. Es ist schon lange bekannt, daß die Unterthanen des Hauses Oesterreich von Natur vortrefliche Soldaten sind. Es fehlte der Armee meistens nur an aufgeklärten und patriotischen Kommandanten, an besserer Disciplin und an richtiger Zahlung. Die Finanzen des Hofes waren bis unter der Regierung des vorigen Kaisers in der größten Verwirrung, und die Engländer und Holländer mußten immer das meiste zur Unterhaltung der kaiserlichen Truppen beytragen. Kaiser Franz legte durch Verbesserung des Finanzwesens den Grund zu der fürchterlichen Größe, worauf dieses Haus nun gestiegen ist, und die immer fürchterlicher wird. Nun hat der hiesige Hof auch zu den größten Unternehmungen keine fremden Subsidien mehr nöthig. Zur Bildung der Armee fehlte es also nur noch an einem Mann, der sowohl die ökonomische Einrichtung, als auch die gute Disciplin und die Theorie der großen Operationen verstund. Diesen Mann fand der Kaiser an dem General Lascy, der ohne Zweifel eines der größten Genies unsers

Jahr-

Jahrhunderts ist. Wie klein sind viele der gepriesenen großen Geister neben einem Mann, der mit dem nemlichen philosophischen Blik die Regierung, die Staatswirthschaft, das Verhältniß des Staates gegen die übrigen europäischen Mächte, und dann eine Armee von ohngefehr 250000 Mann so durchschaut, daß er für die allerkleinsten Kleidungsstücke des Soldaten Sorge trägt; der mit gleicher Anstrengung und mit gleich glüklicher Beurtheilungskraft in einer Stunde Plane zu Märschen und Lagern entwirft; in der andern den Schneidern Muster zu bessern Kamisölen vorlegt, und den Schustern einen bessern Schnitt von Soldatenschuhen vorschreibt, in der dritten mit dem Kaiser Verbesserungen des Justizwesens und der großen Staatsverwaltung entwirft; in der vierten die kleinsten Griffe der Handmanövers zu simplifiziren sucht; in der fünften die Magazine durchschaut und besser anordnet, und dann in der nächsten Stunde über jeden Gegenstand der Weltweisheit, der ihm in den Wurf kommen mag, zu seiner Erholung sokratisirt. Gewiß, wenn die Menge deutlicher Begriffe den Verstand eines Menschen ausmacht, so sind dem Feldmarschall hierin wenige zu vergleichen. Wer weiß, was zur genauen Kenntniß der Artillerie, Kavalerie und Infanterie, zur Kombination dieser verschiedenen Massen und ihrer Bewegungen, und zum lokalen Gebrauch derselben vonnöthen ist, der wird nicht begreifen können, wie ein Kopf, der alles das umfaßt, sich noch mit den Knöpfen an den Hosen der Soldaten beschäftigen könne. Und doch ist das alles zusammen nur ein kleiner Theil seiner deutlichen Begriffe. Seine geographischen, statistischen, kameralischen, landwirthschaftlichen, und noch viele andere Kenntnisse erstrecken

sich

sich mit der nemlichen Deutlichkeit bis ins kleinste Detail. — Fast schäme ich mich, es niederzuschreiben. — Dieser große Mann ist, aller seiner Verdienste ungeachtet, bey dem großen Haufen, und auch bey der Armee, deren wahrer Vater er ist, fast allgemein gehaßt. Er verlor die Liebe der Offiziers, weil er ihnen die Gewalt nahm, ihren Souverän zu betrügen. Ehedem lieferten die Kapitäns die Bedürfniß für ihre Kompagnien, und sie waren durchaus gewohnt, sich bey dem Tuch, den Hüten, Schuhen u. dgl. wenigstens noch zweymal so viel zu machen, als ihr Sold betrug. Die höhern Offiziers standen gemeiniglich mit den Zahlmeistern in einem Vertrag, und stekten mit denselben einen Theil der Kriegskasse neben ein. Alles das hört nun auf. Ungeheure Magazine liefern auf Kosten des Kaisers dem Soldaten alles, was er nöthig hat. Er bekommt seinen Sold richtig auf die Stunde, ist besser gekleidet, als kein Soldat in Europa, und wird zu einer Menage angehalten, die seiner Gesundheit und seiner körperlichen Stärke sehr zuträglich ist. Der Lohn für diese vortrefliche Einrichtung des großen Feldmarschalls ist Hohn und Spott. Die Pfaffen, welche wissen, daß er nicht ihr Freund ist, helfen ihn vollends in bösen Ruf bringen; aber er ist Mann dazu, den ganzen Schwarm der Elenden zu verachten, und das Vergnügen zu schmecken, auch Undankbaren Gutes zu thun.

Der schwarze Stand, an dessen Spitze der Kardinal Migazzi steht, ist unter sich getheilt. Der größte Theil denkt zwar wie sein Oberhaupt, das heißt, gut bellarminisch, und, wo es nur möglich ist, einen Exjesuiten anzubringen, da unterläßt es der Kardinal gewiß nicht; allein in diesem Stand ist die Verstellung

Q   unend-

unendlich leicht, und Migazzi kann es nicht hindern, daß nicht öfters ein Wolf unter einem Schaaffell in seine Heerde einschleichen sollte. Es sind schon sogar einige Bischöffe da, von denen der Kardinal nichts weniger erwartet, als daß sie mit der Zeit selbst Hand an seine Hierarchie legen würden, und die doch gewiß nur den Wink des Kaisers dazu erwarten. Unterdessen thut er alles, was möglich, um wenigstens die öffentliche Lehre auf den Schulen und Kanzeln rein zu halten. Sein apostolischer Eifer wird öfters Kühnheit. Vor einigen Jahren unterstand sich ein hiesiger Mönch, ich glaube ein Jakobiner, auf der öffentlichen Kanzel zu predigen: „Die Geistlichen seyen dem Landesherrn, wie seine übrigen Unterthanen, Gehorsam schuldig. Da sie mit denselben gleichen Schuz und gleiche Vortheile genössen, so wären sie verbunden, auch die Auflagen des Landes zu tragen. Die Kirche wäre durch ihren Uebermuth und durch die Schwäche der Regenten in den finstern Zeiten zu einem Ungeheuer geworden, welches die ersten Kristen nicht mehr erkennen würden. Jeder Landesherr sey verpflichtet, das Kirchenwesen nach dem Wohl seines Staates zu verbessern." u. dgl. m. Der Kardinal, dem gewiß keine Predigt entgeht, fiel, wie gewöhnlich, über den patriotischen Mönch her. Der Kaiser machte Mine, seine Parthey mit allem Nachdruk zu nehmen. Der schlaue Erzbischof zog die Hand zurük, aber nur, um seinen Raub gewisser zu haschen. Der Kaiser verreiste; und nun bekam der gute Mönch seine Inquisizion. Er ward als ein Gefangener in ein Kloster nach Oesterreich gebracht, wo er sich noch befindet. Der Kaiser konnte bey seiner Zurükkunft nichts thun, als diesen Streich des Kardinals

zu

zu den vielen andern dieser Art in sein Souvenir zu schreiben.

Die Bücherzensur ist der glänzendeste Triumph der erzbischöflichen Parthey. Man muß alle die Thorheiten, welche dieses Kollegium begeht, nicht den Zensoren selbst auf die Rechnung setzen. Ich kenne verschiedene dieser Herren als sehr aufgeklärte und philosophische Köpfe. Sie sind bey jedem Werk, welches ihnen unter die Hände kommt, unendlich schlimmer daran, als das Werk selbst. Alles, was geschrieben werden kann, ist nicht an sich selbst, sondern nur bezugweise ärgerlich, und es ist eine platte Unmöglichkeit für die Zensoren, eine so bestimmte und vollständige Vorschrift abzufassen, daß nichts übrig bleiben sollte, woran sich nicht ein Theil des Publikums ärgern könnte. Nun schwitzen sie über den Manuscripten, die ihnen vorgelegt werden, daß es zum Erbarmen ist. Ich sah einige Manuscripte, welche die Zensoren, um alles Anstößige zu vermeiden, zu ganz neuen Werken umgearbeitet hatten. Sie glaubten ihre Sache recht gut gemacht zu haben. Das Buch tritt unter der Presse hervor, und nun kömmt eine alte Dame, oder ein Neider des Verfassers, oder ein halbverrükter Mönch, oder sonst ein Narr oder ein Schurke, und beweist Aergerlichkeiten, die keinem vernünftigen und ehrlichen Mann auffallen konnten. Es ist bekannt, daß sich einer einmal an den Wörtern: Vater unser, sogar auf dem Todbette geärgert hat. Und nun bekommt der Zensor richtig seinen derben Verweis. Der Theaterzensor bekam schon öfters Verweise, daß er die Wörter: Teufel, Hure, Ehebrecher, Saperment, verflucht, Pabst u. dgl. m. pasiren ließ: Oft findet ein Großer eine Personalität

lität in einem Werke, wovon dem Zensor nicht träumen konnte, und nun muß wieder der arme Zensor die Einbildung der Großen büssen. Ein besonderer Stein des Anstoßes für die Zensoren sind die Bücher, welche über die österreichische Staaten selbst geschrieben sind. Der Hof, nemlich jener der Kaiserin, scheint zur Beurtheilung dieser Schriften den Grundsaz angenommen zu haben, daß man alles, was Oesterreich heißt, loben müsse. Wenigstens werden die meisten Werke, worin etwas österreichisches getadelt wird, unterdrükt und verboten. — So weit, Bruder, ist es bey uns doch nicht gekommen. Wir haben eine Menge mit königlichem Privilegium gedrukte Bücher aufzuweisen, worin die Mißbräuche unserer Regierung gerügt werden. — Das theologische Fach ist für die Zensoren das bestimmteste. Da haben sie nur alles, was dem Bellarmin, Suarez, Sanchez, Molina, Busenbaum, Baronius und ihren Konsorten widerspricht, auszustreichen, und so ist die Sache geschehen. Wie das Reich der Wissenschaften in diesen Umständen hier bestellt seye, das will ich dir in meinem nächsten Briefe sagen.

⸺⸺⸺⸺⸺⸺⸺⸺⸺⸺

Wien —

Die Kräfte der Seele verhalten sich wie die Kräfte des Körpers. Die mannichfaltige, freye und angestrengte Uebungen, das Schwimmen, Fechten, Ringen, Tanzen, Laufen u. dgl. m. geben dem Leibe Ründung, Festigkeit und Stärke. In der trägen Ruhe, wenn er an einförmige, erzwungene Bewegungen gebunden

Fünf und zwanzigster Brief.

bunden ist, wird er schwach, schief und kränkelnd. Wenn sich die Seelenkräfte eines Volks entwickeln sollen, muß man dem Geist auch seine gymnischen Spiele gestatten. Die Freyheit der Bewegung hat für den Körper die Wirkung, welche die Freyheit zu denken, für die Seele hat, und ein unnatürlicher Zwang macht den Körper und die Seele gleich schief und steif.

Unter allen Völkern, welche die Geschichte kennt, sind die Griechen und Römer diejenigen, bey welchen die Philosophie am wenigsten mit der Religion in Verbindung stand. Vielleicht ist die Haupturfache, daß ihr Geist einen Schwung gewann, den die Aegyptier, Babylonier und Kaldäer nicht kannten, weil die Philosophie und alles, was Wissenschaft heißt, bey diesen Völkern ein ausschließliches Eigenthum der Pfaffen war, deren Interesse erfoderte, daß das gedankenlose Volk sich von ihnen führen ließ, und ihr Wissen unter Hieroglyphen verstekt blieb. Alles, was einige Griechen auf ihren gelehrten Reisen am Nil und Euphrat gestoppelt haben, waren keine Produkte eines sehr fruchtbaren Genies, sondern nur mühsame Erforschungen, die das Schwerfällige des Mönchsstudiums in einer progreßiven Anstrengung auf einen bestimmten Gegenstand verriethen. Ihre sogenannte Philosophie konnte nicht für das Volk wohlthätig werden, nicht das Gefühl und den Geschmak verfeinern, noch über das bürgerliche Leben und die Gesetzgebung Licht und Wärme verbreiten; denn das Volk selbst nahm keinen Theil daran, als in sofern ihm das Resultat des Klosterstudiums als ein trokenes Gesetz vorgeschrieben wurde, dessen Sinn es nicht einsah.

Als man in dem neuern Rom den schönen Traum

Q 3

ent-

entwarf, sich zum Herrn der Erde zu machen, indem man sich in Besiz der Meynungen der Menschen sezte, mußte man natürlich das ganze Reich der Wissenschaften dem Zepter der Religion zu unterwerfen suchen. Die Rundung der Erde, die Sonnenflecken, und noch bis zu unsern Zeiten auch das kopernikanische System mußten von Mönchen nach der Schrift, nach den Kirchenvätern, Konzilien und päbstlichen Bullen beurtheilt werden. Alles bezog sich auf die Religion, und hätte man nicht mit aller Gewalt auch die Kassen der Fürsten dahin beziehen wollen, so lägen wir vermuthlich noch in der fühllosen Dummheit des eilften Jahrhunderts.

Nach der Reformation blieb der Gebrauch, alles durch die Brille der Religion zu betrachten, noch ziemlich lange. Die Pfaffen der Protestanten konnten die alte Gewohnheit, Herren aller Moralität zu seyn, lange nicht ablegen. Sie untergruben zwar durch die Trennung ihre eigne Macht; aber nur nach und nach, und ohne ihr Bewußtseyn. Wenn gleich Luther die Güter der Geistlichkeit den Regenten preiß gab, so sieht man doch deutlich genug aus seinen Schriften, daß er sich in seinen Gedanken als Reformator der Kirche, weit über alle weltliche Macht, und über alle Aussprüche der Fakultäten hinaussezte. Kalvins Uebermuth und Unterdrückungsgeist, was Meynungen betrift, ist bekannt. Ihre Nachfolger behaupteten noch lange ihre eingebildete Herrschaft über die weltliche Macht und das Gebiethe der Wissenschaften. In verschiedenen Gegenden sind sie noch wirklich im Besiz derselben — Wir müssen unserm Jahrhundert Gerechtigkeit wiederfahren lassen, und gestehen, daß die Freyheit zu denken, und die wahre, menschenfreundliche Philosophie, seit den

Zeiten der Römer und Griechen, erst in demselben sich merklich ausgebreitet haben.

Ohne Widerrede haben die Engländer viele Vorzüge in diesem Betracht vor den andern europäischen Völkern dieses Jahrhunderts. Die Regierungsform trägt viel dazu bey; aber vielleicht noch mehr die konstitutionsmäßige Duldung der Episkopalen, Presbyterianer, Independenten und so vieler Sekten, die wegen ihrer Trennung und Verschiedenheit keinen gemeinschaftlichen Plan machen konnten, über die Meinungen des Volks zu tyrannisiren. Es war sehr natürlich, daß die Britten sich wegen der Mannichfaltigkeit ihrer Religionssekten, die fast gleiche Rechte im Staat zu geniessen haben, nach und nach gewöhnen mußten, das Reich der Wissenschaften, die gesezgebende Macht und das bürgerliche Leben unabhängig von der Religion zu betrachten, während daß sich die Geistlichkeit in Schweden, Dännemark, verschiedenen deutschen Fürstenthümern, und sogar auch in einigen protestantischen Republiken immer noch gewisse Bedrückungen des Gewissens und des Denkens herausnehmen durfte, weil sie eine allein herrschende Kirche bildete. Der Geist der Engländer, der von nichts gefesselt war, nahm also den Adlerpflug, womit er sich über die Nationen seines Jahrhunderts geschwungen hat. Ihre Philosophen verzeihten sich ihre oft sehr widersprechenden Spekulationen. Sie hatten ihre Zyniker, ihre Pythagoräer, Platoniker, Epikuräer u. dgl. m. aber alle waren, wie die Alten, über die wesentliche Pflichten des Menschen und des Bürgers einig, und die Verschiedenheit ihrer Spekulationen sezte die Gegenstände nur in ein hellers Licht. Auch in den bloß kalkulirenden Wissenschaften

äusser-

äusserten sie die Energie ihres Geistes, die er sich durch die freye Uebung in den mannichfaltigen Feldern der Wissenschaften eigen gemacht hat. Es kam wohl auch zu Radotereien, zu lächerlichen Hypothesen, und zu den seltsamsten Schwärmereyen; aber diese Ausschweifungen sind von der Freyheit zu denken, so unzertrennlich, wie gewisse Mängel von der bürgerlichen Freyheit, und alle Mißbräuche können nicht gehoben werden, ohne den guten Gebrauch einer Sache selbst zu hindern.

Von unserer Nation brauche ich dir mehr nicht zu sagen, als daß die Freyheit zu denken, bey uns von der Regierung vielweniger eingeschränkt wird, als in sehr vielen Staaten, die sich frey nennen, und auch vielweniger durch die Religion, als in manchen protestantischen Ländern. Ich muß nun zu meinen Wienern zurük, zu welchen ich einen ziemlich weiten Umweg genommen habe.

Vom Rhein an bis hieher, hörte ich so viel von den vortreflichen Schulanstalten in Oesterreich, von dem grossen Aufwand der Kaiserin, für die Erziehung ihrer Unterthanen und für die Wissenschaften und Künste, daß ich mir auf der ganzen Reise Wien als das deutsche Athen dachte. Aber vielleicht war meine übertriebene Erwartung gröstentheils schuld, daß ich bey weitem das nicht fand, was ich erwartete. Die Schulen für die kleine Jugend sind von allen öffentlichen Instituten noch das Beste, ob man gleich den Kindern viele Dinge mitunter einbläut, die sie in ihrem Leben nicht gebrauchen können, und die zu nichts dienen, als sie zu jungen Pedanten oder Charlatans zu machen; ob man ihnen gleich noch die christliche Lehre und Moral als einen Unsinn vorträgt, der weder ihren Kopf erleuchten,

noch

noch ihr Herz erwärmen kann, und ob man gleich noch nicht genug Sorge für ihre Sitten trägt. Diese Mängel werden durch die mannichfaltigen Begriffe die man ihnen von der bürgerlichen Industrie, vom Handlungswesen, Ackerbau, u. dgl. m. nach und nach beyzubringen sucht, in etwas wieder ersezt, und die hiesigen Schulen sind unter allen katholischen, die ich bisher in Deutschland gesehen, die einzigen, worinn man die Kinder mehr zu guten Bürgern als zu Mönchen zu bilden sucht. Unterdessen herrschen schon in diesen Kinderschulen die zwo mächtigen Triebfedern des hiesigen Staates: Blinde Subordination und Mönchsglauben. Da sie demungeachtet viel Gutes haben, warum erlaubt man noch so vielen Familien die Privaterziehung durch Französinnen, die gemeiniglich verlaufene Huren, oder stolze Kammermädchen sind, welche hier lieber Gouvernantinnen heissen, als in Frankreich die Stuben kehren und die Betten machen wollen? Warum duldet man noch den Schwarm der französischen und italiänischen Abbés bey den jungen Herren, die oft viel schlimmer sind, als Huren? — Ueberhaupt merkt man auch diesen Anstalten noch an, daß sie ganz neu, und nach keinem vesten, durchgedachten System angeordnet sind. Der Eigensinn und die Eitelkeit der Projekteurs, welchen sie zu sehr ausgesezt sind, geben oft zu widersinnigen Veränderungen Anlaß. Auf das Publikum im Ganzen, haben sie auch noch keinen Einfluß gehabt.

fentlich und ganz frey gelesen, die man bey uns nur in Privatstunden und zwar nur um einen sehr hohen Preis hören kann. Z. B. verschiedene lebende Sprachen, die politischen Wissenschaften u. dgl. m. Aber es herrscht fast durchaus noch eine Barbarey, die jeden Menschenfreund den großen Aufwand der Monarchin bedauern macht. Der Verfasser der Voyages en différens pays de l'Europe (von 1774 bis 76) sagt, er habe auf einer österreichischen Universität öffentlich den Satz vertheidigen hören: Alles Haab und Gut der Unterthanen sey das wirkliche Eigenthum des Landesherrn. Ich weiß nicht, ob es wahr ist; aber das weiß ich, daß sich kein Lehrer des Naturrechts hier getraut, zu behaupten: Der Landesherr habe seine Verbindlichkeiten gegen seine Unterthanen, so wie diese die ihrigen gegen ihn. Man sagte mir, das jus naturæ eines salzburgischen Benediktiners, worinn dieser Satz stand, wäre einigen hiesigen Censoren sehr anstößig gewesen, und man habe einem gewissen Herrn, der es mit sich hieher gebracht, freundschaftlich gerathen, es ausser Lands zu schaffen. Das römische Recht mit allen seinen von unserer Verfassung und unsern Gebräuchen so weit entfernten Begriffen erhält sich noch auf dieser so berühmten Universität, und muß immer noch die Kandidaten der Richterstühle zu Pedanten und falschen Räsonneurs machen. Wer das jus publicum von Deutschland zu Straßburg gehört hat, und einen hiesigen Professor darüber lesen hört, der wird nicht glauben können, daß von einem und dem nämlichen Staat die Rede seye. Dort wird das deutsche Reich als eine Republik vorgestellt, worinn der Kaiser ohngefähr das Ansehn eines Konsuls oder Diktators hat, und hier macht man es zur uneingeschränktesten Monarchie. Un-

sere

sere Theologie ist von Natur barbarisch; aber glaubst du wohl, daß ich hier eine ganze Stunde de immaculata Conceptione Mariæ habe lesen gehört? Ein andermal hörte ich einen solchen subtilen Doktor gar ernstlich untersuchen, ob die Leute, die es allenfalls vor Adam gegeben hat, mit der Erbsünde besteckt gewesen. Die theologische Moral giebt man noch nach dem Busenbaum, Voit und ihren Konsorten. Ich hörte Beschreibungen von Unzüchtigkeiten in der öffentlichen Schule, die ein profanes Buch nothwendig in den Index librorum prohibitorum bringen müßten. Aber es ist wahr, Busenbaum sagt in seiner Bordelmoral, es wäre erlaubt über die Moral öffentlich zu lesen, wenn auch gleich die Schüler gewisse sündliche Regungen empfänden, und wenn auch sogar gewisse sündliche Ergießungen darauf erfolgen sollten. Es wäre um das mehrere Gute zu thun, meynt er, das die Schüler in den Beichtstühlen stiften würden. In dem metaphysischen Hörsal fand ich die Quintessenz der Pedanterie und Charlatanerie. Es fiel mir eben nicht sehr auf, daß der Herr Professor sehr umständlich bewies, zwey einfache Wesen könnten sich nicht küssen und umarmen; und es wäre nicht unmöglich, daß ein und das nämliche Ding in einem und dem nämlichen Augenblick einige tausendmal an verschiedenen Orten existire. Nun konnte ich nicht gleich begreifen, warum man die leztere Untersuchung, die ich mich in einem metaphysischen Werke noch nie erinnere gelesen zu haben, hier auf die Bahne bringt. Endlich fiel mir ein, daß es dem Herrn Professor, der ein Geistlicher war, darum zu thun seyn mochte, die Koexistenz Kristi im Sakrament auf den vielen Altären von Kanton bis nach Lisboa seinen Zuhörern faßlich zu machen; denn alles wird hier auf die Religion bezogen, und bey den

Kinder-

Kinderschulen gab es einen sehr ernstlichen Streit, ob man die Kinder nicht mit dem Vater Unser und Ave. Mariä müsse anfangen lassen zu buchstabiren; als wenn das A B C eine nothwendige und wesentliche Verbindung mit diesen Gebeten hätte. Was ich an meinem Metaphysiker am meisten bewundern mußte, war seine dem Anschein nach unerschöpfliche Erudition. Ihm scheint kein Metaphysiker, von den äthiopischen Trogloditen an bis auf den Hans Jakob von Genf entgangen zu seyn. Er zitirte griechisch, lateinisch, italiänisch, englisch, französisch, und was weiß ich in noch wie viel andern Sprachen, und widerlegte in einer halben Stunde wenigstens sechs alte und neue Metaphysiker. Der Mann interessirte mich zu sehr, als daß ich ihn nicht öfters besuchen, und mir nicht seine erstaunliche Gelehrtheit so viel als möglich zu nutzen machen sollte. Ich lehnte von einem Studenten, der in meinem Hause wohnt, auf einige Tage das metaphysische Vorlesebuch, wovon ein gewisser Jesuit Storchenau der Verfasser ist. Beym ersten Anblik sollte man glauben, der Verfasser habe das Geheimniß gefunden, die Metaphysik zur Niederlage von allem möglichen menschlichen Wissen zu machen. Da findest du nicht nur alle Sekten der Alten, die Pythagoräer, Platoniker, Epikuräer u. a. m. sondern auch die Kirchenväter der Reihe nach angezogen. Du findest dann aus der mittlern und neuern Zeit alles, was nur geschrieben ist. Machiavel, Hobbes, Spinoza, Kartes, Mallebranche, Bayle, Leibnitz, Loke, Voltäre, Rousseau, Bolingbroke, Humes Versuche über den menschlichen Verstand, Helvetius über den Geist, das Sistem der Natur, das Werk über die Natur, die Religion eines ehrlichen Mannes und unzählige Schriften, deren Verfasser sich gewiß nie träumen ließen, daß sie einst auf der Universität zu Wien von einem Jesuiten würden angezogen werden. Der Student, von dem ich das unvergleichliche Buch gelehnt, glaubte auch wirklich den Kern aller dieser Schriften in demselben zu besitzen, und im Stand zu seyn, auch die feinste Sophisterey eines Bayle, Spinoza und Hume mit zwey Zeilen seines Buches aller Bücher widerlegen zu können. Ich suchte die Bekanntschaft mit einem Mann, dessen Lektüre so ungeheuer seyn mußte; aber wie erstaunte ich, als mich einer seiner Bekannten versicherte, er habe weder den Machiavel, noch den Bayle, noch den Voltäre, noch eine Menge andere Schriftsteller gelesen, die er anzöge und widerlegte. Er habe ihm einst ein gewisses Werk von drey Quartbänden auf eine Nacht geliehen, und es einige Tage darauf in einer seiner Dissertationen widerlegt gefunden.

Die medizinischen Kollegien sind ohne Vergleich noch die besten. Van Swieten hat hier das Seinige gethan. Die Herren Professoren von diesem Fach affektiren Ekleltiker zu seyn. Ich sage affektiren, denn es geschieht nicht um bloß der Wahrheit anzuhängen, sondern nur um alles, was andre große Leute neben ihnen sagen, und große Leute vor ihnen gesagt haben, verachten, und ihr eignes Selbst geltend machen zu können. Sie gewöhnen ihre Studenten, dem Hippokrates, Galenus, Boerhave, Haller, Tissot und allen Männern, welche in dieser Kunst Epochen gemacht haben, Schneller unter die Nasen zu schlagen, und nur an sie zu glauben; denn ein Student wird selten überzeugt; er glaubt gemeinlich nur. Die Eitelkeit dieser Herren und ihrer Schüler ist platterdings unbeschreiblich. Und doch soll die Anzahl der Aerzte von Verdienst seit einiger Zeit hier sehr abnehmen. Ausser dem Herrn von Störk, kaiserl. Leibarzt, weiß man nur sehr wenige zu nennen, die des Namens: Arztes, vorzüglich würdig sind. Die Art, wie die ältern Kandidaten zur Praxis geführt werden, ist sehr gut, und wird strenge beobachtet. Man weißt ihnen in einem Spital einige Kranke an, die sie zu gewissen Stunden besuchen müssen. Sie schreiben den Zustand der Krankheit mit allen Symptomen und Veränderungen nieder, und verordnen die Arzneyen zur Probe, wobey sie ihre Gründe umständlich angeben müssen. Der Professor besucht dann die Kranken, vergleicht die Relation des Studenten mit seinem Befinden, und korrigirt sie ebenfalls mit Beyfügung der Gegengründe. Man empfiehlt den Studenten, diese Prüfungen aufzubehalten, und läßt sie sehr sorgfältig die Unterscheidungsmerkmale der analogen Krankheiten bemerken, welches meines Erachtens für einen angehenden Praktikus eine Hauptsache ist.

Ich sehe, ich kann mit den hiesigen Gelehrten in diesem Briefe unmöglich fertig werden, und spare dir also einen Theil derselben auf die nächste Post auf.

Wien. —

Hier wimmelt es von Gelehrten. Wenn dir einer begegnet, dem du nicht an seinen schmutzigen Händen ansehen kannst, daß er ein Färber, Schmied oder Schuhmacher, oder an der Uniform, daß er ein Laquay, oder am vielen Gold auf den Kleidern, daß er ein großer Herr ist, so kannst du sicher seyn, du hast einen Gelehrten oder einen Schneider vor dir, denn beyde Menschenklassen hab ich hier noch nicht recht unterscheiden gelernt. Frägst du mich

mich aber um die Namen der hiesigen sogenannten Gelehrten, so bin ich in einer verfluchten Verlegenheit. Es giebt wohl einige, die mit dem Kopf weit über den grossen Haufen dieser Gelehrten emporragen. Hell, Martini, Störk, Stephani, Denis und dann vor allen Herr Sonnenfels, der einzige Philosoph, der den Namen verdient, der sehr viele brauchbare Kenntnisse mit wahrer Vaterlandsliebe, Geschmak und Eleganz verbindet. Ausser diesen sind noch einige wenige da, die allenfalls den Namen eines Gelehrten ohne Erröthen tragen können, und die Leute von Stande, die ihr Wissen für sich behalten oder doch nur soviel davon von sich geben, als es Einfluß auf die Staatsgeschäfte hat, rechne ich gar nicht hieher. Aber alle diese müssen sich des Namens eines Gelehrten schämen. Denn im Ganzen genommen usurpirt man hier diesen Titel abscheulich. Ich will dir ein Gemählde von einem Gelehrten machen, der noch dazu unter den pecora Campi dieses Namens eine vorzügliche Figur spielt.

Dieses Herrchen übersetzte erst ein Gebetbuch aus dem Französischen, um sich der Kaiserin zu empfehlen; machte dann einen Versuch mit einer periodischen Schrift, worüber aber niemand lachen und niemand weinen wollte. Sie ward also Makulatur. Da machte es einen Akkord mit dem Nationaltheater, und verband sich, demselben jährlich sechs Stücke zu liefern. Es lieferte drey tragikomische Farcen, und da war die Dichterey des Männchens erschöpft, und der Vertrag mit dem Theater zu Ende. Es suchte sich hierauf bey der Kaiserin mit der Uebersetzung ihrer Geschichte von ** einzuschmeicheln, bekam ein schönes Geld von der großmüthigen Monarchin, und von dem Buchhändler einen starken Vorschuß auf die Uebersetzung der tristlichen Jahrhunderte, wozu es die Monarchin ermunterte. Die Geschichte der Kaiserin war so schlecht übersezt, daß sogar viele Namen von inländischen Oertern bis zur Unkenntlichkeit verdorben waren, und das Herrchen mußte offenbar nicht, daß diese Oerter auf kaiserlichem Grund und Boden liegen. Als es nun zur Uebersetzung der Jahrhunderte kam, so fühlte es seine Schwäche in der französischen Sprache, und nahm einen Subalternen in den Sold, der ihm — ich glaube den Bogen um einen halben Gulden — übersezte, und von seinem Prinzipal-Uebersetzer den kleinen, mit blutigem Schweiß verdienten Lohn, mit Gewalt herauspressen mußte. — Nun nimmt dieses Herrchen alle öffentlichen Vorfälle zum Vehikulum seiner Schriftstellerey, und ist im strengsten Verstand des Wortes ein Auteur du jour geworden, dessen Produkte des Tages nach ihrer Erscheinung Makulatur sind.

Ich nahm das gelehrte Oesterreich zur Hand, ein Werk, womit ein Professor von Linz sein Vaterland prostituirte. Da stehn dir gegen hundert Gelehrte drinne, die in ihrem Leben nichts geschrieben haben, als einige Dissertationen, die kein Mensch mehr finden würde, und die schon lange auf dem dritten Ort und in den Krambuden verbraucht worden sind; einige Gelegenheitsgedichte, einige Seufzer an ihre Schönen, oder an die Hunde ihrer Schönen, einige Predigten, oder einige erbärmliche Komödien. Der Verfasser dieses seltsamen Werkes scheint platterdings keinen, der in seinem Vaterlande eine Zeile unter die Presse gegeben, und sollte es auch nur ein kaufmännisches Avertissement seyn, aus der Gesellschaft der Gelehrten auszuschliessen. Nun läßt sichs leicht erklären, warum ganz Wien voll Gelehrten ist. Ein Gelehrter heißt hier ein Mensch, der ein Blättchen

Papier

Papier in seinem Vermögen und zwey gesunde Finger hat, etwas darauf zu schreiben. Die leztern sind nicht einmal unumgänglich nöthig, denn bey meiner Durchreise ließ sich einer in Schwaben ums Geld sehn, der mit dem Fuß schrieb. Die größte Prostitution, welche der Verfasser des gelehrten Oesterreichs seinem Vaterlande anthat, ist, daß er kein einziges Werk zu nennen wußte, welches man ein eigentliches Meisterstük heissen könnte; platterdings kein Meisterstük. Die besten Bücherschreiber, die er nennt, sind das, was man in andern Ländern gute Schriftsteller heißt, und die Zahl von diesen ist in dem gelehrten Oesterreich so gering, daß man es wirklich das ungelehrte Oesterreich heissen könnte, denn die Anzahl der darin angezogenen Sottisen ist ungleich grösser.

Es giebt hier eine ungeheure Menge von sogenannten Gelehrten, denen sogar die Begriffe von Weltkenntniß fehlen, die man bey uns, ich will nicht sagen bey einem Sekretär, sondern auch nur bey einem brauchbaren Laquayen voraus sezt. Unter zehn dieser Herren sind gewiß neun, die in der größten Verlegenheit wären, wenn sie von einem Weltmann von Stande zur Unterredung gezogen würden. Es ist nicht, als wenn sie sich in ein gewisses Fach der Wissenschaften so vertieft hätten, daß sie die ganze übrige Welt darüber vergässen: Nein; es ist wirkliche Dummheit. Auch die meisten der Gelehrten, die sich etwas von dem Troß auszeichnen, haben ausser ihrem Fach so viele Vorurtheile, so schleffe Begriffe, so wenig allgemeine Welt- und Menschenkenntniß, daß ich alle Augenblicke stumm werde, wenn ich mit diesen Herren in meinem Gespräche etwas über die Linie, welche die Stadt einschließt, oder oft nur aus ihrem Studierzimmer hinausschreiten will. Sie sind sogar in ihren

R

Heimath fremd. Könnte man wohl in Paris einen Gelehrten finden, der mit seiner vaterländischen Geschichte, der neuern Staatengeschichte von Europa überhaupt, den inländischen Gelehrten und ähnlichen Gegenständen ganz unbekannt wäre? Hier ist ein Gelehrter, der dies alles kennt, eine Seltenheit.

Ich wundre mich gar nicht, daß es den Großen des hiesigen Hofes, und dem Adel, welcher die Welt gesehen, vor den meisten deutschen Gelehrten ekelt. Die meisten kaiserlichen Offizire, die ich kenne, verdienen den Namen von Gelehrten viel eher, als die erbärmlichen Leutchen, welche hier diesen Titel tragen. Die erstern besitzen nebst den Kenntnissen, die ihr Stand erfodert, gemeiniglich noch eine geübte Menschenkenntniß und Umgänglichkeit. Ich kenne sogar verschiedene von ihnen, die man in jedem Betracht Philosophen heissen kann, da ich hingegen unter den hiesigen Gelehrten kaum vier auffinden konnte, die dieses Namens würdig sind.

Man macht uns und den Italiänern den Vorwurf, wir hätten uns erschöpft, und wären nun ins Fade gefallen. Es mag zum Theil wahr seyn; aber wir haben unsere große Periode durchwandert. Wir haben in allen Fächern der Künste und Wissenschaften Meisterstücke geliefert. Hier geschah gerade das Gegentheil. Aus der tiefsten Barbarey hat man schnurstraks einen Sprung ins Fade gemacht. Die Philosophie hat hier noch nie ihre Epoche gehabt. Ein inländischer Schriftsteller hat es selbst gestanden.

Der Dämon der Möncherey hielt den hiesigen Nationalgeist bis unter die jetzige Regierung gefangen. Man wollte ihm Luft machen; aber der Dämon ließ ihm nicht mehr Freyheit, als um spielen zu können. Er war vorsichtig

ſichtig und mächtig genug, um bisher zu verhindern, daß sein Sklave nicht Meiſter über ihn würde. An der Kette, woran er bis jezt noch gebunden iſt, kann er ſich nie erheben. Joſeph muß erſt dieſe Kette zerreiſſen.

Es iſt auffallend, daß hier faſt alle großen Leute Fremde ſind. Laſcy, Laudon und Wurmſer bey der Armee ſind Fremde. Unter den Gelehrten iſt Herr von Störk, ein Schwab; Denis, der größte Dichter Oeſterreichs, ein Bayer; Hell, der größte Mathematicus, wie man mir ſagt, ein Schleſier; und wenn auch gleich die hohen Stellen der Civilbedienung mit Inländern beſezt ſind, ſo hat doch der Kaiſer für ſich einige Geheimſchreiber, denen er ſich anvertraut, die auch Fremde ſind.

Zu vielen neuen Einrichtungen mußte man auch Fremde haben, die aber oft ſchlecht belohnt wurden. Die kleine Poſt, dieſe vortrefliche Anſtalt, hat man einem Fremden zu danken, der aber Schulden hinterlaſſen mußte. Zu einigen Verbeſſerungen bey der Artillerie gebrauchte man einen jungen franzöſiſchen Offizier, dem man aber den Kopf ſo toll machte, daß er den Dienſt aufgab, und zu Neapel mehr Erkenntlichkeit ſuchte. Ein Engländer lehrte ſie hier das Geheimniß, die Pferde ſicher zu beſchneiden. Der kaiſerliche Marſtall hat ihm viel zu verdanken. Man hat ihm große Verſprechungen gemacht, als man ihm aber ſeine Methode zu beſchneiden abgelernt hatte, hielt man ſie nicht. Er ſchrieb auf ein Billet: Man zwinge ihn Schulden zu machen, und das ſey er nicht gewohnt. Dieß Billet legte er auf ſeinen Tiſch, und ſchoß ſich eine Kugel durch den Kopf. — Man muß dieſe Unterdrückung des Verdienſtes nicht den Erſten des Hofes zuſchreiben. Nirgends wird es reicher belohnt als hier, wenn es das Glük hat, ſich ſelbſt denſelben vor Augen zu ſtellen; aber nirgends verstehn auch die Hofbedienten die Kunst, sich das Verdienst der andern zuzueignen, so gut als hier. Nirgends ist es, bis es vor den Thron kommen kann, so vielen Kabalen ausgesezt als hier, und nirgends muß es sich selbst so oft verläugnen, um anerkannt zu werden, als hier. Künste und Wissenschaften, alles hängt von den Intriguen der Hofbedienten ab. Der Kaiser weiß es nur zu gut, und sucht es dadurch zu verbessern, daß er mit seiner bekannten Popularität dem Verdienst auf den halben Weg entgegen geht. Aber es ist eine Unmöglichkeit, daß ein großer Monarch alle Gattungen von Menschen genau kennen sollte, und es muß geschehen, daß er öfters durch die Schminke des Verdienstes getäuscht werde, besonders wenn er, wie Joseph, so ungemein heftigen Eifer äussert, dasselbe zu belohnen.

Was die Kunst betrift, da habe ich dir gar wenig zu sagen. Ich sah die Gemählde und Bildhauereyen, welche die Akademie jährlich öffentlich auszusetzen pflegt. Von den ersten waren zwey Drittheile Porträts, wie überall. Die größten Künstler müssen sich nun fast blos mit Porträtiren abgeben. Die Kunst leidet darunter, aber der Künstler gewinnt dabey. Wenigstens giebt es baares Geld. Von Bildhauereyen war nichts, ausser zwey Busten vom Kaiser und der Kaiserin aufgestellt, die mir ungemein gefielen. Du weißt aber, daß ich nicht der zuverläßigste Kenner bin. — Im Grunde vertritt hier das Theater die Stelle aller Künste, und davon werd ich dir in meinem nächsten Brief Nachricht geben.

Sieben und zwanzigster Brief.

Wien. —

Noch vor ohngefehr 16 Jahren war hier der Harlekin die Seele von allem, was Schauspiel hieß. Man fand nichts schön, als was Harlekin that und sprach. Die Kritik von Norddeutschland pfiff ihn von der hiesigen Bühne; aber der große Haufen hier beseufzt noch seinen Abtritt. Er hat auf einen Befehl des Hofes vom Publikum feyerlich seinen Abschied genommen.

Nun entwarf man den Plan zu dem Nationaltheater, der nach und nach, aber endlich doch glücklich ausgeführt ward. So wie dieses Theater jezt wirklich ist, giebt es der französischen Komödie zu Paris nichts, oder doch wenig nach. Ich sah hier den Hausvater von Diderot aufführen, und zweifle, ob er zu Paris je durchaus so gut besezt war. Die Gesellschaft ist ausgesucht, aber sie hat die nämlichen Gebrechen, welche die französische Komödie hat, und die jede Schauspieler-Gesellschaft haben muß, wenn sie unter keiner strengen Subordination steht.

Ich besprach mich vor einigen Tagen mit einem der angesehensten hiesigen Schauspieler über die Direktion des Theaters. „Wir formiren unter uns ein Parlament, sagte er, und der Intendant des Hofes hat nicht mehr Gewalt über uns, als der König von England über die Kammer der Gemeinen." Tant pis, dacht ich; denn wenn eine republikanische Verfassung irgend schädlich ist, so ist sie es gewiß unter einer Schauspielergesellschaft, wovon ein Theil immer die Könige und Fürsten wirklich seyn will, die er auf dem Theater spielt, und den andern für die Bedienten und Sklaven hält, die er auf der Bühne vorstellt.

Ich muß dich mit den vornehmsten dieser Wighs persönlich

sönlich bekannt machen; denn es ist wirklich der Mühe werth. Sie verdienen die Achtung, worin sie hier stehn, und die ihnen den Zugang zu den ersten Gesellschaften des Hofes öfnet.

Der ältere Stephanie, Regisseur, ist ein vortreflicher Mann ausser der Bühne. Er besizt eine mannichfaltige Lektüre und ein gutes Herz. Er hat in der Gesellschaft das Anständige und Runde eines Weltmanns und ziemlich viel Witz. Es ist Schade, daß sein Bau für das Theater nicht der beste ist. Seine Füsse sind nicht die schönsten, und der Unterleib hat überhaupt nicht das beste Verhältnis zur obern Hälfte des Körpers. Er sucht diese Naturfehler oft durch künstliche Stellungen und Wendungen zu verbergen; aber auch nur ein mittelmäßiges Auge sieht gleich beym ersten Anblik, daß ihn seine Figur genirt. Unter allen hiesigen Schauspielern, Herrn Brockmann ausgenommen, deklamirt er am richtigsten; aber nicht am schönsten, denn seine Stimme fällt manchmal ins Hohle. Seine Sprache ist äusserst rein, welches er seiner theatralischen Bildung in Sachsen zu danken hat. Seine Gesichtszüge sind stark, nehmen sich aber doch auf der Bühne nicht sehr aus, weil er blond ist, und durchs Mahlen dem scheinbaren Spiel derselben nicht genug nachzuhelfen sucht. Zu zärtlichen Vätern, welches seine Meisterrollen sind, ist er ganz gemacht. Ich hab den Hausvater noch nicht besser spielen sehn, als von ihm. Weil er aber zu gut ist, die kleinen Fehler seiner Figur kennt, und mit unbändigen Leuten zu thun hat, so muß er sich öfters gefallen lassen, Rollen zu spielen, wozu er gar nicht gemacht ist. Man sucht ihm alle schwere Personagen, wobey doch keine Ehre zu verdienen ist, oder alle die sogenannten undankbaren Rollen aufzuhängen. Ich sah ihn junge lebhafte Prinzen machen, wobey er freylich nichts gewann. Unterdessen sieht man überall, daß er Kopf hat, und er leistet allzeit, was mit seinem Körper zu leisten möglich ist. Er hat verschiedene Stücke aus dem Französischen und Englischen übersezt, und, wenn ich nicht irre, auch einige kleine Originalstücke geliefert.

Sein jüngerer Bruder ist gerade das Gegentheil von ihm; ein rauher, starrköpfiger, trozziger Mann, mit einem Medusengesicht, und nach dem ersten Anblik mehr zu einem Grenadierkorporal, als zu einem Schauspieler gemacht. Er spielt Flegel, Murrköpfe, Tyrannen, Scharfrichter, u. dgl. m. welche ihm alle natürlich sind, und die ihm niemand nachmachen kann. Als Dichter ist er viel schäzbarer, als Akteur. Aller Kritiken, die ihn verfolgen, ungeachtet, werden seine Stücke doch auf allen deutschen Bühnen, und auch auf jenen aufgeführt, wo man am stärksten über ihn schreyt. Sie haben viel Populäres, oft sehr treffende Karakterzüge, und nicht selten eine sehr feine Verwikelung. Es ist Schade, daß er nicht ganz ausgebildet ist. Er ist seiner Sprache nicht Meister genug, und sieht sich oft gezwungen, Intriguen mit Haaren in seinen Plan zu ziehen, weil er zu fruchtbar seyn will; wie man denn schon seine Stücke dutzendweis verkauft. Wenn er sich mehr Zeit liesse zu feilen und zu schleifen, ich glaube, er könnte unter die beßten jeztlebenden Theaterdichter gesezt werden. Seine Liebe für den König, welches die Geschichte von Karl II. von England ist, sein Deserteur aus Kindesliebe, seine Bekanntschaft im Bad, seine Wölfe in der Heerde, und sein Unterschied bey Dienstbewerbungen verrathen gewiß Genie, wenn sie auch gleich nicht bis zur klaßischen Schönheit ausgearbeitet sind. Uebrigens kümmert er sich weder um die Kritiker seiner Gedichte noch seines Theater-

Spiels. Er sucht und schimpft ihnen unter die Nase, und wenn Noth an Mann gehn sollte, so hat er auch zwo Fäuste, um sie schweigend zu machen.

Herr Brokmann ist erst seit einigen Jahren hier. Man hat lange Zeit um ihn gebuhlt. Er genoß in Hamburg eines Ruhms, den Lekain bey uns, und Garrik in England genoß. Er wollte nicht hieher, weil er die Kabalen dieser Theaterrepublik scheute, und dann seine Frau seit langer Zeit schon hier war, mit welcher er nicht im besten Vernehmen zu stehen scheint. Endlich ließ er sich durch die vortheilhaften Bedingungen, die man ihm machte, doch hieher locken. Er ist einer von den Schauspielern, die eben nicht beym ersten Anblik auffallen, aber immer mehr einnehmen, je länger man sie sieht. Man muß sich erst an seine etwas zu fleischigte Figur und seine etwas heisere Stimme gewöhnen, ehe man sein Verdienst ganz schätzen kann. Aber wer diese kleine Gebrechen einmal gewohnt ist, der muß über seinen Ausdruk entzükt werden. Ihm entgeht keine Nüance einer Leidenschaft, oder sonst irgend einer Situation. Die unbeschreibliche Leichtigkeit seines Spiels versteckt das erstaunliche Studium, welches er auf alle seine Bewegungen und auf jedes einzele Wort wendet, das er spricht. Er studiert unabläßig vor dem Spiegel, und alles an ihm verräth Verstand, Fleiß und Uebung. Seine Meisterrolle ist Hamlet, den er aber hier nicht spielen kann, weil die republikanische Verfassung der Gesellschaft nicht erlaubt, daß man einem andern eine Rolle nimmt, die er schon gespielt hat, und im Besitz dieser Rolle ist ein gewisser Lange, von dem ich dir bald Nachricht geben werde. Aber Brokmann ist, wie Garrik, im Stand, alle Rollen, vom Sultan an bis auf den Sklaven, gut zu spielen. Einen größern Beweis von Weltkenntniß, giebt es nicht.

Nun ist die Reihe an einem Mann, der gewiß einzig in seiner Art ist. Es ist Herr Bergopzoomer; einer der grösten Charlatans, und doch zugleich einer der besten Künstler seiner Art, die ich je gesehen. Er hatte ehedem zu Prag eine Theaterschule, und kam auf den seltsamen Einfall, alle Bewegungen der Hände und Füße mit Buchstaben des Alphabets zu bezeichnen. Nun rief er seinen Zöglingen unter dem Spiel zu: A, B, K, R, Y, und mit jedem Buchstaben mußten sie die gehörige Bewegung verbinden. Er soll auch der Verfasser eines sehr traurigen Trauerspiels seyn, worin er die Hauptrolle gespielt, und erst alle andre Personen seines grausamen Stückes, und sich dann zu guter Lezte selbst umgebracht hat. Mordthaten sind seine Stärke. Ich sah ihn den tollen Richard von England machen, und ich muß gestehen, in der Henkersarbeit thut es ihm keiner nach. Er ist stark, und doch leicht vom Bau, hat eine vortrefliche Stimme, ein lebhaftes Aug und auffallende Gesichtszüge, und weiß von allen dem guten Gebrauch zu machen. Im Studium übertrift er vielleicht noch Herrn Brokmann. Er bemahlt sein ganzes Gesicht mit allen seinen Farben, so wie es der Karakter, und auch allenfalls die Geschichte des Personage erfodert, welches er spielen muß. Er sezt sich falsche Haare in die Frisur, die er sich in der Wuth ausrauft, und handvollweise auf den Boden wirft. Seine Wunden müssen wirklich bluten, und er soll ehedem in heftigen Leidenschaften sogar öffentlich auf dem Theater in der Wuth Blut ausgespieen haben. Als Richard sah ich ihn sich auf den Boden werfen, grinsen, und mit den Zähnen knirschen, daß ich wirklich schauerte. Alles das hat der Ausdruk der Wahrheit, daß er auch einen Kenner seine Charlatanerien und Grimassen vergessend macht. Sein

Fayel übertrift alles, was von der Art gespielt werden kann. Er weiß, welche Gewalt ein Deklamateur mit den Gradationen der Stimme haben kann. In der Emilia Galotti macht er als Kamillo Rota, ohne Bewegung der Arme, oder Faltung des Gesichts, bloß mit 5 bis 6 Worten das ganze Parterre schauernd. Ueberhaupt ist ihm durch seine erstaunliche Uebung alles so leicht und rund geworden, daß man auch oft die grösten Schwierigkeiten, die er überwindet, nicht achtet. Du mußt eben nicht glauben, daß der Mann nichts als Romanhelden, als blutdürstige Tyrannen und Mörder spielen könnte. Nein; er spielt auch die etwas lebhaftern Rollen des bürgerlichen Lebens vortreflich. Der Restleß in dem englischen Stük: Alle irren sich, ist ein Meisterstük von ihm. Du weißt, daß dies eine der schwersten Rollen ist, die gespielt werden können. Nur Schade, daß er lieber mordet und stirbt, als mehrere solche Rollen spielt. Uebrigens ist er ein guter Gesellschafter, und was etwas seltenes in der Schauspielerwelt ist, ein Mann von ziemlich ansehnlichem Vermögen.

Unter allen Schauspielern hat keiner unter den Grossen des Hofes so viele Gönner und Freunde, als Herr Miller. Der Mann versteht sich auf alles. Er errichtet Lotterien für die Bälle, bey deren Fonds sich sogar die Kaiserin selbst interessirt, hält eine Bude von Galanterien, hat eine artige Frau und eine schöne Tochter, welche bey den Großen öfters das Klavier spielt, und weiß von allem Nutzen zu ziehen. Er soll so viel Kredit haben, daß in seinem Handel und Wandel gegen 50000 Gulden fremdes Geld zirkuliren sollen; ich glaube aber die Summe ist ein wenig übertrieben. Er lebt von den großen Herren als ein großer Herr. Seine Wohnung ist auf dem besten und theuersten Plaz der Stadt, und besteht aus einer Suite von Zimmern, die kostbar und mit vielen Geschmak tapezirt sind. Er hat in einer Vorstadt einen artigen Garten gemiethet, worin er im Sommer für alle Welt freye Tafel gibt. Alle schönen Geister aus Deutschland addreßiren sich an ihn, und er bietet jedem seine Wohnung an. Die Bekanntschaften, die er sich dadurch unter dem hiesigen Adel und den hiesigen Gelehrten macht, vergüten ihm wieder diese Gastfreyheit. Er hat auch einige Theaterstücke fabrizirt, die aber nicht so gut seyn sollen, als seine Galanteriewaaren. Er ist der insinuanteste Mann von der Welt, und sucht allen Leuten zu helfen, so wie er auch sucht, daß ihm von allen Leuten geholfen wird. Als Schauspieler hat er eine unverzeihliche Eitelkeit. Seine Rollen sind komische Bedienten, Pedanten und Schwätzer; weil er aber ausser dem Theater eine so ansehnliche Figur macht, so gefallen ihm diese niedern Personagen auf der Bühne nicht. Er spielt gerne Chevaliers und Hofmänner, und darin ist er unglüklich; denn seine affektirte Sprache, seine Gesichtsbildung und der Bau seines Körpers weisen ihm platterdings den Stall und die Antichambre zu seinem Fach an. Da er im Theaterparlement den Sprecher macht, so ist es ihm leicht, Rollen zu bekommen, die seiner Eitelkeit mehr schmeicheln, als seiner Kunst Ehre machen. Er ist ein neuer Beweis, daß ein Schauspieler eben nicht zu den Rollen, die er im bürgerlichen Leben spielt, am geschiktesten ist; denn zu dem Chevalier, den er in der Welt macht, taugt er auf der Bühne gar nicht.

Herr Lange, den ich schon oben genennt habe, ist ein schöner Mann, und hat eine sehr gute Stimme. Sein
Fehler

Fehler ist, daß er ein Mahler ist. Seine Stellungen auf dem Theater sind vollkommene Akademien. Gerade wie man in den Zeichenschulen die Leute, welche den Studirenden zum Muster dienen, in gewisse steife Attituden sezt, worin sie nichts empfinden, eben so kalt und steif fallen auch alle Bewegungen des Herrn Lange aus. Er will alles gar zu musterhaft gut machen, und es ist ihm oft nicht natürlich. Seinen Hamlet könnte er ohne Bedenken Herrn Brokmann abtreten, ohne etwas dabey zu verlieren. Er hat eine Unart an sich, die wenig Kopf verräth. Wenn er eine Stelle deklamiren soll, die ihm Beyfall verspricht, so sucht er so nah, als möglich, an das Parterre zu kommen, und tritt oft bis an den Rand der Vorderbühne vor. Zu bürgerlichen Rollen ist er gar nicht gemacht; denn er scheint überhaupt zu wenig Kenntnisse zu besitzen. Seine Rollen sind Romanhelden, worunter sich Coucy im Fayel vorzüglich ausnimmt. Seine schöne Stimme weiß er nicht zu gebrauchen. Bey Gradationen fällt er ins Singende. Er schlägt sich zu oft mit geballter Faust auf die Brust. Wenn es in der Absicht geschieht, seine Sünden zu bekennen, so hat man nichts dagegen einzuwenden. Er hat große Gönner und eine liebenswürdige Frau, die sehr gut singt. Durch die Protektion seiner Gönner sezt er sich oft in Besiz von Rollen, worauf er keine Ansprüche machen sollte; aber alles hängt hier von der Protektion ab. Uebrigens gehört er auch unter die seltenen Komödianten, die Vermögen besitzen.

Nun ist von den Akteurs vom ersten Rang keiner mehr übrig als Herr Steigentesch, den ich lieber bey mir im Zimmer, als auf dem Theater sehe. Er ist ein Mann von ausgebreiteten Kenntnissen, spricht verschiedene lebende Sprachen, und hat Witz. Seine kleine Figur und eine gewisse Affektation schadet seinem Theaterspiel, worin er aber doch viel Verstand und Weltkenntniß äussert. Er macht Stutzer und Chevaliers, die aber hier, so wie die jungen bürgerlichen Liebhaber überhaupt schlecht besezt sind. — Von den übrigen, worunter Herr Weidmann zu Stutzerkarrikaturen, und Herr Jaquet zu Sesselträgern und Nachtwächtern vorzüglich zu gebrauchen sind, will ich dir nichts sagen, denn die Liste würde zu groß.

Unter dem Frauenzimmer sticht Madame Sakko auffallend hervor. Ehedem hieß sie Mademoisell Richard, und war der großen Welt vom Rhein an bis an die Elbe mehr durch die Reize ihrer Person, als ihres Theaterspiels bekannt. Sie scheint die unbeschreiblichen Talente, welche ihr die Natur gegeben, im Genuß der Liebe eine zeitlang vernachläßigt zu haben; aber nach und nach entwickelten sie sich von selbst, und bey zunehmendem Alter suchte sie durch angestrengtes Studium alles zu ersetzen, was sie allenfalls vernachläßigt hat. Sie hat ein sehr fühlbares Herz, ein griechisches Profil, phantastische, oder wenn ich so sagen darf, romantische Gesichtszüge, ein Auge voll schmachtenden Feuers, den schönsten Wuchs und eine Silberstimme. Man muß die Gabrielle im Fayel von ihr sehen, wenn man schmelzen will. Zum erstenmal in meinem Leben kamen mir in einem Schauspielhaus Thränen in die Augen, als ich sie diese Rolle spielen sah. Aber Romanheldinnen sind nicht ihr einziges Fach. Sie macht Miladies, Marquisinnen und Devoten mit gleicher Wirkung. Sie kennt die Welt durchaus, und hier stehen ihr auch alle Gesellschaften, bis ins Kabinet der Kaiserin ein offen. Sie ist so sehr von ihrem Körper Meisterin, daß sie einer meiner Freunde mit einem Klavier oder irgend einem Instrument verglich, welches Diskant und Baß zugleich spielt. Sie weiß ungemein viele harmonische Bewegungen und Veränderungen der Augen, des Mundes, der Stimme, der Arme und des übrigen Körpers so richtig und so zusammen einfliessend miteinander zu verbinden, welche doch oft so sehr zusammen abstechen und einander erheben, daß ihr Körper wohl mit nichts besser verglichen werden kann, als mit einem musikalischen Instrument von dieser Art. Ich kenne keine 3 Schauspielerinnen, die sich mit ihr vergleichen liessen. Sie ist würdig, die Abgöttin des Publikums zu seyn, welche sie wirklich ist. Aber es währte lange, bis das Publikum ihre Verdienste erkannte. Sie hat das mit Herrn Brokmann gemein, daß ihr Spiel nicht wie das von Herrn Bergopzoomer, oder Herr Lange beym ersten Anblik auffällt. Alle große Schönheiten haben das eigen. Man wird erst entzükt, wenn man ihre Theile beschaut und vergleicht.

Neben ihr treten Mademoiselle Teutscher und Mademoiselle Nannette Jaquet auf. Sie wären gute Schauspielerinnen, wenn keine Sakko da wäre. Von dem übrigen Frauenzimmer weiß ich dir keine mehr zu nennen, als Madame Huber, die eigensinnige, zänkische und stolze Weiber auf der Bühne und ausser derselben vortreflich macht. In ihrem Hause gilt sie für ein Dutzend dieser Art von Geschöpfen.

Die ganze Gesellschaft steht im Sold des Hofes, und jedes Glied behält sein Appointement, so lange es lebt, und wenn es auch unbrauchbar wird. Die höchste Gage, welche der Hof zahlt, ist von 1200 Gulden; daneben bekom-

bekommen die vom ersten Rang über 600 Gulden, und Holz und Kleidergeld; und der Hof vertheilt großmüthig den Ueberrest der Einnahme jährlich unter sie aus. Die ganze Einnahme betrug voriges Jahr gegen 120000 Gulden, und die Unkosten beliefen sich auf etliche und 80000. Der Ueberschuß wird nach dem Verhältniß der Appointements vertheilt. Wenn sie Kinder haben, so sucht man ihnen, sobald als möglich, ein kleines Appointement auszusetzen. Ueberhaupt behandelt man sie sehr großmüthig. Den Gemahl der Madam Sakko, einen Tänzer von Profeßion, den man zu nichts gebrauchen konnte, machte man bloß, in Rüksicht auf seine Frau, zum Garderobinspekteur, mit einem Gehalt von 500 Gulden, so, daß das liebe Ehepaar zusammen auf ohngefehr 2300 Gulden, oder etwas über 6000 Livres unseres Geldes zu stehen kommt. Die von der zweyten Klasse ziehen 800 bis 1000 Gulden Gage, und die von der letzten 4 bis 600. Herr Jaquet mit seinen 2 Töchtern kommt jährlich auf ohngefehr 4000 Gulden, oder beynahe auf 12000 Livres zu stehen.

Die Kabalen und Intriquen, welche in dieser Republik herrschen, sind über alle Beschreibung. Jede Rolle setzt Händel ab. Die Großen des Hofes mischen sich ins Spiel, und das Publikum leidet darunter. Wenn diese Gesellschaft unter einer klugen und strengen Direktion stünde, so wäre sie ohne Vergleich eine von den 3 ersten in Europa. Auch die Dichter leiden darunter. Wenn das Theaterparlement Sitzung hat, so werden die eingeschikten neuen Stücke öffentlich vorgelesen, und sodann die Stimmen gesammelt. Die Mehrheit gibt den Ausschlag. Nun wurden schon öfters Stücke verworfen, weil einige der erstern keine glänzende Rolle darin

zu

zu spielen hatten, oder weil man eine schöne Rolle nicht einem Nebenbuhler überlassen wollte, oder weil einige der Mitglieder nicht bey guter Laune waren, eine neue schwere Rolle einzustudiren, oder weil, welches der gewöhnliche Fall ist, die wenigsten den Werth des Stückes einsahen. Der Mangel an guten neuen Stücken, worüber sie erbärmlich klagen, zwingt sie seit einiger Zeit gegen die Dichter gefälliger zu seyn. Der Verfasser eines Stückes bekömmt, nebst einem Prämium, die Einnahme von der dritten Vorstellung seines Produktes, und hat die Freyheit das Manuscript noch einem Buchhändler zu verkaufen. Dieser ansehnlichen Vortheile ungeachtet, ist man hier mit den neuen Stücken so sehr auf die Neige gekommen, daß man dem Theater eine kleine deutsche Oper beyfügen mußte. Die Glieder dieser Opergesellschaft stehen bey den alten Gliedern der Komödie in der tiefsten Verachtung, und es kömmt fast täglich zu den lächerlichsten Auftritten von Verfolgung, Kabalen, Eifersucht und Schelmerey. Uebrigens sorgt die Kaiserin dafür, daß die Sitten der Schauspielerinnen öffentlich besser sind, als jener zu Paris.

Im Ganzen hat das hiesige Publikum einen so verdorbenen Geschmak als das zu München. Alles schreyt hier Panem & Circenses, und der große Haufe scheint wirklich gar keinen andern Wunsch zu kennen, und keine andre Empfindung zu haben, als daß sein Bauch gefüllt, und ihm immerfort eine Art Schauspiel zum Desert vorgesezt werde; allein sein Geschmak wird dadurch nicht gebessert, noch weniger sein Gefühl dadurch verfeinert. Viele seufzen laut nach der güldenen Zeit des Harlekins, und um die andern nicht ungehalten zu machen, muß Freund Harlekin noch öfters mit einer Staatsperücke

oder

oder gar in der Rüstung eines Helden auftreten, und das mit einem weinerlichen Ton bewirken, was er ehedem mit Lachen that; denn ich kann die sogenannten erhabenen Stellen der Tragödie, wo einer stundenlang unsinnig ist, ohne von den mitspielenden Personen, die bey Verstand sind, an Ketten gelegt zu werden; wo einer stundenlang mit dem Tode ringt, ohne daran zu denken, sein Testament zu machen, und nichts bessers mehr zu thun weiß, als den Zuschauern zwanzigmal in abgebrochenen Seufzern zu sagen, daß er sterbe, welches sie doch nicht eher glauben, als bis er sein Haupt zur Erde legt; wo einer in einer großen Verlegenheit ist, womit er sich oder einen andern umbringen soll, und an dem ersten besten, der ihm begegnet, einen Freund findet, welcher die Taschen voll Dolche und Giftpulver hat, und ihn reichlich damit versieht. Alle diese großen Scenen, sage ich, kann ich für nichts anders als weinerliche Harlekinaden erklären. Das Publikum beklatscht sie, ohne zu wissen warum, wie es ehedem auch die sinnlosesten Grimassen des Hanswurstes beklatscht hat. Es ist fast unbegreiflich, wie sich die Leute durch bloßes Nichts bis zur Entzückung hinreissen lassen. Vor einigen Tagen kam es zu einer von den Stellen, die das Parterre vorzüglich fand. Der Schauspieler, welcher sie zu deklamiren hatte, Herr Lange, wußte voraus, wie es jeder wissen kann, daß er Beyfall bekäme, wenn er auch gar nicht verstanden würde. Er trat also an den Rand des Theaters, riß die Arme auseinander, fieng an auf seiner Brust zu trommeln, und ehe er noch einen zusammenhangenden Satz gesprochen hatte, erhob sich das betäubendste Klatschen, welches bis zum Ende der Stelle anhielt. Es war platterdings ohnmöglich, daß jemand

nur ein Wort von allem dem verstanden hätte, was der beklatschte Schauspieler gesagt hat. Ich habe mich innigst überzeugt, daß das hiesige Publikum, ausser den Grimassen, nichts schön finden kann. Bey den Vorstellungen der beßten Stücke, wenn sie nichts Lärmendes und kein sonderliches Gepränge haben, ist das Parterre leer, und bey den elendesten Farcen, worin geschossen, gehangen, gespießt, geheult und gerast wird, allezeit gedrängt voll. Die besten Stellen, wo der Dichter die feinste Menschenkenntniß, Witz und Genie zeigt, und der Schauspieler sein Talent nicht durch Grimasiren, sondern durch den sanften Ausdruck der Wahrheit und durch Ueberwindung großer Schwierigkeit an den Tag legt, bleiben unbemerkt. Dabey versteht das hiesige Publikum seine Sprache gar nicht. Kein Eingebohrner achtet hier auf die Reinheit, Rundung und Lebhaftigkeit des Dialogs, und ich habe Stellen beklatschen gehört, die man sicher zu Paris ausgepfiffen hätte, wenn sie so schlecht französisch gewesen wären, als sie hier deutsch waren.

Ausser dem Nationaltheater treiben jezt in den Vorstädten noch 6 bis 7 besondre Schauspielergesellschaften ihre eigne Wirthschaft. Sie sind von der Art, wie ich einige in Schwaben herumziehen sah, deren Glieder wechselweis bald auf dem Theater, bald im Spital und bald bey der Trommel, und meistens verlaufene Studenten, Schneider und Perükenmachergesellen sind. Sie spielen im Halbdunkel, und scheuen eine starke Beleuchtung, um den ehrlichen Leuten kein Aergerniß zu geben, die bey mehrerm Licht alle Schürzen der Mädchen über die Hände der neben ihnen sitzenden Mannsleuten gebreitet sehen würden. Die, welche ihre Bühnen tief hinter

ter den Hintergebäuden und in Gärten aufzuschlagen wissen, wo man nach Beendigung des Schauspieles in der Nacht mit einer Freundin leicht einen Abtritt von der offenen Strasse nehmen kann, haben den meisten Zuspruch. Sie wissen so wohl, daß man nicht wegen ihres Spieles zu ihnen kommt, daß oft die halbe Gesellschaft während der Komödie ins Wirthshaus lauft, und einer 3 bis 4 Rollen zugleich spielen muß.

⸻⸻⸻

Wien —

Der Verfasser der Voyages en différens pays de l'Europe (Herr Pilati) spricht sehr verächtlich von dem deutschen Adel, und sezt den neapolitanischen, in Betracht des Reichthums, weit über denselben. Wenigstens hätte er den hiesigen davon ausnehmen sollen; denn es sind Häuser hier, deren eines mehr Vermögen hat als die 6 reichsten von Neapel, die er nennt. Die ältere Linie des Hauses Lichtenstein, oder der Fürst Franz dieses Namens hat wenigstens 900000 Kaisergulden, oder über 2300000 Livres jährlicher Einkünfte. Er besizt allein in Mähren gegen 20 Herrschaften, deren viele aus 20 bis 30 Dörfern bestehen. Er ist ohne Vergleich der reichste Partikular in Europa; denn man kann ihn mit allem Recht einen Partikularen heissen, weil die unmittelbaren Reichsherrschaften Vaduz und Schellenberg in Schwaben, die das Haus bloß in der Absicht gekauft hat, um Siz und Stimme auf dem Reichstag zu haben, im Ganzen nicht in Anschlag kommen. Lord Kavendisch, welcher jezt für den reichsten Mann in England gehalten wird, hat ohngefehr 80000 Pfund Sterling jährlicher Einkünfte, die kaum 700000 Gulden hiesiges Geld ausmachen. Zu Paris kennt man weder unter dem Adel (die Prinzen vom königlichen Geblüt ausgenommen) noch unter den Generalpächtern jemand, der über 1200000 Livres Revenüen hätte, und die Fürsten Radzivil und Czartoryski in Polen, können sich so wenig als einige rußische Familien mit dem Haus Lichtenstein vergleichen. Der Fürst Esterhazy hat über 600000, und der Fürst Schwarzenberg über 400000 Kaisergulden jährlichen Einkommens. Der Häuser von mehr als 100000 Kaisergulden Renten, oder von ohngefehr 300000 Livres, welche Herr Pilati als die reichsten zu Neapel angibt, findet man hier gegen 30, und ohne die obbemeldten wenigstens noch 10, die noch einmal so reich sind. Die Häuser Karl Lichtenstein, Auersberg, Lobkowiz, Paar, Palfy, Kolloredo, Hazfeld, Schönborn und noch viele andere sind ungleich vermögender, als die Herzoge Pignatelli, Matalone, und die Fürsten von Palagonia und Villa Franca zu Neapel.

Dieses erstaunlichen Reichthums ungeachtet, sind die meisten großen Häuser mit Schulden beladen. Hier vereinigt man alle Arten des Luxus, die man sonst unter verschiednen Nationen zerstreut findet. Pferde, Bedienten, Tafel, Spiel und Kleidung, alles ist übertrieben. Es sind viele Ställe hier von 50, 60, und mehr Pferden. Wer 50 bis 60000 Gulden Einkünfte hat, muß wenigstens 24 bis 30 Pferde haben. Ein Haushofmeister, ein Sekretär, 2 Kammerdiener, 2 Läufer, 1 oder 2 Jäger, 2 Köche, 5 bis 6 Laquayen, und ein Portier machen die Bedienung jedes mittelmäßigen Hauses aus. Die Häuser Lichtenstein, Esterhazy, Schwarzenberg und einige andre haben wohl gegen 50

Bedien-

Bedienten, die Leibwachen der 2 erstern Fürsten ungerechnet. Man sezt oft nur eine Platte Obst für 60 bis 70 Gulden auf die Tafel, und Graf Palm hatte einst ein Kleid von 70000 Gulden Werth auf dem Leibe. Ein Schmuk für eine Dame von 30 bis 40000 Gulden ist hier etwas gemeines, und wenn auch gleich die Hazardspiele verboten sind, so hat man doch häufige Beyspiele, daß einzelne Personen in einem Siz 15 bis 20000 Gulden verloren haben.

Prinz R**n, welcher als französischer Bothschafter hier war, mit dem hiesigen Adel im Aufwand wetteifern wollte, aber viele Schulden hinterließ, sagte bey seiner Abreise: Man verthut sein Geld zu Paris mit mehr Geschmak; aber die Wiener halten länger aus. Es ist wahr, man verthut sein Geld, ohne viel dabey zu genießen, ohne Geschmak. Viele würden wohl thun, wenn sie die Hälfte ihrer jährlichen Revenüen gerade zum Fenster hinaus würfen, und sich die Leute darum schlagen ließen. Sie machten auf diese Art ihre Bedienten nicht zu Schurken, und genössen eben so viel dabey. Zu Paris schränkt man sich in manchen Stücken ein; jeder Hausvater vom Stande hat seine Art von Oekonomie, auf die er strenge hält, und die ihm zur Gewohnheit geworden; man studirt darauf, um sein Geld mit Anstand zu verwenden, und genießt es dann doppelt, weil die Verwendung mit Bewußtseyn, mit Bedachtsamkeit geschieht. Die meisten unserer Familien bringen auch den Armen, der Kunst, und oft auch dem Vaterland ihr Scherflein. Man kennt bey uns den geistigen Genuß des Geldes; aber hier wird alles für eitle Pracht, die nicht der Besitzer, sondern allenfalls nur der Zuschauer genießt, und für die Sinnlichkeit ver-

schwen-

schwendet. Wenn man die darbende Armuth zu Paris neben dem Ueberfluß sieht, so tröstet doch den Menschenfreund wieder die Erinnerung, daß es in der Stadt einen Beaumont und einen Pfarrer von Sulpice gibt, die einen großen Theil von dem Ueberfluß der Reichen unter die Dürftigsten vertheilen. Aber hier tröstet einen nichts über den traurigen Anblik der alten und oft kranken Armen, die sich im Dunkeln in die Bier- und Kaffeehäuser schleichen, um sich für den andern Tag ihr Brod zu betteln, während, daß der Große öfters auf einer Schüssel so viel auf seine Tafel sezt, daß eine bürgerliche Familie ein Jahr lang davon leben könnte.

Die Kunst genießt vom Reichthum der hiesigen Großen so wenig als die Armuth. Fast alle ihre Palläste und Gärten verrathen nichts, als eine geschmaklose Verschwendung. Von Sammlungen von Kunstdenkmalen habe ich ausser der lichtensteinischen Gemähldegallerie in Privathäusern nichts merkwürdiges auffinden können. Diese kann freylich allein für viele Sammlungen von der Art gelten. Sie besteht aus mehr als 600 Stücken von den ersten Meistern, und ist in 12 Zimmer vertheilt, die einen herrlichen Anblik darbieten. Man sieht viele Tafeln von Franzeschini, Leonardo de Vinci, Rubens, Guido, Michael Angelo Karavani, Lukka, Kastillione, Pietro Testo, Weenix und Vandyk. Rubens nimmt sich hier vorzüglich aus. Aber das ist auch alles, was man ausser dem Hofe in den vielen Pallästen hier sehen kann.

Ich hätte bald einen Zug vergessen, der den hiesigen Aufwand sehr karakterisirt. In einigen Häusern, die nach dem höchsten Ton leben wollen, ist es Sitte, wenn große Tafel gegeben wird, in einem Nebenzimmer

mer mehrere Dosen Tartarus Emetikus und Laxirs bereit zu machen. Die Gäste, welche an der Tafel Blähungen und Unverdaulichkeiten empfinden, nehmen ohne die geringste Bedenklichkeit einen Abtritt, erbrechen sich, und fangen dann von neuem an, den Magen zu füllen.

Die Musiken sind das einzige, worin der Adel Geschmak zeigt. Viele Häuser haben eine besondere Bande Musikanten für sich, und alle öffentlichen Musiken beweisen, daß dieser Theil der Kunst in vorzüglicher Achtung hier steht. Man kann hie 4 bis 5 große Orchester zusammenbringen, die alle unvergleichlich sind. Die Zahl der eigentlichen Virtuosen ist geringe; aber was die Orchestermusiken betrift, so kann man schwerlich etwas schöneres in der Welt hören. Ich habe schon gegen 30 bis 40 Instrumente zusammen spielen gehört, und alle geben einen so richtigen, reinen und bestimmten Ton, daß man glauben sollte, ein einziges übernatürlich starkes Instrument zu hören. Ein Strich belebt alle Violinen, und ein Hauch alle blasenden Instrumente. Einem Engländer, neben den ich zu sitzen käm, schien es Wunder, durch eine ganze Oper, ich will nicht sagen, keine Dissonanz, sondern nichts von allem dem zu hören, was sonst irgend ein hastiger Vorgrif, ein etwas zu langes Schleifen, oder ein zu starker Grif oder Hauch eines Instruments in starken Orchestern zu veranlassen pflegt. Er war entzükt über die Reinheit und Richtigkeit der Harmonie, und kam doch so eben aus Italien. Es sind gegen 400 Musikanten hier, die sich in gewisse Gesellschaften theilen, und oft viele Jahre lang ungetrennt zusammen arbeiten. Sie sind einander gewohnt, und haben gemeiniglich eine strenge Direktion. Durch die große Uebung, und dann durch den Fleiß und die Kaltblütigkeit, welche den Deutschen eigen ist, bringen sie es so weit. An einem gewissen Tag des Jahres geben diese 400 Künstler zusammen ein Konzert zum Besten der Musikantenwittwen. Man versicherte mich, daß dann alle die 400 Instrumente eben so richtig, deutlich und rein zusammen spielten, als man es von 20 bis 30 hört. Gewiß ist dieses Konzert das einzige von der Art in der Welt.

Eins der schönsten Schauspiele für mich waren in den lezten Sommernächten die sogenannten Limonadehütten. Man schlägt auf den größern Plätzen der Stadt ein großes Zelt auf, worin zur Nachtzeit Limonade geschenkt wird. Einige hundert Stühle stehen oft darum her, und sind mit Damen und Herren besezt. In einer kleinen Entfernung steht eine starke Bande Musikanten, und die große Stille, welche die zahlreichste Versammlung hier zu beobachten pflegt, thut alsdann eine unbeschreiblich gute Wirkung. Die vortrefliche Musik, die feyerliche Stille, das Vertrauliche, welches die Nacht der Gesellschaft einflößt, alles gibt dem Auftritt einen besondern Reiz.

Um die Equipagen von Wien zu sehen, muß man zur Sommerszeit ein Feuerwerk im Prater besuchen. Der Prater ist ein natürlicher Eichen- und Buchenwald, nahe bey der Stadt, auf einer Insel der Donau, auf deren obern Theil die große Vorstadt Leopoldstadt liegt. Unfern des Einganges liegen unter dem Schatten der Bäume gegen 30 Hütten zerstreut, mit vielen Bänken und Tischen umher, wo man Essen und Trinken in Ueberfluß haben kann. Der Ort wird täglich stark besucht, ist aber bey einem Feuerwerk besonders merkwürdig.

Gegen

Brief. 281

Gegen 12000 Menschen versammeln sich da nach und nach, und die nehmen im Walde ihr Abendessen. Auf das gegebene Zeichen, wenn die Nacht eingebrochen ist, strömt die Gesellschaft von den Tischen weg auf die ringsum mit hohen Bäumen umgebene Wiese hin, wo das Schauspiel gegeben wird. Ein schönes großes Amphitheater erhebt sich dem Feuerwerk grade gegenüber, und ist größtentheils von einigen hundert Damen besezt, deren hochgeschminkte Wangen, kostbarer Schmuk, und leichte Sommerkleidung im Licht des Feuerwerkes eine besonders gute Wirkung thun. Das Parterre zwischen dem Amphitheater und den Maschinen ist dicht mit Mannsleuten angefüllt. Der merkwürdigste Auftritt folget nach dem Beschluß des Feuerwerkes. Ein Zug von 12 bis 15 hundert Kutschen, Vikutschen und allen Gattungen Fuhrwerks geht aus dem Walde in die Stadt in einer so geraden und gedrängten Linie, daß, wenn er sich manchmal unter dem Thore stopft, die Deichseln der hintern Wagen mitten auf die Kasten der vordern stossen, und da man nicht anderst als im stärksten Trott oder Gallopp fährt, so wird mancher Wagen auf diese Art durchstossen, und die darin sitzenden Personen auf das vordere Fenster geworfen. Die meisten sind herrschaftliche Equipagen mit vier bis sechs Pferden, deren Anzahl überhaupt sich hier auf ohngefehr 3500 beläuft. Der Fiaker sind gegen 560, und der Stadtlohnwägen gegen 300. Die leztern sind nicht numerirt, haben bessers Geschirre, sind überhaupt schöner, werden meistens von den Wirthen gehalten, und theurer bezahlt als die erstern. Bey all dem starken Fahren der vielen Wagen fällt doch bey einem solchen Anlaß nicht die geringste Unordnung vor. Die Fußgänger haben ihren besondern Weg, den kein Kutscher befahren darf. Die Brücke zwischen der Leopoldstadt

S 5 und

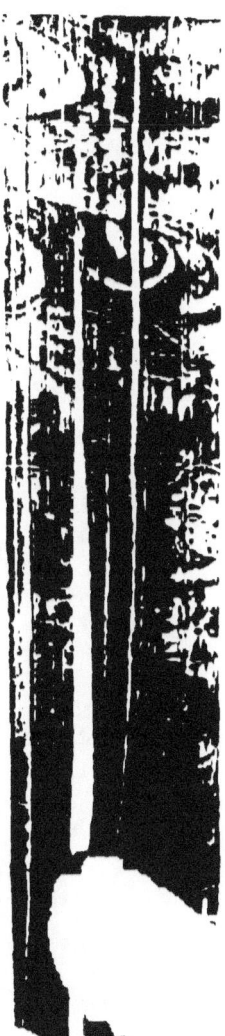

und dem Prater, worauf das Gedränge am stärksten, ist in vier Theile getheilt. Die zwey aussern sind für die Fußgänger, und der eine von den innern für die Wagen die hinein, und der andre für die, welche herausfahren. Diese Ordnung wird durch den Wald und auf der Chaussee durch die Vorstadt bis in die Stadt selbst beobachtet. Einige Kuraßier mit gezogenen Säbeln sorgen dafür. Bey öffentlichen Festen weiß man hier von keinen besondern Unglüksfällen, und alles Unheil, welches hier die Kutschen anrichten, geschieht im alltäglichen Getümmel der Stadt. Man kann sich nicht erinnern, daß in einem Jahr über sieben Personen sind todtgefahren worden, da sich hingegen zu Paris die Zahl der jährlich Todtgefahrnen im Durchschnitt der leztern zehn Jahre auf zwanzig beläuft.

Was das Feuerwerk selbst betrift, so ziehe ich es allen hiesigen Schauspielen, und selbst dem Nationaltheater vor. Herr Stuwer, von welchem ich einige sahe, versteht die Kunst. Er stellt mit allem mannichfaltigen Farbenspiel, den Schattirungen, und dem gehörigen Perspektiv ganze Gärten, große Palläste und Tempely in fast natürlicher Größe in Feuer dar. Seine Maschinen sind besonders schön und groß, und machen oft sechs bis acht Fronten von 50 bis 60 Schritt in die Länge. Bey Eröfnung des Schauspiels fliegen auf einmal viele hundert Raketen unter einem dem Donner ähnlichen Getöse in die Luft, wovon der ganze Wald erbebt, und wobey die Gegend auf einen Augenblik wie bey Mittag erleuchtet ist. Er hatte noch vor einigen Jahren an Herrn Girandolini einen Nebenbuhler, der ihm, nach dem Zeugniß aller Kenner, in der Kunst überlegen war, aber das Opfer der Bigotterie des Publikums werden mußte. Herr Girandolini, welcher ohnehin als ein Fremder mit mehrern Schwierigkeiten zu kämpfen hatte, als Herr Stuwer, mußte sich auf das Aeusserste anstrengen, um sich einen Fond zu machen, und es seinem Nebenbuhler gleichthun zu können. Er hatte, wie Herr Stuwer, einen großen Schwarm von Arbeitern den ganzen Herbst und Winter und das Frühjahr durch in Sold. Als er im Sommer sein erstes Schauspiel geben, und es, um sich seines Aufwandes zu erhohlen, so prächtig als möglich machen wollte, kam an dem Tag, der zur Ausführung desselben angekündigt war, ein Donnerwetter, und verdarb ihm fast alles. Als er auf seinem Gerüst die Wolken heranziehn, und sein Unglük vor Augen sah, fluchte er mit der einem Italiäner natürlichen Lebhaftigkeit dem Donner entgegen, und nun schrieen ihn seine eigne Arbeiter als einen Atheisten aus. Er war in seinen Reden überhaupt zu unbedachtsam, und das Publikum faßte ein Vorurtheil gegen ihn, welches er mit aller seiner Kunst nicht besiegen konnte. Man schalt ihn einen Freygeist und Gotteslästerer. Die Anhänger seines Nebenbuhlers suchten dieses Vorurtheil auf alle mögliche Art zu verstärken. Die Kaiserin selbst ward durch das große Geschrey und die Intriguen der Leute, die sie umgaben, gegen ihn eingenommen. Wenn ein fremder Großer kam, den sie mit einem Feuerwerk unterhalten wollte, so hatte Herr Stuwer den Vorzug. Dieser hatte gemeiniglich drey und viertausend Gulden Einnahme, da Herr Girandolini froh seyn mußte, wenn er es auf 1500 bis 2000 brachte. Auf diese Art konnte er sich nie aus seinen Schulden ziehn, und kam endlich so weit zurük, daß er wegen den Kosten seinem Nebenbuhler den Preis überlassen und davon gehen mußte. Ich habe dir in einem andern Brief gesagt, daß hier das Verdienst sehr oft ein Opfer der Kabalen ist, und nun hast du auch ein Beyspiel, wie es von den Vorurtheilen des Pöbels mißhandelt wird.

Zu den Sommerbelustigungen, wo man die Art der hiesigen großen Welt sehen kann, gehört auch der Augarten. Dieser ist ein großer Park von schönen Alleen und schönem Buschwerk, auf der nämlichen Donauinsel, worauf der Prater ist, an welchen er gegen Osten angränzt. Er ist ein Werk des Kaisers, welcher ihn, wie die Aufschrift über dem Thore sagt, als ein Freund aller Menschen zu einem Belustigungsort aller Menschen gewidmet hat. Allein, es genießt ihn nur der feinere Theil des Publikums, und der Pöbel fühlt selbst, daß er hier in einem schlechten Licht steht. Er schließt sich selbst aus, und thut wohl daran. Es ist zum Staunen, wie dieser Park in so kurzer Zeit das werden konnte, was er ist. Der Kaiser mit seinem lebhaften Temperament wollte sein Geschöpf gleich in vollem Wuchs vor sich sehn, und sparte keine Kosten, um unzälige halb- und ganz ausgewachsene Bäume oft aus der größten Ferne herbeyzuschaffen. So verschieden auch die Gattungen der Bäume und des Gebüsches und die Alleenordnungen sind, so ist er doch zu regelmäßig, und hat zu wenig Mannichfaltigkeit, als daß man ihn einen eigentlichen englischen Garten heißen könnte. Ein ziemlich breiter Arm der Donau, welcher seine Ufer bespühlt, giebt ihm das meiste Leben. Jenseits des Flusses hat man einen breiten Wald durchgehauen, und diese Waldbahn fällt mit einer der Hauptalleen des Parks in eine Linie. Das Perspektiv, welches dadurch gebildet wird, ist meines Erachtens das Beste im ganzen Garten. Es wird in einer fast unabsehbaren Ferne vom mährischen Gebirge, wie von einem leichten Gewölke geschlossen. In einem prächtigen Pavillon hat man alle Erfrischungen und Billard. Wenn man diesen Ort in seinem Glanz sehen will, muß man ihn in den höchsten Sommermonaten

ten morgens besuchen. Es ist seit einigen Jahren hier in der großen Welt Sitte, daß man im Augarten eine Kur von mineralischem Wasser trinkt, wenn man auch noch so gesund ist. Die Einbildung hat wirklich an diesem Ort die Geselligkeit und Vertraulichkeit eingeführt, die sonst an den berühmten Gesundbrunnen zu herrschen pflegt, und man genießt hier wirklich das Offene und Freye der Gesellschaft, wodurch sich Spaa, Pyrmont und andre Plätze dieser Art berühmt gemacht haben, ob man schon das nöthige Kurwasser von mehr als 100 Meilen her beschreiben muß. Alle Stände, besonders die Gelehrten und der Adel mischen sich hier durcheinander. Die Damen trinken die Kur, um sich im Neglischee zeigen zu können, und die Herren, weil die Damen im Neglischee nicht so stolz und spröde als im großen Putz sind.

Es gibt noch verschiedene öffentliche Spazierplätze in der Stadt. Der, welcher am häufigsten besucht wird, ist der Stadtwall, oder die sogenannte Bastey. Ob man schon hier der Sonne sehr ausgesetzt ist, so ist er doch gar oft gedrängt voll. Die Bürgerlichen können nachmittag nicht in die Kirche gehen, ohne zugleich auf dem Wall eine Tour um die ganze Stadt zu machen, wozu sie gerade eine Stunde gebrauchen. Die vom höhern Stande kommen dahin, um ihre Hunde zu produziren, die hier ganz allein vor den Pferden und Wagen sicher sind. Die Hunde machen hier einen großen Artickel des Luxus aus, und man wetteifert darin, wie in den Equipagen und Kleidern. Jetzt sind die kleinen Pommern Mode, und wenn ein Pommerchen schneeweiß oder kohlschwarz ist, und eine scharfspitzige Schnautze hat, so wird es mit 10 bis 15 Dukaten bezahlt. Fürst von ** hat eines um 25 Dukaten gekauft. Jeder Herr, der auf gute Lebens-

,art

art Anspruch machen will, muß sein Spitzchen haben, welches hier der eigentliche Namen dieser Hunde ist. Die Bauern befinden sich wohl dabey, und haben auf dem Vögelmarkt zugleich einen Hundsmarkt errichtet.

Der Garten des Belvedere in der Vorstadt, der Rennweg, welchen ehedem Prinz Eugen besessen, ist nun auch ein öffentlicher Spazierplaz. Der Garten hat an sich nichts vorzügliches, aber der Pallast ist sowohl wegen seiner Bauart, als besonders wegen seiner vortreflichen Lage eines der merkwürdigsten Gebäude in der Stadt. Auf der Terrasse und den Balkons desselben beherrscht man die Aussicht über die ganze Gegend umher. Dieser Pallast enthält seit einiger Zeit in 22 großen Zimmern die kaiserliche Gemähldegallerie. Der untere Stock ist den Italiänern angewiesen, unter denen sich Titian, Korreggio, Guido, Paulo Veronese, Palma und Giorgione vorzüglich ausnehmen. Man zeigt auch 2 kleine Stücke, die von Raphael seyn sollen; allein, wenn sie wirklich von Raphael sind, woran aber der Herr Unterinspekteur, welcher uns begleitete, selbst zweifelt, so gehören sie gewiß unter seine ersten Versuche. Das beste ist ein Kupido von Korreggio in der Attitude, wie er den Bogen spannt. Dieses Stük ist um 18000 Dukaten, ich glaube von Kaiser Karl VI. gekauft worden. Man war ehedem hier so fühllos gegen die Kunst, daß man dieses Meisterstük auf einem Speicher liegen ließ, und mit Füssen darauf trat. Es wurde stark beschädigt, und der Ausbesserer hat einen guten Theil desselben, besonders den Rücken, abscheulich verdorben. Zum Glück erhielt sich der schöne Kopf unverlezt: Schelmischer, und doch zugleich kindischer, gibt es kein Auge weder im Kopf einer Koquette noch eines Adonis, als das Auge dieses Amors. Der Troz auf sei-

Brief. 287

ner Stirne sticht mit einer scheinbaren Unschuld auf dem Mund sonderbar ab. Kurz, es ist Amor mit Leib und Seele. Da, wo das ursprüngliche Fleisch, welches Korreggio seinem Geschöpfe gegeben, noch erkenntlich ist, übertrift es alles, was jeder andere im Fleisch gethan hat. Es wurden durch die Unachtsamkeit, welche der Hof bis unter den jetzigen Kaiser gegen die Sammlung äusserte, noch mehrere Stücke vom höchsten Werth verunstaltet; aber alle waren in der Ausbesserung glüklicher, als der arme Kupido, dem ohnehin durch die hiesige Polizey so übel mitgespielt wird. — Im obern Stock prangen die Niederländer, die hier mit allem Recht mit den Italiänern um den Rang streiten können. Man hat viele Wouwermanns, Berghems, Rembrands, Vanderveldens und de Heens.— Die Gallerie ist 3 Tage in der Woche für jedermann unentgeldlich offen.

Die anstößigen Gemählde sind mit Vorhängen von grünem Taffet bedekt; die aber jedermann nach Belieben aufziehen kann. Es sind einige darunter, bey deren Anblik der heilige Franz von Assis sich gewiß in Dornen wälzen würde. Es sind keine einzelne, nakte Figuren, sondern Gruppen, die man im Leben nirgends als hinter Bettgardinen findet. In der Gesellschaft, worin ich die Gallerie sah, waren verschiedene Damen und Fräulein. Die Herren zogen ohne alles Bedenken die Vorhänge auf. Ich hätte der so züchtigen Polizey zugetraut, daß sie wenigstens eine Affektation von äusserlicher Scham zur Sitte machen könnte: Aber einige von unsern Frauenzimmern sahen auch die geheimsten Spiele der schönen Göttin mit starren Augen an, und die andern hielten zwar die Fächer vors Gesicht; aber die Fächer hatten große Oefnungen, und sie konnten sich nicht überwinden, das Gesicht ganz wegzuwenden. Eine

Eine halbe Stunde von der Stadt liegt die Sommerresidenz der Kaiserin, Schönbrunn, in einer sumpfigten Vertiefung, worin ich wegen der eingeschränkten Aussicht und der feuchten Luft keine zwey Tage aushalten könnte. Der Pallast ist sehr weitläufig und wirklich in einem grossen Stil gebaut. Die Meublirung ist kaiserlich. Verschiedene Säle sind mit den besten Tapeten aus der Fabrik der Gobelins ausgeschmükt, und die Tapezierung eines einzigen Sales von der Art hat gegen 300000 Gulden gekostet. In dem dabey befindlichen Thiergarten ist ein Elephant das merkwürdigste. Es ist von der grösten Art aus Indien und ein Geschenk des ietzigen Statthalters von Holland, den er auf 10000 Gulden zu stehen kam. Auf einer Anhöhe hinter dem Pallast hat der Kaiser in antikem Geschmak eine Sala Terrena mit zwey Säulengängen zu beyden Seiten bauen lassen, und dadurch den Flek bezeichnet, wo seine Mutter ihren Sommerpallast hätte hinbauen sollen, wenn sie eine reizende Aussicht und eine reine Luft hätte geniessen wollen. Wenn die Kaiserin da ist, so sieht man ausser den Kapuzinern und einigen alten Damen wenig schöne Welt. Unterdessen gehört doch dieser Ort auch zu den öffentlichen Spazierplätzen, denn der Garten ist zu jeder Zeit, und der Pallast während der Abwesenheit der Kaiserin für iederman offen.

Unendlich mehr Reiz für mich hat der sogenannte Kalteberg eine Stunde über der Stadt an der Donau. Der Weg hinauf geht durch ein vortreflich angebautes Land. Zur Linken erblikt man in einiger Entfernung auf dem Abhang des Berges und im Schatten alter Eichen das sehr einfache Sommerhaus des Feldmarschalls von Lascy mit einem schönen englischen Garten. Nach und nach gewinnt man die dicke Waldung auf der Höhe des Berges, und auf

der

der Spitze desselben steht ein Kamaldulenserkloster auf dem schönsten Gesichtspunkt, den man weit und breit nur immer aussuchen konnte. Vor dem Kloster sind unter den Bäumen einige Bänke um einen Tisch angebracht, wo die Herren ihre Frauenzimmer, welchen der Eintritt in das Heiligthum ohne besondere Erlaubniß des Erzbischofs verbothen ist, ausruhen lassen, bis sie das Kloster besichtigt haben. Die Wohnungen der Mönche sind kleine abgesonderte Häuser, wobey ieder sein eignes Gärtchen hat. An der äussersten Zelle bildet der Garten eine Terrasse, von welcher man senkrecht über einen sturzdrohenden Felsen herab in die Donau sieht, und eine Aussicht beherrscht, deren ein Mönch von der Art wirklich unwürdig ist. Man hat die ganze Stadt, wie in einem Grundriß, zu seinen Füssen. Man glaubt das Getöse des Menschengewühls zu hören, welches sie belebt. Man übersieht diesen Theil von Oesterreich bis an die Gränzen von Mähren und Ungarn. Die majestätische Donau windet sich durch die unabsehbare Fläche, und in grosser Ferne, wo sie sich mehr ausbreitet, oder von keinem Gehölze und keinem Erderhöhungen gedekt wird, schimmert sie stükweise mit Silberglanz aus der Landschaft hervor. Zur Rechten, wenn man die Stadt gerade vor sich hat, senkt sich der mit Holz bekrönte Berg bis an die Vorstädte hin, und zur Linken zieht sich sein hoher Rüken längst der Donau hinauf, wo man in einer Entfernung von einer Stunde den goldenen Berg von Enzersdorf erblikt, der einen der besten Weine von Oesterreich liefert. Die vielen und schönen Dörfer, die blauen am Rand des Horizonts schwebenden Berge, die vielen und mannichfaltigen Parthien Gehölze und das Wasser geben der weiten Fläche Leben genug. Ich konnte meine Entzückung über den Anblik gegen den Mönch, der

neben mir stand, nicht bergen. Ich sagte ihm, ich hielt den Bruder für glücklich, der die äusserste Zelle zu bewohnen hätte: „ Nein, antwortete er; wir sind nicht Ihrer Meynung. Keiner von uns will in dieser Zelle wohnen; weil sie dem Wind zu sehr ausgesetzt, und im Winter noch einmal so kalt als eine andre Zelle ist. „ Auf einmal brachte mich der Mann aus der Entzückung zurük. Du weißt, ich bin einer von denen, die im Sommer nicht an den Winter denken können, und denen nichts auffallender ist, als wenn man sie mitten im Genuß der schönen Seite eines Dinges an die häßliche desselben erinnert, so natürlich es auch seyn mag.— Nachdem wir alles, auch die Betten, Gebetbücher, Zillizien ec. der Mönche besichtigt hatten, gaben wir ihnen Geld für einige Messen für uns, welches das gewöhnliche Trinkgeld der Fremden ist, und eilten unter die Bäume zu unserm Frauenzimmer. Wir hatten eine kalte Küche und einige Bouteillen Schumlauer und St. Jörger Ausbruch vorausgeschikt. Der Tag war schön, das Frauenzimmer bey guter Laune, und wir waren alle aufgelegt, den Vorhof des Heiligthums in Zucht und Ehre ein wenig zu profaniren. Diese Wallfahrt ward in den ersten Tagen meines hiesigen Aufenthalts veranstaltet, und seit der Zeit habe ich noch verschiedene male, auch bey der rauhen Witterung des Herbstes, in einer weniger zahlreichen Gesellschaft den lieben Ort besucht.

Es giebt hier noch verschiedene andre öffentliche Spazierpläze, worunter man auch den Kalvarienberg zu Hernals und einige andre Andachtsörter zählen kann; denn das Frauenzimmer und die jungen Herren treiben hier die gegenseitigen Eroberungsoperationen weiter, als an irgend einem andern öffentlichen Ort, weil die Maske der Andacht sie dem Auge der Polizey versiekt.

Wien

Neun und zwanzigster Brief.

Wien. —

Der hiesige Hof hat verschiedene kostbare Sammlungen, die er alle das Publikum so viel als möglich genieſſen läßt. Das kaiserliche Münzkabinet hat in Europa wenig seines Gleichen. Die Zahl der antiken Münzen beläuft sich auf 22000 Stük. Jene der neuern Münzen ist ungleich gröſſer und kostbarer. Die vollständige Sammlung aller Münzen und Medaillen von Karl dem Groſſen bis auf unsere Zeiten macht einen besondern, und in Rüksicht auf die Geschichte des Mittelalters unschäzbaren Theil dieses Kabinets aus. Es war zwar einiger Vorrath von Karl VI. da; aber die Sammlung hat doch ihre Existenz eigentlich dem Kaiser Franz zu danken, der unsägliche Summen darauf verwandte, und sie zu seiner Lieblingsunterhaltung machte. Von den mechanischen, physischen und Naturalien-Sammlungen sage ich dir nichts, als daß sie, wie alles was der Hof hat, von jedermann, ohne die geringste Beschwerde, besichtigt werden können. Die Bibliothek ist ohne Vergleich die wichtigste und gemeinnüzigste. Sie ist eine der zahlreichsten in der Welt, und besteht aus mehr als 300000 Bänden, worunter ohngefehr 12000 kostbare Handschriften sind. Das Gebäude, worin sie aufbewahrt wird, ist eins der schönsten in der Stadt. Sie ist alle Tage, die Sonntage ausgenommen, von Morgen bis um 12 Uhr für jedermann offen. Die Liebhaber finden einen geräumigen Saal mit einem langen Tisch und gemächlichen Stühlen, nebst Dinte und Papier, um die Bemerkungen aufschreiben zu können, die sie unter dem Lesen allenfalls machen. Ein Sekretär der Bibliothek weißt sie in den Katalogen zurecht, und einige Livreebedienten des Hofes bedienen sie mit dem, was sie fodern, auf den Wink. Im Winter ist der Saal geheizt, und man hat ein besonderes Gestelle neben der Thüre angebracht, worauf jeder das Buch, welches er ganz durchlesen will, an einen bestimmten Ort jedesmal hinstellen, und des andern Tages finden kann. Wenn ein Liebhaber auch das ganze Jahr hindurch ununterbrochen die Bibliothek besucht, so wird doch keinem Bedienten einfallen, ein Trinkgeld von ihm zu erwarten. Kurz, dieß Institut spricht mehr als jedes andre von der edeln und gemeinnützigen Denkensart des Hofes. Ist man einmal mit einem der Bibliothekare bekannt, von denen immer einer in einem Nebenzimmer zugegen ist, so hält es auch nicht so schwer, die verbotenen Bücher zu bekommen, als einige Leute wollen behaupten. Herr Pilati erzählt, man habe ihm gesagt, ohne einen Erlaubnißschein des Erzbischofs bekäme man kein gutes Buch. Man hat ihn irrig belehrt. Ich lese seit einiger Zeit die Geschichte des tridentinischen Konziliums von Bruder Paolo, und habe Machiavels Werke schon durchgelesen, ohne den Herrn Erzbischof um Erlaubniß gefragt zu haben.

Nebst dieser Hofbibliothek giebt es noch verschiedene andere öffentliche Büchersäle. Der Buchhändler von Trattnern kam auch auf den Einfall, ein gelehrtes Kaffeehaus in seinem großen Pallast zu errichten. Er versprach den Subscribenten, alle Zeitungen, alle periodische Schriften, und alle fliegenden Brochüren der gangbarsten lebenden Sprachen zu liefern. Vielleicht hätte dieser Plan den ersten Grund zu einer Akademie oder gelehrten Gesellschaft gelegt; allein die Subscribenten sahen bald, daß es mehr auf eine feine Beutelschneiderey als auf ein nützliches Institut hinauslief. Dieser Herr von Trattnern ist überhaupt ein sonderbarer Mann. Er zwingt die
Pro-

Professoren, ihm ihre Manuscripte in Verlag zu geben, und zahlt ihnen keinen Kreuzer dafür. Als Hofbuchhändler behauptet er das Recht dazu zu haben, und die Gunst der Kaiserin, die er sich auf eine unbegreifliche Art erwerben konnte, machte ihn zu einem kleinen Tyrannen aller hiesigen Buchhändler und Gelehrten. Bey dem großen Ton, den er affektirt, schämt er sich nicht zu den niederträchtigsten Kniffen seine Zuflucht zu nehmen. Er drukt mit kaiserlichem Privilegium hier Bücher nach, die mit kaiserlichem Privilegium in andern Provinzen Deutschlands gedrukt werden. Man sagte mir, er habe sogar die Kaiserin bereden können, der Verlag eines noch so gängigen Buches wäre für den Buchhändler kein Gewinn, und man müsse ihm einen Theil der Drukkosten vergüten, welches die güte Monarchin auch bey einigen Werken, deren Druk sie befördern wollte, gethan haben soll. So sehr er der Kaiserin auf einer Seite schmeichelt, so ungehorsam ist er ihr auf der andern. Durch ihn kommen die meisten verbotenen Bücher in die Stadt. Wenn du es ihm theuer genug bezahlest, so kannst du die Academie des Dames, den Dom B*****, die Pucelle d'Orleans, den Portier des Chartreux und die ganze scandalöse Bibliothek bey ihm haben.

Die Lektüre des hiesigen Publikums überhaupt genommen, ist äusserst fade. Es ist lange nicht wie bey uns, wo man Montesquieus Esprit des Loix, Voltäres Universalgeschichte, Rousseaus Kontract, social und ähnliche Werke in Händen von Leuten findet, die gar keinen Anspruch auf Gelehrsamkeit machen. Hier sind viele Gelehrte, die diese und ähnliche Bücher nicht kennen, und die es einigen vom hohen Adel und einigen Officiers überlassen, sich mit denselben abzugeben. Bouffonerien machen hier ganz allein ihr Glük, und auch der bessere Theil des lesenden Publikums schränkt sich auf Schauspiel, Romanzen, Feenmärchen, u. dgl. m. ein. Ich kenne ein ganzes Dutzend junger Gelehrten, wie man diese Kreaturen hier heißt, die ausser der Schule nichts als einige deutsche und französische Dichter gelesen haben. In dem Lesesal der kaiserlichen Bibliothek machte ich einigemal einen Tour um den Tisch herum, um den Geschmak der vielen Leser kennen zu lernen. Zwey bis drey von ohngefehr 24 lasen alte Schriftsteller; einer las Sullys Memoires, und alle übrigen halten weder mit der Geschichte, noch mit Alten, noch mit sonst etwas zu thun, das einer wirklichen Wissenschaft ähnlich wäre. Dramaturgien, Gesänge, Romanen, und solche Dinge bedekten den ganzen Tisch. Einige wenige hatten kostbare Werke, aber, wie man deutlich sehen konnte, bloß um mit Besichtigung der Alterthümer von Herkulanum oder der florentinischen Sammlungen einige müßige Stunden zuzubringen. Ich sah verschiedenemale einige Ungarn am Tische, die mit ihrer Lektüre alle Deutschen beschämten, die zugegen waren. Die liessen sich ihre seltensten vaterländischen Geschichtschreiber geben, und man sah in ihrer Miene, daß sie ihren Verstand mit der Lektüre nährten und ihr Herz zugleich wärmten. Sollte nicht die Regierungsverfassung etwas beytragen, daß die Hungarn, wie ich ziemlich allgemein bemerkt habe, mehr Vaterlandsliebe haben, und folglich auch mehr auf die Geschichte ihres Vaterlandes achten, als die Oesterreicher? Unter diesen hab ich noch keinen guftfinden können, der an der Geschichte seines Vaterlandes, einen besondern Geschmak fände.

Auf diese Art ist es sehr begreiflich, daß die meisten Gesellschaften hier, welches mir gleich anfangs auffiel, so

todt

todt sind. Die Materie vom Theater ist bald erschöpft, und dann hat man zur Unterhaltung des Gespräches keine Hilfsmittel mehr, als die täglichen Stadtneuigkeiten und schale Bemerkungen darüber. Das Frauenzimmer ist hier allein im Stand, ein gesellschaftliches Gespräch beym Leben zu erhalten. Es sticht durch natürlichen Witz, Lebhaftigkeit, und durch mannichfaltige Kenntnisse mit dem hiesigen Mannsvolk erstaunlich stark ab. Ich hab hier in drey bis vier ansehnlichen Häusern Bekanntschaft, worin die Herren in den ersten fünf Minuten am Ende von allem sind, was sie zu sprechen wissen; und ohne Galanterien einzumischen, finde ich bey ihren Weibern und Töchtern eine unerschöpfliche Quelle von lebhaftem Gespräche. Es ist wahr, oft wird der Faden des Gesprächs bloß durch die natürliche Neugierde des Frauenzimmers fortgesponnen; aber alle Fragen, welche die Neugierde sie thun läßt, verrathen schon einige Bekanntschaft mit dem Gegenstand, worauf sie sich beziehen, oder wenigstens mit dem Gegentheil davon, und sie sammeln dadurch einen Vorrath zu neuen Bemerkungen, und zur Unterstützung eines neuen Gesprächs. Eben diese Neugierde fehlt den Männern, die überhaupt zu stumpf sind, und zu wenig von allem dem haben, was dem Geist einen Schwung giebt.

Das hiesige Frauenzimmer ist schön und stark von Wuchs; nimmt sich aber weder durch eine vorzügliche Gesichtsbildung, noch durch eine schöne Farbe aus. Es ist frey und lebhaft in seinen Gebehrden, seinem Gang und seinem Gespräche. Es ist gesetzter, männlicher und entschlossener als das von Paris, aber nicht so heroisch als das von London. Ich kann dir keinen bessern Begriff von ihm geben, als wenn ich dir sage; es ist das Mittel zwischen den Engländerinnen und Französinnen. Große

Schön-

Schönheiten sieht man hier wenig; aber auch wenig starke Karrikaturen. In der Winterkleidung, die es nun schon seit dem Anfang Oktobers trägt, hat es unsere Landsmänninnen noch nicht nachgeahmt. Diese läst ihm ungemein schön, und besteht in einer mit kostbarem Pelz ausgeschlagenen, und bis auf die Füße reichenden Polonaise. Da sich diese Kleidung mit keinen hohen Poschen verträgt, am Oberleib geschlossen ist, und auf den Untertheil nachläßig genug fält, um seine Umrisse und Bewegungen sehen zu lassen, so hat sie wirklich etwas von der Simplizität eines griechischen Gewandes. Ein Zug von Andächteley, welcher dem hiesigen Frauenzimmer eigen ist, ist mit einer gewissen Empfindsamkeit des Herzens verwebt, und der Liebe, Freundschaft und Wohlthätigkeit eher zuträglich als nachtheilig. Moore hat diesen Zug richtig bemerkt; aber nichts sezt ihn in ein helleres Licht, als wenn eine Dame in einem Kloster Messen bestellt, und zu gleicher Zeit den Armen Almosen giebt, damit Gott ihren Wunsch erfülle, und ihren kranken Cicisbeo bald gesund werden lasse. Das Cicisbeat steht hier auf dem nämlichen Fuß wie in Italien. Unter den Großen erhält es sich durch den einmal angenommenen Geschmak; die von der untersten Klasse suchen Geld dadurch zu verdienen; und bloß ein Theil des Mittelstandes, nämlich die Fabrikanten und Kaufleute, kennen die eheliche Eifersucht. Es gab hier vor einigen Jahren einen seltsamen Auftritt. Einer vom hohen Adel besuchte einigemal eine Kaufmannsfrau. Den Mann julte es auf der Stirne, und als der Kavalier einst bey seiner Frau anklopfte, schlich er sich auf die Seite, und ließ alle seine Bedienten mit großen brennenden Fackeln sich auf die Treppe stellen. Er gieng sodann ins Zimmer, und sagte dem

dem Kavalier, die Bedienten warteten mit Lichter auf ihn, er möchte sie nicht lange warten lassen. Dieser war in der größten Verlegenheit von der Welt; aber der Kaufmann half ihm bald heraus; nahm ihn beym Arm, und führte ihn sehr zeremonisch die Treppe herunter bis an die Thüre; die Bedienten schritten mit den Fackeln voraus, und ob es schon heller Mittag war, leuchteten sie doch bis mitten auf die Straße. Der Kaufmann blieb unter der Thüre stehen, machte Büklinge über Büklinge, und indem er sich so laut, als er schreyen konnte, dem Herrn gehorsamst empfahl, nannte er zugleich seinen Namen. Das zuschauende Publikum brauchte zur Erklärung dieses Auftrittes nichts, als den Namen des Kavaliers zu hören, denn die ganze Stadt wußte, daß er selten in einer andern Absicht in ein Bürgerhaus gieng, als um dem Hausherrn Hörner aufzusetzen.

Die Wohllust schweift hier selten ins Abscheuliche und Unnatürliche aus. Ich kenne zwar einen jungen Menschen vom Niederrhein, den eine Dame aus dem Fenster zu sich rief, und den es bald reute, daß er dem Wink gefolgt war. Er fand die Dame mit ihrer Tochter im Schlafgemach, und beyde fiengen ein heftiges Gezänke an, welcher er zu Theil werden sollte. Der gute Mensch suchte die Thüre wieder, aber beyde hiengen sich mit wohllüstiger Wuth an ihn. Er mußte endlich den Vertrag eingehen, daß er wechselsweis eine nach der andern bedienen wollte. Er erfüllte seinen Vertrag so heldenmäßig, daß man ihm große Versprechungen machte, wann er wieder kommen wollte; welches er nicht für gut fand. Allein, diese Dame und ihre Tochter waren, wie der junge Mensch selbst glaubte, allem Anschein nach Fremde.

Ohne zu bedenken, daß jede große Stadt zum Ge-

T 5 nuß

nuß des sinnlichen Vergnügens reizt, so ist hier der etwas unmäßige Genuß unter allen großen Städten in Europa am leichtesten zu entschuldigen. Die Wohllust hat hier mehr Nahrung, als an irgend einem andern Ort. Die Zahl der ganz Armen ist hier nach dem Verhältniß ungleich kleiner als zu Paris, und vielleicht auch geringer als zu London. Alles, sogar die Kleidung der geringsten Dienstmagd, spricht von einem hohen Wohlstand. Die Verschwendung des großen Adels, die vielen und starken Besoldungen des Hofes, und die ausgebreitete Handlung der Bürgerschaft befördern den Umlauf des Geldes ungemein. Man schäzt die Summe des in der Stadt beständig zirkulirenden Geldes auf 12 Millionen Kaisergulden, oder auf ohngefehr 31 Millionen Livres. Der Erwerb ist leichter, als irgend anderswo, und Wien ist vielleicht der einzige Ort, wo der Preiß der Lebensmittel mit der Masse des zirkulirenden Geldes in gar keinem Verhältniß steht. Die Fruchtbarkeit und der Geldmangel des benachbarten Hungarns ist die Ursache davon. Man hat hier trinkbaren Wein um 6 Kreuzer die Maaß, und um 12 Kreuzer ein gutes Mittagessen. Es ist ein Wirth hier, welcher um 13 Kreuzer eine Tafel gibt, die aus Suppe, Zugemüß mit einer Beylage von Karbonnaden, Würsten, oder gebratne Leber und Rindfleisch besteht; 1 Schoppen Wein und das nöthige Brod mitgerechnet. Hier könnte der Homme à quarante écus wirklich bestehen; aber wenn er mehr als 40 Thaler hätte, so ist die Versuchung mehr zu verthun, zu stark, als daß er seiner Oekonomie getreu bleiben könnte. Je mehr die Natur gibt, desto mehr Bedürfnisse macht sich der Mensch, und hier ist sie gegen ihre Kinder wirklich so verschwenderisch, daß sie

es

es auch werden müssen. Die unmäßig große Anzahl der reichbesoldeten Hofbedienten, der zahlreiche Adel, und die vielen Fremden, die sich bloß des Vergnügens halber hier aufhalten, wissen von keiner bessern Beschäftigung, als ihrem Vergnügen nachzuhängen. Reichthum, Müßiggang und die Freygebigkeit der Natur müssen ein Volk wohlüstig machen, dessen Religion ohnehin das Gegentheil von aller Frugalität ist, und dessen Regierung die Schnellkraft seines Geistes auf keine andere Gegenstände zu lenken weiß.

Die Handlung der Stadt ist sehr blühend. Lange wußte sie die Vortheile nicht zu benutzen, welche ihr die Natur darboth, und ob sie schon einen der größten Flüsse beherrscht, der bis auf etliche und 70 deutsche Meilen aufwärts schifbar ist, und ihr abwärts einen Weg bis ins schwarze Meer und die Levante öfnet, so lag doch bis unter die vorige Regierung aller Handlungsgeist darnieder. Karl der Sechste that zwar zur Aufnahme des Handels und der Industrie sein mögliches. Aber so glüklich auch seine Unternehmungen in verschiedenen andern Provinzen waren, so unglüklich waren seine Entwürfe für das Erzherzogthum Oesterreich und die Hauptstadt. Der hiesige Adel hielt die Kaufleute für eine Gattung aus dem Thierreich. Die Jesuiten hielten die Protestanten, die in der Folge das meiste für die hiesige Handlung thaten, entfernt, oder unterdrükten sie, wenn sie sich eingeschlichen hatten, und empor kommen wollten. Der Hof war voll Schulden, und seine Kasse war für öffentliche Fonds und zur Unterstützung der thätigen und denkenden Partikularen zu schwach. Es fehlte bey Hof und unter dem Publikum an Kredit. Kaiser Franz fieng an, die Finanzen auf einen soliden Fuß zu setzen. Er

war

war selbst Kaufmann, und der Adel gewöhnte sich nach und nach, den industriösen Theil des Publikums mit weniger Verachtung anzusehen. Man fieng an, die reichern Handelsleute zu adeln; und so einen schlimmen Begrif es einem von der hiesigen Sinnesart geben mag, so war doch dieser Kunstgrif, die Ekelkeit der Großen zu demüthigen, und jene der Kleinern zu privilegiren, in einem Lande nothwendig, wo Verdienst, Tugend, Ehre und alles, was zwischen den Menschen einigen Unterschied macht, in den Wörtchen Edler und von einbegriffen war. Das Beyspiel des jetzigen Kaisers von Popularität wirkt noch mehr zur Tilgung dieses so schädlichen Vorurtheils. Wo es nur möglich ist, dem Stolz seines Adels einen schlimmen Streich zu spielen, unterläßt er es gewiß nicht. Er führt Künstler und Kaufleute von Verdienst bey der Hand in die ersten Gesellschaften. Die Herren, deren ganzer Werth auf dem politischen Aberglauben an einen Stern und an ein Band beruht, verziehen wohl den Mund und die Nase bey der Erscheinung eines Plebejers unter ihnen, und lassen es auch an Witzeleyen nicht fehlen, um ihn fühlen zu lassen, daß er aus seiner Welt in eine höhere getreten ist. Allein, ein Wort des Monarchen entwafnet ihren Hohn, und jemehr sie sich sträuben, destomehr Mühe gibt er sich, ihren erbärmlichen Stolz in die Enge zu treiben. Man sagte mir, er habe vor einigen Jahren zu Prag eine Bürgersfrau in eine adeliche Gesellschaft geführt. Die Damen machten erstaunlich große Augen; aber der Kaiser, welcher es bemerkte, suchte sie in noch größere Verlegenheit zu setzen, und machte mit der Bürgersfrau den ersten und einzigen Tanz.

Mit allem dem wäre die Handlung nie hier blühend gewor-

geworden, wenn nicht die Fremden das meiste dazu beygetragen, und die Ketzer etwas mehr Freyheit gefunden
hätten, als man ihnen zu der Zeit gestattete, wo der
Beichtvater des Regenten der Direktorialminister von
allen Departements und die Politik des hiesigen Hofes,
ein Spiel der Jesuiten war. Die Leichtigkeit, womit
so viele Familien großes Glük machen konnten, ist ein
offenbarer und auffallender Beweis, wie sehr sie den Eingebohrnen an Verstand und Thätigkeit überlegen waren.
Der Hofbanquier, Baron von Frieß, ein Mühlhauser
von Geburt, konnte ohne beträchtliche Fonds in einer
fast unglaublich kurzen Zeit zu einem der ansehnlichsten
Wechsler von Europa werden. Er ist ein Mann von
ohngefehr 4 Millionen Kaisergulden. Die meisten der
vornehmsten Handelsleute und Fabrikanten sind aus
Schwaben, Franken, Sachsen, und andern Gegenden
Deutschlands. Die Bürger von Nürnberg, Augsburg,
Ulm, Lindau und andern Städten, die mit schwachen
und immer mehr abnehmenden Kräften gegen ihren Untergang kämpfen, und wo der abscheulichste Despotis-
mus unter der Maske der Freyheit herrscht, fanden hier
ungleich mehr Vortheile, die ihnen sowohl die Natur
als die Regierung darboth, als in ihren schwindsüchti-
gen Vaterstädten. Die meisten machten ihr Glük durch
Verstand, Fleiß, und besonders durch eine sparsame Lebensart, wodurch sie bey ihrer Niederlassung vor den so
verschwenderischen Eingebohrnen zur Aufnahme ihres
Gewerbes erstaunlich viel voraushatten. Auch Triest
mußten die Fremden, und besonders die Protestanten
blühend machen.

Nun ist zwar die hiesige Handlung noch lange nicht
das, was sie seyn könnte; allein sie ist im Gang zu ihrer
Größe,

Größe, und macht Riesenschritte. Die Fabriken mehren sich von Jahr zu Jahr. Man zählt hier schon einige hundert Seidenweberstühle, und macht Sammet, Grosdetours, halb und ganz seidene Zeuge, und besonders eine erstaunliche Menge Strümpfe und Saktücher. Auch die Plüsch- und Kottonmannfakturen sind sehr beträchtlich; und der Handel mit inländischen und hungarischen Weinen, mit böhmischen und mährischen Leinwand, der über Triest nach Italien, Spanien, Portugall und in die Türkey verführt wird, mit rohem und verarbeitetem Eisen, Stahl und Kupfer, mit Leder, Porzellän, und verschiedenen andern Artikeln, beträgt einige Millionen. Von dem Handel der gesammten österreichischen Lande werde ich dir ein andermal Nachricht geben.

Der Hof geht in seiner Ermunterung zur Handlung so weit, daß er einen ansehnlichen Fonds bereit hält, woraus unternehmende und einsichtige Partikularen unterstüzt werden. Nach Gutbefinden der zu diesem Zwek niedergesezten Kommißion strekt man denselben sehr beträchtliche Summen vor, wovon sie in 5, 6 bis 10 Jahren keine Interessen, und dann stufenweis 1, 2 bis 3 Prozent zu zahlen haben. Wenn einmal die Zucht der Eingebohrnen gebessert seyn wird, und das sollte man nach den großen Erziehungsanstalten in der nächsten Generation erwarten, so fehlt es dem industriösen Theil der Einwohner auch zu den größten Unternehmungen nicht an Geld. Der reiche Adel wird, anstatt wie jezt auf seine Schulden stolz zu seyn, lieber mit einem klugen Bürger in Gesellschaft treten, und anstatt die verderblichen Küchenzettel täglich in die Hand zu nehmen, lieber sich jährlich einmal die Rechnung von seinem Gewinnst

von

von dem Kaufmann oder Fabrikanten vorlegen laſſen. Das Mark des Landes, welches der Adel und die Klöſter an ſich ziehen, wird dann nicht mehr ein Raub von nichtswürdigen Bedienten und Müßiggängern werden, ſondern ſich in den Händen kluger und thätiger Bürger zum Beſten des Staates mehren. Der große engliſche Adel ſchämt ſich der Handlung nicht, und dadurch wird der Ertrag ſeiner Güter, ſo wie auch jener des ganzen Staates, verdoppelt. Das nemliche Geld, welches er aus ſeinen Herrſchaften zieht, lauft erſt durch eine Handlungskaſſe, bekommt vom Auslande Zuwachs, mehrt die Maſſe des Nationalvermögens, und iſt dann, wenn es in ſeine häusliche Kaſſe zurükkommt, aus einem Bach ein Strom geworden. Der größte Theil des hieſigen Nationalvermögens, welches urſprünglich ungleich anſehnlicher, als das von England iſt, wird vom innern Luxus verſchlungen, noch ehe es von auſſen Zufluß erhalten kann. Ein guter Theil davon fließt auch gerade von der Quelle ins Ausland aus, und iſt für den Staat unwiederbringlich verloren. Es fehlt hier noch, woran es gemeiniglich zu fehlen pflegt, an den einfachſten Beſſerungsmitteln. So lange dem Adel durch eine frugalere und gemeinnüzigere Erziehung nicht beſſere Grundſätze beygebracht werden, ſo werden alle Entwürfe des Hofes zur Aufnahme der Handlung und Induſtrie nur Flikwerk ſeyn. Die waloniſchen und italiäniſchen Abbees und die franzöſiſchen Kammermädchen ſind die Leute nicht, die dem Staat, anſtatt ſtolzer Verſchwender nüzliche Bürger liefern können.

So eben breitet ſich ein trauriges Gerüchte durch die Stadt aus. Die Kaiſerin kam vor einigen Tagen von einer Spazierfahrt unpäßlich zurük, und nun ſoll dieſe

Unpäſ-

Unpäßlichkeit zu einer gefährlichen Krankheit geworden seyn. Die Aerzte befürchten eine starke Brustentzündung, welche hier bey den heftigen Wetterveränderungen immer die gewöhnliche Krankheit ist. Ich hoffe meinen nächsten Brief freudiger anfangen zu können, als ich diesen schließen muß. Lebe wohl.

Wien —

Es ist geschehen. Die große Theresia, die mit allen ihren Schwachheiten doch eine der größten Frauen war, die je einen Thron besessen, ist nicht mehr. Ich sage dir nichts von den Klagen ihrer hinterlassenen Unterthanen, die sie wie eine Mutter liebten, nichts von dem Gepränge, das ihre Leiche umgibt, und nichts von den großen Anstalten, die zu ihrer Beerdigung gemacht werden. Alles das kannst du in den Zeitungen besser haben, als ich es dir beschreiben kann. Auch von ihren letzten Augenblicken, die den Karakter eines Menschen am wenigsten aufschliessen, und wo er gewiß in seinem ganzen Leben am zweydeutigsten ist, kann ich dir nicht viel sagen. Ueberdem sind die Nachrichten davon ziemlich widersprechend.

So viel weiß man, daß sie in den letztern Jahren ihrer Auflösung mit etwas Bangigkeit und Furcht entgegen sah. Die natürliche Schwäche alter Leute, und dann die Besorgniß, ihr Thronfolger möchte einige Veränderungen vornehmen, von welchen ihr ahndete, und die ihrem Herzen zuwider waren, mögen die Ursache gewesen seyn. Auch als sich der Tod ihr allgemach näherte, konnte sie sich nicht sogleich fassen. Umsonst bath sie die Aerzte,

Aerzte, ihre Kunst aufzubieten. Der Tod siegte. Als man ihr seinen grausamen Triumph für gewiß ankündigte, zeigte die Religion ihre Stärke, und sie ward eine Heldin, als sie überwunden war. Sie besprach sich noch einige Stunden lang mit ihrem Sohn, und sorgte besonders noch für ihre Familie. Sie war die beste Mutter bis zu dem lezten Athemzug.

Der Monarch, welcher in den Jahren, wo das Gefühl der Ehre am lebhaftesten ist, und zu grossen Unternehmungen spornt, sich nun allein an der Spitze eines der mächtigsten Reiche in der Welt sah, und eine auf ihre Gewalt eifersüchtige Mitregentin verlohr, die bisher allen seinen grossen Entwürfen im Weg stand, war in diesem Augenblik nichts als Sohn. Er vergaß alles, und beweinte den Verlust einer Mutter, deren Herz er kannte.

Die Familienliebe des kaiserlichen Hauses ist äusserst merkwürdig. Ich muß dir noch einige Züge mittheilen, die den Karakter dieser grossen Monarchin vortreflich ins Licht setzen. — Sie hatte die Freuden des Ehebetts in vollem Maaß genossen. Sie war keine Hässerin der Freude; aber die Wohllust mußte bey ihr in den Schranken der Ehrbarkeit und Religion bleiben. Sie kannte den Werth der Liebe, und hatte als Mutter nichts angelegeners, als auch ihre Kinder die erlaubte Liebe schmecken zu lassen. Von Herzen gerne gab sie ihre Einwilligung zur Verheyrathung ihrer Tochter Kristine mit einem apanagirten Prinzen aus dem sächsischen Haus, obschon die Politik des Kaisers etwas dagegen einzuwenden hatte, daß sein Haus dadurch mit zuviel Nebenästen belastet werden könnte. Als ihr Sohn Maximilian Koadjutor des Deutschmeisterthums ward, und das Gelübde der Keuschheit ablegen mußte, bedung sie sich vom

U Pabst

Pabst ausdrüklich, daß er von diesem Gelübde dispensirt seyn sollte, sobald er den Orden verlassen und sich begatten wollte. Auch die 2 noch ledige Prinzeßinnen hätten Männer bekommen, wenn es bloß von ihr abgehangen hätte. Sie hätte sich immer für desto glüklicher gehalten, je mehr Enkel sie bekommen hätte, und wenn auch ihre Schazkammer noch so viel darunter gelitten hätte. Sie hätte in jedem Anblik eines ihrer Kinder die Freuden des Ehestandes in der Erinnerung wieder genossen, und doppelt genossen, weil sie sie mit ihrem Kind hat theilen können. — Ein andrer schöner Zug von dieser Art, ist, daß sie für ihre Kinder eine treue Mutter blieb, wenn sie auch noch so weit von ihr entfernt, und noch so erhaben waren. Sie vergaß die Königinnen von Frankreich und Neapel aller Entfernung, und aller Erhöhung ungeachtet so wenig, daß sie es auch noch in leztern Jahren nicht an Lehren, und sogar, wenn sie es allenfalls für nöthig erachtet, an sanften mütterlichen Verweisen nicht fehlen ließ. Ihr großer Sohn war schon Kaiser, als sie ihn auch in Gegenwart von andern noch in Kleinigkeiten korrigirte. Die Gewalt, die sie bis zu ihrer lezten Stunde über denselben, und über alle ihre Kinder behauptet, floß so ganz mit ihrer Mutterliebe zusammen, daß sie ihre Verweise keinem derselben auffielen. — Ihre vergnügtesten Stunden waren, wenn sie Briefe von den Höfen von Versailles, Neapel, Parma und von Mayland empfieng. Sie schloß sich dann mit einer ihrer innigsten Freundinnen ein, und ergoß die Freude, Mutter von so vielen glüklichen Kindern zu seyn, in ihrem Busen.

Der Prinz Statthalter von Mayland und der Herzog von Sachsenteschen, den der Kaiser seinen theuersten

sten Schwager zu nennen pflegt, werden den Verlust einer liebevollen Mutter vorzüglich empfinden. Die Oekonomie des Kaisers, die er auch gegen sich selbst bis zur Strenge treibt, werden sie in manchen Nebenzuflüssen fühlen. Die zwo noch ledigen Schwestern des Kaisers können sich auf alle Art leicht einschränken, und sie sind sowohl in ihrem väterlichen als mütterlichen Testament hinlänglich bedacht worden; und was die übrigen Kinder dieser unvergleichlichen Mutter betrift, so sind sie alle unabhängig von ihrem hohen Bruder, und gut genug versorgt. Wenigstens wird es unserer lieben Königin am Nothdürftigen nicht fehlen, und wenn sie auch gleich nicht die strengste Oekonomin ist, so ist ihre Erziehung doch zu gut, als daß sie es zu großen Ausschweifungen kommen lassen könnte, und in Gefahr stünde, einen Franzosen je über sie murren zu hören. Welcher Franzmann, der sich der Zeiten der du Barry erinnert, wird den im Vergleich mit der ausgelassenen Mätresse so unbedeutenden Aufwand einer guten Königin beklagen, und nicht die Asche einer Mutter segnen, die seinem durch die Verschwendung einer Beyschläferin so zerrütteten Vaterlande eine weise und tugendhafte Königin geschenkt hat.

Seitdem das Gerüchte vom Tod der Kaiserin die Stadt erfüllt hat, bemerkt man auf den Gesichtern und in den Geberden der Geistlichen und Hofbedienten Ahndungen von einer großen Revolution. Die Prälaten, die sonst die Bäuche auf den Straßen mächtig vorpreßten, schleichen seit einigen Tagen ganz gebeugt an den Wänden hin, und die Hofbedienten scheinen immer in die Rechnungen ihrer Schulden vertieft zu seyn. Sie tragen alle die Hände in den Hosensäcken, und schei-

U 2 nen

nen eine Apostrophe an ihre Börsen in ihren Bart zu murmeln. Doch ehe ich dich mit dem unterhalte, was vermuthlich geschehen kann, will ich dich mit dem Zustand der österreichischen Lande, so wie sie die große Theresia verläßt, bekannt machen.

Das Haus Habspurg-Lothringen gehört nun unter die 4 ersten europäischen Mächte, und hat in der Größe keine Nebenbuhler als Rußland, Frankreich und Großbritannien. Zu Anfang dieses Jahrhunderts bis unter die Regierung der verstorbenen Kaiserin gehörte Oesterreich in die Klasse der mittlern europäischen Mächte, und Englands ganze Macht und das Geld der Holländer mußten es unterstützen, wenn es eine bedeutende Rolle spielen wollte. Selbst zu der Zeit, wo die Sonne nie in seinen Gränzen untergieng, war es so fürchterlich nicht, als itzt. Der Verlust so vieler Reiche und Provinzen lehrte es endlich, daß die Stärke eines Staates nicht auf der Masse der innern Kräfte, sondern auf dem Gebrauch derselben beruhe. Ein großer Mann, der ihm zu einer Zeit diente, wo es noch das Elsaß, Neapel, Sizilien und verschiedene andre Länder besaß, verglich es einer umgestürzten Pyramide, die auf ihrer Spitze steht, und durch das Gewicht des schweren Theils wankt. Die Pyramide ist nun etwas leichter geworden; aber sie steht der Natur gemäß auf ihrem Boden, fest und unerschütterlich.

Die Größe der gesammten österreichischen Erblande, wenn sie rund beysammen lägen, würde etwas mehr betragen, als die Größe Frankreichs. Hungarn nebst Siebenbürgen, Kroatien, Slavonien, Tömöswar und dem Stük von Dalmatien macht 4760 geographische Quadratmeilen aus. Böhmen beträgt 900, Mähren

samt

samt dem Stük von Schlesien 430; die österreichischen Kreislande, wozu das eigentliche Herzogthum Oesterreich, Steyermark, Kärnthen, Krain, Tyrol, und die Ländereyen des Hauses in Schwaben gehören, betragen, nebst der Grafschaft Falkenstein, dem neueroberten Stük von Bayern und ein Theil von Friaul ohngefehr 2200; die Niederlande 500; die Besitzungen in der Lombardey 200, und die Königreiche Gallizien und Lodomerien, samt der von den Türken abgetretenen Bukowina, ohngefehr 1400 geographische Quadratmeilen; welches zusammen 10360 Quadratmeilen beträgt; da Frankreich kaum die runde Zahl von 10000 solcher Meilen ausmacht. Doch der Unterschied ist noch so groß nicht; wird aber durch die zu erwartende Vereinigung von Toskana und den modenesischen Staaten mit den übrigen Erblanden bald sehr merklich werden. Die Natur war diesen Ländern noch günstiger als unserm Vaterlande, ob sie schon so viel für dasselbe gethan hat. Frankreich hat kein Produkt, welches die österreichischen Staaten nicht in eben der Menge liefern, oder doch bey gehörigem Anbau liefern könnten; Wein, Oel und Seide nicht ausgenommen. Einige der ersten Bedürfnisse, Getreide und Vieh können sie in einem solchen Ueberfluß liefern, daß sie nebst ihren eigenen Einwohnern noch wenigstens die Hälfte jener von Frankreich damit versorgen könnten. Der Schaz von Metallen in den Bergen, welche Hungarn umgeben, und Tyrol, Kärnten, Krain und Steyermark anfüllen, wird im Vergleich mit dem reinen Gewinn der Könige beynahe eben so beträchtlich seyn, als jener in dem Gebirge des spanischen oder portugiesischen Amerika. Hätten diese Länder eine eben so große Seeküste um ihren Ueberfluß in die weite Welt ver-

U 3 führen,

führen, und ihren natürlichen Reichthum besser geltend machen zu können, sie würden wenigstens um den vierten Theil mehr Werth haben, als Frankreich. Aber die glükliche Lage unsers Vaterlandes, das Gewässer, welches dasselbe auf verschiedenen Seiten beherrscht, und die schifbaren Flüsse, welche den Absaz unserer Produkte aus der Tiefe des Reichs nach allen Seiten erleichtern, geben ihm, in Rüksicht auf den verhältnißmäßigen Werth, ein entscheidendes Uebergewicht über die österreichischen Staaten.

Hungarn ist ohne Vergleich der wichtigste Theil des österreichischen Erbreichs. Er besizt nicht nur alles, was die andern Provinzen hervorbringen, sondern muß auch noch einige derselben mit seinem Ueberfluß ernähren, und seine Produkte übertreffen jene der übrigen Staaten eben so sehr an Güte, als in der Menge.

Hier fällt es einem stark auf, daß der Mensch immer destoweniger thut, jemehr die Natur für ihn gethan hat. Bloß der Kampf mit Schwierigkeiten entwickelt seine Kräfte, und nur die äusserste Noth kann ihn seiner natürlichen Trägheit entreissen. Der Bergschweizer trozt den nakten Felsen seinen Unterhalt ab, und hat unwirthbare Wildnisse in ergiebige und bewohnte Ländereyen umgeschaffen. Der Holländer hat den verschlemmten Sand des Rheines und der Maas, den ihm die See beständig streitig macht, in einen Garten verwandelt, indessen der beste Boden in Hungarn wüste liegt.

In Wien glaubt man die geringe Bevölkerung wäre die Ursache, daß Hungarn eine so ungeheure Menge Getreide und Vieh ausführen könnte; allein wenn es auch dreymal so stark bevölkert wäre, so könnte es doch gewiß diese Bedürfnisse in noch größerer Menge ausführen, ten, wenn der Ackerbau auf den Grad von Vollkommenheit gebracht würde, worauf er in dem größten Theil von Schwaben ist. Es liegt nicht nur ein guter Theil dieses ergiebigen Landes ungebaut, sondern auch der, welchen man bebauet, wird bey weitem nicht so benuzt, als er benuzt werden könnte. Hier weiß man noch nichts von dem künstlichen Wiesenbau, von einer vortheilhaften Art zu düngen, von Mischung der Erdarten, vom Gebrauch des Mergels, den verschiedene Gegenden, und zwar von sehr guter Art, im Ueberfluß haben. Es bleibt wenigstens um die Hälfte mehr Land brach liegen, als nöthig wäre. Die gewöhnlichste Art, das Gedreyde auszudreschen, ist, daß man die Ochsen drauf herum treibt, wobey ein guter Theil davon im Stroh zurükgelassen wird. Wenn man die Strassen dieses herrlichen Landes überblikt, so glaubt man durch eine Steppe zu reisen, ob man schon einen Boden betritt, der das Korn 50, 60, ja, wie mich einige versicherten, oft hundertfältig, ohne mühsame Bearbeitung zurükgibt. Die Strassen nehmen hie und da einen unüberschbaren Strich Landes in die Breite ein, weil der flache Boden einen so geringen Werth hat, daß man ihn dem Eigensinn der Fuhrleute ohne die geringste Einschränkung preiß gibt, die sich dieser Freyheit mit einem unbeschreiblichen Muthwillen bedienen, und beym geringsten Regen, oder wenn ein altes Gleiß nur im mindesten beschwerlich ist, durch das angränzende Feld jagen.

Die Einwohner entschuldigen ihre schlechte Wirthschaft damit, daß das Getreide keinen Werth habe, und sie es bey einer reichen Erndte nicht abzusetzen wüßten. Die Entschuldigung hat einiges Gewicht, aber verschiedene Fehler der Verfassung und Verwaltung sind die

Grundursache des schlechten Zustandes der Wirthschaft. Mit der Bevölkerung würde der Werth des Getreides steigen, und wenn der Landmann mehr Ermunterung zur Arbeit hätte, so könnte ein großer Theil dieses so unerschöpflichen Bodens zu andern Erzeugnissen als Getreide benutzt werden. Man gewinnt zwar schon eine beträchtliche Menge Tobak, Safran und verschiedene Gattungen der edlern Früchte; allein die Arten der Produkte, welche das Land, nebst diesen noch liefern könnte, sind unzählich, und, was du kaum glauben wirst, die Regierung sucht die Erzeugung der Produkte, wodurch das Land am meisten gewinnen könnte, eher zu hemmen, als zu befördern.

Die Ausfuhr der vortreflichen hungarischen Weine, die eines der Hauptprodukte dieses Landes sind, und deren erleichterte Ausfuhr unsern Weinhandel nach Norden fast gänzlich zu Grunde richten könnte, ist mit ungeheuren Auflagen erschwert. Die Regierung will dieses unerklärbare Betragen dadurch erklären, daß, wenn die Ausfuhr der hungarischen Weine frey wäre, der österreichische Weinbau zu Grunde gehen müßte. Ich weiß nicht, ob das Gesetz noch gilt, aber wenigstens galt es eine zeitlang, „daß ohne besondere Erlaubniß kein hungarischer Wein durch Oesterreich verführt werden dürfe, wenn nicht eben so viel österreichischer Wein zugleich mit verführt würde." Nun mag es dem österreichischen Adel freylich sehr unangenehm seyn, wenn er seinen Wein wegen der überlegenen Menge und Güte des hungarischen nicht absetzen kann, und seine Ländereyen an Werth verlieren müssen. Ohne Zweifel hat dieser Adel auch den meisten Theil an der grausamen Einschränkung der Weinausfuhr aus Hungarn; allein wenn man

die

die Erblande des kaiserlichen Hauses als einen zusammenhangenden Körper betrachtet, so heißt das, den Kopf einem Finger oder einer Zähe aufopfern. Oesterreich kann nie einen Tokayer, St. Görger, Ruster, Oedenbürger, Ofner, Schumlauer oder Ratzersdorfer liefern, die sich von selbst den Fremden empfehlen, da man hingegen durch diese unpolitische Vertheurung des hungarischen Weines den benachbarten Ausländern den sauern Oesterreicher aufzudringen sucht. Dem weiten hungarischen Reiche entzieht man dadurch einen großen Theil seiner besten Nahrungssäfte, um einer Provinz, die kaum den achten Theil von der Größe desselben beträgt, nicht den nöthigen Unterhalt, sondern Ueberfluß zu verschaffen; denn sie hat durch die Residenz des Hofes schon überwiegende Vortheile vor den andern Provinzen, und die weinreichen Gegenden von Oesterreich wären zu jeder andern Art von Bebauung geschikt. Die rußischen Kominis, die sich immer zu Preßburg Ofen, Tokay und an andern Orten aufhalten, werden nie Bestellungen auf österreichische Weine machen; und wir Franzosen sind der österreichischen Regierung unendlichen Dank schuldig, daß sie unsern Weinen, durch die schweren Auflagen auf die hungarischen, den Abgang in Norden zu erhalten sucht; denn was von den Rußen, Polen, u. a. m. in Hungarn gekauft wird, ist meistentheils nur für die Höfe und den höhern Adel, da wir hingegen mit ungleich mehr Gewinn den großen Haufen in Norden bedienen.

Der Verlust des Geldes, welches Hungarn durch eine leichtere Ausfuhr seiner Weine ziehen könnte, ist nicht der größte Schaden, den es durch diese unnatürliche Einschränkung leidet. Das Uebel wird dadurch schreklich, daß die innere Konsumtion des Weines durch diesen un-

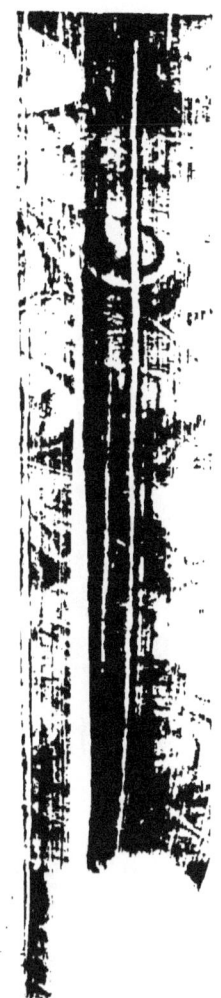

begreiflichen Zwang befördert wird. Der Bauer, welcher durch das unmenschliche Lehnrecht vom Adel unterdrükt wird, sucht seine Noth, den Kummer seiner ganzen Familie, seine Verzweiflung im Weine zu ersäufen, den er zum Theil selbst zieht, oder doch in meisten Gegenden um zwey, drey bis vier Kreuzer die Maaß haben kann. Der Mangel an Erziehung und die Verwilderung seiner Sitten machen ihn ohnehin schon zu sehr zum Sauffen geneigt. Ich sah Gegenden, die mir das lebendigste Bild von berauschten amerikanischen Horden darstellten, und es fehlte hier den hiesigen Wilden nichts, um sie zu vollkommenen Illinois zu machen, als Haarbüschel von erschlagenen Feinden und Hirnschädel zum Trinken. Die Trunkenheit schwächt die Seelenkräfte des Bauern eben so sehr als seine Leibeskräfte. Sie macht ihn dumm, träg und schwindsüchtig. Die zu heftige Treibkraft der Natur in den heissen Gegenden dieses Landes macht die Menschen ohnehin bald verblühen. Der unmäßige Gebrauch des starken und an manchen Orten sehr kalchigten Weins hilft vollends ihre Säfte austroknen, und die meisten Bauern dieser Gegenden sind in dem Alter von 50 Jahren ausgezehrt, und fangen schon in den dreißigen zu welken an, so kraftvoll und blühend auch die Jünglinge sind. Die Fruchtbarkeit der Ehen wird dadurch vermindert, und die Bevölkerung würde, anstatt sich von selbst nach und nach zu mehren, abnehmen müssen, wenn sie nicht von aussen einigen Zufluß bekäme. — Auch die ungeheuern Außagen auf den hungarischen Tobak, welcher in die andern Erblande des Hauses Oesterreich eingeführt wird, ist dem Anbau dieses Landes entgegen. Die Pachter des Tobakhandels in den Reichserbländern sollten wenigstens angehalten werden, mit einer gewissen Menge fremden Tobaks eben so viel oder noch mehr hungarischen abzusetzen.

Es ist wohl kein Land in der Welt, das von verschiedenern und mannichfaltigern Menschenarten bewohnt wird, als Hungarn. Die alten Einwohner des Landes, welche eigentlich die Nation ausmachen, theilen sich in Tartaren und Slaven. Zu jenen gehören die eigentlichen Hungarn, die Kumaner, Zekler, und Jazyger. Ihre Sitten und ihre Bildung verrathen noch merklich genug, daß sie mit den heutigen Kalmücken verwandt und Abkömmlinge der alten Scythen sind. Ihre tiefen Augen, ihre eckigten Gesichtsknochen, und ihre gelblichte Farbe unterscheidet sie auffallend von den Slaven, die überhaupt einen stärkern und rundern Knochenbau haben, und weisser und fleischigter sind. Es giebt verschiedene Bezirke, wo sich beyde Menschengattungen ziemlich unvermischt erhalten haben. Die Slaven bestehn aus Kroaten, Böhmen, die ursprünglich ein Nebenast der Kroaten sind, Serbiern, die man Raizen nennt, Russen, Wenden, Polaken. Die deutschen Kolonisten werden auch als Eingebohrne betrachtet, doch müssen sie sich, wenn sie freye Güter besitzen wollen, den Adel um 2000 Kremnitzer Dukaten erkaufen, die ohngefehr 22000 Livres ausmachen. Als Beysassen betrachtet man die Walachen, Bulgarn, Türken, Griechen, Armenier, Juden und Zigeuner, welche im Lande Ziganer genannt werden, und unter diesen angesessenen Fremden die zahlreichsten sind.

Alle diese Völker, einen Theil der deutschen Kolonisten ausgenommen, sind noch Barbaren. Der große Adel, der sich nach dem Hof zu Wien gesittet hat, ist zu gering an Zahl, als daß er eine Ausnahme machen könnte. Die Regierung, die für die Kultur ihrer deutschen Lande so

viel

viel thut, hat fast noch gar nichts gethan, um diesen ansehnlichen Theil ihrer Unterthanen aus der Barbarey zu reissen. Im Gegentheil hat sie, ohne es zu wissen, an dem Karakter und den Sitten dieser Wilden viel verdorben.

Als der Hof zu Wien noch nicht so viel unmittelbaren Einfluß auf sie hatte, waren sie kriegerisch, und wie alle Kinder der Natur, denen eine mißverstandene Politik keine falsche Richtung gegeben hat, offenherzig, gastfrey, vertraulich und zuverläßig in ihrem Versprechen. Ich kenne einen alten Offizier, der seine Jugend mit Vergnügen unter den Kroaten zugebracht hat, der mich aber versichert, daß sie seit 60 Jahren ganz unerkenntlich geworden, und aus einem beherzten, treuen, muntern und freymüthigen Soldatenvolk in eine tückische, betrügerische und feige Räuberbande ausgeartet seyen. Viel lieber, sagte er, hatte ich mit ihnen zu thun, als sie noch ganz ohne Zucht, und ihren eigenen Gesetzen und Gewohnheiten überlassen waren. Es ist wahr, sie plünderten gern bey Freund und Feind, und wenn wir ins Feld zogen, so waren die Würste auf den Bänken der Metzger in einer Stadt so wenig sicher vor ihnen, als die Mädchen und Weiber in den Häusern, wo sie einquartiert wurden; allein das war bloß die Wirkung der Stärke des natürlichen, sinnlichen Appetites, und dabey waren unsere Magazine und unsere Kriegskasse so schlecht bestellt, daß auch die Offiziers der regulirten Truppen oft durch die Finger sehen mußten, wenn ihre Leute nicht reine Hände hielten. Bey allem dem waren unsere Kroaten brauchbare Kerl. Sie hielten auf den gefährlichsten Vorposten Stand, wenn sie auch schon fast von feindlichen Truppen umringt waren. Von Ausreissen wußten sie nichts. Ihr Offizier, wenn er ein wenig Liebe und Nachsicht gegen sie äusserte,

Brief. 317

konnte sie auf den Wink folgsam machen, und in jedem Fall auf ihre Treue und Zuverläßigkeit rechnen. Sie dachten nicht daran, ihre Diebereyen zu verhehlen, und wenn man ihnen ihre Beute ließ, so waren sie in einem Feldzug unermüdet, und konnten auch im Fall der Noth einige Tage lang hungern, ohne stutzig zu werden. Aber jezt hat sich alles geändert. Durch die sogenannte Zucht hat man dafür gesorgt, daß sie freylich nicht mehr auf offener Strasse rauben; allein sie stehlen heimlich so viel sie können; bestehlen einander selbst; wissen ihre Diebstähle zu verhehlen; machen Kabalen gegen ihre Offiziers; desertiren haufenweis, wenn es mit einiger Sicherheit geschehen kann; denn zu einer gefährlichen Desertion sind sie durch den Zwang, den man sie fühlen ließ, zu feig gemacht worden. Sie murren und werden mißmüthig, wenn sie nur zwey Tage en Korps im Felde stehen sollen, und können ihre Uniform nicht anlegen, ohne darüber zu fluchen. Sie betrachten ihre Vorgesezten als ihre Feinde, und hassen sie. Ehedem war es unerhört, daß ein Kroate zu den Türken übergelaufen wäre; aber heut zu Tage mischen sie sich, besonders die Likkaner, zu 20 und 30 unter die Türken, und plündern mit denselben ihr eignes Vaterland. Mit den Slavoniern verhält es sich eben so, und auch die Hungarn sind um Theil durch Reglemens, die auf ihren Zustand nicht passen, und durch gewisse, mißtrauische Anstalten der Regierung eher verdorben als gebessert worden.

Der Mann spricht aus augenscheinlicher Erfahrung; aber wenn man auch blos dem allgemeinen Gang der Natur nachdenkt, so kann man sich leicht überzeugen, daß ein wildes Volk durch bloße Polizeyverordnungen nicht gebessert werden kann. Es muß erst vorbereitet werden,

um

um den Sinn dieser Verordnungen in etwas faſſen und einſehen zu können, daß ſie mit ſeinem Intereſſe genau verbunden ſind. Seine Einbildungskraft muß erſt durch Vernunftſchlüſſe bezähmt, und der Starrſinn, womit es ſeinen alten Gebräuchen und Sitten anhängt, durch deutliche Begriffe gebrochen werden. Blos durch blinden Gehorſam, wenn das Volk nicht einſehen kann, daß er ſein Intereſſe befördert, macht man es zu tückiſchen, mürriſchen und widerſpenſtigen Sklaven, die ihre Regenten als ihre Feinde betrachten, und ſich durch Trägheit, ſinnliche Wolluſt, Betrug und andre Laſter für den Zwang, den ſie leiden müſſen, ſchadlos zu halten ſuchen. Der Wilde, den man ohne die nöthige Vorbereitung in den Zuſtand eines polizirten Volks verſezt, nimmt alle Laſter deſſelben an, ohne ſich das Gute dieſes polizirten Volkes eigen machen zu können, und indem er die Laſter der Wildheit mit jenen des verfeinerten Menſchen vereinigt, wird er der abſcheulichſte und zugleich der unglüklichſte Menſch unter der Sonne.

Die Religion iſt der einzige Weg, worauf der Wilde ſtufenweis aus ſeiner Wildheit in den verfeinerten Zuſtand des Menſchen geführt werden kann, ohne einen böſen Karakter anzunehmen; und die Regierung, welche dieſen natürlichen Weg in der Behandlung ihrer Unterthanen nicht einſchlägt, ſondern ſie durch bloße Machtſprüche bilden will, verliert nicht nur ihre Mühe, ſondern arbeitet ſchnurſtraks gegen ihre eigene Abſicht und ihr eigenes Intereſſe. Der Sklave glaubt bloß für ſeinen Herrn zu arbeiten, und thut nicht mehr, als wozu er mit der Peiſche gezwungen wird. Der Unterthan, welcher durch Ueberzeugung geleitet wird, ſieht ein, daß ſein Beßtes mit jenem, des Ganzen, verknüpft iſt; er gehorcht willig, und

arbeitet

arbeitet mit Eifer und Muth für den Staat, weil er zugleich für sich zu arbeiten glaubt. Bey dem Wilden vertritt die Religion die Stelle der Ueberzeugung, so wie auch bey dem großen Haufen in den meisten polizirten Staaten, der fast nie die Verbindung seines Wohls mit jenem des Ganzen deutlich einsehen lernt, und die Religion zur bürgerlichen Tugend und Thätigkeit nöthig hat. In meinem nächsten Brief werd ich dir sagen, wie weit man die Regierung in Hungarn nach diesem natürlichen und einfachen Grundsatz bisher befolgt. Du weißt; man ist öfters gewohnt, gewisse Grundsätze eben deswegen zu übergehen, weil sie zu einfach sind, und uns, so zu sagen, zu nahe vor der Nase liegen. Leb wohl.

Wien. —

Rousseaus gesellschaftlicher Vertrag enthält ohne Zweifel viel Schwärmerey. Das Schiksal, welches mit uns sein ewiges Spiel treibt, wirft uns in irgend eine gesellschaftliche Lage, die uns ankettet, ehe wir an einen Vertrag denken können. Der blinde Zufall und die eiserne Noth sind die Gesetzgeber, welche alle die Demokratien, Aristokratien, Monarchien und Despotien, und das unendliche Gemengsel dieser verschiedenen Verfassungen geschaffen haben. Ohne Zweifel befinden wir uns auch, überhaupt genommen, besser unter der Leitung des launigten Glüks, als wenn wir uns in unsern verschiedenen Verhältnissen durch förmliche Verträge mit einander verbinden und gegen einander verwahren wollten. Die Faust des Stärkern bliebe doch immer die natürlichste Erklärung unserer Verträge, und unsere Bedingungen mögen noch
so

so deutlich seyn, so findet der Stärkere doch eine Erklärung nöthig, so bald er seine Ueberlegenheit fühlt, und sein Interesse mit jenem der andern in eine Kollision kömmt.

Indessen ist es doch wahr, daß in den verschiedenen bürgerlichen Verkettungen, worin wir uns nun einmal befinden, das Wohl des Ganzen sich nicht deutlicher denken läßt, als wenn man zwischen den Gliedern der Gesellschaft einen Vertrag voraussezt, worin der vernünftige Willen aller oder der meisten Glieder zur Richtschnur der Gesetzgebung und gesellschaftlichen Verwaltung angenommen wird. Kein Sultan hat etwas von dieser Vorstellung zu befürchten, und wenn sie sich auch allen seinen Unterthanen von seinem Vezier an, bis auf seine Sklaven, mittheilen sollte. Der Souverän, er mag nur einen oder hundert Köpfe haben, kann sein eignes Interesse nicht besser beobachten, als wenn er seinen Regenten-Willen als das Resultat des vernünftigen Willens aller oder des größten Theils seiner Unterthanen betrachtet. Eine reelle Kollision zwischen dem Interesse des Regenten und seiner Unterthanen überhaupt läßt sich nicht denken. Sie ist allezeit nur eine Täuschung verworrener Begriffe. Die ganze Geschichte ist voll dieser Wahrheit, deren deutliche Erkenntniß auf Seiten des Regenten die Unterthanen gegen alle wirkliche Tyranney sicher sezt, wenn der Beherrscher auch als Privatmann noch grausam seyn sollte. Eben so kann sich der Regent gegen Meuterey, Verrath und Aufruhr nicht besser sichern, als wenn er seine Unterthanen überzeugt, daß ihr Interesse überhaupt die Richtschnur seiner Gesezgebung und Verwaltung ist, und es seyn muß, wenn er sich selbst nicht schaden will. Das Interesse ist das heiligste Band der Menschen, und bloß von der deutlichen Erkenntniß desselben hängt ihr Glük ab.

Die

Die Bosheit hatte immer unendlich weniger Theil an dem Unglük der Völker, die in der Weltgeschichte auftretten, als der Irrthum der Regenten und die Verkennung ihres eigenen Interesse. Und was hat nun auch der uneingeschränkteste Beherrscher zu befürchten, wenn er öffentlich und feyerlich mit seinen Unterthanen den Vertrag eingeht, nichts thun zu wollen, als was in ihrem sämtlichen vernünftigen Willen eingeschlossen ist, oder, welches das nemliche ist, was ihr Interesse erfodert? Die Natur hat diesen Vertrag schon errichtet, noch ehe eine Monarchie war. Er ist der Grund der Ruhe und des Glükes jeder einzeln Familie, jeder auch noch so kleinen Gesellschaft, und auch das Recht des Stärkern widerspricht ihm nicht, wenn er selbst seine überlegene Stärke, sein natürliches Recht nicht zu seinem eignen Nachtheil verwenden will. — Es ist wahr, der große Haufen verkennt gemeiniglich sein eignes gemeinschaftliches Interesse; allein die Geschichte hat kein Beyspiel, daß ein Regent, der sich mit Thätigkeit und Klugheit am Beßten seiner Unterthanen verwendet, durch Schuld des größten Theils derselben unglüklich geworden wäre. Die Natur ist Bürge dafür, daß die, welche ihre Gesetze befolgen, ihren Zwek erreichen und glüklich seyn werden. — O Ihr, denen die Bildung künftiger Regenten anvertraut ist, wie leicht wäre es euch, eure Mitbürger überhaupt gegen Tyranney und Betrükkungen sicher zu stellen! Wir fodern keine Trajane, keine Antonine, keine Heinriche von Euch. Die Natur muß für Fürsten von der Art mehr gethan haben, als Ihr thun könnt. Aber Eure Schuld ist es, wenn Ihr uns Tyrannen gebt, die um so gefährlicher sind, wenn sie selbst nicht wissen, daß sie Tyrannen sind. Könnt Ihr nicht über die Leidenschaften Eurer Zöglinge Meister wer-

X den;

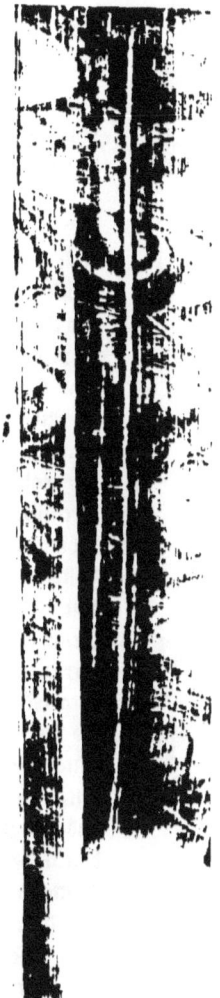

den; so könnt Ihr ihnen doch deutliche Begriffe von ihrem eignen Interesse beybringen, und mehr braucht der Staat zu seiner Sicherheit nicht. Zeigt ihnen im Detail, wie unzertrennlich ihr Glük von jenem des Staates ist: wie z. B. eine unbezähmte Ruhmbegierde, die sie auf Kosten ihrer Völker, zu großen lärmenden Unternehmungen hinreißt, sie ihren Zwek verfehlend macht, und bey der vernünftigen Nachwelt als Verheerer brandmarkt!

Der Aberglauben, und besonders die Wollust der Fürsten haben die Politik erzeugt, deren Grundsäze Machiavel gesammelt, aber nicht gut geheissen hat. Schon die Auguste und Neronen hatten Gebrauch davon gemacht; aber erst in dem neuern Italien ward sie als einzige wahre Regierungskunst angenommen. Die Päbste, deren Gewalt auf dem Wahn des Volkes beruhte, die Ohnmacht der vielen kleinen Staaten, worin dieses Reich zerstükt war, ihre Zerrereyen unter sich selbst, der beständige Kampf mit überlegnen auswärtigen Feinden, das Genie der Nation, und dann vorzüglich die Wollust und Verschwendung der Fürsten brachten diese unnatürliche Staatskunst in Aufnahme, die zwischen dem Interesse des Regenten und seiner Unterthanen, einen wesentlichen Unterschied macht, die leztere als Feinde der erstern behandelt, ihre Gewalt bloß auf List baut, alle Aufklärung und alle graden Wege verabscheut, sich in die finstern Kabinette verschließt, und das Volk durch unverständliche Machtsprüche beherrscht.

Mit andern Künsten und Wissenschaften breitete sich auch diese menschenfeindliche Kunst aus Italien weiter über Europa aus. Die Minister verschiedener europäischen Höfe, die sich nach den italiänischen Mustern gebildet hatten, glaubten desto besser zu regieren, je feinere, listigere und verwickeltere Maaßregeln sie ergriffen. Ludwig XI. Richelieu und Mazarin waren die größten Meister in dieser Kunst. Damals — die glüklichen Zeiten von Heinrich IV. ausgenommen — hätte man es an unserm Hofe für eine Thorheit gehalten, wenn man das Volk durch Aufklärung, Ueberzeugung, Liebe und Freymüthigkeit hätte beherrschen wollen, zwischen den Unterthanen und dem Regenten gewisse Verbindlichkeiten angenommen, und das Interesse derselben als Eins betrachtet hätte.

Die Pfaffen, besonders die Jesuiten, deren innere Ordensverfassung und Regierung mit den Grundsätzen dieser sogenannten feinen Politik vollkommen übereinstimmten, trugen das meiste dazu bey, sie an den Höfen geltend zu machen. Man behandelte diese Grundsätze als heilige Geheimnisse, die, wie der Stein der Weisen, ihre Besitzer zu Halbgöttern machten. Geblendet von den Trugschlüssen dieser politischen Goldmacherey entfernte man sich in der Regierung der Staaten von dem einfachen und geraden Gang der Natur, der allein zur Glükseligkeit führt, der in der Verwaltung jeder häuslichen Familie eben so kenntlich ist, als in der Beherrschung des größten Staates, und wornach jeder Regent sich als ein guter Hausvater betragen muß, der kein andres Glük kennt, als woran alle seine Kinder, Knechte und Mägde Theil nehmen.

Durch die Jesuiten und einige italiänische Parvenus schlich sich der sogenannte Machiavelismus auch an den hiesigen Hof ein. Ich weiß nicht, hat man es dem Nationalhumor, oder einer andern Ursache zu verdanken, daß er hier die greulichen Auftritte nicht veranlaßt hat, die zu einer gewissen Zeit die Höfe in Italien, Frankreich,

X 2   Spa-

Spanien uud auch in England zu Mördergruben machten, wo der abscheulichste Mißbrauch der Religion, Freundschaft und Liebe unter dem Vorwand des Beßten des Staats geheiligt ward, und Verrätherey der innigsten Freunde, Bruder- und Vatermord das Spiel der Kabinette waren.

So wenig sich der hiesige Hof mit Verrätherey, und dem Blut der königlichen Familie, oder vorgeblich furchtbarer Unterthanen besudelt hat, so hat doch seine Staatsverwaltung, wenigstens in Rüksicht auf Hungarn, noch einen kleinen Zug von List und studirter Unterdrückung. Mißverstandne Religionsgrundsätze trugen ohne Zweifel das meiste dazu bey, daß ihn die Fürstin von dem beßten Herzen, die Menschenfreundin Theresia, nicht ganz abstreiten konnte. Es ist für ihren liebenswürdigen Sohn aufbehalten, den keine Sophisterey der Pfaffen und Höflinge täuscht, und der Muth genug hat, seine Philosophie in Ausübung zu bringen.

Beym ersten Anblik sollte man glauben, die Verfassung dieses Königreichs erfodre eine gewisse listige Behandlung. Das Interesse des hohen Adels liegt mit jenem des ganzen Staats im Streit. Die Unterthanen desselben, welche den ungleich größern Theil der Einwohner ausmachen, sind zwar keine wahren Leibeignen, aber auch keine Eigenthümer, sondern nur Pächter, die von ihren Lehnherrn unter dem geringsten Vorwand von den Gütern vertrieben werden können. Der Adel trägt nichts zu den Staasbedürfnissen bey, als freywillige Geschenke, ob er schon die Hälfte von dem ganzen Ertrag des Landes zieht. Er ist fast der einzige Stand des Reiches; denn die Häupter der Geistlichkeit, welche einen fast uneingeschränkten Einfluß auf die Mitglieder ihres Standes haben,

Brief.

haben, werden aus dem Mittel des Adels genommen, und das Interesse dieser beyden Stände ist im Grunde Eins. Die Städte sind zu gering an Zahl und zu unbedeutend an sich selbst, als daß sie einer Klasse der übrigen Stände das Gleichgewicht halten, oder einen besondern wichtigen Körper bilden könnten. Kurz, die sogenannte hungarische Freyheit ist bloß ein Vorrecht des Adels und der mit ihr verwandten Geistlichkeit, welches beyde Klassen auf Kosten des Ganzen bisher zu erhalten gewußt haben.

Der Hof both bisher allen Künsteleyen auf, um dem Adel das sehr nachtheilige Uebergewicht zu nehmen. Der Kampf zwischen dem Souverän und dem Adel, welcher eigentlich den Mittler zwischen dem Volk und der Souveränität vorstellen sollte, aber hier ausschließlich die eigentliche Nation ausmacht, indem man den ungleich größern Theil des Volkes nur als Sklaven ansehen kann, brach schon in verschiedene Aufrubre aus, wodurch sich die Tököly und Ragozy bekannt gemacht haben. Die Hinrichtung der Grafen Srini, Nadasti, Frangipani und Tettenbach führen einige als ein Beyspiel an, daß sich auch der hiesige Hof sultanische Expeditionen erlaubt habe, um sich reiche, angesehene, unternehmende und gefährliche Unterthanen vom Hals zu schaffen. Allein, ich glaube sonstiges Betragen sollte ihn gegen diesen Vorwurf sicher setzen, und aus allen Umständen der Geschichte ergiebt sich, daß diese Hingerichteten wirkliche Verbrecher waren. Der Plan zum Sturz des übermäßigen Adels, welchen der Hof seit langer Zeit befolgt, ist auch viel zweckmäßiger, als diese angedichtete Grausamkeit, die nur dazu dienen würde, die Gemüther mehr aufzubringen, und wilder und entschlossener zu machen. Man wußte nur zu wohl, welche Macht der Luxus und die Wollust über

das

das menschliche Gemüth haben. Man lokte den stolzen Hungarn, der auf seinem Landsitz Freiheitsentwürfe brütete, an den Hof oder in die Stadt. Man gab ihm durch Ehrenstellen, Titel, Heyrathsvorschläge, und andere Gelegenheiten Anlaß, sein Geld auf eine glänzende Art zu verthun, Schulden zu machen, und bey der Sequestration seiner Güter sich endlich auf Gnade oder Ungnade zu ergeben. Der verführte Hungar hielt es für eine Ehre, mit einem von den großen deutschen Häusern, die überhaupt bey Hofe in viel größerm Ansehn stehn und ungleich mehr Einfluß auf die Regierung der ganzen Monarchie haben, als die hungarschen, verwandt zu seyn. Er holte sich seine Frau aus Wien, und legte sich durch diese Verwandtschaft Fesseln an. Seine Gemahlin führte in seinem Haus den hohen Ton und die feine Lebensart ein, und beschleunigte auf alle mögliche Art die Sequestration seiner Güter. Der ganze hohe hungarische Adel ist mit dem deutschen zu Wien verwandt, und diese Verwandtschaft trug das meiste dazu bey, die sogenannten schönen Sitten unter demselben gängig zu machen, die ihn entnervten, und dem Hofe unterthänig machten. Fast kein großes Haus ist mehr schuldenfrey, und nach dem Beyspiel des Wiener Adels hält nun der Hungar seine Schulden für eine Ehre. Der Hof, welcher auf diese Art den mächtigsten Theil des hungarischen Adels zu Verschwendern, Wollüstlingen und Memmen umschuf, hat nun keinen Aufruhr mehr zu besörchten. Der misvergnügte Pöbel fände nun keinen Anführer mehr, der Ansehn und Macht genug hätte, um seine Rotte förchterlich zu machen. — Die Verschwendung, wozu man dem Hungarn Anlaß gab, zog eine andre Kette nach sich, die ihn noch vester an den Hof band. Nun war es nicht mehr

die

die Ehre allein, die ihn um eine Bedienung werb-nd machte. Auch die Besoldung hatte nun Reiz genug für ihn, etwas von seiner Freiheit aufzuopfern, um seine so stark vermehrten Bedürfnisse bestreiten zu können. — Ein andrer Kunstgrif, den Nationalgeist des hungarischen Adels zu schwächen und ihn geschmeidiger zu machen, war, daß man die Vorrechte desselben feil both, und den deutschen Familien den Ankauf von Gütern in Hungarn erleichterte, oder gar die der Krone heimgefallenen denselben schenkte. Viele deutsche Häuser gehören nun zu der Klasse der reichsten hungarischen Edelleute und verstärken den Einfluß des Hofes. Beyde Nationen vermischen sich; ihre Sitten gleichen sich ab; der Hungar wird desto gleichgültiger gegen seine Freiheit, je mehrere davon Theil nehmen, und desto gleichgültiger gegen sein Vaterland, je weniger Eigenthümliches es behält. — Die Beförderung zu den hohen geistlichen Ehrenstellen ist besonders ein wirksames Mittel, womit der Hof die mächtigern Häuser an sich bindet.

Die Kunstgriffe, die er ausserdem noch zu diesem Endzwek anwendet, sind unzählig, und hängen oft bloß von Zeit und Umständen ab. Einer der gewaltthätigsten ist die Belegung der hungarischen Produkte mit so ungeheuern Abgaben, wovon ich dir schon gesagt habe. Diese Bedrückung trift freilich unmittelbar nur den Adel, dem die Erzeugnisse des Landes größtentheils zugehören, indem der Bauer kein Eigenthum hat. Man glaubt, der hungarische Adel würde zu reich und mächtig werden, wenn er den Ertrag seiner Güter völlig geltend machen könnte; allein mittelbar leidet das ganze Land und besonders der Bürger in den Städten, der Künstler und Fabrikant unsäglich darunter, indem die Masse des zirkulirenden Geldes dadurch

durch verringert wird. Die Auflagen auf die Ausfuhr der hungarischen Weine sind so groß, daß die Bergkroaten ihren Wein in dem venetianischen Dalmatien kaufen, da sie ihn sonst eben so wohlfeil von ihren eignen Mitbürgern, den benachbarten Hungarn, haben könnten. Man läßt lieber Geld aus dem Lande fliessen, als daß man den Hungarn reich werden liesse.

Fast alle Bedienungen des Reiches, die nicht verfassungsmäßig von Eingebohrnen müssen besezt werden, übergiebt man fremden Deutschen, die oft die abscheulichsten Despoten machen. In den illyrischen Staaten, die unmittelbar vom Hofkriegsrath abhängen, und ganz militärisch verwaltet werden, sind fast alle Stellen mit Ausländern besezt. Die Deutschen haben sich durch ihr tyrannisches Betragen daselbst so verächtlich gemacht, daß der Kroate keinen entehrendern Namen kennt, als Schwab. „Er ist ein Schwab„ das drükt bey ihm alles aus, was verächtlich und hassenswürdig ist. Unter der Benennung von Schwaben begreift aber der Kroate, wie der Wiener, alle Deutsche, die keine Oesterreicher sind. Die gebornen Oesterreicher, welche in Hungarn angestellt werden, wirthschaften meistens nicht viel besser, als die türkischen Paschas oder die mogulischen Nabobs. Aus ihrem angebohrnen Stolz wollen sie den Hungarn fühlen lassen, daß sie die vorzüglich herrschende Nation sind. Ihre gewöhnliche Verschwendung verleitet sie zu unerlaubten Erpressungen, und sie sind um so mehr geneigt ihre Untergebnen feindselig zu behandeln, da sie in ihren Sitten, und besonders in ihrer Religion oft so verschieden von ihnen sind. Durch das Betragen der Fremden, womit die Stellen besezt werden, nahm der Illyrier das Tückische und Widerspenstige an, das seinem Karakter so unnatürlich ist.

So

So vortreflichen Männer nun auch an der Spitze der verschiedenen Departements stehen, so verwerflich ist der große Haufen der kaiserlichen Unterbedienten. Ueberhaupt genommen, hat er kein Fünkchen Vaterlandsliebe, keine Kenntnisse, keinen guten Willen und keine Thätigkeit. Stolz, Eigennuz, Hartherzigkeit, und ein gewisses gebieterisches Wesen zeichnen ihn aus. Die Besoldung und der Titel sind für ihn das Wesentliche seiner Stelle, und die Geschäfte behandelt er als eine Nebensache. Glaube nicht, daß ich es übertreibe. Ich versichere dich auf meine Ehre, es ist — im Ganzen genommen — dem Buchstaben nach wahr. Die gebohrnen Hungarn, welche bey der Verwaltung ihres Vaterlandes angestellt sind, haben ungleich mehr gesunden Verstand, mehr guten Willen und Wärme für ihre Geschäfte, als die Oesterreicher. Und doch zieht man die leztern überall vor, und gibt ihnen allen Anlaß, ihren tummen Stolz und Uebermuth gegen die andern auszulassen.

Unser große Heinrich pflegte zu sagen: Glüklich ist der Edelmann, der seine 5000 Livres Revenüen hat, und mich nicht kennt. Wenn der hiesige Hof den hungarischen Edelleuten irgend eine Art von Glük zugedacht hat, so ist es diese gewiß nicht. Er hielt es für unumgänglich nothwendig, sie zu Hofschranzen umzuschaffen, und ihnen alles Gefühl von Freyheit und wahrer Ehre zu nehmen. Er that alles was möglich war, um ihren Nationalgeist zu unterdrücken. Er schien bisher die Ehre nicht zu kennen, ein freyes, gefühlvolles Volk zu beherrschen. Er glaubte die ganze Nation zu Sklaven machen zu müssen, um sie beherrschen zu können.

Die grausamsten Eingriffe gegen den allgemeinen

X 5 gesell-

gesellschaftlichen Vertrag, und gegen die natürliche Freyheit, waren die Religionsbedrückungen, welche die Hungarn seit 200 Jahren ausstehen mußten, und wodurch sich der hiesige Hof selbst mehr geschadet, als er in den nächsten 200 Jahren wieder gut machen kann. Es ist einer von den traurigen Widersprüchen, welche die Schwäche des menschlichen Verstandes beweisen, daß der hiesige Hof auf einer Seite die Bevölkerung und Industrie in Hungarn zu befördern suchte, und auf der andern den fleißigsten Theil seiner Unterthanen, dessen Religionsverfassung der Bevölkerung so günstig ist, auf alle Art verfolgte.

Die Katholicken machen ohngefehr den dritten Theil von den Einwohnern der gesammten hungarischen Lande aus, worunter Siebenbürgen und Illyrien mitbegriffen sind. Die Lutheraner und Reformirten zusammen betragen das zweyte, und die Griechen, Juden, Widertäufer u. a. das lezte Drittheil. Es wäre zu verzeihen, daß die Katholiken, ihrer geringen Anzahl ungeachtet, die herrschende Kirche ausmachen, weil sich die übrigen kaiserl. Erblande auch zu dieser Religion bekennen. Aber daß man den Protestanten über 300 Kirchen wegnimmt, indessen man den Juden erlaubt, Synagogen zu bauen; daß man sie nöthigt, oft 12 Meilen weit zu einer Predigt zu reisen, während daß viele Kirchen der Katholiken mehr den Mäusen, Ratzen und Nachteulen zur Wohnung, als zum Gottesdienst dienen; daß man den Protestanten nicht erlaubt, Schulen anzulegen, und ihnen doch gestattet, ausländische Schulen zu besuchen; daß man das Land lieber von katholischen Kalmucken, Zigeunern, als von gesitteten und arbeitsamen Protestanten bewohnt sieht, und unterdessen zu Wien unendliche Projekten

jekten zur Beförderung der Industrie und Aufklärung unter den Unterthanen macht; daß die Regierung und die Unterbedienten gegen die fremden Juden und Türken toleranter und billiger sind, als gegen ihre protestantischen Mitbürger, daß man den Adel zu demüthigen sucht, und daneben auch dem bessern Theil der Bürger in den Städten durch unnatürliche Religionsbedrückungen vorsezlich alle Vaterlandsliebe nehmen will, und er sich in seiner Heimath als einen Fremden muß behandeln lassen. Alles das beweist, daß die Regierung mit der guten Sache und mit ihrem eignen Interesse im Streit liegt, und mit einer Hand immer wieder niederreißt, was sie mit der andern baut.

Man hat sich also nicht zu wundern, daß der hiesige Hof mit seinen unzähligen Anstalten seit dem Anfang dieses Jahrhunderts nichts erhebliches an dem Zustand von Hungarn gebessert hat. Seine Vorkehrungen hatten keine andre Wirkung, als daß der freye und bessere Theil der Einwohner dieses Königreichs erst mürrisch, und dann gleichgültig gegen das Vaterland ward, indessen der große Haufen des Volks in seiner alten Knechtschaft blieb. Die Nation verlor ihren Karakter, ohne daß sich ihr gesellschaftlicher und physischer Zustand besserte. Die Regierung verfehlte ihren Endzwek auf dem krummen Weg, den sie einschlug, und wäre demselben in dieser langen Zeit gewiß näher gekommen, wenn sie den geraden und einfachen Gang der Natur befolgt hätte.

In allen Staaten ist die Religion der kürzeste und natürlichste Weg, das Volk über sein Interesse aufzuklären, und für seine Pflichten warm zu machen. Sie vertritt bey dem großen Haufen die Stelle eines allgemeinen

nen Vordersatzes, dem sich nüzliche und schädliche politische Schlußsätze anhängen lassen, je nachdem der Regent es versteht, und sich Mühe gibt, wahre oder falsche Mittelsätze einzuschieben. Die Regierung mag wohl die Religion entbehren können, wenn der Staat einmal auf einem gewissen Grad von Kultur gebracht ist; allein, die ersten Schritte aus der Barbarey bis auf diese Stufe muß das Volk am Gängelband der Religion thun. Wir haben nicht nöthig in Aegypten, im alten Orient, oder bey den Griechen und Römern Beyspiele zur Bestätigung dieser Wahrheit zu suchen: Wir sehen in der neuern Geschichte, daß bey allen europäischen Völkern die Religion der Grund ihrer Kultur war. Sie waren immer desto glüklicher, je enger die Verbindung zwischen der Religion und dem Staatsinteresse war. Sie wurden stufenweis immer desto bessere Bürger, je mehr sich ihre Religionsbegriffe unter Begünstigung der Regierung vereinfachten; und zu der itzigen Verfassung, und dem glüklichen Zustand von England, hat die Religion den ersten Grund gelegt.

Die österreichische Regierung handelte in Hungarn nach den schnurstraks entgegengesezten Grundsätzen. Sie gab sich alle Mühe, die populäre und einfache Religion der Protestanten wieder in die unpolitische Möncherey zu verwandeln, und den aufgeklärten Theil ihrer Unterthanen aus dem Licht in die Finsterniß zurükzuführen. Zu gleicher Zeit, als sie dem Anschein nach mit ihren deutschen Unterthanen vorwärts schreiten wollte, suchte sie ihre protestantischen Hungarn von dem nahen Zwek zurükzustossen, den sie doch mit jenen schien erreichen zu wollen. Dort schien sie zu erkennen, daß das päbstliche Pfaffen- und Disciplin-System der Industrie und

und dem Wohlstand des Volkes eben so nachtheilig sey, als der Kasse des Landesfürsten. Sie schränkte die Uebermacht der Geistlichkeit ein, und machte Schulanstalten, deren Resultat doch über kurz oder lang mit den Grundsätzen der Protestanten übereinstimmen mußte, und hier suchte man die erwachte Industrie samt der Religion zu unterdrücken, die ihre Mutter war. Welcher unerklärliche despotische Eigensinn!

Die hungarischen Protestanten sind zwar in Rüksicht auf Fleiß und Aufklärung noch weit hinter jenen in andern Staaten zurük; allein, ungeachtet sie nur den dritten Theil der Einwohner ausmachen, so tragen sie doch beynahe die Hälfte zu der Landeskasse bey, und sind dem ungeachtet viel wohlhabender, als ihre katholischen und griechischen Mitbürger. Ein auffallender Beweis, wie sehr ihre Religion mit dem Wohl des Ganzen übereinstimmt, und wie sehr der Hof sein eigenes Interesse verkennt. Am meisten hat sich der Hof durch sein Betragen gegen die Griechen geschadet, die einen so ansehnlichen Theil der Einwohner dieses Reichs ausmachen. Anstatt die Pfaffen dieser Halbwilden, denen sie unbeschreiblich ergeben sind, zu tüchtigen Volkslehrern zu bilden, die durch ihr Ansehen, ihre Untergebenen aus der Barbarey führen, und zu guten Bürgern umschaffen sollten, begnügte man sich damit, daß man von Zeit zu Zeit einen ehr- oder geldgeizigen Prälaten bestach, der zu der Hofkirche übergieng. Der Schwarm, den ein solcher geistlicher Komplotmacher mit zur Desertion bewegte, veränderte nichts als den Namen. Aus griechischen Barbaren wurden sie katholische Barbaren, oder, wie sich ein ehrwürdiger kaiserlicher Offizier ausdrükte: Man brennte den Schweinen nur ein anders

Zeichen

Zeichen auf den H—rn. Uebrigens kümmerte man sich wenig um die Erziehung der katholischen und unirten Geistlichen, und noch weniger um jene der nichtunirten; woran doch der Regierung so viel gelegen seyn sollte, und welche das sicherste Mittel gewesen wäre, den Anbau des Landes zu befördern, und den Ertrag desselben zu vermehren.

Die griechischen Pfaffen in Hungarn und Illyrien sind ohngefehr in dem Zustand, worin die katholische Geistlichkeit unter Karl dem Großen in Deutschland war, der auch durch die Religion den ersten Grund zur Kultur der Nation legte, und mit Bildung der Geistlichkeit den Anfang machte. Ich zweifle sehr, ob die meisten lesen und schreiben können; wenigstens weiß ich gewiß, daß sie 6 und 7, 8 und 9, oder irgend eine Zahl, die über 3 und 4 hinaufsteigt, nicht ohne Hülfe der Finger zusammenzählen können. Manche wissen noch nichts vom Gebrauch der Sacktücher, sondern haben noch die löbliche Gewohnheit aus dem Naturstand beybehalten, die Nase mit den Fingern zu putzen. Einer dieser Seelenhirten, ein Macedonier von Geburt, der sich mit seiner Kenntniß der griechischen Sprache großmachte, und viel vom Alexander, seinem berühmten Landsmann, mit einem lächerlichen Stolz zu erzählen wußte, wollte mir auch, als einem Neuling, von dem trojanischen Krieg mit aller Vertraulichkeit Nachricht geben. Er erzählte mir: Ein trojanischer Prinz habe eine Prinzessin von Frankreich entführt. Da wären der griechische und der römische Kaiser, der König von Frankreich und die 7 Kurfürsten nach Troja gezogen, und hätten die Stadt nach einer erstaunlich langen Belagerung mit Hülfe eines hölzernen mit Soldaten angefüllten Pferdes eingenommen und verbrannt. Der Mann hat die Geschichte offenbar durch Tradition in Saloniki oder einer andern Stadt seines unlitterarischen Vaterlandes erhalten, und nicht Einen alten Griechen, noch eine Geschichte gelesen. Dem ungeachtet wird er von seinen Kollegen für ein Wunder von Gelehrsamkeit gehalten. Bey all der schreklichen Unwissenheit stehen diese Pfaffen doch bey dem Volk in größerm Ansehen, als ehemals die Orakel von Delphi und Delos. Sie benutzen es aber zu nichts anderm, als auf Kosten desselben zu schwelgen. Sie sind wahre privilegirte Volksdiebe, die bloß in den Kniffen und Pfiffen, womit sie den großen Haufen um die Früchte seines Schweisses bringen, einige Funken von Vernunft zeigen, und so innig von der Gültigkeit ihres Anspruchs auf die Wolle ihrer Schaafe überzeugt sind, daß sie ihnen dieselbe, samt der Haut vom Leibe reissen, wenn sie sich nicht gutwillig scheeren lassen.

Die katholischen Pfaffen, die etwas entfernt von grossen Städten sind, geben den griechischen in der Unsittlichkeit und Unwissenheit wenig nach. Die Wolle ist auch das vornehmste, worauf sie beym Hüten ihrer Schaafe ihr Augenmerk richten. Ihr Brevier ist ihre ganze Bibliothek, und die lateinische Sprache ihr einziges Studium. Wie weit es manche darin bringen, kannst du aus folgendem schließen. Ich sprach mit einem derselben, der in seinem Revier in besonderm Ansehen steht, und sich wirklich auch durch guten Willen, und etwas ausgebreitetere Kenntnisse vor vielen andern seines Standes auszeichnet. Die Rede war von den deutschen Kolonisten, die sich in Hungarn niederlassen. Ich fragte ihn, wie man es mit ihnen hielte, wenn sie

die

die Witterung des Landes nicht ertragen könnten: Damus illis licentiam *repatriandi*, sagte er. „Man läßt sie wieder in ihre Heimath ziehen."

Der Barbarismus dieses hungarischen Pfarrers ist mir zu gelegen gekommen, als daß ich diesen ungeheuern Brief schliessen könnte, ohne dir von diesen Kolonisten umständlichere Nachricht zu geben. Wenn man bedenkt, daß ein Drittheil der Nordamerikaner aus ausgewanderten Deutschen besteht, daß das Kap, Batavia und Surinam mehr als zur Hälfte von Deutschen bewohnt werden, und immer noch Zufluß aus der unerschöpflichen Menschenquelle des deutschen Reiches erhalten, obschon die beyden leztern Plätze als sehr ungesunde Orte allgemein verschrieen sind, so kann man sich nicht genug wundern, wie sich diese Auswanderer so vielen Gefahren und Beschwerden aussetzen mögen, um jenseits des Weltmeers ein wüstes Land anzubauen, oder als Knechte und Mägde ihr Brod zu verdienen, während daß das nahe Hungarn noch für so viele Millionen Menschen Raum und Brod darbietet. Der Hof sucht sie zwar dahin zu locken; allein die Hälfte von den Eingewanderten macht wieder von dem Barbarismus des Herrn Pfarrers Gebrauch, und man hat häufige Beyspiele, daß die zurükgewanderten sich nach der neuen Welt haben einschiffen lassen. Der Fehler muß an der Regierung liegen, und ich glaube, es würden wenige zurükwandern, wenn sie nicht größere politische Barbarismos machte, als mein guter Pfarrer im grammatikalischen Verstand gemacht hat. — Ein Hauptfehler der Regierung ist, daß sie durch den Religionszwang den schäzbarern Theil der deutschen Auswanderer, nemlich die Protestanten, von ihren Gränzen abschrekt. Diese haben wenig Reiz, sich in

einem

einem Land anzubauen, wo sie oft einige Tagereisen
machen müssen, um einen Pfarrer von ihrer Religion
zu sehen, wo man ihnen nicht erlaubt, eine Kirche zu
bauen, und wenn sie auch zu tausenden beysammen wohnen, und wo ihnen und ihren Kindern der Religionshaß im Weg steht, im Civildienst ihr Glük zu machen.
Alle diese Hindernisse fallen unter der sanften Regierung
der Engländer und Holländer weg, und diese ziehen also
den bessern Theil der auswandernden Deutschen nach
ihren Kolonien, und lassen für Hungarn den schlechtern
zurük. Die, welche in dieses Land ziehen, sind das lie-
derlichste Gesindel aus Bayern, Schwaben, Franken
und den Rheinländern. Sie verkaufen bey ihrer Ankunft das bißgen Geld, welches sie aus ihren verkauften
Häusern, Gütern und ihrem Hausgeräthe gelöset haben; und da die Regierung nicht Sorge genug für sie
trägt, so sterben sie aus Kummer und Krankheiten, die
mehr eine Folge von ihrer Liederlichkeit, als eine Wirkung des Klima sind. Ein Theil derselben bettelt sich
wieder nach Deutschland zurük, und braucht die Witterung des Landes zum Vorwand seiner Zurükwanderung,
die er zehnmal schädlicher beschreibt, als sie wirklich
ist, und wodurch er alle diejenigen in seiner Nachbarschaft, welche noch irgend einen andern Weg zur Auswanderung für sich offen sehen, von Hungarn abschrekt.
Die, welche also Geld genug haben, die Reise nach
Amerika zu machen, ziehen dieses Land Hungarn vor,
und nur die ärmsten, die kaum einige Dukaten zur
Donaufahrt übrig haben, sehen es als ihren einzigen Zu-
fluchtsort an.

Für ein so menschenarmes Land, als Hungarn ist,
wäre dieses Gesindel immer noch Gewinn genug, wenn
sich

sich die Regierung mehr um ihr Schiksal intereßirte, und den Folgen vorzubeugen suchte, welche die Liederlichkeit und der Mangel an Kenntniß des Landes, und an der ersten zum Anbau einer Familie nöthigen Unterstützung nach sich ziehen müssen. Man müßte zu Wien oder Presburg ein besonderes Komtoir für diese Einwanderer errichten, wo sie die nöthigen Kundschaften einziehen könnten. Man müßte ihnen die Auskunft geben, an welchen Orten sich schon mehrere aus ihrer Gegend niedergelassen haben; denn einer der größten Reize zum Anbau einer Kolonie ist, daß die Neuankommenden schon Leute finden, mit welchen sie Sitten und Sprache gemein haben, oder gar bekannt und verwandt sind. Nun sind aber die Deutschen unter sich selbst so verschieden, daß sie sich ausser ihrem Kreise für Fremde halten müssen. Die Bayern müssen in eine gewisse Gegend, und die Franken, Schwaben u. a. m. in die ihrigen gewiesen werden. Vor allem müßte man ihnen vorschreiben, wie sie sich bey der Witterung des Landes zu betragen haben. Das Klima von Hungarn ist an sich so wenig ungesund, als das von Italien, Spanien, Südfrankreich, oder einem andern warmen Lande. Nur die Moräste sind es, wie überall. Der Abstich zwischen der Hitze der Täge und der Kälte der Nächte mag einem Deutschen sehr empfindlich seyn; allein ein natürlicher Instinkt lehrte den Hungarn sich mit warmer Kleidung dagegen zu verwahren, und der Deutsche hat nichts zu thun, um gegen diese Wirkung des Klima sicher zu seyn, als die Landessitte nachzumachen. Die starken hungarischen Weine richten viele Fremden zu Grund, aber noch weit mehr der unmäßige Genuß der vortreflichen Früchte, besonders der schmakhasten, aber sehr schädlichen Melonen,

wovon man an manchen Orten ein großes und schönes
Stük um einige Kreuzer haben kann. In der schmach-
tenden Sonnenhitze, wo der Körper durch die starke
Ausdünstung ohnehin geschwächt ist, sind diese Früchte
der Gesundheit um so nachtheiliger, da man sie hier zu
Lande ganz ohne Brod zu essen pflegt. Gegen alle diese
Gefahren müßten die Einwanderer nachdrüklich und um-
ständlich gewarnt werden.

Mit dem kleinen Reisegeld, welches die Regierung
denselben reichen läßt, ist ihnen wenig geholfen. Baares
Geld sollte man ihnen, so wenig als möglich, in die
Hände geben, weil sie es in einem ganz fremden Lande nicht
wohl zu gebrauchen wissen, oder verschwenden, oder von
eigennützigen Leuten leicht darum gebracht werden. Man
müßte ihnen nach Beschaffenheit ihrer Bedürfnisse Holz
zum Bauen, Vieh, Saatkorn, u. dgl. m. in natura geben, und es zu einer besondern Pflicht der Beamten
und Pfarrer machen, auf alle Art für die leiblichen und
geistlichen Bedürfnisse der Kolonisten Sorge zu tragen.
Aber die hungarischen Beamten und Pfarrer überhaupt
genommen, sind freylich jezt noch keine Leute dazu. Sie
würden von diesem Aufwand der Regierung mehr genießen, als die Kolonisten. Der kaiserliche Hof äußerte
auch bisher wenig Neigung, zum Anbau von Hungarn,
einen beträchtlichen Aufwand zu machen. Sein Grundsaz war von jeher, erndten zu wollen, ohne gesäet zu haben. Unterdessen hätte er mit dem Geld, das er auf
die Eroberung des kleinen Stückes von Bayern verwendet, in kurzer Zeit wenigstens zehnmal so viel gewinnen
können, wenn er es mit der nöthigen Klugheit zum Anbau von Hungarn verwendet hätte.

Der größte Trost für einen hungarischen Patrioten ist,

daß sein jetziger König die Verbindung seines Interesses mit jenem des Landes vollkommen kennt, den Werth der natürlichen Freyheit und die Menschen zu schätzen weiß, von keinem Vorurtheil geblendet wird, sich von keinen verjährten Mißbräuchen die Hände binden läßt, und Muth und Stärke genug hat, die herkulische Unternehmung zu bestehen, und diesen so wichtigen Theil seiner Besitzungen aus der tiefen Wildheit zu reissen. Lebe wohl.

Wien —

Ich habe dir in meinem letzten Brief gesagt, daß der hohe hungarische Adel ganz nach dem großen Ton lebt. Unsere Moden sind schon bis an die Gränzen der Moldau und Wallachey vorgedrungen, und alles, was von Presburg bis nach Kronstadt feine Welt heißt, spricht unser Patois. Man ißt und trinkt nicht mehr hungarisch, sondern gibt Dinees, Soupees und Dejeunees. Man gibt wechselweis Bal paree und Bal masque, und jede Stadt, worin 4 bis 5 Familien von Ansehen beysammen sind, hat ihre Assembleen und Redouten. Man spielt Whist, hat Poudre a la Marechal, und die Damen bekommen Vapeurs. Die Buchhändler verkaufen den Voltäre in der Menge heimlich, und die Apotheker den Merkurius in der Menge öffentlich. Die Herren haben einen Ami de la Maison für ihre Frauen, und die Frauen eine Fille de Chambre für ihre Herren. Man hat Abbees zu Mäßlern, Kuchen Keller- und Hofmeistern; man hat Komödien, Ballette, Opern, und, was bey allem dem das nothwendigste ist, man hat Schulden über Schulden.

Als in den vierziger Jahren der hungarische Adel mit seinen Reisigen König Maria Theresia zu Felde zog, ergrif unsere Truppen bey dem ersten Anblik dieser fürchterlichen Armee ein panischer Schrecken. Sie hatten wohl kleine Streifkorps solcher Diables d'Hongrie, wie sie sie nennten, schon öfters gesehen, allein eine ganze Armee derselben in Schlachtordnung, ungepudert vom General bis zum Gemeinen, die halben Gesichter mit Schnurrbärten bedekt, eine Art runder Thürme auf Köpfen, anstatt der Hüthe, ohne Manschetten, ohne Brustkrausen und ohne Federn, alle in rauhe Pelze eingehüllt, ungeheure krumme Säbel über der Stirne gezükt, unter denen durch das schwarze Gewölke der Bärte und Augenbraunen Blicke der Wuth, schärfer als der Strahl der blanken Säbel, hervorblitzen. — Das war zu arg. Unsere alten Offiziere wissen noch genug davon zu erzählen, welchen Eindruk diese barbarische Armee auf unsere Leute machte, und wie schwer es hielt, bis sie mit dem Anblik derselben bekannt wurden, und ohne Herzpochen gegen sie Stand hielten.

Alles das hat sich seitdem geändert. Der hungarische Edelmann fängt nun an, den Schnurrbart abzulegen. Die Großen kleiden sich ganz französisch, oder tragen wenigstens doch auf dem frisirten Haar einen Hut nach der Mode, welcher mit der übrigen barbarischen Kleidung, die aber in den Augen einer Kennerin von männlicher Schönheit viele Vorzüge hat, seltsam genug absticht. Während, daß andere Mächte das Original der hungarischen Soldaten kopirten, und der Husar ein wesentliches Glied der preußischen Armee, und auch bey uns unter die regulirten Truppen aufgenommen worden ist, hat sich das wahre Original in seinem

D 3   eignen

eignen Vaterlande verloren. Von den 14 oder 15 Husarenregimentern des Kaisers, deren jedes 1300 Mann stark ist, besteht kein einziges bloß aus gebohrnen Hungarn. Alle sind häufig mit Deutschen untermischt. Erfahrne Offiziers behaupten, diese Mischung wäre zum heutigen Dienst nothwendig geworden, und ein Husarenregiment, welches durchaus aus Hungarn bestünde, wäre heutzutage fast ganz unbrauchbar. Seitdem die natürliche Stärke und Herzhaftigkeit unter kriegenden Partheyen nichts mehr entscheiden, und bloß der kaltblütige Gehorsam und die Uebung in Wendungen und Handgriffen die Tugenden eines Soldaten ausmachen, verlor der Hungar alle seine militärischen Vorzüge. Er haßt den Zwang der Disciplin, der seine natürliche Lebhaftigkeit fesselt, und scheut, wie jeder wildere Mensch, die künstlichen Mordgewehre, gegen die all sein Muth und alle seine Stärke nichts vermag. Nur an der Seite eines kaltblütigen, nicht durch eigne Lebhaftigkeit, sondern bloß durch angewöhnten Gehorsam thätigen Deutschen hält der Hungar gegen ein anhaltendes und regulirtes Feuer Stand. Erst wenn das Feuer nachläßt, und er zum Einhauen kommen kann, oder auf streifenden Vorposten erscheint er in seiner natürlichen Stärke. Aus dieser Ursache waren im lezten schlesischen Krieg einige preußische Husarenregimenter den hungarischen fast allezeit überlegen, und in diesem Fall war die Kopie wirklich besser als das Original.

Der hungarische Adel wäre auch jezt nicht mehr im Stand, eine beträchtliche und nur einigermaßen fürchterliche Armee auf die Beine zu bringen, und auf einige Zeit zu unterhalten. Die Esterhazy, deren Besitzungen gegen 600000 Gulden jährlich abwerfen, die Palsy,

Zscha

Tschaki, Erdödy, Sichy, Forgatsch, Kohary, Karoly, u. a. m., die alle beynahe 100000 bis 200000 Gulden Einkünfte haben, können ihres ungeheuren Vermögens ungeachtet, kaum den Aufwand ihrer Häuser bestreiten, den ihnen seit 40 Jahren die feine Lebensart und die Sitten des Hofes zu einem unumgänglich nöthigen Bedürfniß gemacht haben. Der Hof glaubte sich durch diese Ohnmacht des Adels, die eine Folge des eingeführten Luxus ist, noch nicht sicher genug. Er hat einem großen Theil der sogenannten hungarischen Infanterieregimenter, die allzeit stark mit Deutschen vermischt sind, und auch einigen Husarenregimentern ihre beständigen Quartiere in Böhmen, Mähren und den deutschen Ländern angewiesen. Dagegen verlegte er viele deutsche Regimenter nach Hungarn, wie denn der größte Theil der schweren Kavallerie und der Dragoner in diesem Königreich liegt. Keine Provinz der österreichischen Erblande ist nach dem Verhältniß der Bevölkerung und des Ertrages so stark mit Truppen besezt, als Hungarn. Der geringste Preiß der Lebensmittel für Menschen und Pferde mag wohl die Hauptursache dieser Eintheilung gewesen seyn; allein, bey dem Ausbruch eines Krieges an den deutschen Gränzen verliert der Hof in wenigen Wochen das, was er in vielen Friedensjahren dadurch erspart hat. Durch die weiten Märsche, welche die Kavallerie in aller Eile an ihren Bestimmungsort machen muß, wird oft die Hälfte der Pferde eines Regiments zuschanden geritten, ehe sie denselben erreichen, und ich glaube, der Entwurf, die Hungarn durch diese Verlegung mit den andern Unterthanen des Erzhauses zu familiarisiren, ihren Nationalgeist zu dämpfen, sie durch die zahlreiche Armee, womit ihr Land angefüllt ist, an eine strenge Unterwerfung zu gewöhnen, und allenfalls die Konsumtion des Königreiches, und dadurch den Umlauf des Geldes zu vermehren, mag nicht wenig zu dieser Vertheilung der Truppen beygetragen haben.

Die Engländer haben hierüber ganz andre Grundsätze. Es ist ihnen daran gelegen, den Nationalgeist ihrer Truppen, so viel als möglich, anzufeuern, weil das Interesse der Regierung, mit jenen des Volkes gänzlich übereinstimmt, und die Popularität ihrer Verwaltungsgrundsätze, sie keine Meuterey von Seiten desselben befürchten läßt. In der Ueberzeugung, daß der Provinzialgeist nur eine stärkere Anstrengung des Nationalgeistes ist, thaten die klugsten ihrer Patrioten schon einigemal den Vorschlag, die Regimenter in die verschiedenen Grafschaften des Königreiches zu vertheilen, ihre Werbungen bloß auf den Umfang derselben einzuschränken, und jedes den Namen von der Grafschaft, worin es liegt und wirbt, tragen zu lassen. Sie hoften dadurch nicht sowohl die Werbungen zu erleichtern, als vielmehr in jedem Regiment, welches nach Ausführung dieses Entwurfes, durchaus aus Landsleuten einer und der nemlichen Grafschaft bestehen würde, den Esprit de Korps anzufeuern, und es für das Vaterland mehr zu erwärmen. Dieser nützliche Plan wird nach aller Wahrscheinlichkeit auch sehr bald ausgeführt werden. — Der kaiserliche Hofkriegsrath würde ein Projekt von der Art nicht gut aufnehmen. Er hält es für nothwendig, die Soldaten von ihrem Geburtsort zu entfernen, und die Regimenter aus Unterthanen verschiedener Provinzen zusammenzusetzen. — Verschiedene Ursachen haben verschiedene Wirkungen, und Swifts John Bull muß andere Grundsätze haben, als Esquire South.

Keines der kaiserlichen Erbreiche hat eigentliche Nationaltruppen, nur die sogenannten Bannattruppen, nämlich die Jllyrier, ausgenommen, die nur für halbregulirte Soldaten gelten, und deren Offiziers wenigstens doch größtentheils Deutsche oder Hungarn sind. In Kriegszeiten stellt jeder hungarische Edelmann, nach der Größe seiner Güter eine gewisse Zahl Soldaten, oder er zahlt das Geld dafür, nach einem gewissen Anschlag, an die Kriegskasse. Diese Kontingente des Adels bilden selten besondere Korps, sondern werden gemeiniglich unter die schon stehenden Truppen untergestekt. Ueberall sorgt man dafür, daß der Soldat von allen andern Verbindungen getrennt, und bloß von der allgemeinen Seele der Armee, dem allmächtigen Stok belebt werde.

Dieses Palladium der österreichisen Armee, den wunderthätigen Stok mußt du eben nicht im buchstäblichen Verstand nehmen. Vor nicht vielen Jahren wirkte er zwar noch mechanisch auf die große Maschine; allein, nachdem man sie einmal in einen gewissen Gang gebracht hatte, suchte man sie bloß durch Ehrfurcht und Andacht zu diesem Heiligthum in Bewegung zu erhalten. Nach einem Befehl des menschenfreundlichen Kaisers dörfen die Offiziers so wenig als möglich physischen Gebrauch davon machen. Im moralischen Verstande herrscht er noch in seiner ganzen Stärke. Die Idee davon vertritt bey dem gemeinen Soldaten die Vaterlandsliebe, den guten Humor, die Ehre, die Hofnung der Beförderung, und alle andere Empfindungen. Alle seine Betrachtungen drehen sich um diese Idee herum, und sein O. E. D. und seine ganze Logik ist: Du mußt!

Ohne Widerrede sind Gehorsam und strenge Subordination die größte Stärke einer Armee. Sollten sich aber dieselben mit gar keinem Selbstgefühl des Subalternen und Untersten vertragen können? Ist der gute Willen des Gemeinen, die persönliche Tapferkeit und das Gefühl der Vaterlandsliebe und der Ehre bey einer Armee ganz entbehrlich? Gewiß nicht. Und wäre es auch bloß wegen dem Glük des gemeinen Mannes zu thun; wäre es auch bloß, um ihm sein hartes Schiksal erträglicher zu machen, so sollte man die Empfindungen, die ihm so manchen bittern Augenblik versüssen können, und allein im Stand sind, ihm in den Armen des Todes Muth einzuflössen, auf alle Art in ihm rege zu machen suchen.

Mit der Gewalt, welche nun die österreichische Regierung in Händen hat, würde sie nicht das geringste zu befürchten haben, wenn sie auf einen Schlag alle die nachtheiligen Vorrechte des hungarischen Adels vernichtete, die mit dem Interesse des Ganzen im Streit liegen, und die sie auf eine ihrer Würde und Stärke unanständige Art nach und nach mit List zu untergraben sucht. Einige hundert Familien würden einige Jahre lang murren; aber weiter als zum Murren käme es auch nicht. Der Bürger und Bauer würde für die Sache des Hofes stehn, weil sie seine eigne ist. Der Religionshaß, welcher ehedem den ehrgeitzigen Absichten einiger Anführer zum Vorwand diente, erhizt die Gemüther des Volkes nun nicht mehr so sehr, daß es gegen sein eignes Wohl geblendet würde. Durch ein grades und offenes Betragen würde der Hof das Zutrauen des Adels, welches er durch seine bisherigen Künsteleyen immer mehr von sich entfernte, gar bald wieder gewinnen. Wenn die Rechte desselben, so wie sie dem Wohl des Ganzen entsprechen, deutlich bestimmt, und von dem Hof nachdrüklich geschüzt würden, so würde er patriotischer Tugenden fähig seyn, da er im Gegentheil

in

in der jetzigen Lage die Regierung als seinen Feind ansieht, und nichts thut, als wozu er mit Gewalt oder Bestechung gebracht wird. Der große Haufen der Nation würde dann nicht mehr aus fühllosen Sklaven und der bessere Theil aus türkischen Despoten, Memmen und Hofschranzen bestehn. Und wenn denn der Hof den nöthigen Aufwand und die erfoderliche Bemühung zu guten Erziehungsanstalten nicht scheute, und die Geistlichkeit der verschiedenen Religionen ohne Partheylichkeit und ohne Bekehrungssucht zu ihrem Beruf zu bilden suchte, so würde schon in der nächsten Generation Hungarn unter die blühenden Reiche von Europa gehören. Der Hungar würde nicht mehr mitten in dem Ueberfluß, womit die Natur sein Vaterland überhäuft hat, arm und elend seyn. Der ekelhafte Anblik des mit der schmachtenden Armuth des Volkes so stark abstechenden Reichthums des Adels würde den Menschenfreund nicht mehr beleidigen. Dann würde der Hof an der Errichtung von Nationalregimentern bald Geschmak finden, weil der Plan seinem Interesse nicht widerspräche. Der lebhafte Hungar oder Kroate würde der Disciplin nicht mehr so abgeneigt seyn, weil seine erwachte Vaterlandsliebe und sein Nationalstolz sie ihm erträglich machen, und er für seine Pflichten Gefühl hat. Die Armee würde von einem Geist belebt werden, den auch der strengste Gehorsam nicht ersetzen kann, und der sie in Verbindung mit diesem zugleich gefürchtet und glüklich macht.

Die Hungarn überhaupt sind von Natur ein vortreflicher Schlag Leute zum Soldatenstand. Es fehlt ihnen nichts zur militärischen Vollkommenheit, als die Ausbildung, die ihnen die Regierung geben muß. Die Kroaten haben besonders alle Anlage zu guten Soldaten. Ihre mittlere Größe ist sechs Fuß. Sie sind knochigt und fleischigt, behend,

behend, lebhaft und können Hunger und Wetter ausdauern.
Besser gebildete Leute giebt es in Europa nicht. Aller dieser
natürlichen Vorzüge ungeachtet machen sie den schlechtesten
Theil der kaiserlichen Armee aus. Ein offenbarer Beweiß,
daß die Regierung sie entweder vernachläßigt, oder nicht
auszubilden weiß. Man that schon einigemal den Vorschlag, sie unter die übrigen Truppen zu vermischen; aber
das hieße nichts anders thun wollen, als ihre natürlichen
Vorzüge zu Grunde richten, um ihnen künstliche geben zu
können. Ihre häusliche Lebensart, wodurch sich ihre
körperliche Stärke erhalten hat, würde dadurch gar bald
nachtheilige Veränderungen leiden. In ihren Hütten wohnen öfters sechs bis sieben Familien beysammen unter einem
Dach. Ihre nüchterne Lebensart erleichtert ihnen die Er-
nährung vieler Kinder. Sie heyrathen frühe, in der Fülle
ihrer Jugendkraft, und ihre Kinder sind das Gepräge ihrer ungeschwächten Mannheit. Ihre Säfte sind noch un-
verdorben, und die verderblichen Krankheiten, welche die
Lebensquelle vergiften, sind noch nicht stark unter ihnen
eingerissen. Die väterliche Herrschaft ist noch Sitte unter
ihnen, und der Urgroßvater, welcher unter seinen zahlreichen Enkeln und Urenkeln wohnt, hat noch eine patriar-
chalische Gewalt über sie, wenn sie auch noch so sehr heran-
gewachsen sind. Alles das dient dazu, ihre Sitten rein zu
erhalten, und es käme bloß darauf an, ihre Pfaffen zu
Menschen zu machen, so würden sie auch ohne Handlung,
ohne Manufakturen und Künste, die man seit einiger Zeit
zu ihrem Verderben unter ihnen einzuführen sucht, glüklich
und dem Staat nüzlich seyn. Durch eine bessere Erziehung,
die der Natur ihres Landes, ihrer besondern Verfassung,
und dem Vortheil des Staats mehr entspräche, würde sich
nach und nach ihre natürliche Starrheit verlieren; sie würden

den desto biegsamer werden, je mannichfaltigere und deutlichere Begriffe sie von Religion, Ackerbau, Viehzucht, und den Dingen bekämen, die mit ihrem Zustand verflochten sind. Diese Starrheit, eine natürliche Folge ihrer Wildheit, ist die einzige Ursache, warum sie der Disciplin so abgeneigt sind, und die häusliche Erziehung ist eine unumgänglich nöthige Vorbereitung, sie gleich den deutschen Unterthanen des Erzhauses, zur militärischen Zucht und Ausbildung geschmeidig genug zu machen. Dieses ist der natürliche Weg, sie stufenweis aus ihrer Wildheit zu ziehn, und zu guten Bürgern zu bilden, ohne ihre eigenthümlichen Vorzüge zu verderben.

Man nehme an, der Hof würde den Plan ausführen, und sie unter seine übrigen Truppen mischen. Man würde sie natürlich in ihren beßten Jahren, wo der Naturtrieb am heftigsten ist, zum Dienst ziehn. Hingerissen zu all den Ausschweifungen, die unter einer stehenden Armee zu herrschen pflegen, würden sie ihre beßten Säfte, die Jugendblüthe, in verderblicher Wollust verschwenden. Geschwächt, oder mit dem Gift der Wollust angesteckt, kommen sie nach der Dienstzeit in ihr Vaterland zurück. Sie lernten Bedürfnisse kennen, die zuvor in ihrem Vaterlande fremd waren. Sie haben an dem ehelosen Stand, der zuvor so selten unter ihnen war, Geschmak gefunden. Sie heyrathen nicht, oder doch später als ihre Voreltern. Ihre alte häusliche Ordnung wird getrennt, und die Treue ihrer Weiber verliert sich. Ihre Kinder werden ihnen zur Last, und es ist hundert an eins zu wetten, daß sie in der zweyten Generation nicht mehr zu erkennen, und in der dritten oder höchstens in der vierten von den übrigen kaiserlichen Unterthanen in Größe, Stärke, Schönheit und Nüchternheit gar nicht mehr unterschieden seyn werden. Diese Vermischung

wäre

wäre ein gewaltthätiger Sprung, den die Regierung mit ihnen aus dem Stand der Wildheit auf eine hohe Stufe des verfeinerten Lebens thun wollte. Sie müßten sich dabey ein Glied verrenken, oder gar den Kopf einstoßen.

Wien. —

Ich gab mir bisher alle Mühe, um den Werth der Güter kennen zu lernen, die jährlich in Hungarn ein- und ausgeführt werden, um mir einen deutlichen Begriff von dem Nationalreichthum zu machen. Entweder trägt man die Mauthregister, die einzeln mit ziemlich viel Genauigkeit gemacht werden, nicht ordentlich zusammen, und macht keine Auszüge daraus, oder man sucht sie geheim zu halten.

Alles, was ich dir also hierüber sagen kann, beruht auf Muthmassungen und Sagen. Ein dem Anschein nach glaubwürdiger Mann versicherte mich, der Werth der ganzen Ausfuhr des Königreichs betrüge ohngefehr 24, und der Werth der Einfuhr nur ohngefehr 18 Millionen Gulden. Bey diesem Anschlag sind die bloß durchgehenden Güter abgezogen. Gegen den Werth der Ausfuhr kann ich nichts ganz positives einwenden, denn wie gesagt, ich konnte nichts bestimmtes herausbringen. Mir scheint die Angabe, in so weit ich nach meinem sehr unvollkommenen Ueberschlag urtheilen kann, immer merklich übertrieben. Aber das gegenseitige Verhältniß der Ein- und Ausfuhr will mir noch weniger einleuchten. Ich kann nicht begreifen, wohin sich der große Ueberschuß an Geld verkriechen sollte, der auf die Art in Hungarn strömte, ohne einen sichtbaren Ausfluß zu haben. Mit diesem Uebergewicht der Handlung müßte Hungarn eins der reichsten Länder in

Europa seyn. Und doch ist in diesem Königreich nichts seltener als das Geld. Von den 20 Millionen Gulden, welche das Land samt Siebenbürgen und Illyrien in allem der Regierung eintragen soll, kommen doch höchstens nur drey Millionen nach Wien, und das, was die wenigen, ausser dem Königreich wohnenden, adelichen Familien aus dem Reiche ziehen, wird durch die Gegenwart so vieler Offiziers und Civilbedienten, die in andern Provinzen Güter besitzen, und den Ertrag davon in Hungarn verzehren, reichlich wieder ersetzt. Es bliebe also für Hungarn doch noch manche Million jährlich übrig, und wenn sich dieses glükliche Uebergewicht des Handels auch erst seit fünf Jahren herschriebe, so müßte man schon mehr Blut in dem Körper des Reichs verspüren.

Wenn man die Menge der Waaren betrachtet, die Hungarn jährlich von den Ausländern bezieht, so wird man es platterdings unglaublich finden, daß es in der Handlung das Gleichgewicht haben könne. Fast alle Kunstprodukten bekömmt es, nebst einer erstaunlichen Menge natürlicher Erzeugnisse von den Fremden. Nur bloß für Tücher giebt es jährlich vier bis fünf Millionen Gulden aus. Für Seidenzeuge, Leinwande, Baumwollenzeuge u. dgl. m. läßt es wenigstens fünf Millionen Gulden jährlich ausfließen. Für rohes und verarbeitetes Zinn, Glas, Sakuhren, Farbmaterialien, Apothekerwaaren u. dgl. m. bezahlt es jährlich den Fremden auch einige Millionen, und der Kaffee und Zucker kosten es das Jahr durch wenigstens zwey und eine halbe Million. Hier sind alle Gattungen der Galanteriewaaren, fremde Weine für die leckerhaften Großen, die mit ihren vortreflichen vaterländischen Weinen nicht vorlieb nehmen wollen; ausländische Pferde, Kutschen, Geschirre und noch unzählige andre Artikel nicht mitgerechnet.

rechnet. Die natürlichen Produkte, die es den Fremden dagegen giebt, können diese ungeheure Summe lange nicht aufwiegen. Nach einem ziemlich wahrscheinlichen Ueberschlag verkauft Hungarn jährlich den Fremden für ohngefehr fünf und eine halbe Million Gulden Vieh, nämlich Ochsen, Schweine und Pferde; für vier Millionen Gulden Getraide, Heu u. dgl. m., für drey Millionen Gulden Wein; für eine halbe Million Tobak, Seide (meistens aus Slavonien), Zitronen, Kastanien und andre Früchte; für einige Millionen Mineralien, besonders Kupfer; und wenn ich den Anschlag überhaupt nach meinen verschiedenen Erkundigungen in einzeln Artikeln machen sollte, so würde ich den ganzen Werth der Ausfuhr (die durchpaßirenden Waaren allzeit abgerechnet) ohngefehr auf 16, und den Werth der Einfuhr wenigstens auf 18 Millionen Gulden setzen.

Ich glaube Hungarn nicht zu viel zu thun, wenn ich es in meinem Anschlag jährlich seine zwey Millionen verlieren lasse. Seine Lage und die Anstalten der Regierung wehren ihm, seine natürliche Schätze völlig geltend zu machen, und bey einem fast durchaus herrschenden hohen Grad von Luxus, der bey den Großen unbeschreiblich hoch ist, hat es nicht einmal so viel Industrie, daß es sich die Kunstprodukte, wozu ihm die Natur alle Gelegenheit darbiethet, selbst verfertigen sollte. Ich habe dir gesagt, welche ungeheure Summe Geldes es jährlich für Tücher ausgiebt, und doch ist kein Land in Europa, welches der Schaafzucht günstiger wäre, als dieses. Prinz Eugen, der ein eben so großer Staatsmann und Beschützer der Künste und Wissenschaften, als Held war, sah die Vortheile ein, die das Land von der Schaafzucht ziehen könnte. Er ließ Schaafe aus Arabien kommen, und gab sich alle

Mühe, ihre Fortpflanzung in der Gegend von Ofen zu befördern und auszubreiten. Kaiser Karl der Sechste und Kaiser Franz machten ähnliche Versuche; allein sie waren nicht glüklich. Der Adel war bisher zu stolz, zu träge und zu verschwenderisch, als daß er sich mit der Landwirthschaft hätte abgeben sollen, und der Bauer hat kein Eigenthum. So lange der Adel im Besitz des größten Theils der Ländereyen im Königreich bleibt, und keine bessere Erziehung bekömmt, werden alle Versuche, den Kunstfleiß auf dem Lande auszubreiten, eitel seyn, und der Bürger in den Städten ist theils durch Religionsbedrükungen niedergeschlagen, theils durch den eingerissenen Luxus verdorben worden.

Die Nachläßigkeit der Polizey, den Strom des Luxus zu hemmen, ist unbegreislich. Oft schon bin ich versucht worden, zu glauben, die Regierung achte es nicht der Mühe werth, ihre Aufmerksamkeit auf dieses Reich zu wenden, weil der Ertrag der Größe desselben nicht entspricht, oder das hitzige Temperament des Hofes sey nicht aufgelegt, Verbesserungen vorzunehmen, die erst nach einigen Generationen Früchte tragen würden, und er sey daher mehr geneigt, durch eine gewaltsame Anstrengung dieses Land zu benutzen, als dem gewöhnlichen Gang der Natur gemäß, erst den Grund zu einem dauerhaften Gebäude zu legen, dessen Vollendung zu erleben, der regierende Fürst sich nicht versprechen kann. Von den vielen Zügen dieser Nachläßigkeit, die ich bemerkt habe, will ich nur eines erwähnen. Ungeachtet der tiefen Armuth des Landvolks läßt man die Juden und Raizen öffentlich mit Zucker und Kaffe von Dorf zu Dorf das ganze Land durchziehn. Ihre Waare ist um so verführischer, und der Verkauf um so schädlicher, da sie diesen entbehrlichen Artikel des Luxus nicht ordent-

3 lich

lich auswiegen, sondern in kleinen Portionen, die schon in Papierchen eingepackt sind, zu 2, 3, 4 und mehrern Kreutzern verkaufen. Sie schlagen keine Buden auf, sondern gehn von Haus zu Haus und biethen allem Witz, aller Beredsamkeit und allen Kniffen auf, um den Bauern ein Päckchen aufzuhängen, der sich denn um so leichter verführen läßt, da der Verkäufer öfters Brod, Wein, Eyer, Butter, Käs oder solche Sachen dagegen nimmt, womit der Bauer überflüßig versehen ist. Mit diesen eingetauschten Artikeln treibt dann der Jude wieder einen besondern Handel, wobey er gemeiniglich doppelt gewinnt. Auf die nämliche Art wird der Landmann mit Tobak, Oel, Ingwer, Pfeffer, und andern Artikeln versehen, die gewöhnlich zur Hälfte mit Mäusedrek und ähnlichen Zusätzen vermischt sind. Auch die Quaksalber überziehn auf diese Art die Dörfer, obschon die Polizey seit einiger Zeit ein Auge auf sie hat. Ich weiß nicht, ob ihr Vertrieb dem Lande schädlicher ist, als jenes der Juden und Raizen.

Das Klima vom südlichen Theil des hungarischen Reiches wäre dem Seidenbau eben so günstig, als jenes der Lombardey, von Piemont und dem Venetianischen; allein während daß er unter dem brittischen Himmel, ja sogar in dem rauhen Schweden durch den Fleiß der Einwohner in Aufnahme kömmt, wird er in einem Land vernachläßigt, wo die Natur die Menschen dazu auffodert, wo sie das Beyspiel der benachbarten Venetianer dazu ermuntern sollte, und wo man die nöthigen Maulbeerbäume so leicht aus Italien haben kann. In Slavonien und einigen andern Gegenden wird zwar etwas Seide gewonnen; allein im Ganzen ist der Seidenbau noch kein Schatten von dem, was er seyn könnte.

Nichts von allem dem, was Kunstfleiß heißt, ist in diesem

diesem Lande zu einiger Vollkommenheit gebracht, als der Bergbau. Die Leichtigkeit, womit durch denselben große Summen können gewonnen werden, hat ihn vorzüglich in Aufnahm gebracht. Alles, was die Mathematik zum Behuf desselben beytragen kann, ist hier gethan worden. Man erstaunt über die Maschinen, womit theils das Wasser aus den Gruben gebracht, und theils die Ausbeute und Föderung des Erztes erleichtert wird. An den Gold- und Silberbergwerken zu Kremnitz und Schemnitz gewinnt der Hof fast nichts. Einen Theil derselben läßt er auf seine eigene Rechnung bauen, und verliert dabey ein beträchtliches. Dieser Verlust wird wieder durch die Abgaben ersetzt, den einige Gesellschaften oder Privatleute für den Theil der Werke entrichten müssen, die sie bauen. Der Hof muß seinen Eigensinn, einen Theil der Gruben selbst zu bauen, theuer genug bezahlen, und aller Vorstellungen ungeachtet war er bisher nicht dahin zu bringen, seine Werke gegen gewisse Prozente an Gesellschaften zu überlassen, wobey er zuverläßig gewinnen würde. Unterdessen beträgt der Werth des Goldes und Silbers, welches jährlich in diesen Gegenden gewonnen wird, einige Millionen. Ausser denselben sind in dem eigentlichen Hungarn noch mehrere Gold- und Silberminen; allein die Silber- und Goldbergwerke in Siebenbürgen sollen sie alle zusammen, wenigstens nach Verhältniß des reinen Gewinnstes seit einiger Zeit weit übertreffen, und für die Zukunft noch mehr versprechen. Dem ungeachtet glaube ich, daß der Hof an den Kupferwerken dieses Reiches mehr gewinnt, als an dem Gold und Silber, besonders da der neueingeführte Gebrauch, die Kriegsschiffe mit Kupfer zu beschlagen, den Werth dieses Metalls so sehr erhöht hat. Hungarn wäre im Stand, ganz Europa mit dem nöthigen Kupfer zu versehen. Von den vier Millionen Gulden, die ohngefehr den jährlichen reinen Gewinn des Hofes von allen Bergwerken seiner Lande ausmachen, kömmt ohngefehr die Hälfte auf Hungarn.

Das Land hat eine sonderbare Gestalt. Ringsum ist es von hohem Gebirge eingeschlossen, und in der Mitte giebt es Ebenen, wo man einige Tagreisen machen kann, ohne nur einen beträchtlichen Hügel zu sehn. Man findet ungeheure Heiden, und in denselben, wie in den tartarischen Steppen, wilde Pferde. Die Wälder sind mit Wölfen angefüllt, die nun durch ganz Schwaben, Bayern und Oesterreich unter die fremden oder doch höchstseltenen Thiere gehören. Die Ufer der Flüsse in den Ebenen sind Moräste, die hie und da Seen bilden, und die Austrocknung derselben wird mit der Zeit ein unschäzbarer Gewinn für das Land seyn. Die Flüsse würden dadurch schiffbarer gemacht, große Strecken Landes gewonnen, und die Luft würde gereinigt werden. Alle Gattungen der Thiere sind von jenen in Deutschland sehr verschieden. Der gemeine Schlag der Pferde ist klein, leicht, und eben nicht schön; allein sie sind ungemein lebhaft und stark. Mit drey bis vier Pferden fährt dich ein Hungar von Wien bis nach der Türkey in beständigem Trott oder Gallopp. Unterdessen ist ihre Zucht durch angelegte Stuttereyen der Edelleute in vielen Gegenden sehr gebessert worden. Das Land liefert die meisten Pferde für die kaiserlichen Husaren, und sehr viel für die Dragoner. Die Ochsen sind die größten und von Bau die schönsten, die ich je gesehen. Von Farbe sind sie durchaus aschgrau und weiß, und ich erinnere mich nicht, nur einen rothen oder braunen gesehn zu haben. Ihr Fleisch ist sehr schmakhaft. Auch das Federvieh unterscheidet sich von dem in andern Ländern durch seine

Gestalt und Größe. Alles was lebt, verräth entweder durch Lebhaftigkeit oder durch seinen Wuchs einen starken Trieb der Natur.

Die künstliche Gestalt des Landes ist eben so sonderbar als die natürliche. Bald erblikt man Palläste, in denen Pracht, Geschmak und Ueberfluß herrschen, bald kömmt man in Gegenden, wo die Menschen, gleich den Thieren, in unterirdischen Höhlen, oder, wie die Kalmüken, in Zelten wohnen. In den Städten Preßburg, Pest und Ofen, welche die größten des Reiches sind, und deren jede gegen 30000 Menschen enthält, glaubt man in einem sehr kultivirten Lande zu seyn, und einige Meilen vor den Thoren derselben glaubt man sich wieder in die Mongaley versezt.

Der größte Beweiß, daß ein Land unglüklich ist, ist der Abstich großer Pracht mit tiefer Armuth, und je stärker dieser Abstich ist, desto unglüklicher ist das Land. Ein Volk kann durchaus arm, und doch glüklich seyn; aber wenn man unter einem Haufen Strohhütten, die ihre Einwohner kaum gegen Wind und Wetter decken, hie und da himmelhohe Marmorpalläste emporragen, und mitten in ungeheuern Wildnissen, worauf ein Schwarm skeletirter Menschen Wurzeln sucht, um sich den Hunger zu stillen, Gärten mit Fontänen, Grotten, Parterren, Terrassen, Statuen und kostbaren Gemählden sieht, so ist das ein Beweiß, daß ein Theil der Einwohner vom Raub des andern lebt.

Nicht lange nach meiner Ankunft allhier machte ich eine Lustreise nach dem Residenzschloß des Fürsten Esterhazy, welches ohngefehr eine Tagreise von Preßburg entlegen ist. Ohne Zweifel kennst du den Ort schon aus Moores Reisebeschreibung. Vielleicht ist ausser Versailles in ganz Frankreich

reich kein Ort, der sich in Rüksicht auf Pracht, mit diesem vergleichen liesse. Das Schloß ist ungeheuer groß, und bis zur Verschwendung mit allem Geräthe der Pracht angefüllt. Der Garten enthält alles, was die menschliche Einbildungskraft zur Verschönerung, oder, wenn du willst, zur Verunstaltung der Natur ersonnen hat. Pavillons von allen Arten sehen wie die Wohnungen wollüstiger Feen aus, und alles ist so weit über dem gewöhnlichen Menschlichen, daß man beym Anblik desselben einen schönen Traum zu traumen glaubt. Ich will mich in keine umständliche Beschreibung all der Herrlichkeit einlassen; aber das muß ich dir im Vorbeygehn doch bemerken, daß wenigstens das Auge eines Unkenners, wie ich bin, hie und da sehr beleidigt wird, weil die Kunst zu viel gethan hat. Ich erinnere mich die Wände einer Sala Terrena mit Figuren bemahlt gesehen zu haben, die wenigstens ihre zwölf Schuh hoch waren, und, da die Sala nicht geräumig genug war, sie nach dem menschlichen Verhältniß ins Auge zu fassen, ein Erdensöhnchen meiner Art seine Kleinheit gar zu sehr fühlen liessen. Ich weiß, du bist für den großen Stil, und ich erinnerte mich beym Anblik dieser Riesenfiguren alles dessen, was du meinen profanen Ohren von der Theorie der römischen Schule, ihren großen Umrissen u. s. w. vorgeschwäzt hattest, aber ich bin gewiß, wenn du diese abentheuerlichen Figuren gesehen hättest, du würdest mir eingestanden haben, daß der große Stil hier übel angebracht ist.

Was die Pracht des Orts ungemein erhöht, ist der Abstich desselben mit der umliegenden Gegend. Oeder und trauriger läßt sichs nicht denken. Der Neusiedler See, wovon das Schloß nicht weit entfernt ist, macht meilenlange Moräste, und droht alles Land, bis an die Wohnung des Fürsten hin, mit der Zeit zu verschlingen, wie er denn schon ungeheure Felder, die angebaut waren, und den ergiebigsten Boden hatten, verschlungen hat. Die Bewohner des angränzenden Landes sehen größtentheils wie Gespenster aus, und werden fast alle Frühjahre von kalten Fiebern geplagt. Man will berechnet haben, daß der Fürst mit der Hälfte des Geldes, welches er auf seinen Garten verwendet, nicht nur die Moräste hätte austroknen, sondern auch noch einmal so viel Land dem See entreissen können. Da der Zufluß des Sees immer häufiger und der Abfluß geringer wird, so ist die Gefahr, womit das sehr niedrige Land umher bedroht wird, wirklich sehr groß. Es käme nur darauf an, durch einen Kanal das überflüßige Wasser in die Donau abzuleiten, welche Unternehmung die Kräfte des Fürsten eben nicht übersteigt, und ihm in den Augen gewisser Leute mehr Ehre machen würde, als sein prächtiger Garten. Auf der andern Seite des Schlosses braucht man keine Tagereise zu machen, um Kalmuken, Hottentotten, Iroken und Leute von Terra del Fuego in ihren verschiedenen Beschäftigungen und Situationen beysammen zu sehen.

So ungesund auch die Gegend, besonders im Frühling und Herbst ist, und so oft auch der Fürst selbst vom kalten Fieber befallen wird, so ist er doch vest überzeugt, daß es in der ganzen weiten Welt keine gesundere und angenehmere Gegend gebe. Sein Schloß steht ganz einsam, und er sieht niemand um sich als seine Bedienten, und die Fremden, welche seine schönen Sachen beschauen wollen. Er hält sich ein Marionettentheater, welches gewiß einzig in seiner Art ist. Auf demselben werden von den Puppen die größten Opern aufgeführt. Man weiß nicht, soll man staunen oder lachen, wenn man die Alceste, den Herkole al Bivio u. a. m. mit der ernsthaftesten Zurüstung von Marionetten spielen sieht. Sein Orchester ist eins der besten die ich je gehört, und der große Haiden ist sein Hof= und Theaterkompositeur. Er hält sich für sein seltsames Theater einen Dichter, dessen Laune in Anpassung großer Gegenstände auf seine Bühne, und in Parodirung ernsthafter Stücke oft sehr glücklich ist. Sein Theatermaler und Dekorateur ist ein vortreflicher Meister, ob er schon sein Talent nur im Kleinen zeigen kann. Kurz, die Sache selbst ist klein; aber alles Aeussere derselben ist groß. Oft nimmt er eine Truppe fahrender Schauspieler auf einige Monate in Sold, und nebst einigen Bedienten macht er das ganze Auditorium derselben aus. Sie haben die Erlaubniß, ungekämmt, besoffen, unstudirt, und in halber Kleidung aufzutreten. Der Fürst ist nicht für das Tragische und Ernsthafte, und er hat es gerne, wenn die Schauspieler, wie Sancho Pansa, ihren Witz etwas dick fallen lassen. Nebst dem ungeheuern Schwarm der übrigen Bedienten, hält er sich auch eine Leibwache, die aus sehr schönen Leuten besteht.

Sehr leid that es mir, daß ich den berühmten Haiden nicht sprechen konnte. Er war nach Wien gereiset, um ein großes Konzert zu dirigiren. Man sagt, der Fürst habe ihm erlaubt, eine Reise nach England, Frankreich und Spanien zu machen, wo er von seinen Bewunderern mit der verdienten Hochachtung wird empfangen, und seine Börse reichlich angefüllt werden. Er hat einen Bruder, welcher Kapellmeister zu Salzburg ist, und ihm in der Kunst nichts nachgiebt; allein es fehlt diesem an Fleiß um sich zu dem Ruhm seines Bruders empor zu schwingen.

Ich

Vier und dreyßigster Brief.

Wien —

Ich wäre über Hungarn nicht so weitläuftig gewesen, wenn ich nicht wüßte, daß es bey euch unter die Zahl der unbekannten Länder gehörte. Meine Ausfälle in die übrigen Provinzen der kaiserlichen Erblande werden um so viel kürzer seyn.

Das eigentliche Oesterreich hat durchaus das Ansehen eines glücklichen Landes. Hier sieht man keine Spur von der darbenden Armuth, die in Hungarn mit der Verschwendung der Großen einen so ekelhaften Abstich macht. Wenn man die Hauptstadt abrechnet, so nähern sich alle übrigen Einwohner dem seligen Mittelstand, der die Folge einer sanften und klugen Regierung ist. Der Bauer ist Eigenthümer, und die Rechte des Adels, welcher die niedere Gerichtsbarkeit über die Dörfer hat, sind genau bestimmt. Gegen Süden und Südosten gränzt eine lange Reihe Dörfer an die Hauptstadt, worin ein Wohlstand herrscht, von dem man sich im Innern Frankreichs keinen Begrif machen kann. An den Ufern der Donau sahe ich verschiedene Dörfer und Flecken, worin die meisten Bauren in großen, schönen Häusern von Stein wohnen, die in einer großen Stadt nicht übel lassen würden. Ein Beweis vom Wohlstand des Landmannes ist, daß er fast täglich Fleisch, und die Woche auch ein- oder zweymal seinen guten Braten speist. Es gibt viele Dörfer und Flecken, deren Einwohner sich von der Lehnsherrlichkeit losgekauft haben, sich nun selbst regieren, und zum Theil auch zu den Landesständen gehören. Von der Art ist der schöne Markt Stockerau, welcher einer meiner Lieblingsorte, und der schönste Bauernort, den ich je gesehen.

Die Klöster, deren Prälaten zu den Landesständen gehö-

gehören, sind nach den unmittelbaren Reichsprälaturen und Abteyen die reichsten in Deutschland. Man schäzt die Einkünfte des Benediktinerklosters Mölk auf 160000 Kaisergulden, oder über 400000 Livres, wovon es aber, wie man mich versicherte, beynahe die Hälfte an die Landeskasse zahlen muß. Ich sprach mit einem Mönch dieses Klosters, der mir den Verfall der Religion seit Kaiser Karls des Sechsten Zeiten dadurch erweisen wollte, daß er sagte, damals hätten sie nur 5 bis 6000 Gulden dem Hof zahlen müssen, und nun begnüge er sich mit zehnmal so viel. Unter der Regierung des jetzigen Kaisers bleibt den guten Mönchen vollends keine Hofnung mehr übrig, daß ihr Religionsthermometer steigen werde. Im Gegentheil steht es zu befürchten, daß er weit unter das o fallen kann. Klosterneuburg, St. Pölten, Gottwaich, und einige andere, geben der obbemeldten Prälatur an Religionswärme wenig nach.

Unterösterreich verkauft jährlich für mehr als 2 Millionen Gulden Wein nach Mähren, Böhmen, Oberösterreich, Bayern, ins Salzburgische, und einen Theil von Steiermark und Kärnthen. Der Wein ist sauer, hat sehr viel Stein, ist sehr haltbar, und läßt sich ohne Schaden in die ganze Welt verführen. Wenn er seine 10 bis 20 Jahre gelegen hat, so ist er eben nicht zu verachten. Unterdessen würde der Weinbau dieses Landes doch mit einem Schlag vernichtet seyn, wenn man die Ausfuhr des hungarischen Weines nicht gewaltthätigerweise einschränkte.

Diese Einschränkung, wovon ich dir schon in einem meiner vorigen Briefe gesagt habe, hängt mit einem Plan zusammen, wozu wahrscheinlicherweise die Pfaffen den ersten Grund gelegt haben, und welchen ihnen die

Edel-

Edelleute ausführen halfen. Es ist ein altes Gesez, daß der Bauer mit seinen Gütern keine Neuerungen vornehmen darf. Es darf kein Weinberg ausgerottet, und zu Ackerfeld oder Wiesen angebaut werden, und so umgekehrt. Ohne Zweifel hat der Zehenden zu diesem seltsamen Gesez Anlaß gegeben. Es war den Eigenthümern des Zehenden daran gelegen, ihn in einem gewissen, bestimmten Werth zu erhalten. Da nun besagtes Gesez aus dieser Absicht einmal festgesezt war, so konnte es natürlich nicht anders, als durch ein neues, eben so gewaltsames Gesez, die Ausfuhr des hungarischen Weines zu hemmen, geltend gemacht werden. Die erste Abgeschmaktheit zog nothwendig die zweyte nach sich. Ein Theil der Güter, welche durch diese Zwangsmittel einen gewissen künstlichen Werth bekommen haben, würde nun freylich — wenigstens auf eine Zeit — viel verlieren, wenn man diese Gesetze aufheben würde; allein ein andrer Theil würde viel dadurch gewinnen. Z. B. ein großer Theil der Safranfelder, deren Bebauung äusserst mühsam und unergiebig ist, würde zu andern Arten von Erzeugnissen angelegt werden, und viel an seinem Werth gewinnen. In Krems, wo der meiste und beste Safran gewonnen wird, ist jedermann über den Zwang mißvergnügt, womit die Besitzer gewisser Felder zum Bau dieses Produktes angehalten werden. Dem Landmann sind durch diesen Zwang auch die Hände gebunden, daß er keine neue Gattungen von Produkten, die zur Aufnahme gewisser Manufakturen dienen könnten, z. B. Flachs, Hanf, Grapp, Tobak, Rübsaamen u. dgl. m. bauen, und von den Veränderungen des Werthes der Dinge, welche von den Zeitumständen und den verschiedenen

364 Vier und dreyßigster

denen bald steigenden, bald fallenden Gewerbarten des
Kunstfleißes abhängen, nicht den gehörigen Vortheil ziehen kann. In Rüksicht auf den Feldbau ist überhaupt
aller Zwang schädlich. Die Regenten haben zur Aufnahme desselben nichts zu thun, als nur die Steine des
Anstoßes, die Hindernisse, wegzuräumen. Das übrige
thut die Natur von selbst.

Das Land ist stark bevölkert. Herr Schlözer, Herausgeber eines politischen Briefwechsels, liefert in einem
Heft seines Journals eine Zählung oder Schäzung
der Volksmenge in den österreichischen Staaten, worin
die Bevölkerung dieses Landes auf ohngefehr 2100000
Menschen angegeben wird. Ich halte diese Angabe
für übertrieben, wie man denn hier zu Lande überhaupt
in allem, was auf den Staat Bezug hat, zum Entsetzen übertreibt. Es ist ein Glük, wenn man jemand
findet, der einem die baare Wahrheit gibt. Die Unwissenheit, in Rüksicht auf die Kenntniß des Staates,
worin sogar auch der größte Theil der Leute schwebt,
die bey der Landesregierung angestellt sind, und der lächerliche Stolz, womit diejenigen, die vielleicht etwas
bestimmtes wissen, alles zu vergrößern suchen, hat mich
in meinen Erkundigungen äußerst mißtrauisch gemacht.
Ein Ausländer, der sich einige Jahre lang in diesem
Lande aufgehalten, und den Zustand desselben so fleißig,
als möglich, studirt hat, will zuverläßig wissen, daß
die Volksmenge von Ober- und Unterösterreich nicht
mehr als 1800000 Seelen betrage, und ich finde es
sehr wahrscheinlich. Wenn man auch die Einwohner
der Hauptstadt von dieser Summe abzieht, so ist die
Bevölkerung doch nach der Größe des Landes außerordentlich stark.

Die

Die Einkünfte des Landes sollen sich beynahe auf 14 Millionen belaufen, zu welcher Summe die Stadt Wien allein über 5 Millionen beyträgt. Ein Mensch in der Hauptstadt trägt also fast so viel ein, als 3 auf dem Lande.

Gegen Süden ist das ganze Oesterreich mit einem Berghaufen angefüllt, der sich von den Ufern der Donau bis an die Gränzen von Steyermark stufenweis erhebt, und größtentheils mit Waldung bedekt ist. Er verliert sich in die ungeheure Bergmasse, die den südlichen Theil von Deutschland ausmacht, sich durch ganz Steyermark, Krain, Kärnthen und Tyrol bis an die helvetischen Alpen erstrekt, und wahrscheinlicherweise nach Savoyen und der Schweiz die höchsten Gipfel der Erde enthält.

Die Einwohner dieses weitläuftigen Gebirges sind durchaus einander ziemlich ähnlich. Sie sind ein starker, großer, und — die Kröpfe abgerechnet — ein schöner Schlag Leute. Die Tyroler, welchen ich von München aus einen flüchtigen Besuch abstattete, zeichnen sich von den übrigen durch ihren Fleiß aus. Man findet Gegenden in Tyrol, die bloß von Bildhauern bewohnt werden. Sie treiben mit ziemlich schönen Gypsfiguren einen weitläuftigen Handel bis nach Holland, und arbeiten ausser Landes viel in Marmor, andern Steinen und Holz für die Kirchen. In den Verzierungen der Kirchen, und Sälen durch Stukadurarbeit haben sie es sehr weit gebracht. Ein andrer Theil dieses fleißigen Volkes durchzieht Deutschland mit Bändern, Italiänischen Galanteriewaaren und Früchten, und bringt eine beträchtliche Summe Geld nach Haus. Ein dritter Theil verlegt sich aufs Kräutersuchen, und quacksalbert

salbert in der Fremde. Tyrol hat für Deutschland die meisten Marktschreyer geliefert. Sie waren größtentheils ursprüngliche Gemsjäger, die mit den Häuten dieser Thiere zu handeln anfiengen, nach und nach Kräuter und Salben aus ihrem Vaterlande mit sich in die Fremde nahmen, und endlich durch die goldne Praxis aufgemuntert, tiefer in die hohe Kunst eindrangen, und Wunderpillen, Wunderessenzen, Wundertinkturen, und noch unzählige andre Wunder erfanden.

Tyrol ist seiner Felsen, Eis- und Schneegipfel ungeachtet, vortreflich angebaut und stark bevölkert. Es zählt gegen 600000 Menschen, und trägt der Regierung gegen 3 Millionen Gulden ein. Das Silber und Kupferbergwerk zu Schwatz ist eins der einträglichsten Werke in den kaiserlichen Erblanden, und an dem Salzwerk zu Halle werden jährlich gegen 300000 Gulden gewonnen.

Inspruk ist eine artige Stadt von ohngefehr 14000 Menschen. Nach derselben ist Botzen die beträchtlichste in Tyrol. Diese Stadt hatte ehedem sehr berühmte und einträgliche Messen. Seit einigen Jahren sind sie — wie man allgemein glaubt — durch die Mauthen zu Grunde gerichtet worden. Ganz Tyrol jammert darüber, und verwünscht das Mauthwesen.

Die Kärnthner übertreffen die übrigen Bewohner dieser Bergmasse an Größe und Stärke. Sie sind wie ihre Pferde, die unter die stärksten in Europa gehören, und durch keine Arbeit zu ermüden sind. Sie sind stark mit Winden vermischt, und bauen wie die Tyroler, viel Mais, woraus sie zum Theil ihr Brod machen. Ihr Land liefert den besten Stahl, den man kennt. Aus demselben machen die Engländer ihre feinsten Arbeiten.

Die

Die Volksmenge dieses Landes beträgt gegen 400000 Seelen. — Die Anzahl der Einwohner von Krain, Görz, und dem österreichischen Histrien soll 500000 Menschen betragen. Diese Länder werde ich schwerlich zu Gesicht bekommen.

Steyermark zählt über 700000 Einwohner. Die Hauptstadt Gräz ist sehr schön, und der daselbst wohnende zahlreiche Adel lebt prächtig. Es sind einige Häuser dort von 30 bis 40000 Gulden Einkünften. Im Punkt des Wohllebens übertrift das dortige gemeine Volk noch das hiesige. Man hält gewöhnlich des Tages vier ordentliche Mahlzeiten; Morgens, Mittags, Abends und zu Nacht. Hahnen, Enten, Kapaunen, u. dgl. m. sind das Essen des gemeinen Bürgers, und kommen auch ausser den Sonn- und Feyertagen öfters auf seinen Tisch. Ich erschrak, wie ich die Wänste den ganzen Tag wie angenagelt an dem Tisch sitzen, und mir mit ihren ungeheuren Zurüstungen von Braten, Torten, Pasteten, Schinken, Würsten, u. s. w. so ernstlich zu Leibe gehen sah, um mich mit aller Gewalt auf ein paar Wochen krank zu machen. Ihre Köpfe machen wirklich einen Theil ihrer Wänste aus, und sind wie diese mit nichts als Schinken, Würsten u. dgl. immer angefüllt. Man redet von nichts, als was in die Küche und Keller gehört, einige Digreßionen aufs Theater ausgenommen, und in wenig andern Dingen als der studirten Zubereitung ihrer Speisen, unterscheiden sich die gemeinen Leute von den Orangoutangs. Ich habe nicht nöthig, dir zu sagen, daß du den Adel und die Offiziers von diesen zweybeinigten Thieren ohne Federn ausnehmen mußt. Diese halten zwar auch nach Landesgebrauch öfters gute Tafel; allein sie suchen dabey

bey auch ihren Geist, wiewohl bloß mit dem, was man sonst bey Seelenmahlzeiten als Desert aufzusetzen pflegt, zu nähren. Von Salzburg und einigen andern Orten kommen die Pucelles d'Orleans, die Dom Boukres, die Akademies des Dames, die Portiers des Chartreux, die Thereses Philosophes u. dgl. m. dutzendweise auf die Jahrmärkte hieher. Troz der Strenge des Bücherverbothes könnte man hier ohne sonderliche Mühe des Umfragens Voltäres und Bolingbrokes Werke, den Gevatter Matthies, und ähnliche Schriften vierzig und fünfzigmal zusammenbringen. Von Gräz aus wird auch mit dieser Kontrebande ein starker Schleichhandel nach Wien, Preßburg und durch ganz Hungarn getrieben. Nebst dieser Art Schriften machen die Komödien den wichtigsten Theil der Lektüre des dasigen feinern Publikums aus. Die Schöngeisterey hat auch schon unter den jungen Herren zu Gräz, wie unter den hiesigen, Wurzeln geschlagen, und sie haben schon ziemlich viel sogenannte Gelehrten. Ich glaube aber, diese Nation wird immer durch diese Kapaunen, denen ich meinen Beyfall nicht versagen kann, und die als Leckerbissen häufig nach Wien und noch weiter verschikt werden, berühmter bleiben, als durch ihre litterarischen Produkte. Von der Fülle des Landes kannst du dir einen Begrif machen, wenn ich dir sage, daß man einen fetten Kapaunen hier um 18 bis 20, und ein paar schöne junge Hahnen für 10 bis 12 Kreuzer kauft. Für 10 bis 12 Kreuzer bekommt man eine Maaß sehr guten inländischen Weines, und das Pfund Roggenbrod kommt nicht viel über einen Kreuzer zu stehen. Die Stadt Gräz samt den Vorstälten enthält beynahe 30000 Menschen.

Das

Brief.

Das Land ist bis auf die Gipfel der niederern Berge zum bewundern angebaut. Obschon die Viehzucht die Hauptbeschäftigung der Einwohner ist, so trägt doch das Land beynahe so viel Getraide, als es zum Unterhalt seiner zahlreichen Bewohner braucht. Was noch allenfalls daran fehlt, bekommt es um einen erstaunlich geringen Preis aus dem benachbarten Hungarn. Der Flachs und Hanf, welcher seit einiger Zeit, so wie in Kärnthen, häufig gebaut wird, ist von vorzüglicher Güte, und trägt dem Lande grosse Summen ein. Der Bergbau beschäftigt einen grossen Theil der Einwohner, und ist wegen den geringen Kosten, die er verursacht, ungemein einträglich. Die Natur des Landes erleichtert ihn auf alle Art. Die Rücken der Berge sind bis auf die tiefern Abhänge mit Holzung bedeckt, womit die Gruben und Schmelzöfen überflüßig und ohne besondern Aufwand versehen werden. Oft hat man nichts zu thun, als nur das Holz auf der Höhe zu fällen, und es an seinen Bestimmungsort hinabzuwerfen, so daß alle Fuhren erspart werden. Hie und da wird es auch durch die Flüsse auf eine unkostspielige Art herbeygeschwemmt. Die unzähligen Bäche, welche die Thäler durchschneiben, biethen Gelegenheit dar, die Hammerwerke nahe an den Gruben anzulegen, und so trägt alles dazu bey die Kosten des Baues zu verringern. Die vorzügliche Ausbeute ist vortrefliches Eisen, woraus der beste Stahl bereitet wird.

Die Anzahl und Grösse der Kröpfe ist in Steiermark beträchtlicher, als in Kärnthen, Krain und Tyrol. Man schreibt sie theils dem Schnee und Eiswasser, theils den Erd= und Steintheilchen zu, womit die Brunnen des Landes geschwängert sind. Andre setzen sie dem

A a Ge=

Gebrauch der Einwohner, ihre Speisen ungemein fett zu machen und auf das heisse Fett kaltes Wasser zu trinken, auf die Rechnung. Ich meines Theils möchte noch eine vierte Ursache beyfügen, und sie alle zusammen gleich stark auf die Erzeugung dieses Gebrechens wirken lassen. Diese Ursache wären die heftigen Verkältungen, welchen alle Thälerbewohner stark ausgesetzt sind. Zwischen den Bergen fängt sich die Sonnenhitze ein, und wird durch das Zurükprellen der Stralen von allen Seiten in der Tiefe der Thäler auf einen ausserordentlich hohen Grad getrieben. Ich erinnere mich, daß ich auf meinen Wandrungen durch enge Thäler oft eine Luft einathmete, die so glühend war, als sie aus einem Schmelzofen käme. Wenn nun die geringste Bewegung in der Luft entsteht, so wird der Zug des Windes in den Thälern durch die Pressung viel stärker als auf höhern Gegenden oder Ebenen, wo er sich mehr ausbreiten kann, und folglich auch kälter. Man pflegt bey einer grossen Hitze die Brust und den Hals gemeiniglich offen zu tragen, und durch die Erkältungen, welche dann ein gäher Windzug verursacht, werden die zarten Theile des Halses am ersten angegriffen. Die Säfte stocken gäh, und die Verhärtungen in den Gefässen müssen dann einen hartnäckigen Geschwulst veranlassen. Man hat auch in Wallis, Savoyen und andern Ländern bemerkt, daß die Bewohner der tiefern Gründe in den Thälern diesem Uebel mehr unterworfen sind, als jene der höhern Gegenden, welches ohne Zweifel zum Theil den gewaltsamen Luftveränderungen in der Tiefe zuzuschreiben ist, da hingegen auf den Bergen und den höhern Abhängen derselben die Luft immer kühl bleibt. Nebst den Kröpfen ist in diesem Land noch eine gewisse

Art

Art Tölpel merkwürdig, die fast ganz ohne Sprache, und fast zu keinen andern als viehischen Arbeiten zu gebrauchen sind. Ihre Anzahl ist groß, und die Nachläßigkeit, womit man sie in ihrer Jugend behandelt, mag das meiste zu ihrer Vermehrung beygetragen haben.

Alle Bewohner dieser Bergländer sind freye Leute, und haben schon längst das harte Joch der Lehnsherrlichkeit des Adels abgeschüttelt, worunter noch ein so grosser Theil von Europa seufzt. Ueberall erblikt man auch mit Vergnügen die guten Wirkungen dieser Freyheit. So ungünstig die Natur auch diesen Ländern im Vergleich mit dem benachbarten Hungarn ist, so sind sie doch ungleich besser angebaut und stärker bewohnt als dasselbe. Wenn man zwischen den nakten Felsen diese Berge oft den Bauren seinen Unterhalt der Natur mit unbeschreiblicher Mühe abtrotzen sieht, indessen der ergiebigste Boden in Hungarn ungebaut liegt, dann fühlt man den Werth des Eigenthumsrechts und der Freyheit in seinem ganzen Gewicht. Alle diese Länder, Oestreich mitgerechnet machen in der Grösse noch lange nicht die Hälfte des hungarschen Reiches aus, und doch tragen sie dem Hofe ungleich mehr ein, als dieses ganze weite Reich. Dabey herrscht durch dieselbe ein Wohlstand, von dem man sich in Hungarn keinen Begriff machen kann. Wenn doch die Regierungen deutlich einsähen, wie unzertrennlich ihr Vortheil mit jenem ihrer Unterthanen verbunden ist!

Der auffallendeste Zug im Karakter der Bewohner aller dieser Länder ist eine unbeschreibliche Bigoterie im Abstich mit einem eben so unbeschreiblichen Hang zur sinnlichen Wohllust. Hier hat man nur die Augen aufzuthun, um sich zu überzeugen, daß die Religion, welche die Mönche lehren, für die Sitten äusserst verderblich und also unkristlich ist — Die Zizisbeen begleiten die Weiber aus den Betten in die Kirchen, und führen sie am Arm an die Beichtstäle hin. Eine besondre religiösprofane Feyerlichkeit für die Frauen zu Grätz ist eine Wallfahrt nach Mariazell in Begleitung ihrer Bulen. Es ist für sie das, was anderswo ein Bad oder ein Gesundbrunnen für die Damen ist. Einer meiner Bekannten hatte die Ehre, eine schöne Dame von Grätz nebst ihrem Freund dahin zu begleiten. Es war zu erwarten, daß am folgenden Morgen wegen dem Fest der H. Jungfrau ein grosses Gedränge um die Beichtstüle seyn werde. Abends ward also die Frage aufgeworfen, ob die gnädige Frau nicht besser thäte, denselben Abend ihre Sünden durch das heilige Vomitive von sich zu geben: „Ich will warten bis Morgen frühe, sagte sie; denn ich müßte ja sonst zweymal beichten, um mit reinem Herzen zur Communion gehn zu können." Man rieth ihr, sie sollte die Sünden der nächsten Nacht voraus auf den Conto bringen. „Ey das gilt nicht;„ erwiderte sie — Die Weiber von Stande in diesen Gegenden finden es so wenig anstößig, als die zu Wien, öffentlich in Gesellschaften von ihren Liebhabern zu sprechen. Ein Zizisbeo gehört hier zur Mode, wie Eau de fleurs de Venise — Die Grätzerinnen sind schöner als die Wienerinnen, und lassen so wenig als diese ihre Liebhaber lange schmachten. Ueber diesen Punct haben sie ganz andre Grundsätze als unsre Landsmänninnen, die Spitzbübinnen genug sind, einem Seufzenden unter die Nase zu singen:

>   Laisses *languir* vos amans;
>   Et vous aures l'avantage
>   D' être *adorées* plus long temps.

Mit

Brief.

Mit der Anbethung ist es dem hiesigen Frauenzimmer überhaupt nicht gedient. Sie sind für die Liebe à la Grenadiere, achten weder Thränen noch Seufzer, weder Verse noch Bonmots, noch irgend etwas von der feinen Belagerungskunst, sondern lieben das Sturmlaufen und Brescheschiessen. Die vielen kaiserlichen Officiers, wovon alle grosse Städte wimmeln, haben Gelegenheit genug ihre Bravour zu zeigen; sollen sich aber doch mit dem zahlreichen Korps der Prälaten nicht messen können, die nebst der Lebhaftigkeit und dem Nachdruk ihres Angriffs noch den Vortheil über jene haben, daß ihre Kasse gut genug bestellt ist, den Kommandanten der Vestung auch allenfalls bestechen zu können. Ich glaube, dieß ist eine der Haupturfachen, daß die Officiers und Prälaten in den kaiserlichen Erblanden durchaus einander so gram sind.

Die Bigoterie des Publikums in diesen Gegenden, welche dadurch, daß sie mit der Galanterie zusammenfließt, bey den Leuten von Stande noch einigen Reitz erhält, fällt bey dem Pöbel in die gröbste und abscheulichste Bufsonerie. Die Winden, welche in diesen Ländern unter den Deutschen vermischt wohnen, zeichnen sich durch ein abergläubisches Wesen aus, das dem Menschenverstande wenig Ehre macht, und unglaublich seyn würde, wenn man nicht die unwidersprechlichste Thatsachen vor Augen hätte. Noch vor 6 oder 7 Jahren zogen sie in Gesellschaft einiger Schwärme aus Hungarn zu hunderten nach Köln am Rhein, ohngefähr 120 deutsche Meilen weit, um dort einem Kruzifix den Bart abzuschneiden. Alle 7 Jahre mußte diese Operation wiederholt werden, weil in diesem Zeitraum der Bart zu seiner gehörigen Länge wieder gewachsen war. Die Reichern in einer Gemeinde schickten Aermere als Deputirten ab, und der Magistrat von Köln empfieng sie feyerlich wie eine Gesandtschaft von einer fremden Macht. Sie wurden von demselben bewirthet, und einige Rathsglieder mußten ihnen die vornehmsten Merkwürdigkeiten der Stadt zeigen. Man weiß nicht, soll man mehr über den Rath von Köln, oder über diese arme Bauren lachen. Den erstern könnte man dadurch in etwas entschuldigen, daß diese guten Leute periodisch ein schönes Geld nach Köln brachten, und er also aus Politik die Komödie mitspielte. Aber gewiß ist es doch die elendeste und niederträchtigste Art, Geld zu gewinnen. Diese Winden hatten allein das Recht, den Heiland zu rasiren, und der Bart wuchs blos für sie. Sie glaubten vest, wenn sie dem Kruzifix diesen Dienst nicht erwiesen, so würde die nächsten 7 Jahre durch die Erde für sie verschlossen seyn, und sie nichts zu erndten haben. Sie mußten deswegen die Haare mit sich nach Haus bringen, die als das Zeugniß ihres vollendeten Auftrags und der zu erwartenden guten Erndten unter die verschiedenen Gemeinden vertheilt, und als grosse Heiligthümer aufbewahrt wurden. Umsonst verboth ihnen der kaiserliche Hof diese Wanderung, wodurch dem Feldbau auf einige Zeit so viele Hände entzogen wurden. Sie machten sich heimlich davon. Das beste Mittel, das er ergreifen konnte, war also, daß er der Stadt Köln verbot, die Leute in die Stadt zu lassen, welches vor ohngefähr 6 Jahren wirklich geschah. Die zahlreiche Gesandtschaft mußte sich ohne Bart (den ohne Zweifel die Kapuziner immer aus den ihrigen zusammen stoppelten, denn sie hatten das bärtige Kruzifix) nach Haus zurückbetteln, und wird sich nun nicht mehr der Gefahr aussetzen, den Weg umsonst machen zu müssen. Unterdessen

sen wuchs seit der Zeit das Getraide wie zuvor; ob aber
der Bart noch wächst, weiß ich nicht — Ich könnte dir
noch mehrere auffallende Züge des Aberglaubens der Einwohner von Inneröstreich mittheilen, wenn sie nicht der erste
alle überträfe, und er dir zum hinlänglichen Maaßstab
des Menschenverstandes in diesen Ländern diente. Besonders merkwürdig ist noch der Handel, den die Mönche mit heiligem Oel, Salben u. dgl. treiben. Seit einiger Zeit hat er durch die Verbote des Hofes abgenom-
men, aber gänzlich kann er ihn in dieser Generation noch
nicht unterdrücken. Er wird nun im Stillen, und vielleicht noch so stark als ehemals getrieben.

Wien. —

Einige Provinzen des östreichischen Erbreichs werd ich
nicht zu Gesicht bekommen. Du mußt dich also mit der
allgemeinen Nachricht von ihrer Bevölkerung und ihrem
Ertrag begnügen, die ich theils aus öffentlichen Blättern,
theils aus ziemlich glaubwürdigen mündlichen Berichten
zusammenbringen konnte, und um sie dir in ihrem gehörigen Verhältniß zu zeigen, will ich dich einen Blick über
das Ganze thun lassen.

Herr Schlötzer, dessen sehr nützlichen Briefwechsels ich
schon gedacht habe, und von dem ich an seinem
Ort mehr reden werde, liefert eine Liste von der Bevölkerung der östreichischen Monarchie, nach welcher sich dieselbe auf 27 Millionen Seelen beliefe. Ich glaube, er
ist nun selbst überzeugt, daß sein Korrespondent die östreichischen Unterthanen durch ein gläsernes Prisma gezählt hat. Einige Angaben dieser Liste sind durch neuere

Zählungen offenbar widerlegt worden. So fand man z. B. in dem öſtreichiſchen Polen ſamt der Bukowina nur ohngefähr 2800000 Seelen, da beſagte Liſte die Volksmenge dieſer Staaten auf beynahe 3900000 Menſchen angiebt.

Im erſten Heft ſeiner politiſchen Korreſpondenz befindet ſich eine andre Liſte, die ungleich reeller iſt. Wenigſtens kömmt die Summa aller öſtreichiſchen Unterthanen richtiger heraus; denn wenn gleich verſchiedne einzelne Angaben übertrieben ſind, ſo wird das Hauptfaktum doch durch einige ausgelaſſene Provinzen berichtigt, wie denn ganz Illyrien, die Bukowina und Vorderöſtreich nicht auf der Rechnung ſtehn — Folgende Liſte hab' ich größtentheils von der beßten Hand, und ſie — nicht blos nach meinem eigenen Ermeſſen, ſondern mit Berathung ziemlich glaubwürdiger Gewährsmänner — aus öffentlichen Nachrichten ergänzt.

Hungern, ſamt dem nun einverleibten Temeswar	3600000 Seelen
Illyrien	1400000 —
Siebenbürgen	1000000 —
Oeſtreich. Polen ſamt Bukowina	2800000 —
Böhmen	2100000 —
Mähren	1000000 —
Schleſien	200000 —
Ober = und Unterößtreich	1800000 —
Steiermark	700000
Kärnthen, Krain, Görz, Iſtrien	1000000 —
Vorderöſtreich und Falkenſtein	300000
Tyrol	600000
Niederlande	1800000 —
Lombardey	1200000 —
	19500000

Ich

Brief. 377

Ich laſſe mich gerne beſcheiden, daß dieſe Liſte von runden Zahlen nicht ſo genau ſeye, daß man die 20 Millionen nicht vollends ergänzen könne, ohne die Wahrheit in Gefahr zu ſetzen. Aber an eine Liſte, deren Summa um ein beträchtliches über 20 Millionen ſteigt, glaube ich nicht, und wenn ſie mir auch das ganze Corpus des kaiſerlichen Staatsraths vorlegte.

Man braucht keinen andern Beweis, als den Augenſchein, um ſich zu überzeugen, daß die öſtreichiſchen Erblande überhaupt nicht ſo ſtark bevölkert ſeyn als Frankreich. Der Unterſchied in der Gröſſe beyder Länder iſt unbeträchtlich; und wie ſollten ſich die kaiſerlichen Staaten in der Bevölkerung mit unſerm Vaterlande, das kaum 24 Millionen Menſchen zählt, meſſen können, da der gröſte Theil derſelben ganz ohne beträchtliche Manufakturen iſt, und ein groſſer Theil von Hungarn und Polen nicht einmal die nöthigen Handwerker in hinlänglicher Menge hat? Der Ackerbau mag in einem Lande noch ſo gut beſtellt ſeyn, ſo häuft er doch die Menſchen nie ſo an, als der Kunſtfleiß. Seine Sphäre iſt eingeſchränkt; aber jene des Kunſtfleiſſes nicht. Mit den Menſchen, die in einer von den vielen, groſſen, mit Fabriken angefüllten Städten unſers Vaterlandes gedrängt beyſammen wohnen, könnte man einen groſſen Strich des platten Landes beſetzen, der mit Dörfern angefüllt ſeyn würde. Nebſt dem iſt der Ackerbau in Hungarn und dem öſtreichiſchen Polen, welche Länder weit über die Hälfte der Gröſſe des kaiſerlichen Erbreichs ausmachen, lange nicht ſo gut beſtellt, als in den meiſten Provinzen unſers Vaterlandes. In Frankreich wohnen wenigſtens noch einmal ſo viele Menſchen in Städten beyſammen, als in den öſtreichiſchen Erblanden, und

Aa 5 doch

doch ist das platte Land (im ganzen) gleich stark besetzt. Nur die deutschen Staaten des Erzhauses lassen sich im Anbau und der Bevölkrung mit Frankreich vergleichen.

Einige Angaben auf der Liste, welche für die östreichische Monarchie 27 Millionen Menschen zusammenbringt, sind wirklich lächerlich. So rechnet der Korrespondent des Herrn Schlözers auf die östreichischen Niederlande über 4 Millionen Seelen, da doch die ungleich größern, und so ausserordentlich bevölkerten vereinigten Niederlande nicht über 2500000 Menschen zählen. Der Umfang aller östreichischen Niederlande beträgt höchstens 500 deutsche Quadratmeilen. Nach diesem Anschlag kämen also auf eine Quadratmeile 8000 Menschen, und da Lurenburg und der nördliche Theil von Brabant bekanntlich nur sehr mäßig bewohnt sind, so würde man auf die übrigen Provinzen im Durchschnitt wenigstens 10000 Seelen auf die Quadratmeile rechnen müssen; eine Bevölkerung, die in keinem Land in Europa von gleicher Größe zu finden ist, selbst in den Gegenden um London, Paris und Neapel nicht ausgenommen. Auf meiner Durchreise nach Holland hörte ich zu Brüssel von glaubwürdigen Leuthen, die Zahl aller östreichischen Unterthanen in den Niederlanden beliefe sich auf 1800000 Seelen. Eine sehr starke Bevölkerung für die Größe des Landes; denn es kommen immer noch 3600 Menschen auf eine deutsche oder geographische Quadratmeile.

Eine Tabelle von den Einkünften des Erzhauses, welche Herr Schlözer mittheilt, ist ziemlich zuverläßig, aber nicht vollständig. Illyrien, die Lombardey und die Niederlande sind nicht auf der Rechnung, und der Ertrag von Hungarn und Siebenbürgen ist gegen die Art eines östreichischen Korrespondenten etwas zu gering angegeben.

Brief.

ben. Folgendes ist beyläufig das Einkommen aus den verschiedenen kaiserlichen Erblanden.

Hungarn sammt dem einverleibten Bannat	15000000	Kaisergulden
Siebenbürgen	3000000	—
Illyrien	2000000	—
Pohlen samt Bukowina	1200000	—
Böhmen	11600000	—
Mähren	4000000	—
Schlesien	700000	—
Alle östreichischen Kreislande, samt Falkenstein	22700000	—
Niederlande	7000000	—
Lombardey	4000000	—
	82000000	

Die 82 Millionen Kaisergulden betragen 98400000 Gulden Rheinisch, oder nach unserm Gelde beynahe 215 Millionen Liv Tournois, welches ohngefähr 145 Millionen Livres weniger ist, als das Einkommen unsers Hofes, die Kolonien nicht mitgerechnet, und beyläufig so viel als das ordentliche Einkommen von Großbritannien. Wenn man bedenkt, daß Frankreich gegen 4 Millionen Menschen mehr hat, als das östreichische Erbreich, daß es demselben in der Handlung so erstaunlich überlegen ist, und Hungarn und Illyrien nach dem Verhältniß ihrer Größe und Bevölkerung sehr wenig abwerfen, so wird man das Verhältniß des Ertrags beyder Reiche sehr wahrscheinlich finden.

Den Ueberschlag von der Ausgabe des hiesigen Hofes, welchen der Korrespondent des Herrn Schlözers seiner Liste von der Einnahme beygefügt hat, ist grundfalsch. Die Unkosten der Armee werden auf 17 Millionen Gulden angegeben. Nun kostet zwar die Armee des hiesigen Hofes nach dem Verhältniß der Stärke kaum 2/3 so viel,

als

als die unsrige; allein der ganze Aufwand des Kaisers für das Militäre, die ungeheuern Magazine und Werbungskosten mitgerechnet, beträgt jährlich beynahe 30 Millionen. Einige glaubwürdige Leute geben die Summe noch höher an. Die Pensionen setzt der Korrespondent des Herrn Schlözers auf eine Million. Man wird nun bald sehen, daß noch einmal so viel an Pensionen wird eingezogen werden, ohne daß jemand, der auf Gnade des Hofes leben muß, das Nothdürftige verliert. Der Anschlag der Ausgabe mußte grundfalsch werden, denn der Korrespondent läßt sie mit der Einnahme beynahe aufgehn, und hat doch bey dieser gegen 27 Millionen Gulden mangeln lassen.

Ich erinnere mich, in einer Parlamentsrede eines englischen Ministers voriges Jahr einen Ueberschlag von den Einkünften der vornehmsten europäischen Mächte gelesen zu haben, wornach derselbe das politische Verhältniß von Großbrittanien bestimmen wollte. Frankreich schätzte er auf 12, Großbrittanien auf 9, Rußland auf 7 und Oestreich auf 6 Millionen Pfund Sterling. Der Verstoß dieses Ministers ist doch nicht so arg, als jener des Herrn Linguet, welcher in seinen Annalen den Zweifel äussert, ob Oestreich Mittel genug habe, den Westen von Europa gegen einen Einfall der Türken sicher zu stellen, und deswegen den europäischen Mächten vorschlägt, diesem Haus zu irgend einem Stück von Deutschland oder der Türkey zu verhelfen, um dem Türken die Spize biethen zu können. Oestreich ist ohne Widerrede jezt die zweyte Macht in Europa. Rußlands Einkünfte betragen 32 Millionen Rubel, und diese machen nach dem jezigen Werth des Rubels nicht über 64 Millionen Kaisergulden aus. In dem Umfang seines Reiches kann

zwar

zwar der rußische Hof mit seiner Einnahme erstaunlich viel thun, weil der Preiß der Lebensmittel und der nothwendigsten Materialien daselbst so gering ist; allein er hat lange nicht so viele Hülfsmittel, grosse Operationen ausser den Gränzen seines Reiches zu souteniren, als der hiesige Hof. Die Zeiten von Leopold und Karl dem Sechsten sind längst vorbey. Es ist seit 20 Jahren in den kaiserlichen Finanzen eine Veränderung vorgegangen, welche die Welt wird staunen machen, sobald der hiesige Hof Anlaß bekömmt, seine Macht zu zeigen. Ich glaube, er hätte nicht so viel Zeit gebraucht, als die Russen im letztern Krieg, um mit den Türken fertig zu werden — Da Großbrittaniens Einkünfte vor dem Ausbruch des jetzigen Krieges jenen des hiesigen Hofes beynahe gleich waren, durch den Verlust von Amerika aber um etwas geschmälert werden; so hat Oestreich an innerer Stärke keinen Nebenbuhler mehr, ausser Frankreich. Seine Macht ist im Steigen, und in 50 Jahren sind beyde Kronen an Gewicht einander gleich — Wenn das rußische Reich auch einige Millionen Menschen mehr enthält, als die östreichische Monarchie, so sind unter diesen Menschen doch so viel Kamschatdalen, Samojeden, Lappen u. dgl. m. die im politischen Betracht kaum so viel werth sind, als ihr Vieh. Beyde Mächte eilen mit gleich starken Schritten zu ihrer Größe, und werden wahrscheinlich im künftigen Jahrhundert die Rollen spielen, welche Frankreich und England zu Ende des vorigen bis gegen die Mitte des jetzigen Jahrhunderts gespielt haben; nämlich die Ruhe und das Gleichgewicht von Europa werden von ihnen abhangen. Der hiesige Hof wird dem rußischen keinen Schritt voran thun lassen, ohne den nämlichen Schritt, oder vielleicht 2 auf einmal zu thun, wie bey

der

der Theilung von Polen, die, wie ich nun sicher weiß, eigentlich im hiesigen Kabinet ihren Ursprung genommen hat, wirklich geschehen ist. Rußland hat die schweren Kosten des Türkischen — oder besser — des polnischen Krieges tragen müssen, als es zur Theilung kam, gewann Oestreich so viel, als Rußland und Preussen zusammen. Der östreichische Antheil von Polen nebst der den Türken abgenommenen Bukowina ist beynahe so groß, als das Land, welches Rußland in Besitz genommen; enthält aber mehr Menschen, und trägt fast um die Hälfte mehr ein, als der russische und preußische Antheil zusammen genommen. In dem rußischen Antheil wurden nach sichern Nachrichten 2100000, und in dem preussischen nicht mehr als 650000, im östreichischen aber, wie ich dir oben sagte, 2800000 Seelen gezählt. Nebst dieser stärkern Bevölkerung hatte Oestreich noch die so einträglichen Salzwerke von Wielitzka voraus, und der größte Theil von Polen wurde in diesem so wesentlichen Bedürfniß von demselben abhängig gemacht — Oestreichs Stärke ist kompakt, die von Rußland aber ausgedehnt, und jenes wird über dieses immer den Vortheil haben, den ein untersetzter und behender Körper über einen bloß aufgedunsenen und schwerfälligen hat — Man spricht hier viel von einer Theilung der Türkey, die zwischen beyden Kaiserhöfen beschlossen seyn soll. Auch die öffentlichen Blätter fangen schon an davon zu murmeln. Ich glaube noch nicht daran, wenn gleich bekannt ist, daß beyde Höfe schon in den dreyssiger Jahren einen Plan von der Art unter sich gemacht hatten. Sollte aber wirklich etwas daran seyn, und unser Hof auf keiner Seite Einfluß genug haben, um das Gewitter, womit in diesem Fall die Pforte bedroht würde,

zu

zu zerstreuen, so würde das gewiß der lezte freundschaftliche Traktat zwischen Rußland und Oestreich seyn. So bald die Pforte gestürzt ist, und beyde kristliche Reiche an den Ufern des schwarzen Meeres zusammen gränzen, müssen sie nothwendiger Weise auf einander eifersüchtig werden, und sie kommen dann in Rüksicht auf Handlung, und andre Gegenstände gegen einander in die nämliche Lage, worinn Frankreich und Großbrittanien von je her gegen einander waren.

Wien —

Allgemach fängt der Kaiser an, etwas von dem Plan sehn zu lassen, den er so lange in seinem Busen verschlossen tragen mußte. Du hast nicht von mir zu erwarten, daß ich dir von den Verordnungen, die schon erschienen sind, oder noch erscheinen werden, umständliche Rechenschaft geben solle. Ich denke nächste Woche von hier wegzureisen, und du bekömmst sie geschwinder und vollständiger durch die Zeitungen, als ich sie dir auf meinen Reisen zuschreiben könnte. Freylich ist unsere züchtige Gazette de France der Kanal nicht, Euch Sachen von der Art zufliessen zu lassen. Sie ist zu eng dazu. Sie wird Euch gar umständlich erzählen, wie der Kaiser an dem oder jenem Tag in die Kirche, auf die Jagd oder ins Konzert gegangen, wie er sich die Hand küssen lassen, und welchen Rok oder Ueberrok er an dem oder jenem Ort getragen. Aber daß er Toleranzgesetze macht, Klöster aufhebt, den Pabst beschneidet u. dgl. m. davon weiß sie nichts. Sie mag unserer Klerisey durch solche Nachrichten kein Bauchgrimmen machen. Unterdessen habt ihr ja noch

andre

andre Kanäle genug, das reine Wasser an Euch zu
ziehn, während daß die Hofzeitung ewig das Vehikulum
für allen Schlamm bleibt.

Allgemeine Toleranz, Unabhängigkeit der östreichischen
Staaten von allem fremden Einfluß und Tribut, Vertilgung des Mönchswesens, Umschaffung der Geistlichen zu Dienern des Staates, Aufhebung der Leibeigenschaft, Beschneidung der schädlichen Vorrechte des Adels, Säuberung der Dikasterien, Vereinfachung der Statsverwaltung, eine allgemeine und strenge Oekonomie, Verbesserung der Justiz, Beförderung der Philosophie und Industrie, Verbreitung des Gefühls der Freyheit und Vaterlandsliebe, Aufmunterung des Verdienstes — Alles das wird von Joseph mit einem Eifer und einer Beharrlichkeit ausgeführt werden, wodurch Oestreich zum Erstaunen der Welt in kurzer Zeit zu einem der blühendsten und mächtigsten Reiche werden muß.

Und was wird aus der Kunst, fragst du? — Giebts auch Akademien des Inscriptions et belles Lettres? Arkadische Gesellschaften? Maler und Bildhauer Akademien? Ohne Zweifel. Von der lezten Art ist schon lange eine da, und auch zur Bildung einer von der ersten Art fehlt es hier an tüchtigen Subjekten so wenig, als zu Paris. Es wären Leuthe genug da, die Zeit und Talente genug haben, einander periodisch die unsinnigsten Complimente vorzulesen; Komplote zu machen, um die fadeste Broschüre, deren Verfasser sie an den Fußsohlen kitzelt, in die Höhe zu bringen, und einen Schriftsteller von Verdienst, der einem von ihnen auf die Zehen tritt, zu unterdrüken. Es fehlt hier auch nicht an Leuthen, die geschikt genug sind, dem abgedroschensten Gedanken einen Strich von Neuheit zu geben, und unverschämt

genug

genug, verunstaltete Uebersetzungen für ihre Geburthen auszugeben. Noch vor 8 oder 10 Jahren wurden die meisten neuen englischen und französischen Theaterstücke für Originale hiesiger Dichter verkauft — Allein, zu allem dem wird der Kaiser schwerlich einen Kreutzer hergeben. Er weiß sein Geld besser zu gebrauchen, und ich wünsche, man hätte auch bey Uns die Kosten mancher Akademie an etwas anders verwendet, und sollte es auch bloß auf Kloaken gewesen seyn, um den Koth besser wegzuräumen, der aus den angefüllten Egouts einen so fürchterlichen Gestank macht, und dadurch schon Leuthe erstikt hat.

Ich sehe, Bruder, wie du hier die Nase rümpfest. Ich weiß, du lebst und webst in deiner Bellletristerey, und bedauerst uns andern, daß wir Barbaren genug sind, dem göttlichen Kunstwesen nicht zu opfern. Ich erinnere mich aller der Vorwürfe, die du mir über meine Stumpfheit, Kälte, oder wie du es sonst nenntest, gemacht hast, so oft dir ein schönes Epigramm, eine lebhafte poetische Schilderey, ein guter Kupferstich, eine Zeichnung von einer Meisterhand, oder was ähnliches auffiel, und ich keinen Theil an deiner Entzükung nahm. Aber, lieber Bruder, jeder Mensch hat seinen eigenen und verschiedenen Standpunkt, die Dinge dieser Erde zu betrachten, und da ich — aus Hochachtung für deine Lieblingsbeschäftigungen — mir die Mühe nahm, dir von der deutschen Theater- und Dichterwelt schon manche Nachricht zu geben, und dir auch verspreche, in dem Norden von Deutschland, den ich nun bald betretten werde, noch viele Nahrung für dein Steckenpferd aufzusuchen, so wirst du es mir doch nicht übel nehmen, wenn ich dir zur Rechtfertigung meines Geschmaks etwas sage, ohne dir ihn eben aufdringen zu wollen?

Bb Sage

Sage mir, lieber Bruder; ist es nicht eine Wahrheit, welche durch die ganze Geschichte bestätigt wird, daß die Kunst-und Witz-Epoche bey jedem Volk unmittelbar vor seinem Fall vorausgieng? Ich will dir diese Bemerkung nicht von den Griechen an bis zu uns weitläufig aus der Geschichte herleiten. Du wirst dich der vortreflichen Note erinnern, die ein Tyroler Mönch über eine Stelle des Kolumella gemacht, und dem Verfasser der Voyges en differens pays de l'Europe vorgelesen hat. Sie enthält die wichtigsten Zeugnisse der Geschichte, daß ein Staat, worinn die blos belustigenden Wissenschaften und Künste herrschend und der vorzüglichste Weg sind, zu Glück und Ehre zu gelangen, seinem Fall nahe ist. Du hast Recht, daß die Schuld nicht an diesen Wissenschaften und Künsten selbst liegt. Allein wenn sie bey einer Nation ein gewisses Uebergewicht über die andern Beschäftigungen des Geistes gewinnen, so müssen sie Folgen nach sich ziehn, die dem Staat verderblich sind. Frivolität, Weichlichkeit, Verschwendung, Vernachläßigung mühsamer Untersuchungen und Anstalten; Scheinliebe, schlechte Beurtheilung in der Wahl der Diener des Staates, eine eitle und unzweckmäßige Verschönerungssucht, u. s. w. sind nothwendige Folgen derselben, wenn sie bis zum Mißbrauch — der so gar nahe an den guten Gebrauch gränzt — aufgemuntert werden — Und was tragen sie dann zum wahren Glück der Menschen bey? Sind sie etwas mehr, als ein schöner Traum? Wie vergänglich war nicht bey allen Nationen die Witzepoche! Da kam gemeiniglich ein ganz unliterarisches Volk, welche sie aus dem schönen Traum mit Faustschlägen auf, und noch ehe sie ihn ganz aus den Augen gerieben hatten, waren sie gefesselt — Wie lang ist es seit Korneille und Racine her? Und schon erschöpft! Nicht

Nicht als wenn ich den Werken des Genies allen Beyfall versagen, und sie unbelohnt lassen wollte. Ich wünsche nur, daß man nicht durch zu grosse Freygebigkeit das Unverdienst mit dem Verdienst vermenge, die Nachäfferey begünstige, die sich bey der Annäherung der Literaturepoche wie eine Seuche unter dem Volk auszubreiten pflegt, und dadurch das Gleichgewicht zwischen den nützlichen und blos ergötzenden Wissenschaften und Künsten zum Vortheil der leztern hebe. Ich bin überzeugt, der Kaiser wird dem Dichter, Maler, und jedem Künstler von wirklichem Verdienst Gerechtigkeit wiederfahren, und ihn nicht unbelohnt lassen. Allein ungleich mehr Aufmunterung würde der Ackerbau, die bürgerliche Industrie, die Bestrebung des Philosophen zur Verbesserung der Staatsverwaltung, der praktische Mathematiker und Phisiker, in so weit sie mit der bürgerlichen Industrie in Verbindung stehn, und alle die Wissenschaften und Künste, die etwas zum dauerhaften Wohl des Staats beytragen, von ihm zu erwarten haben. Und kannst du ihm das übel nehmen? Sein Hof wird schwerlich der von August werden, wo ein Dichter 4000 Louisdor unseres Geldes Pension hatte, indessen er seinen ehemaligen Soldaten den Sold schuldig blieb. Aber Oestreich tritt nun in die glücklichen Zeiten von Heinrich dem Vierten, wo es sich zu fühlen beginnt; wo der Grund zum Nationalreichthum gelegt, die bürgerliche Freyheit und Ruhe gegen die Eingriffe der Pfaffen und des Adels gesichert, und das Gleichgewicht zwischen allen Ständen des Staats hergestellt wird; wo man die schönen Künste und Wissenschaften, der Natur gemäß, blos zur Erhohlung treibt, und nicht mehr auf sie verwendet, als ein kluger ökonomischer Hausvater

Bb 2 nach

nach dem Verhältniß seines Vermögens für sein Vergnügen zu opfern pflegt, und wo sich diese Künste und Wissenschaften eben deswegen, weil man sie ihrer Natur gemäß behandelt, doch viel besser befinden werden, als wenn man sie durch zu grosse Freygebigkeit verzärtelte, und durch übertriebne Aufmunterung ihnen einen Anhang von Buben verschafte, der sie wie feile Gassendirnen behandelt. So bald die Kunst eine Art von Brodgewinn ist, ist es, glaub' ich, um die Meisterstücke geschehen, und wenn sie gar, wie bey uns eine Art von Zunft, und zwar die zahlreichste bildet, so sind gewiß die meiste Glieder dieser Zunft Affen. Wie selten sind nicht die Urgenies! Und läßt sich Voltäres Geist auch mit einem Preiß von Millionen wieder zum Leben erwecken?

Verzeih mir diese Ausschweifung, die nicht so sehr ein Hieb auf dein Steckenpferd, als vielmehr ein Ausbruch der Hochachtung für den Kaiser war, den ich dadurch in deinen Augen rechtfertigen wollte. Ich weiß es; ganz verzeihen wirst du es ihm nicht, daß er so sparsam gegen die schönen Künste ist; allein denke dir Bruder, er legt in Landstädten Gelder zu 10 und 20 tausend Louisder an, womit Leute, die ein nützliches Gewerbe treiben, unterstüzt werden, und wovon jeder, der irgend eine Manufaktur etabliren will, Vorschüsse zu ganz unbedeutenden Prozenten, und auch ohne alle Interessen haben kann! Er thut den Kolonisten, die sich in seinem Lande niederlassen wollen, auf alle Art Vorschub; er läßt Strassen, Dörfer, Städte und Haven bauen, und hat eine Armee von wenigsten 300000 Mann zu unterhalten. Soll er diesen Aufwand einschränken, und dafür eine Academie des Inscriptions et belles lettres errichten?

Viel

Vielleicht thut er mit der Zeit etwas für deine Göttinnen, wenn einmal alle Hofschulden getilgt, seine Finanzen völlig in Ordnung, und die Klöster verdünnert seyn werden. Seine Hofschulden lassen sich zwar mit den unsrigen nicht vergleichen; betragen aber doch ohngefähr 160 Millionen Gulden, und es werden jährlich gegen 18 Millionen an Interessen und an Capital bezahlt. Die liegenden Güter aller Klöster und Stifter in den kaiserlichen Erblanden werden auf 300 Millionen Gulden geschätzt, wovon beynahe die Hälfte auf die Niederlande und die Lombardey kömmt. Vielleicht erben die Musen mit der Zeit etwas von diesem ungeheuern Vermögen. Leb wohl.

Wien —

Morgen reise ich von hier ab. Ich werde mich einige Zeit zu Prag aufhalten, und dort einen Brief von dir erwarten.

Nun sieht man lieber Bruder, was der Kaiser während seiner Mitregentschaft im Stillen vorgearbeitet hat. Alle Fremden, die hier sind, staunen, wie ruhig eine der größten und schnellsten Revolutionen bewirkt wird. Ein offenbarer Beweiß, daß der Monarch nach einem lang überdachten Plan handelt, und schon lange die Materialien zu dem Gebäude in Bereitschaft hatte, welches er nun mit unglaublicher Geschäftigkeit ausführt. Die Geistlichkeit und der Adel werden täglich mehr überzeugt, daß er ihnen immer härter zu Leibe gehn wird, und beede Stände sehn sich entwaffnet. Der Adel liegt seines ungeheuern Vermögens ungeachtet in der tiefsten

Ohnmacht. Verschwendung und Weichlichkeit haben ihn entkräftet; und der schwarze Stand trägt in seinem eignen Busen eine Schlange, die ihm am Leben nagt. Diese Schlange ist die Philosophie, die sich unter dem Mantel der Theologie schon bis auf die Stüle einiger Bischöffe eingeschlichen hat. Die meisten jungen Geistlichen sind in der Schule mit dem Gift dieser Schlange angesteckt worden. Sie wissen alle, daß ein Febronius in der Welt ist, und wenn sie gleich nur widerlegungsweise mit ihm bekannt wurden, so haben nun die Argumente des Hofes gewiß mehr Gewicht bey ihnen, als die ehemaligen Ergos ihrer Professoren, und diejenigen von ihnen, welche die nahe Beförderungen zu erwarten haben, söhnen sich nun sehr leicht mit ihrem ehemaligen Schulfeind aus, da der Hof, dessen Gunst sie so nöthig haben, seine Parthey mit aller Macht nimmt. Die Bellarministen, wozu alle alten versorgten Diener der Kirche gehören, machen freylich die ungleich größere Zahl aus; allein der Hunger ist ein mächtiges Argument Pro und Kontra, und es käme nur darauf an, einigen der halsstarrigsten ihre Pfründen zu nehmen; so würde Bellarmin auf das kräftigste widerlegt seyn. Sie finden auch unter dem Publikum keinen Anhang, der sie im geringsten förchterlich machen könnte; denn die 250000 Advokaten, welche durch die Erblande vertheilt sind, haben die unwidersprechlichsten Deduktionen für die Sache des Kaisers gegen den Bellarmin schon seit vielen Jahren in den Taschen, und stehn auf den Wink bereit, ihre Widersacher augenblicklich stumm zu machen.

Ich glaube nicht, daß bey der ganzen Armee ein Mann von Bedeutung ist, der den Verordnungen des Kaisers nicht den herzlichsten Beyfall gebe. Dieser Theil der

Staatsverwaltung war seit langer Zeit blos von demselben abhängig, und er trägt durchaus das Gepräge seines Oberhauptes. Unter den vielen kaiserlichen Officiers, die ich kenne, fand ich nicht einen, der über die Jugendjahre hinaus gewesen wäre, und nicht eine ziemliche Dosis Philosophie gehabt hätte. Während meines Aufenthalts in diesen Ländern waren sie für mich durchaus die besten und nützlichsten Gesellschafter und — mit Erlaubniß aller hiesigen Professoren, Doktoren und übrigen Gelehrten — ich halte sie ohne Vergleich für den aufgeklärtesten Theil der östreichischen Welt. Ich getraue mir eine grosse Menge Korporäle in der kaiserlichen Armee zu finden, die mehr gesunden Menschenverstand haben, als neun unter zehn der sogenannten hiesigen Gelehrten. Bey der Armee herrschte schon seit vielen Jahren eine Freyheit, die mit der Eingeschränktheit der übrigen Stände seltsam genug abstach, und hier hat der Kaiser wirklich schon Wunder gethan. Verschiedene Regimenter haben schon längst Lesebibliotheken für sich errichtet, und die Officiers fanden leicht Weg, die guten Schriftsteller, die andre Leute immer nur mit einiger Gefahr bekommen konnten, über die Gränzen zu konvoyiren. Der König von Preussen findet nun keinen vom Pabst gesalbten und Gesegneten General mehr gegen sich über, wie er ehemals den Grafen Daun zu nennen pflegte. Sogar unter den gemeinen Soldaten bemerkt man eine gewisse natürliche Logik, die eine Folge von der Art ist, wie sie behandelt werden, und wie man ihnen ihre Menage, ihre Manöuvres, ihre Aufträge, und kurz alle ihre Geschäfte faßlich zu machen sucht. Von der Bigotterie, die ehemals die kaiserliche Armee auszeichnete, findet man keine Spur mehr. Und was wollte nun das schwarze Korps gegen eine solche Armee unternehmen?

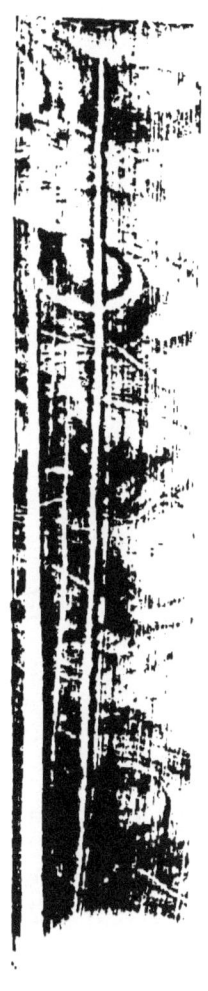

So leicht es dem Kaiser meines Erachtens ist, das Kirchenwesen zu reformiren, so schwer wird es ihm werden, die Verwaltung der bürgerlichen und peinlichen Justiz zu verbessern. Ueber diesem Theil der Staatsverwaltung liegt noch eine schauerliche Finsterniß. Man fühlte schon lange die Gebrechen desselben, die zum Theil eine Folge der Gesetze selbst und der Prozeßform waren; aber durch die Dummheit, Pedanterey, Liederlichkeit, den Eigennutz und Unpatriotismus der verschiedenen Bedienten unendlich vergrössert wurden. Die verstorbene Kaiserin wollte helfen; aber wenn der Kober Theresianus auch zehnmal weniger barbarisch wäre, als er ist, so wäre doch noch nicht geholfen. Es fehlt an einer guten Zucht Leute, welche die Gesetze handhaben müssen.

Der Kaiser verwendet sich schon während seiner Mitregentschaft mit dem rühmlichsten Eifer, um in den Gerichten die strengste Unpartheilichkeit und mehr Beschleunigung einzuführen. Ich glaube auch, daß nicht leicht eine ganz offenbare und auffallende Ungerechtigkeit von seinen Bedienten kann begangen werden; allein, er konnte sich keine neuen Subjekte erschaffen, und so lange Dummstolz, Unthätigkeit und Prachtliebe die Hauptzüge der Gerichtsglieder sind, kann er die feine Beutelschneiderey des Eigennutzes und der Bosheit, und die Schikanen nicht heben, wozu Leute von der Art in der so verwickelten Prozeßform Anlaß genug finden.

Die Kriminaljustiz ist wirklich in erbärmlichen Umständen. Wenn man den Kober Theresianus liest, so sollte man glauben, er sey für eine Horde Baschkiren verfaßt worden. Es werden darinn Strafen für Laster bestimmt, die in einem ganzen Jahrhundert hier zu Lande nicht verübt werden, und gegen Verbrechen, die täglich

lich hier zu tausenden geschehen, aber keine Klage erregen, z. B. Hurerey, Ehebruch, Knabenschänderey u. dgl. wird eine Strenge beobachtet, die mit der ruhigen Ausübung dieser Laster drolligt genug absticht. Das wäre eben so gar schlimm noch nicht; denn die Gesetze mögen so grausam seyn als sie wollen; so setzen sie doch die bürgerliche und natürliche Freyheit in keine Gefahr, und die unmenschlichsten Strafgesetze sind immer besser, als der gänzliche Mangel an Gesetzen, oder, welches das Nämliche ist, die Nichtbeobachtung derselben. Das letztre ist nun allerdings hier der Fall. Man sah bald ein, daß der Kodex Theresianus weder auf die Sitten noch den Karakter des Publikums paßte, und man schämte sich, zu einer Zeit, wo von allen Seiten her ein so grosses Geschrey von Menschlichkeit, Abschaffung der Folter und Todesstrafen u. dgl. m. ertönt, noch so förchterlich mit Rädern, Galgen und Schwerdtern ausgerüstet zu seyn. Man kaßirte den Theresianischen Kodex nicht; sondern ließ nur allgemeine Befehle an die Richter ergehn, „gelind zu seyn, ohne Noth zu keinen Todesstrafen zu schreiten„ u. dgl. m. Diese mißverstandne Gelindigkeit ist die gefährlichste Tyranney von der Welt. Das grausamste Gesetz mordet nicht willkührlich, und — was man in der politischen Rechenkunst genau beherzigen sollte — je strenger und grausamer ein Gesetz ist, desto mehr Verwegenheit und Bosheit setzt es bey dem Verbrecher voraus, der sich von der Strenge des Gesetzes von seiner Uebelthat nicht abschrecken ließ; Aber die unbestimmten Verordnungen, ohne Noth zu keinen Todesstrafen zu schreiten, setzen den Schuldigen platterdings der Willkühr des Richters aus, und eine der Hauptstützen der bürgerlichen Freyheit

B b 5 wird

wird untergraben. So lange die vorhandenen Gesetze, wenn sie auch noch so unmenschlich sind, genau beobachtet werden, hat der Verbrecher keine Entschuldigung für sich. Er kannte das Gesetz, und da er sich doch von demselben nicht abschrecken ließ, so entspricht die Strenge desselben seiner Verwegenheit. Aber im letztern Fall kann er das Opfer einer willkürlichen Betrachtung, oder eines Umstandes werden, der mit seinen Verbrechen gar keine Verbindung hat. Ich will dir ein Beyspiel erzählen, das vor einiger Zeit zu Linz vorfiel, und wenn es gleich von der militärischen Justitz begangen worden, doch den jetzigen Zustand der hiesigen Justitz überhaupt deutlich schildert.

Zwey Grenadiere, die schönsten vom ganzen Bataillon, machten unter dem Regiment von Stein ein Komplot zu desertiren. Es wurde entdeckt, und die zwey jungen Leuthe als Rädelsführer vom Kriegsrath zum Strange verurtheilt. Nun wußte das ganze Regiment, daß alle kaiserlichen Obersten vom Hofkriegsrath den Befehl hatten, ohne die äusserste Noth kein Todesurtheil zur Exekution kommen zu lassen. Diese äusserste Noth war in dem Augenblick, als das Urtheil gesprochen ward, noch nicht da, und der verstorbne Oberst von Brown war wirklich entschlossen Pardon zu geben. Allein auf einmal änderte sich die Scene. Ihre Kammeraden giengen zu ihnen ins Gefängniß, tranken ihnen zu, und trösteten sie zuversichtlich, daß sie auf dem Richtplatz Gnade bekommen würden. Einige erbothen sich sogar, sich an ihrer statt an den Galgen führen zu lassen, in der vesten Ueberzeugung, der Oberst müsse sie seinem Befehl gemäß begnadigen. Alles das wurde dem Obersten hinterbracht. Der zur Exekution anberaumte Tag erschien.

Man

Brief.

Man führte sie auf den Richtplatz. Sie giengen mit der größten Ruhe hin, welche ihnen die zuversichtliche Erwartung ihrer Begnadigung einflößte. Ganz Linz rechnete auf ihre Pardon um so mehr, daß sie ohne Vergleich die zwey schönsten Leute und auch sonst von untadelicher Aufführung waren. Allein der Oberst von Brown hatte gefunden, daß nun der Fall der äussersten Noth da wäre, und sie wurden zum Erstaunen von ganz Linz aufgehängt.

Der Oberst bekam einen Verweis von Wien: Aber hatte er ihn verdient? War seine Entschuldigung nicht giltig, daß durch die Begnadigung dieser zwey Komplotmacher ein unbeschreibliches Aergerniß gegeben würde, indem die ganze Garnison von Linz dadurch in dem gefährlichen Gedanken, ein Oberst dürfe gar nicht mehr ein Todesurtheil exequiren lassen, bestärkt würde; daß das Komplotmachen, ohne Zweifel durch die Begnadigung der Verurtheilten, seit einiger Zeit so häufig geworden, und daß also der Fall der äussersten Noth ein Beyspiel statuiren zu müssen, wirklich da gewesen sey?

Meines geringen Erachtens waren diese Grenadiere ein Opfer der Schwäche der Gesetzgebung. Nichts ist gefährlicher, als Urtheile nicht exequiren, besonders, wenn bekannt ist, daß die Gesetzgebende Macht selbst will, daß sie nicht exequirt werden sollen. Die Gesetze werden ein Spott für kühne Verbrecher, und da auf diese Art die gesetzgebende Macht mit sich selbst im Streit liegt, so muß das heilige Richteramt ein Spiel von augenblicklicher Laune, zufälligen Nebenumständen, und willkührlichen Betrachtungen werden. Hätten in obigem Fall die Kammeraden der Schuldigen denselben nach dem gefällten Urtheil nicht so laut und so zuversichtlich Begnadigung

digung versprochen, so wäre es dem Obersten von Brown nicht eingefallen, sie hängen zu lassen. Ihr Leben hieng also von dem zufälligen Gelärme ihrer Kammeraden und der Betrachtung des Obersten ab, daß dieses Gelärme sehr schädlich sey. Hat aber die gesetzgebende Macht nicht vorläufig alles das gut geheissen? Befiehlt sie nicht, daß im Fall der Noth das Urtheil vollzogen werden soll? Und wer sollte dann diesen schwankenden Ausdruck bestimmen? Wer anders, als der Oberste sollte entscheiden, ob der Fall der Noth da sey, oder nicht?

Bestimmtheit, nicht Gelindigkeit, ist die erste Tugend der Gesetze, und in Rücksicht auf die Vollziehung ist die letztere ein grosser Fehler. Blos durch die Strenge der Vollziehung erhalten die Gesetze ihre Kraft. — Die Bestimmtheit derselben macht den Beklagten von der Person des Richters und den Zufällen unabhängig, die mit seinem Verbrechen keine Verbindung haben. Sie ist der einzige sichere Damm gegen Tyranney und Despotie. Sie setzt alle Glieder des Staates in den Stand der natürlichen Freyheit, wo es blos von ihrer Willkühr abhängt, glücklich oder unglücklich, sträflich oder unsträflich zu seyn. Unendlich menschlicher würde die Regierung verfahren, wenn sie mit aller Strenge auf die Beobachtung des theresianischen Gesetzbuches hielte, als Urtheile sprechen liesse, und durch unbestimmte Ausdrücke ihre Diener bevollmächtigte, diese Urtheile nach ihrem willkürlichen Gutbefinden vollziehn oder nicht vollziehn zu lassen. Scheinen die vorhandenen Gesetze der gesetzgebenden Macht zu grausam; so ist kein anders Mittel, ihr eignes Ansehn zu retten, und die bürgerliche Freyheit sicher zu stellen, für sie übrig, als die alten Gesetze aufzuheben, mit der größten Bestimmtheit neue zu machen, und diese mit aller Strenge vollziehn zu lassen.

Ue

Ueberhaupt ist es ein Fehler der hiesigen Staatsverwaltung, daß man die Bedienten mit Verordnungen überhäuft, ohne auf ihre Vollziehung mit der nöthigen Strenge zu halten. Man sieht überall — das Militäre ausgenommen — daß es an einem durchgedachten und zusammenhängenden Plane fehlt, und die Administration, wie ein unerfahrner Arzt, erst durch eine Menge Vorschriften versuchen will, was gut oder bös sey. Das Projektiren und Schreiben geht ins Unendliche. Es folgen Befehle auf Befehle, Mustertabellen auf Mustertabellen, Rescripte auf Rescripte, wovon das folgende das vorhergehende allezeit aufhebt, oder doch sehr einschränkt. Verschiedene Beamten auf dem Lande haben es sich zur Regel gemacht, erst 4 bis 6 Wochen mit der Vollziehung dieser Vorschriften zu warten, um zu sehn, ob es der Regierung wirklich Ernst damit sey. Es wäre eine merkwürdige und ohne Zweifel für die östreichische Nachwelt sehr nützliche Arbeit, wenn man alle die Widersprüche sammelte, die seit 15 bis 20 Jahren in den Hofbefehlen vorkamen. Es rührte zum Theil daher, daß der Kaiser einen andern Regierungsplan hatte, als seine Frau Mutter; allein, auch als Alleinherrscher wird er in der nächsten Generation seine Civilbedienung noch nicht ganz in Ordnung bringen können; denn es fehlt an tüchtigen Subalternen, wie ich dir schon öfters sagte. Die hiesigen sogenannten Dikasterianten (überhaupt genommen) sind ein Volk, das man eher zum Gassenkehren als zu Staatsgeschäften gebrauchen sollte. Und wo soll der Monarch geschwind andre Leute hernehmen?

Merkwürdig ist die Sprache der hiesigen Gerichte und Dikasterien. Du mußt wissen, daß sie ihren ganz eignen Stil haben, der von der gewöhnlichen deutschen Spra-

Sprache unendlich verschieden ist, und der Kanzley- oder Kurialstil genennt wird — So eben lese ich ein Reichshofrathsrescript an das Dohmcapitel zu Salzburg, welches einen Prozeß gegen seinen Erzbischof führt. Da kommen Perioden vor, die eine ganze Folioseite ausfüllen, und wo man mit aller möglichen Anstrengung nicht ausfindig machen kann, wie die Schlußsätze mit den Vordersätzen zusammenhängen. Je unzusammenhängender und ausgedehnter die Perioden, und je mehr sie mit den seltsamsten lateinischen und französischen Wörtern untermischt sind, desto besser ist der Kanzleystil. Es kommen auch viele deutsche Wörter vor, die im gemeinen Leben die grad entgegengesetzte Bedeutung haben. Ich halte es für platterdings unmöglich, daß ihre Urenkel etwas von dem Geschreibsel werden verstehn können. Leb wohl.

Prag —

Die Reise von Wien hieher war für mich eine der interessantesten, die ich je gemacht; ob wir schon auf einem Weg von 42 deutscher Meilen, nach der Post gerechnet, keine erhebliche Stadt zu Gesicht bekamen. Meine Gesellschaft bestand aus einem kaiserlichen Officier, einem Geistlichen, und einem reisenden Niedersachsen. Der Officier hatte den letzten schlesischen Krieg mitgemacht. Er war ein Mann von Kopf, und auf zwey der berühmtesten Schlachtfeldern, welche die neue Geschichte kennt, unser Cicerone.

So lange unsere Reise noch durch Oestreich gieng, sahen wir das Land vortreflich angebaut, und alle Merkmale

male von einem hohen Wohlstand der Einwohner. Aber in dem Theil von Mähren, durch welchen wir kamen, schien das Landvolk nicht so glücklich zu seyn, als seine deutschen Nachbarn. Doch war das Land durchaus gut angebaut, und man sah keine Spur von der Wildheit, die in Hungarn so auffallend ist. Znaym und Iglau sind zwey hübsche Landstädtchen. Die Einwohner sprechen zwar deutsch, doch merkt man, daß es ihre Muttersprache nicht ist.

Das ganze Land war theils eben, theils sanft hügelicht. Aber auf der Gränze von Böhmen erhoben sich die Hügel in eine Reihe ansehnlicher, doch fruchtbarer Berge. Da, wo unsere Strasse diese Bergreihe durchschnitt, war sie mit Dörfern, einigen adelichen Schlössern, und schönem Gehölze bedeckt.

Die Strasse ist vortreflich. Alle tausend Schritte erblickt man einen Pfal, worauf die Zahl der Schritte eingebrennt ist, die man zurückgelegt hat — Wir erblickten auf dem ebenen Land von Böhmen sehr wenig Dörfer, und die Deutschen haben ein Sprüchwort: „Das Ding kömmt ihm so fremd vor, wie böhmische Dörfer." Allein aus den militärischen Conscriptionslisten ergiebt sich, daß das ganze Königreich ungemein stark bevölkert ist, und wir sahen auch den Anbau des Landes in dem besten Zustand. Der Boden besteht durchaus aus einer gelblichten, lockern und sehr guten Erde, und wir erblickten weder merklich viele Brachfelder, noch irgend einen öden Strich. Unser Officier, welcher das Land die Kreutz und Quere durchwandert hat, löste uns das Räthsel auf. Er sagte uns, die meisten Dörfer lägen in den Vertiefungen des Bodens, an den Bächen und Flüssen, oder hinter Holzungen, und wenn

wir

wir nur eine halbe Stunde weit rechts oder links von der Strasse giengen, so würden wir Dörfer genug erblicken. Diese Gewohnheit der Bauern, ihre Wohnungen in den Tiefen oder hinter Holzungen aufzuschlagen, rührt vielleicht aus den Zeiten des Faustrechts her, wo sie sich vor dem Anblick der Räuber und fahrenden Ritter, welche das Land durchstreiften, zu verstecken suchten, und ohne Zweifel hat auch die Gemächlichkeit, das Wasser in der Nähe zu haben, viel dazu beygetragen.

Mitten zwischen Kolin und Plauiany, welche Orte zwey deutsche Meilen von einander entlegen sind, kamen wir auf das Feld der so entscheidenden Schlacht, die von beyden Orten benennt wird, aber eigentlich den Namen von einem kleinen Dorf haben sollte, dicht an welchem sie vorfiel. Wir stiegen aus, und unser sehr gefällige Cicerone, der stolz darauf war, Theil an diesem so merkwürdigen Vorfall gehabt zu haben, durchlief mit uns diese Gegend, wo Oestreichs Ehre gerettet ward.

Man giebt verschiedne Gründe an, warum diese Schlacht für den König von Preussen so unglücklich ausfiel. Es lassen sich nach einem Vorfall von der Art unendlich viel wahrscheinliche Betrachtungen und Folgerungen machen, wodurch gar oft ein Nebenumstand, der zum Ausschlag beytrug, als entscheidend angegeben, und der Geschichtschreiber, der so viele widersprechende Nachrichten, sogar von Augenzeugen vor sich liegen hat, in nicht geringe Verlegenheit gesetzt wird — Hier hieng zuverläßig der Ausschlag des Treffens bloß von dem Terrein ab, welches Daun zu benutzen wußte.

Längst der Strasse und zur Rechten derselben zieht sich eine Ebene in die unabsehbare Ferne hin. Zur Linken derselben erhebt sich sanft eine Anhöhe, die nächst an dem

Dorf,

Dorf, wo der Hauptangriff geschah, eine Art von Gipfel bildet. Von der rechten Seite dieser Anhöhe (die man kaum einen Gipfel nennen kann) zieht sich, wenn man sie grade vor Augen hat, ein langer tiefer und mit steilen Wänden eingeschlossener Graben hin, der in einer beträchtlichen Entfernung ein Thal zwischen Hügeln wird. Auch zur Linken senkt sich diese Anhöhe in ein merkliches Tobel, und nur rückwärts verliert sie sich in einen ebenen Boden. Dauns rechter Flügel stand auf der Spitze dieser Anhöhe, und der übrige Theil der Armee war von dem Graben gedeckt, der sich zur Linken hinzieht. Der König von Preussen rückte durch die Ebene heran, welche unsere Strasse durchschnitt. Er mußte schlagen, oder die Belagerung von Prag aufheben und Böhmen räumen. Es war kein andrer Angriff möglich, als auf den rechten Flügel der Kaiserlichen. Die dapfern Preussen achteten nicht auf die Mißgunst des Terreins. Ueberall gewohnt zu siegen, avancirte ihr linker Flügel die Anhöhe muthig hinan. Die kaiserlichen, welche den Vortheil der Erhöhung hatten, schlugen sie standhaft zurück. Sechsmal wiederhohlten die Preussen den fehlgeschlagenen Angriff, und da das Terrein des Angriffs sehr eingeschränkt war, so waren ihnen zuletzt wirklich die Haufen ihrer eignen Todten sehr hinderlich, welche den Abhang der Anhöhe bedeckten, den sie übersteigen mußten. Und doch hätten sie vielleicht noch gesiegt, wenn nicht Daun Zeit gehabt hätte, Reuterey auf seinen schlagenden Flügel zu ziehn. Diese fiel auf einmal aus dem Tobel, welcher der Anhöhe zur Linken ist, in die Flanke der Preussen. Sie mußten nun nach den verzweifeltesten Angriffen die Flucht ergreifen. Indem sie schon flohen, nahm Prinz Moritz von Dessau, dessen Bravour öfters eine Art von Raserey

C c   ward,

ward, einzle Bataillons, und wollte noch dem ganzen Strom der siegenden kaiserlichen Armee damit Einhalt thun, und so wurde der Verlust der Preussen unnöthiger weise und auf die tollste Art vergrößert. Er hätte bis auf den letzten Mann gefochten, wenn er nicht von seinem tollkühnen Unternehmen durch des Königs Befehle wäre zurückgerufen worden. Er hatte auch die brave Garde des Königs auf diese Art dem Tod in den Rachen geführt, und als er zum König kam, schrie ihm dieser zu: Prinz! Meine Garde! Meine Garde! Der Prinz schrie zurück: Euer Majestät! Mein Regiment! Mein Regiment! — Er glaubte wirklich, weil sein Regiment zu schanden gehauen wäre, so dürfte keines mehr übrig bleiben.

Nun mag es freylich ein Fehler gewesen seyn, daß der König keine Kavalerie auf seinem linken Flügel hatte. Allein dieser Fehler hieng bloß von der Mißgunst des Terreins ab. Hätten die Oestreicher nicht den so großen Vortheil der Erhöhung ihres rechten Flügels und der Sicherheit des übrigen Theils ihrer Armee gehabt, so hätten die Preussen, die ihnen dieser vortheilhaften Stellung ungeachtet doch den Sieg so lange streitig machten, wahrscheinlicher weise gesiegt, ehe Daun den angegriffenen Theil mit Cavalerie hätte unterstützen können, und niemand hätte dann daran gedacht, daß bey der preußischen Armee irgendwo Kavalerie gefehlt hätte. Der König konnte auch die Bewegung der feindlichen Reuterey nicht bemerken, und ihr Anfall aus dem Tobel herauf war um so entscheidender, da er ganz unerwartet, und vielleicht auch in den Augen des Königs a priori ganz unwahrscheinlich war.

Andre sagen, der König habe nicht mit seinem linken Flügel, sondern, während daß der Prinz von Dessau den

Feind

Feind amufiren sollte, seine Ordre de Bataille verändern, und mit dem rechten Flügel schlagen wollen. Seine Flanke wäre alsdann gegen einen Anfall der feindlichen Kavalerie gesichert gewesen, und er hätte von dem linken Flügel der Oestreicher, der jenseits des tiefen Graben stand, ohnehin nichts zu befürchten gehabt. Der Prinz von Dessau habe aber, anstatt den Feind zu amufiren, einen so lebhaften und kritischen Angriff gethan, daß ihn der König habe unterstützen müssen, aus Forcht, wenn der Prinz zurückgeschlagen würde, möchte durch die Flucht seiner Regimenter die ganze Armee in Unordnung gebracht werden. Ich glaube, dies ist auch eine von den hintennach angestellten Reflexionen, wodurch man wohl herausbringt, was man hätte thun sollen, aber nicht, was man thun wollen, und wirklich gethan hat — Andre meinen, der König habe sich durch die Schmeicheleyen seines bisherigen Glückes, welches besonders in dem, nicht lange zuvor, bey Prag vorgefallenen Treffen Wunder für ihn gethan, ein wenig zu kühn machen lassen, und einige Dinge bey dieser Schlacht, z. B. die Stellung der Reuterei vernachläßigt. Aber dies scheint auch eine von den Beobachtungen zu seyn, die irgend ein hochweiser Zeitungsschreiber hintennach angestellt, um sich die Miene zu geben, als wüßte er mehr als andre Leyte. Ein Mann von des Königs Karakter, der genug bewies, daß er sich durch keine Mißgunst des Glückes niederschlagen läßt, läßt sich auch gewiß durch keine Schmeicheleyen desselben irre machen.

Nach so manchen erfochtenen Siegen zum erstenmal geschlagen, zog der König in der besten Ordnung über Leutmeriz und Aussig nach Sachsen zurück. Niedergeschlagen war er nicht, aber wohl ein bisgen mürrisch,

Cc 2 wel-

welches sein verstorbener älterer Bruder empfand, der einen andern Theil der Armee über Gabel nach Sachsen zurückführte. Doch diesen merkwürdigen Rückmarsch und die damit verbundenen Anekdoten kennst du ohne Zweifel aus dem Recueil de lettres de la Majesté le Roi de Prusse regardant la derniére Guerre. Hätte er hier gesiegt, so wäre er Meister von ganz Böhmen gewesen; ganz Oestreich hätte ihm offen gestanden, und nur Ollmütz hätte vielleicht Wien selbst gerettet. Er hätte seinen Feinden Friedensbedingnisse vorgeschrieben. Nun waren aber noch 6 blutige Kriegsjahre die Folge dieses Treffens.

Der König kommandirte dieses Treffen aus den Fenstern des obern Stokwerks eines Wirthshauses, welches ganz einzeln und hart an der Landstrasse liegt, und wo der Mittelpunkt seiner Armee stand. Mit unbeschreiblichem Vergnügen speißten wir in dem Zimmer, welches auf beiden Seiten die Außsicht auf das Schlachtfeld beherrscht, zu Mittag. Alles war mir auf eine gewisse Art heilig. Ich stand an der Stelle des Königs, an dem Fenster, wo man die Anhöhe, worauf der Angriff geschahe, schnurgrade vor den Augen hat. Ich empfand seinen Schmerz auf das lebhafteste, den ihm der Anblik seiner zurükweichenden Truppen auf dieser Stelle mußte verursacht haben — In den Mauern des Wirthshauses sah man einige Spuren von Kanonenkugeln, und der König war nicht ganz sicher.

Kolin ist wirklich ein artiges Städtchen, und ohne Vergleich der beste Ort, den man von Wien bis hieher zu Gesicht bekömmt; doch hat er schwerlich — die darin liegenden Truppen ungerechnet — über 3500 Seelen, denn es sind der Häuser nicht über 700, und sie scheinen
eben

eben nicht häufig bewohnt zu seyn. Wir hielten hier ein wenig Rast, und wurden vortreflich bewirthet, wie man dann in Böhmen überhaupt sehr gut und wohlfeil speißt. Junge Hahnen, Enten, Gänse u. dgl. m. sind auch auf den schlechtesten Dörfern in den Wirthshäusern ein gewöhnliches Essen. Um dir einen Begriff von dem geringen Preiß der Lebensmittel zu geben, will ich dir eine der Zechen beschreiben, die ich in Gesellschaft des Niedersachsen, mit dem ich immer zusammenhielt, gemacht habe — Fast alle Wirthshäuser die wir gesehen, hatten ein schlechtes Ansehn, und die Wirthe schienen, ungeachtet sie uns sehr gut bedienten, in keinen guten Umständen zu seyn. Ihre Häuser standen meistens einzeln an der Straße, und hatten weder Obst, oder Gemüßgärten, noch irgend ein Stückchen Landes dabey, das ihnen eigenthümlich zugehörte. Sie müssen dem Landesherrn oder den Edelleuten, welchen die Wirthshäuser zugehören, einen so grossen Zins geben, daß sie wenig gewinnen können. Endlich erblikten wir nahe bey einem Dorfe ein Wirthshaus, das eine viel bessere Miene hatte. Es hatte einen geräumigen Hof, Scheunen, Stallungen und Gärten um sich her. Es war das Eigenthum des Wirthes. Nun, sagten wir beym Eintritt unsers Schlafzimmers, wird es eine andre Zeche geben, und vermuthlich werden wir die herrliche Aussicht, welche unser heutiges Nachtquartier beherrscht, die schönen Meublen, das niedliche Geschirre und all die Herrlichkeit, die wir geniessen, und nicht geniessen, bezalen müssen. Wir bekamen zum Nachtessen eine Reißsuppe, mit einem sehr guten Huhn, einen Salat und 2 gebratene junge Hähnen. Wir tranken zusammen eine Maaß Bier, welches in Böhmen überhaupt sehr vortreflich ist, und einen Schoppen Wein zur Probe obendrauf.

Cc 3 fanden

fanden ihn sehr schlecht, und wollten um so weniger den zweiten fodern, da wir wußten, daß der Wein in ganz Böhmen sehr theuer ist. Wir hatten zwey reinliche und gute Betten, und einen köstlichen Kaffee zum Frühstük. Und glaubst du nun wohl, daß unsre ganze Zeche zusammen nicht mehr als 42 Kreutzer, oder ohngefähr 1 Livre 17 Sous betrug?

Ohngefähr eine Stunde vor Prag machten wir halt, und giengen eine hübsche Strecke weit rechts von der Strasse ab, um das Feld der im Jahr 1757 vorgefallenen, berühmten Schlacht zu beschauen; hier besiegten die Preussen die Natur selbst. Eine vortheilhaftere Stellung hätten die Oestreicher nicht haben können. Ein tiefer, weiter und von ziemlich steilen Abhängen eingeschlossener Graben trennte sie von ihrem Feind. Sie hatten eine förchterliche Artillerie, die auf sehr vortheilhaft angelegten Batterien den Graben bestrich. Als die Preussen durch den Graben den ersten Angriff wagten, fielen sie wie die Schneeflocken zusammen. Das Feuer der Oestreicher war schreklich. Eine hartnäckigere und blutigere Schlacht ist in diesem Jahrhundert nicht vorgefallen, und vielleicht hat die ganze Geschichte kein Beyspiel, daß ein Treffen in so ungünstigen Umständen als die Preussen hier zu bekämpfen hatten, gewonnen ward. Es ist hier fast buchstäblich wahr, daß sie in dem nämlichen Augenblick zugleich eine Vestung einnehmen und eine Armee schlagen mußten, die stärker als die ihrige war. Denke dir einen tiefen mit Kanonen flankirten Graben, auf dessen entgegengesetztem Rand eine Armee von ohngefähr 70000 Mann in der besten Kontenance steht! Und die Preussen setzen durch den Graben, ersteigen siegreich den entgegenstehenden Wall, schlagen den Feind in die verworrenworrenste Flucht, und belagern Prag, worein sich ein Theil der flüchtigen kaiserlichen Armee geworfen hatte! Sie hatten aber den Sieg theuer bezahlt. Ihr Verlust an Mannschaft war ungleich beträchtlicher als jener ihrer Feinde. Man ist aber über die Zahl ihrer Todten nicht einig. Einige geben sie auf sieben, andre auf neun bis zehn tausend Mann an. Alle neuere Schlachten haben so ungeheure Varianten. Unterdessen soll es doch ohne Uebertreibung wahr seyn, daß der Boden des Grabens hie und da in seiner ganzen, ansehnlichen Breite dicht mit Todten und an manchen Orten auch mit hohen Haufen derselben bedeckt war.

Der Verlust des berühmten Generals Schwerin war bey dieser Schlacht das schmerzlichste für den König. Wir betrachteten mit feyerlichster Wehmuth den Baum, an welchen er fiel. Der jetzige Kaiser ließ ihm ein Denkmal setzen, das dem Stifter noch mehr Ehre macht, als dem, dessen Namen es trägt und verewigt. Vom Tod dieses braven Mannes erzählt man verschiedene Anekdoten. Einige sagen, er habe im Treffen einen Adjutanten an den König geschikt, mit dem Bericht, er halte es für unmöglich, daß die Schlacht gewonnen werden könnte. Der König habe den Adjutanten mit einer sehr kränkenden Antwort zurükgeschikt, worauf Schwerin vorsetzlich den Tod gesucht. Ich habe keinen Glauben an diese Anekdote; denn wenn der General auch noch so viele Bedenklichkeiten über den Ausgang der Schlacht geäussert hätte, so wußte der König doch, daß es mit dem trokne Wort: Gehorche, genug sey, um ihn an seine Pflicht anzuweisen, und von ihm alles zu erwarten, was ein Mann von Schwerins Karakter, Muth und Fähigkeit leisten konnte. Wir wollen ihm die Gerechtigkeit widerfahren

fahren laſſen, die man nach dem Sprüchwort allen Todten ſchuldig iſt. Er ſtarb als Patriot. Er ſah die Schwierigkeiten des Angriffes; ſah den guten Willen und den durch die greuliche Verheerung des Todes noch nicht erſchütterten Muth ſeiner Truppen; ſah, daß ein kühner Anführer entſcheiden könnte, und indem er einen Kornet ſo eben ſtürzen ſah, riß er dem ſterbenden die Fahne aus der Hand; rief ſeinen Soldaten zu: Folgt mir Kinder! und ritt gegen die Kanonen hinan. Eine Stükkugel ſchlug ihn an der Spitze ſeiner braven Gefährten nieder; welche aber durch ſeinen Muth angefeuert, die Anhöhe erſtiegen, in den Feind einbrachen, und dadurch dem Treffen zum Vortheil ihres Königs den Ausſchlag gaben.

Der König belagerte hierauf Prag. Daun ſammelte unterdeſſen die zerſtreuten kaiſerlichen Regimenter und brachte eine Armee zuſammen, die um ſo eher im Stand geweſen wäre, dieſe Stadt zu entſezen, da ſie eine ſo ſtarke Beſatzung hatte, die ohnehin durch heftige Ausfälle dem König warm machte. Der König rükt ihm entgegen, um die Belagerung ſoutenieren zu können, und da kam es zu der oben beſchriebenen Schlacht bey Kolin, wo für ihn alles wieder verloren gieng, was er in der erſten gewonnen hätte!

Prag =

Böhmen iſt ein geſegnetes Land, und hat ein herrliches Klima. Seit meinem kurzen Aufenthalt hab' ich verſchiedne Fremden kennen gelernt, die ſich wegen der geſunden Luft, der guten und wohlfeilen Lebensmitteln
und

und dem jovialischen Humor der Einwohner beständig hier aufhalten — Aeneas Sylvius beschreibt das Land wie einen Theil von Sibirien; und doch war es zu seiner Zeit, wahrscheinlicher weise, blühender als es jetzt ist. Für einen Römer mag der Abstich der Witterung immer merklich seyn; allein ich glaube, daß Ser. Eminenz doch nur im Winter hier war. Zu Rom hat man gewiß keinen so schönen Frühling, als der jetzige hier ist. Ueberhaupt sollen hier die Frühlinge und Sommer äusserst angenehm seyn, so wie die Herbste zu Wien, wo man aber selten einen ordentlichen Frühling hat, und der rauhe Winter gemeiniglich mit dem heissen Sommer unmittelbar zusammengränzt. Hier bleibt die Witterung immer in einem gewissen Gleichgewicht, und ist den schnellen und gewaltsamen Veränderungen nicht unterworfen, die der Gesundheit so nachtheilig sind. Die Kälte des Winters ist hier eben so selten, wie die Hitze des Sommers ausserordentlich heftig. Die Luft ist trocken, rein und gemäßigt.

Das Land liegt hoch, und bildet ein ungeheuer weites Thal, das auf allen Seiten von hohem und starkbeholztem Gebirge umgeben ist. Die Vertiefung in der Mitte, wo die Flüsse, die Elbe, die Moldau und die Eger zusammenfliessen, und die du dir leicht mit einem Blick auf die Karte deutlich vorstellen kannst, ist gegen die Gewalt der Winde gedeckt. Diese verschiedenen Abdachungen des Landes gegen die Mitte zu befördern den Abfluß des Gewässers, und es kann weder Moräste noch Seen bilden, welche die Luft mit schädlichen Ausdünstungen anfüllen. Da der Boden des Thales nur an sehr wenig Orten felsigt ist, so gräbt es sich leicht seine Kanäle durch die lokere Erde, und befruchtet dieselbe ohne, wie in vielen Gegenden der noch höhern Schweitz, die Luft mit Katharren und Flüssen anzufüllen.

Das Land hat alles, was zu einem gemächlichen Leben gehört, in erstaunlichem Ueberfluß, nur Salz und Wein ausgenommen. Den grösten Theil des ersten Bedürfnisses bezieht es um sehr billigen Preis von Linz, wo eine Niederlage von Salz ist, welches zu Gemünd in Oestreich und zu Halle in Tyrol gewonnen wird. Das übrige bekömmt es jetzt, auch um einen mäßigen Preis, aus dem östreichischen Polen. Mit dem Weinbau sind glückliche Versuche gemacht worden, und ich habe hier Melniker gekostet, welcher der mittlern Gattung der Weine von Bordeaux wenig nachgiebt. Die ersten Setzlinge sind aus Burgund beschrieben worden. Allein das Land wird doch schwerlich diesen Artickel für sich in hinlänglicher Menge ziehen können, und hat auch andre Güter genug, um sich denselben eintauschen zu können. Es hat im Handel ein grosses Uebergewicht, welches ihm auch keines der benachbarten Länder streitig machen kann, weil es größtentheils auf natürlichen Gütern und den ersten Bedürfnissen beruht. Es versieht einen grossen Theil von Sachsen, Schlesien und Oestreich mit Getreide und verkauft auch etwas Vieh. Der Saatzer-Kreis ist auch in Jahren von mittelmäßiger Erndte allein im Stand, ganz Böhmen, so bevölkert es auch ist, mit dem nöthigen Getreide zu versehen. Die vortreflichen böhmischen Hopfen werden bis an den Rhein in grosser Menge ausgeführt. Die Pferdezucht ist seit einigen Jahren ausnehmend verbessert worden, und trägt dem Lande schon eine ansehnliche Summe Geld ein. Das böhmische Zinn ist nach dem englischen das beste, welches man kennt, und mit Alaun, Bittersalz, verschiedenen Gattungen von Edelgesteinen,

beson-

Brief. 411

besonders Granaten, u. s. w. wird ein beträchtlicher Handel getrieben. Die grossen Waldungen, womit es eingeschlossen ist, begünstigen seine vortreflichen Glasfabricken, die aus ganz Europa, von Portugal und Neapel bis nach Schweden hinauf, eine unglaubliche Menge Geldes ins Land ziehn. Man verfertigt auch seit einigen Jahren eine erstaunliche Menge guter und ungemein wohlfeiler Hüthe, und versieht damit einen grossen Theil der Einwohner von Oestreich, Bayern und Franken. Die Tuch= und Leinwand=Manufakturen kommen auch sehr in Aufnahme.

Die Böhmen gehn häufig ausser Landes, theils als Glashändler bis nach England und Italien, theils als Korb= und Siebmacher, in welcher Qualität ich sie Karavanen=weise am Oberrhein und in den Niederlanden umher ziehen sah. Sie kommen größtentheils wieder mit einem hübschen Geldchen nach Hause, und halten alle in der Fremde wie Brüder zusammen.

Ueberhaupt haben sie ungemein viel Vaterlandsliebe, und eine gewisse Vertraulichkeit unter sich, die sie oft in den Augen der Fremden zu einem tükischen und groben Volk macht, welches sie aber in der That nicht sind. Seit den Zeiten des Hans Huß haben sie einen heimlichen Groll gegen die Deutschen; den man nicht einen bösen Humor, sondern wirklich ihrem Nationalstolz zuschreiben muß. Die Bauern welche an den Landstrassen wohnen, sprechen größtentheils deutsch; allein ohne Noth lassen sie sich mit einem Fremden nicht gerne in ein Gespräche ein. Sie thun, als wenn sie kein Wörtchen deutsch verstünden, holen die Durchreisenden aus, und haben unter sich ihr Gespötte mit ihnen. Man wollte sie zwingen, ihre Kinder in deutsche Schulen zu schicken; allein

bis=

bisher war diese Mühe vergeblich. Sie haben einen unbeschreiblichen Abscheu gegen alles, was deutsch heißt. Ich hab hier junge Leuthe von den Siegen, die ihre Voreltern unter Ziska über die Deutschen erfochten haben, mit einer Wärme und einem Stolz sprechen hören, die sie in meinen Augen sehr liebenswürdig machten, die aber freylich einem Deutschen die Galle ein wenig hätten angreifen müssen. Sie erinnern sich noch, daß die Residenz des Hofes zu Prag ehe dem das Land blühend machte, und äussern ein kleines Mißvergnügen, daß Oestreich in Rücksicht auf die Residenz den Vorzug vor ihnen hat, und jährlich eine so beträchtliche Summe Geldes theils vom Hof, theils vom Adel nach Wien gezogen wird. Die verstorbene Kayserin soll von jeher gegen diese Widerspenstigkeit der Böhmen sehr empfindlich, und dieses Königreich von ihren alten Erbländern das einzige gewesen seyn, welches sie nicht besucht.

Die Hußiten sind im Lande noch sehr zahlreich. Einige behaupten sogar, der sechste Theil der Bauern hienge heimlich dieser Lehre an. Auch in Mähren ist sie noch sehr ausgebreitet. Es sind erst 4 Jahre her, daß daselbst gegen 14000 Bauern einen kleinen Aufstand erregten, ihre Gewissensfreyheit zu behaupten; allein man brachte sie bald wieder zur Ruhe, ohne daß die Sache auswärts einiges Aufsehn erregte.

Voltäre und einige andre Geschichtschreiber haben den berühmten Hans Huß und seine Lehre sehr verkennt. Sie setzen bey diesem Reformator einen sehr eingeschränkten Verstand voraus, und meinen, seine Absicht wäre nicht weiter gegangen, als um dem Volk den Genuß des Kelchs beym Abendmal, und allenfalls den Geistlichen Weiber zu verschaffen. Sie belieben mit ihm ihr Gespötte

Brief. 413

zu treiben, daß er das unbegreifliche Sacrament noch unbegreiflicher habe machen wollen, und nicht die geringste Ahndung gehabt haben, wie sehr der Menschenverstand durch solche Mysterien aufgebracht werde. Sie sprechen ihm daher den philosophischen Geist seines Lehrmeisters, des Wikleffs, und seinen Nachfolger, nämlich des Luthers, Zwinglis und Kalvins ab. Ich hatte ehedem den nämlichen Begriff von diesem Mann; allein seitdem ich seine und seiner Anhänger Geschichte studierte, habe ich eine grössere Meinung von ihm gefaßt. Ich suchte in der Bibliothek zu Wien alle Urkunden auf, die auf diese interessante Geschichte Bezug haben. Bey Menken fand ich eine Erklärung der Hussiten an den Reichstag zu Nürnberg in einem Deutsch, das ich erst verstehen konnte, als ich es 6 bis 7 mal durchgelesen und auch bey verschiedenen Bekannten Erläuterungen gesammelt hatte. Diese merkwürdige Erklärung und Auffoderung enthält das ganze Lehrgebäude der Hussiten. Sie greifen die ganze römische Hierarchie mit ihren Ablässen, dem Fegfeuer, dem Fasten, dem ganzen Mönchswesen und allen Attributen und Modifikationen an, und man sieht offenbar, daß sie nur einen Schritt hinter Kalvin zurück waren. Die Sprache dieser Erklärung hat den Ton der Entschlossenheit, der innern Ueberzeugung, und der gesunden Vernunft; nur fällt sie nach der Art der damaligen Zeiten, so wie bey Luther, manchmal ins Grobe und Pöbelhafte. Gewiß hatten die nachfolgenden Reformatoren nichts von Huß voraus, als den Vortheil, daß durch den seit Hussens Zeiten in Aufnahm gekommenen Bücherdruck die Wissenschaften sich dem Volke mehr mitgetheilt hatten, und durch dieses Hilfsmittel ihre Lehre sich schneller ausbreiten konnte. Hussens Lehre

verlor

verlor sich in den Kriegen, die eine Folge seines Todes waren. Sie mußte durch die Barbarey, welche sich auf einmal wieder über Böhmen ausbreitete, und wo das Volk keine tüchtigen Lehrer mehr, sondern nur wüthende Anführer zum Blutvergießen hatte, verunstaltet werden.

Ich fand noch Spuren genug, daß Huß, ungeachtet seines Starrsinns und seiner Verwegenheit, ein aufgeklärter und philosophischer Kopf war, der freylich auch etwas von dem unausgefeilten Gepräge seines Zeitalters trug. Es juckt mich verflucht in den Fingern, Bruder, mich hinter seine Geschichte herzumachen, die meines Erachtens noch lange nicht genug behelligt ist. Ich will dazu sammeln was ich kann, und wenn ich einmal hinlängliche Muse habe, einen Versuch machen, ob ich zum Geschichtschreiben einigen Beruf habe. Wenigstens fühl ich einen starken Reitz dazu.

Die noch lebenden Hußiten machen sich grosse Hoffnung, der jetzige Kaiser, dessen tolerante Gesinnungen längst schon bekannt sind, werde ihnen um so eher Gewissensfreyheit gestatten, da er den Böhmen vorzüglich hold ist; allein, man glaubt hier allgemein, sie betrögen sich in ihrer Erwartung; denn da sie von den Grundsätzen der Lutheraner nicht sehr entfernt sind, so würde es wohl nicht rathsam seyn, eine ganz neue Sekte, die bey ihrer Entstehung fast allzeit eine Gährung unter dem Volk veranlaßt, in Aufnahme kommen zu lassen.

Die Böhmen sind ein vortreflicher Schlag Leute. Dubravius, einer ihrer Geschichtschreiber, und Bischof zu Olmütz im 16ten Jahrhundert, vergleicht sie mit den Löwen. Da das Land, sagt er, nach der Art seines Zeitalters, unter dem Einfluß des Löwengestirnes liegt; so haben sie alle Eigenschaften dieses edlen Thieres. Ihr

hohe

hohe Brust, ihre funkenden Augen, ihr starker Hals, ihr
dickes Haar, ihr vestes Knochengebäude, ihr Muth, ihre
Treue, ihre Kraft und ihre unwiderstehliche Wuth, wenn
sie gereizt werden, beweisen offenbar, daß der Löwe ihr
Stern ist, den sie auch mit Recht in ihrem Wappen führen. Der gute Mann trift die Schilderung seiner Landsleute, wenn er gleich die Züge des Originals über dem
Monde sucht. Sie sind schön, stark und ziemlich lebhaft, und man erkennt noch deutlich genug, daß sie von
den Kroaten, einem der schönsten Völker der Erde, abstammen. Ihre Köpfe sind im Ganzen etwas dick; allein
das Mißverhältniß ist in Rücksicht ihrer breiten Schultern und ihres übrigen sehr untersetzten Körpers eben
nicht sehr auffallend. Sie sind ohne Vergleich von allen
kaiserlichen Unterthanen die besten Soldaten. Sie können alle Mühseligkeiten des Soldatenlebens am längsten
aushalten, ohne stutzig zu werden. Besonders können
sie dem Hunger, der den andern kaiserlichen Völkern ein
so schröcklicher Feind ist, lange Trotz biethen.

Auf meiner Reise durch die östreichischen Erblande bin
ich in einer Beobachtung bestärkt worden, die ich schon
in verschiedenen andern Ländern gemacht hatte; nämlich
daß die Bergbewohner überhaupt keine so guten Soldaten sind, als die Bewohner von ebenen Ländern. Die
Tyroler, Kärnther, Krainer und Steiermärker sind von
Körper eben so stark als die Böhmen; allein sie sind doch
bey weitem keine so guten Soldaten, als diese, und ohne
Vergleich unter allen kaiserlichen Unterthanen die schlechtesten. Auch in der Schweitz sind nach dem Geständniß
der erfahrensten Officiers dieses Landes, die Züricher, und
der Theil der bernerischen Unterthanen, welcher nicht die
höchsten Gebirge des Kantons bewohnt, ungleich bessere
Solda-

Soldaten, als die Graubündtner und andre helvetische Völkerschaften, welche die hohe Alpenmasse bewohnen. Ohne Zweifel kömmt der Unterschied daher, daß die Bewohner der Berge an eine zu eigenthümliche, und von den andern Völkern zu entfernte Lebensart gewöhnt sind, als daß sie ausser ihrem Lande, wo der Abstich mit ihrer Muttererde sehr auffallend ist, nicht mißmuthig werden sollten. Bekanntlich sind auch alle Hirtenvölker weicher und zärtlicher von Natur, als die Ackerleute, welche durch Arbeit und Witterung mehr abgehärtet werden. Die Bergleute, die größtentheils Hirten sind, vertheidigen nach dem Zeugniß der ganzen Geschichte ihre Muttererde mit mehr Hartnäckigkeit, als die Bewohner von Ebenen, weil sie wegen den Eigenthümlichkeiten ihres Landes überhaupt mehr Liebe zu demselben haben, und dann muß man bedenken, daß ihnen die Natur die Vertheidigung ihrer oft unübersteiglichen Berge sehr erleichtert. Allein ausser ihrem Lande sind sie so förchterlich nicht, und bekommen gerne das Heimweh, wodurch die Schweizer bey unserer Armee so bekannt sind.

Die Verfassung und die Sitten des Landes tragen viel dazu bey, daß die Böhmen zum Soldatenstand so viele Vorzüge haben. Die Bauern leben in einer Armuth, die viel wirksamer als alle Prachtgesetze, den Luxus und die Weichlichkeit von ihnen entfernt hält. Die Leibeigenschaft, welche hier in ihrer ganzen förchterlichen Stärke herrscht, gewöhnt sie von Jugend auf zu einem unbedingten Gehorsam, der größten militärischen Tugend unserer Zeiten. Die athemlose Arbeit für ihre Despoten und ihren eigenen kümmerlichen Unterhalt macht sie hart, und sie finden das Soldatenleben erträglicher, als das Bauen der Felder ihrer Herren.

Es

Brief.

Es ist unbegreiflich, daß ein Volk in einem so bedrängten Zustand so viel Karakter habe. Sie haben ihre Freyheitsliebe schon nachdrücklich bewiesen, und in keiner Stadt der östreichischen Erblande fand ich so viele wahre Patrioten als hier. Man schildert die böhmischen Bauern gewöhnlich als dumm und fühllos; allein im Ganzen genommen haben sie sehr viel Gefühl und natürlichen Verstand. Ich habe mit vielen gesprochen, die mir ihre Verhältnisse und ihre Lage deutlich genug beschrieben, und mit aller Wärme die Grausamkeiten ihrer Herren geschildert haben. Sie lieben den Kaiser bis zum Entzücken, und rechnen mit aller Zuversicht darauf, er werde ihre Ketten zerreissen.

In dem Hussiten Krieg legten sie Proben von Muth und Dapferkeit ab, welche die berühmten Thaten der Helvetier in den Augen der Welt verdunkelten, wenn eben so viel davon geschrieben und gesungen würde. Ohne einigen Vortheil des Terreins, auf ebenem Boden, schlugen sie oft mit einer Handvoll Mannschaft die zahlreichsten Armeen, die mehr geübt und besser bewaffnet waren, als sie. Ihr Angriff war unwiderstehlich, und sie hätten sich die Freyheit, deren sie so würdig sind, gewiß errungen, wenn nicht gegen das Ende des Krieges unter ihnen selbst, größtentheils durch Verhetzungen der Pfaffen, Religionsirrungen und Partheylichkeiten entstanden, und sie von ihrem Feinde durch Traktaten nicht wären betrogen worden.

Ich konnte nicht ohne die innigste Rührung die schönen jungen Baurenbursche ansehn, die baarfuß, mit zerrissenen leinenen Hosen, in blossen, durchlöcherten, doch reinlichen Hemden, ohne Halstuch, zum Theil auch ohne Hut, Getreide oder Holz für ihre Herren zu Markt führen.

D d

ren. Ihre gute Geſichtsmiene und Munterkeit ſtach mit ihrem Aufzug ſonderbar ab. Einer, dem ich vor 3 Tagen auf einer Spazierreiſe zu Fuß nach dem hübſchen Flecken Brandeis meinen Ueberrock (den ich gegen einen allenfalls zu erwartenden Regen mitgenommen, aber wegen der Hitze, die jetzt ſchon hier herrſcht, nicht tragen konnte) auf ſeinen leeren Waagen warf, war der brolligſte und beſte Junge von der Welt. Er hatte nichts auf ſeinem Leibe, als Hemd und Hoſen; doch zeigte er mir mit einer Art von Pralerey einen leinenen Kittel, den er auf den Wagen liegen hatte, und der in ſeinem Umfang faſt ſo viel Löcher als Zeug hatte. Das Creutz und — des Rockes gieng beynahe gegen einander auf, und doch verſicherte er mich in ſeinem gebrochenen Deutſch, daß er ſich um alle Wind und Wetter in der Welt nicht kümmerte, ſo daß ich ſehr philoſophiſche und politiſche Betrachtungen über den Luxus meines abgeworfenen Ueberrocks anſtellte. Er war die Geſundheit und Munterkeit ſelbſt. Seine volle Backen und Waden, von der Sonne ſtark gebräunt, wollten mich mit aller Gewalt mit der Leibeigenſchaft, der ich ſo gram bin, ausſöhnen. Ich dachte, man lärmt ſo viel über den Luxus, empfiehlt den Bauern ſo ſehr die Nüchternheit und Abhärtung des Körpers, und kann man wohl den Luxus und die Weichlichkeit von ihnen entfernt halten, wenn man ihnen die Thür zum Reichthum öffnet? Der Lehnsherr muß doch ſeinen Bauern das Nothdürftige geben, wenn er ſich nicht ſelbſt zu Grunde richten will, und wenn ſie alſo kein Eigenthum haben, ſo ſind ſie doch ſicher, daß ſie nicht in den Fall kommen, ihr Brod vor den Thüren betteln zu müſſen. Es kann ihnen kein Brand, kein Hagelwetter, keine Mißerndte, kein Krieg, noch ſonſt irgend etwas ſo viel Schaden

ben thun, daß sie sich nicht in dem nämlichen Jahr wieder in ihren vorigen Zustand setzen könnten. Allein die Betrachtung, daß ihre Frugalität und Härte keine Folge ihres freyen Willens ist, und sie im Grunde ihren Herren nicht viel mehr als das Vieh sind, welches seine Felder pflügt, warf den Vertrag, den ich mit der Leibeigenschaft schliessen wollte, auf einmal um — Unterdessen akkompagnirte mein Reisegefährte meine Betrachtungen mit Pfeiffen und Singen. Pausenweise sprach er viel mit seinen zwey sehr schönen Pferden, deren vortrefliches Geschirre mit seiner schlechten Kleidung stark abstach. Er schien die Pferde sehr lieb zu haben, streichelte, und küßte sie, und doch waren sie nicht sein, sondern gehörten einem Prälaten zu, dessen Sclave er war. Ich konnte keine grosse Idee von einem Prälaten fassen, der das Geschirre seiner Pferde mit Messing verzieren, und seinen Knecht in Lumpen gehen läßt. Aber kann man auch von einem Prälaten Konsequenzen erwarten? — Mein guter Bauernjunge gab mir eine Probe von körperlicher Stärke, die mich staunen machte. Nicht weit von dem Flecken, wo ich übernachten wollte, fuhr er von der ordentlichen Strasse ab, und seine mutigen Pferde wollten Reißaus nehmen. Allein der Wagen stürzte in einen Graben, verlohr ein Rad, und sie mußten stehn. Der Junge lichtete die hintere Axe, wo das Rad fehlte, und glaubte die Pferde würden das übrige thun; aber die Vertiefung des Grabens war zu gähe. Ich wollte ihm helfen; er protestirte gar höflich, stemmte sich mit Macht an den Wagen an, und in einem Schub war er oben, ohne daß die Pferde viel gethan hätten — Das kleine Trinkgeld, das ich ihm geben wollte, nahm er mit aller Gewalt nicht an, und den ganzen Weg über, so oft ich von seiner Blöße oder

dergleichen Umständen sprach, lachte er mich unter die
Nase aus, und wurde wirklich auch einmal darüber ungehalten, daß ich glaubte, es fehlte ihm irgend etwas.
Vielleicht ersetzt sein Herr durch Essen und Trinken das,
was er ihm an der Kleidung abgehen läßt.

Ich sahe durchaus bey den Bauern vortrefliche Pferde.
Der Kaiser und viele Edelleuthe haben vor mehrern Jahren Stuttereyen mit moldauischen, tartarischen und sieben-
bürgischen Hengsten angelegt, welche die Pferdezucht in
kurzer Zeit sehr verbessert haben. Um einen Gulden kann
auch jeder von den kaiserlichen oder verschiedenen adelichen Stuttereyhengsten seine Pferde belegen lassen. Böhmen liefert schon einen grossen Theil der kaiserlichen Dra-
gonerpferde, und die Zucht wird immer besser und ausge-
breiteter.

Prag —

Diese Stadt ist ungeheuer groß, über eine Stunde lang,
und ohngefähr 3/4 Stund breit, aber nach dem Verhältnis ihrer Grösse sehr wenig bevölkert. Es giebt Gegenden
hier, wo man glaubt in einem Dorf zu seyn. Gegen die
Brücke zu, welche die Hauptheile der Stadt verbindet,
ist das Gedränge ziemlich stark; allein je weiter man sich
von dieser Gegend entfernt, desto öder wird es. Die
Zahl der Einwohner wird auf 70000 angegeben, und
der Häuser sind gegen 5000 — Die Brücke über die
Moldau ist 740 Schritte lang, sehr massiv von Steinen
gebaut, und zu beyden Seiten mit steinernen Bildsäulen,
meistens in Lebensgrösse, geziert, wovon aber kaum 3

des

des Anschauens würdig sind — Man erblickt sehr wenig gute Gebäude, und es sieht fast überall ziemlich schwarz aus. Das königliche Schloß ist ein sehr weitläufiges und unregelmäßiges Gebäude, beherrscht aber auf seinem Berg eine vortrefliche Aussicht über die ganze Stadt und Gegend umher. Unweit desselben steht die Wohnung des Erzbischofs, ein artiges modernes Gebäude, und die uralte Kathedralkirche mit einigen sehenswürdigen architektonischen Malereyen, von einem berühmten Deutschen oder böhmischen Maler, dessen Namen ich vergessen habe.

So schlecht im ganzen die Gebäude der Stadt sind, so schön ist die Lage derselben. Die sogenannte kleine oder westliche Seite der Stadt biethet, besonders auf der Brücke, den angenehmsten Anblick dar, den ich noch in einer grossen Stadt gesehen habe. Die Masse der Häuser erhebt sich amphitheatralisch bis zu einer ansehnlichen Höhe empor. Zur Rechten bedekt sie den Abhang des Berges bis zum königlichen Schloß hinauf, welches majestätisch darüber emporragt. Zur Linken ist dieser Bergabhang bis in die Mitte herunter mit schönen Gärten und Lusthäusern geschmükt, die sich unbeschreiblich gut ausnehmen, und stufenweise das mannigfaltigste und prächtigste Amphitheater bilden. In diesen Gärten beherrscht man eine herrliche Aussicht über den entgegengesezten Theil der Stadt. Mitten in der breiten, aber seichten Moldau liegen 2 Inselchen, groß und klein Wenedig genannt, die zum öffentlichen Vergnügen zugerichtet sind. Die Prager sind durchaus dazu aufgelegt, alle diese Reize und die Fülle des Landes zu geniessen. Man genießt hier die sinnlichen Vergnügungen mit mehr Geschmak als zu Wien, und weiß sie besser mit geistiger Wohllust zu würzen. Ich bin hier in einige vortrefliche

Zirkel gerathen, die mich ohne Zweifel 14 Tage länger
zurükhalten werden, als ich bleiben wollte — Die Mäurerey ist hier in der Blüthe, und einige, worunter Graf
K * sich vorzüglich ausnimmt, hängen ihr bis zum En-
thusiasmus an. Sie thun ausserordentlich viel fürs gemeine Beste, besonders durch Erziehungsanstalten. Der
Kaiser soll der Mäurerey nicht abgeneigt seyn. Es ist
auch einmal Zeit, die Vorurtheile abzulegen, die man so
unbilliger weise gegen eine Gesellschaft gefaßt hatte, die
nirgends etwas zum Nachtheil des Publikums, wohl aber
viel zum Vortheil desselben gethan hat.

Die Böhmen, welche sich den Künsten und Wissenschaften widmen, bringen es gemeiniglich sehr weit. Es fehlt
ihnen nicht an Genie, und sie haben ungemein viel Fleiß.
Ihre Liebe zur Musik ist merkwürdig. Man kann hier
einige Orchester zusammenbringen, welche mit den besten
zu Paris wetteifern können, und sie im Punkt der har-
monischen Genauigkeit und Richtigkeit noch übertreffen.
Als Waldhornisten und Harfenschläger durchziehn die
Böhmen ganz Deutschland, und bringen immer etwas
Gelde zurük. Selten findet man einen Musikanten von
der Art, der nicht erträglich wäre. Man schreibt diesen
Hang zur Musik gemeiniglich den vielen Prälaturen und
Klöstern zu, welche sich ihre Orchester zum Kirchendienst
halten. Allein in Oestreich und Bayern sind die Klöster
nicht weniger zahlreich und vermögend, und doch hat der
Kirchendienst diese Wirkung nicht auf das Publikum.
Ich glaube, das natürliche Genie und die Gewohnheit
tragen das meiste dazu bey. Die meisten der hiesigen
Studenten sind Musikanten, und sie fangen jezt schon
an, auf öffentlichen Plätzen in der Nacht sogenannte Kaß-
sationen oder Musiken zu machen.

Zur Lebhaftigkeit der gesellschaftlichen Unterhaltungen trägt die zahlreiche Garnison der Stadt nicht wenig bey. Es liegen hier gegen 9000 Mann Soldaten, worunter 6 Grenadierbataillons sind, die das schönste Infanteriekorps ausmachen, das ich in meinem Leben gesehn. Die Offiziers sind vortrefliche Gesellschafter, und ganz frey von den Vorurtheilen, womit noch die Köpfe der Glieder andrer Stände zum Theil benebelt sind.

Die Juden machen einen ansehnlichen Theil der hiesigen Einwohner aus. Ihre Anzahl beläuft sich auf neun bis zehn tausend Seelen. Sie haben hier ihre Handwerker und Künstler aus ihrem Mittel und in ihrem eignen Quartier, welches man die Judenstadt nennt. Es ist ein seltsamer Anblik, wenn man durch ihre Straßen geht, und ihre Schuster und Schneider mitten auf der Gasse arbeiten sieht. Eine ekelhafte Unreinlichkeit und eine gewisse Plumpheit ihrer Werkzeuge zeichnet sie von den Christen aus. Es ist immer sehr merkwürdig, daß dieses zerstreute Volk so viel von der Einfalt und dem Sonderbaren seiner Sitten behält, so sehr es auch mit andern Nationen vermischt ist. Ueberall, wo ich sie noch sah, nur Holland ausgenommen, waren sie in der Verfeinerung noch unendlich weit hinter ihren Mitbürgern zurück. In Holland mag der Unterschied ihrer Sitten und Lebensart daher rühren, daß sie meistens aus Portugall abstammen, wo sie sich verläugnen und den Christen, so viel als möglich, ähnlich machen müssen — Hier müssen sie sich durch ein gelbes Läppchen Tuch, welches sie auf dem Arm tragen, von den Christen unterscheiden. Ihre Industrie ist bewundernswürdig. Fast in jedem Wirthshaus ist ein Jude, der ganz unentgeldlich die Dienste eines Hausknechtes verrichtet. Der meinige hohlt mir Schnupftobak,

bak, Kniebänder, Strümpfe und alle die kleinen Dinge, die ich nöthig habe; er puzt mir Schuhe und Stiefel, flikt mir Strümpfe, klopft und bürstet mir die Kleider aus, und kurz, er ist mir eine Art von Lehnlaquay, den ich nicht bezahlen darf. Er hält seine Mühe für hinlänglich belohnt, wenn ich ihm einige alte Kleidungsstüke verkaufe, die er dann weiter in der Welt zu befördern sucht. Auf diese Art bedienen sie die meisten Fremden, und begnügen sich mit dem Bißgen, was sie am Handel und Wandel mit denselben verdienen können, ohne die Mühe für eine Menge Dienste in Anschlag zu bringen. Fällt ihnen nebenher noch ein Trinkgeld zu, so nehmen sie es mit Dank an; aber ich habe nicht bemerkt, daß sie den Fremden mit Betteln lästig fallen.

Welche politische Ungereimtheit! Man gestattet hier den Juden, den Erzfeinden des Christenthums, öffentlichen Gottesdienst und vollkommene Gewissensfreyheit, und den Protestanten, die in den Hauptgrundsätzen der Religion mit uns einig sind, versagt man sie. Man schüzt ein frembdes, schmuziges, überhaupt genommen — betrügerisches Volk bey seinen Privilegien, bricht dagegen auf die schändlichste Art den Vertrag mit den Hußiten, und die lezten Regenten haben diesen Bruch, wenigstens stillschweigend genehmigt! — Es ist ein unerklärliches Ding um den Menschenverstand, lieber Bruder. Die Philosophie sagt sonst, je mehr sich die Leute ähnlich sind, desto eher werden sie Freunde. Im Punkt der Religion sah ich überall das Gegentheil. Je ähnlicher sie einander sind, desto mehr hassen sie sich. Ein Bürger aus dem hiesigen grossen Haufen wird sich zehnmal eher mit einem Juden vertragen als mit einem Lutheraner, von welchem er in der Religion so wenig unterschieden ist. In Holland

land sind die Reformirten den Katholiken viel günstiger als den Lutheranern, und den erstern werden die Generalstaaten überall eher den freyen Gottesdienst gestatten, als den leztern. Die Widertäufer und Kalvinisten hassen sich weit mehr, als sie zusammen die Katholiken; und so wirst du überall finden, daß, je näher sich die Religionssekten verwandt sind, desto heftiger sie sich verfolgen.

Die Stadt hat weder eine beträchtliche Handlung, noch einige Manufakturen von Bedeutung. Es war schon einigemal die Rede davon, die Moldau schiffbar zu machen; allein der Hof war bisher nicht geneigt, einen grossen Aufwand für das Publikum zu machen, und ohne schwere Kosten kann das Projekt nicht ausgeführt werden. Bey uns wäre es schon längst geschehen, und wir haben Unternehmungen von der Art ausgeführt, gegen welche diese nur ein Kinderspiel wäre. Offenbar würde Prag viel durch diese Unternehmung gewinnen; allein um die Handlung sehr blühend zu machen, wäre es lange nicht hinlänglich. Der Stolz des Adels, welcher den größten Theil des Nationalvermögens in Händen hat und sich des bürgerlichen Gewerbes schämt, die noch vor 10 bis 15 Jahren üblich gewesene mönchische Erziehung der Jugend in der Stadt, wodurch sie mehr zum frommen Nichtsthun als zur Industrie gebildet ward, und dann die ehemalige Intoleranz der Regierung haben der Handlung und dem Industriegeist Steine in den Weg gelegt, die Joseph mit aller Anstrengung in dieser Generation noch nicht ganz wegwälzen kann.

Es ist hier ein Stift von englischen Nonnen, das man aber: zu den Hibernern, nennt. Im ganzen katholischen Deutschland findet man englische und schottische Mönche und Nonnen zerstreut. Sie mögen zum Theil zur Zeit der Religionsverfolgungen in Großbrittanien in Deutschland aufgenommen worden seyn; allein die meisten haben nur den Namen noch, und vielleicht viele schon seit Karls des Grossen Zeiten her, wo Großbrittanien die ächten Mustermönche lieferte, und Deutschland damit versah. Ein englisches und schottisches Kloster hieß also hernach in Deutschland eben so viel, als eine schottische Freymäurerloge. Sie waren nur von Engländern nach dem wahren Geist der Möncherey eingerichtet worden.

Hier wimmelt es wie zu Wien von jungen Gelehrten, die ihre Zimmer mit Brüsten, Medaillons, Silbonetten und Kupferstichen berühmten Männer auszieren, die fliegenden Journale um den Pult herum liegen haben, die Zähne stochern, weder denken noch schreiben, und ihren Titel bloß daher haben, daß sie zu keiner der bekannten bürgerlichen Menschenklassen gehören. Einer, der kein Soldat, kein Civilbedienter, kein Professor, kein Geistlicher, kein Kaufmann, kein Fabrikant, kein Handwerker, kein Hausdiener, kein Taglöhner, und — was mag es sonst für Menschenklassen geben? — kein Scharfrichter ist, der heißt hier zu Lande ein Gelehrter, er mag studieren oder nicht. Im gemeinen Verstand ist der Titel bloß negativ — Ich kenne einige positive Gelehrten hier von Verdienst, aber ihre Anzahl ist im Verhältniß zu den Negativen ganz und gar unbedeutend.

Das hiesige Frauenzimmer ist schön, artig und gesellig. Man pflegt hier der Liebe mit weniger Zurückhaltung, als zu Wien, weil hier keine Polizeyknechte und keine — Nachtlaternen sind. Man ist des Nachts von den Strassenräuberinnen nicht sicher, die in allen Winkeln auf ihren Feind lauern, den sie aber sehr freundschaftlich behandeln — Liebe ist Krieg, sagt Ovid, und diese Mädchen sind

die

die stehenden Miethtruppen des kleinen Gottes, die seine Ehre ritterlich vertheidigen. Aber es sollen hier sehr viele Invaliden und Bleßirten unter dieser Armee seyn. Die Todten werden nicht gezählt.

Da nun die strenge Bücherzensur aufgehoben ist, so strömt von allen Seiten her Witz und Verstand ins Lande. Die hiesigen Gelehrten lassen sich seit dieser Zeit noch einmal so hoch frisiren, tragen ihre Degen um eine Spanne höher, und gehn nun auf den äussersten Spitzen der Zehen einher. Nun können sie ihre Therese Philosophe, ihren Dom Boukre, ihre Pucelle, ihren Gekourt, Wieland u. a. m. um die Hälfte wohlfeiler haben. Nun lohnt sichs doch der Mühe, etwas zu schreiben, sagte mir einer von ihnen, der in seinem Leben noch keinen Versuch mit dem Schreiben gemacht, und dem er auch gewiß sehr übel gelingen würde, wenn er einen machen sollte. Die Herrchen gehn immer schwanger, ohne je entbunden zu werden — Nun rückt das goldne Zeitalter heran, rief ein anderer. Die Morgenröthe des schönen Tages unserer Litteratur vergoldet unsern Horizont. Die Dünste der Dummheit und des Aberglaubens fliehn vor der herannahenden Sonne. Schon erwärmen ihre wohlthätigen Stralen unsere Herzen (und Köpfe, dacht ich). Unser Geist schwingt kühn die Flügel zum hohen Adlerflug. Wir werden alle Nationen weit unter uns zurücklassen u. s. w. Glück auf die Reise, dacht ich. Es fiel mir der junge Ikarus ein, der auch seine Flügel zum hohen Adlerflug schwung, aber ins Meer purzelte. Die Flügel der hiesigen Gelehrten sind größtentheils auch bloß von Leim und Wachs zusammengepappt. Sie müssen sich erst ein ganz anderes Vehikulum schaffen, wenn sie andre Nationen einholen wollen — Die Zensur war hier

durch

418 · **Vierzigster**

durch einige Privathändel gegen das Ende noch strenger geworden, als zu Wien. Man nahm hier Bücher weg, die nirgends in der weiten Welt für schädlich wären gehalten worden. — — — —

Zum Beschluß dieses Briefes, der nun 10 Tage lang auf sein Ende warten mußte, will ich dir eine kurze Nachricht von einem Ausfall gegen das sogenannte Riesengebirge geben, den ich während dieser Zeit gethan habe. Wir fuhren Post bis Königingrätz. Da nahmen wir Pferde, und ritten einige Tage lang um Jaromirs, Neustadt, Nachod, Braunau u. s. w. bis an die schlesische Gränze herum, um die Lager und Märsche des Feldzuges vor 2 Jahren zu beschauen, und einige Prälaturen, worin meine Gefährten Freunde hatten, zu brandschatzen. Wir hatten einen Kapitän bey uns, der zu beyden Expeditionen unser Anführer war und sich waker hielt. Die Lager und Märsche interessirten mich nicht sehr, weil so wenig dadurch entschieden worden; aber desto besser gefielen mir die Einfälle in die Klöster. Es war mir nicht um die vollen Schüsseln und vollen Krüge zu thun, womit uns der Feind begrüßte. Die Hauptsache für mich war, die Art und Weise der böhmischen Mönche auf dem Lande kennen zu lernen. Das sind die ausgemachte Epikurder, Bruder, besonders die reglirten Korherren, die wir in einigen Gegenden besuchten. Zur Fülle aller irrdischen Wohllust fehlt ihnen in den Mauern ihres Heiligthums nichts, als ein Nonnenkloster von den Mädchen, die bey Nacht zu Prag sub jove pluvio, in triviis et quadriviis ihre Andacht verrichten. Ich wüßte wahrlich kein bessers Mittel diese armen Geschöpfe zu versorgen, und die Straßen der Stadt sicher zu machen, als wenn man sie in die

Klöster

Klöster des Landes vertheilte. Diese Mädchen und Mönche sind wie für einander geschaffen, und sie verfehlen alle ihren Beruf, wenn sie getrennt bleiben. Die Landdamen würden wohl etwas dagegen einzuwenden haben, und vielleicht die Landjunker und Beamten selbst, die ihre Familien nicht gerne aussterben lassen, und doch die schwere Arbeit nicht selbst verrichten können. Allein, die Bauern und Handwerker in den Gegenden der Klöster, die ihre Weiber als ihr Eigenthum betrachten, würden desto besser mit dieser Einrichtung zufrieden seyn. Die Mönche und Halbmönche ziehn auf den Dörfern, die ihnen zugehören, und deren Einwohner ihre Leibeigenen sind, als Pfarrer, Jäger u. s. w. umher, und ich glaube sie üben noch das Recht des Prälibats aus, kraft dessen, wie bekannt, in alten Zeiten dem Herrn alle Jungferschaften seiner Leibeignen Unterthanen zugehörten, und kein Knecht heyrathen dorfte, wenn er nicht die Brautnacht an seine Obrigkeit abtrat. Auf allen Dörfern ihres Bezirkes fanden wir einen von ihnen oder auch zwey, die sich gar keine Mühe gaben, zu verbergen, daß sie zu den lustigen Brüdern gehören. Wenn man sich sehr erbauen will, so muß man sich mit ihren eignen Beamten bekannt machen, die gewiß die artigsten Anekdoten zur skandalösen Kronik beytragen könnten. In einigen Klöstern fanden wir auch Säugerinnen.

Das Leben der reglirten Korherren und auch der Benediktiner, deren Abt oder Prälat den Freuden der Welt noch nicht entsagt hat, oder hat entsagen müssen, und also kein Sauertopf ist, ist Ein Schmauß, der nur von Spatziergängen, Expeditionen hinter den Bettgardinen, und einem gewissen Rülpsen in der Kirche unterbrochen wird. Das Singen in der Kirche brauchen sie als eine

Art

430 *Vierzigster*

Art von Kur, um den Schleim von der Brust zu bringen. Ich sah sie an einem Fasttag so viel Eyer, Käse und Butter essen, daß ich einem meine Sorgfalt für seinen Magen äuserte, und ihn vor einer Verschleimung warnte. Sorgen Sie nicht, sagte er, das bringen wir alles wieder durch den Kor von der Brust.

Meine Gesellschaft wollte mir einen sehr sonderbaren Naturauftritt zeigen, und wir nahmen in dieser Absicht den Weg nach Trautenau. Nicht gar eine Stunde von diesem Städtchen both sich unsern Augen der seltsamste Anblick dar, den man sich denken kann. Nahe bey einem Dorf, dessen Namen ich vergessen, erblickten wir einen ungeheuern Haufen Thürme, die an manchen Orten in regelmäßigen Reihen, meistens aber auf eine sonderbare Art zerstreut da stunden. Wir giengen fast eine Viertelstund lang wie in einem Labyrinth zwischen denselben umher, und ich konnte nicht genug staunen. Die meisten sind 60 bis 70 Fuß hoch, und viele auch gegen 100 bis 150. Von der Seite betrachtet bilden ihre Spitzen eine Wogen-Linie, wie der Rücken eines Berges, der sich bald senkt und bald erhebt. Sie sind alle aus einem Stück harten Felsensteines, und würden Herrn Buffon viel zu denken machen. Die Natur hat sie größtentheils in mehr oder weniger regelmäßige Vierecke gehauen. Man hält sie gemeiniglich für das Gerippe eines Berges, zwischen welchem das Wasser die Erde weggespült hat. Die Idee scheint viel Beyfall zu verdienen; allein wenn sie wahr ist, und andere Berge auch ein solches Gerippe haben, dann sieht es um Buffons Felsensystem mißlich aus; denn bekanntlich denkt er sich die Masse der eigentlichen Urfelsen, woraus diese Thürme bestehn, als einen zusammenhängenden unförmlichen Körper, in

dessen

Brief.

dessen Vertiefungen, oder Runzeln, Sand, Kalch, Erde u. s. w. angeschwemmt liegen, und mehr oder weniger verhärtet sind.

Von da setzten wir unsern Weg nach Freyheit fort, und begannen das eigentliche Riesengebirge zu besteigen, wovon in ganz Böhmen viel Lärmen gemacht wird, welches aber im Vergleich mit den savoyischen und helvetischen Alpen und mit dem tyrolischen, salzburgischen und steiermarkischen Gebirge immer nur ein Zwerggebirge heissen könnte. Wir erstiegen die sogenannte Schneekoppe oder das Schneehaupt, welches der höchste Gipfel dieses Gebirges ist. Seine Höhe wird von einigen auf mehr als 20000 Fuß angegeben, ich getraue mir aber zu wetten, daß sie keine 8000 beträgt. Der Gotthardt in der Schweiz ist bey weitem noch keiner der höchsten Berge in der grossen Alpenreihe: Seine Erhöhung über das mittelländische Meer beträgt nicht viel über 13000 Fuß, und doch hat er ewiges Eis und ewigen Schnee, da wir hingegen hier keine Spur von Eis oder Schnee sahen, und der hohe Sommer doch noch ziemlich entfernt ist. Wir brauchten nicht viel über 3 Stunden, um seine höchste Spitze vom Fuß auf zu ersteigen. Die Aussicht über den grossen Berghaufen zu unsern Füssen, und in Schlesien und Böhmen war unbegränzt und entzückend. Sein kahler Felsengipfel bildet eine ansehnliche Ebene, worauf eine Kapelle steht, die von frommen Leuthen einigemal im Jahr besucht wird. Die Leuthe, die von diesem Berge etwas entfernt wohnen, halten es für eine Art von Wunder, wenn jemand den Gipfel desselben besteigt, und doch war ich in Deutschland selbst auf Gipfeln, die von ihrem Fuß an gerechnet, wenigstens um ein Drittheil, und nach dem Verhält-

niß

niß ihrer Erhöhung über die Meerfläche fast noch einmal so hoch waren, als diese sogenannte Schneekoppe.

So sehr ich mich auch betrogen fand, da ich anstatt der erwarteten Riesen nur Berge von mittlerer Höhe sah, so bin ich doch mit dieser Reise ungemein zufrieden. Wir sahen die romantischesten Landschaften, die man sich denken kann, besonders waren einige Thäler unweit der Schneekoppe im mahlerischen Betracht sehr merkwürdig. Die meisten Berge sind über und über mit mannichfaltigem Gehölze bedeckt, und nur hie und da ragt ein kahler Gipfel darüber empor. Die stark bewässerten Thäler sind gut angebaut, und die Einwohner scheinen in bessern Umständen zu seyn als die im flachen Lande von Böhmen.

www.ingramcontent.com/pod-product-compliance
Lightning Source LLC
Chambersburg PA
CBHW020539300426
44111CB00008B/728